中国信托理论与实践丛书
CHINA TRUST THEORY AND PRACTICE SERIES

中国信托业黄金十年发展研究

邢　成△编著

THE TEN–YEAR GOLDEN DEVELOPMENT OF
TRUST INDUSTRY IN CHINA

经济管理出版社
ECONOMY & MANAGEMENT PUBLISHING HOUSE

图书在版编目（CIP）数据

中国信托业黄金十年发展研究／邢成编著. —北京：经济管理出版社，2018.10
ISBN 978-7-5096-6089-8

Ⅰ.①中…　Ⅱ.①邢…　Ⅲ.①信托业—经济发展—研究—中国　Ⅳ.①F832.49

中国版本图书馆 CIP 数据核字（2018）第 238400 号

组稿编辑：王光艳
责任编辑：杨雅琳
责任印制：黄章平
责任校对：赵天宇

出版发行：经济管理出版社
　　　　　（北京市海淀区北蜂窝 8 号中雅大厦 A 座 11 层　100038）
网　　　址：www. E-mp. com. cn
电　　　话：（010）51915602
印　　　刷：三河市延风印装有限公司
经　　　销：新华书店
开　　　本：720mm×1000mm/16
印　　　张：28.5
字　　　数：482 千字
版　　　次：2019 年 3 月第 1 版　　2019 年 3 月第 1 次印刷
书　　　号：ISBN 978-7-5096-6089-8
定　　　价：158.00 元

序

2008~2017 年是我国信托业发展史上浓墨重彩的一页，是我国信托业发展史上具有重要里程碑意义的十年。这十年是中国信托业艰难探索的十年；是砥砺前行的十年；是改革创新的十年；是凤凰涅槃的十年；是跨越式发展的十年；是硕果累累的十年；更是中国信托业黄金发展的十年。

与本书作者邢成博士相识近二十年，合作共事也近十五年，在我们共同合作的十几年中，先后打造出版了十五部《中国信托业发展报告》，十四部《中国信托公司经营蓝皮书》，十五年来，潜心钻研，著述丰硕，表现出一个学者，一个研究者执着的定力和甘于坐冷板凳的平静心态。2017 年《中国信托业发展报告》出版时，邢成博士在他的"朋友圈"发过这样一段文字，现实录如下："一部行业研究报告居然连续十五个年头笔耕不辍，风雨无阻，从未间断，正所谓'专注而持久'。今天看，值得！"转录这段文字虽有相互"奉承"之嫌，却也真实反映了一个研究者的真情实感。而这一部《中国信托业黄金十年发展研究》则正是作者在多年研究的基础之上，厚积薄发、更上层楼的重要成果。该部专著对研究中国信托业过去十年的发展轨迹和变动周期，对梳理和认识我国信托机构的兴衰起伏和经验教训，都具有重要的历史意义和现实价值，是一部中国信托发展史上不可多得的重要文献。

当前在《信托法》的架构下，中国信托业依托自身的功能价值和制度属性，获得了巨大的发展。截至 2017 年年末，全国 68 家信托公司管理资产规模达 26.25 万亿元，已成为除银行业外的第二大金融部门。应当承认，驱动信托业过去发展的"通道业务+融资业务"模式，在经济结构转型和金融强监管、严监管的背景下，已日渐式微。既缺乏市场基础，又缺乏政策支撑，难以推动信托业在未来可持续、高质量的发展。一句话，信托业已经到了转型发展的窗口期。

站在新阶段的起点展望，信托业新的征程已经开启。首先要从私募投行业务实现向资产管理业务转型。"资管新规"统一了资管业务的产品要素，丰富了资产管理的业务内涵，改变了信托业原先私募投行的运作模式，对信托业的理财信托业务提出了新的要求，同时孕育了新的机会。信托业作为资产管理机构的制度定位由此正式确立，其未来发展的巨大市场空间由此正式开启；其次要从通道业务实现向财富管理业务转型。以客户为中心，为客户财富提供全方位的规划服务，是信托的本源业务。信托业原先的通道业务虽然具备财富管理业务的形式，但在很大程度上带有"监管套利"的烙印，距离财富管理实质相去甚远。2018 年 8 月银保监会下发《信托部关于加强资产管理业务过渡期内信托监管工作的通知》（37 号文）明确提出"家族信托"业务概念，对其做了初步界定，排除将其作为资管产品进行监管，由此正式奠定信托公司作为财富管理机构的地位。通过家族信托，引领信托业向财富管理业务转型，是信托业未来发展的重要动力源泉；再次要全力打造专业化驱动的核心竞争力。无论资产管理业务，还是财富管理业务，未来市场空间均是十分巨大的蓝海市场。但要赢得这片蓝海，在竞争中取胜，必须打造专业化驱动的能力体系——以策略专业化推动传统资产管理业务发展，以行业专业化谋求另类资产管理业务发展，以服务专业化推动财富管理业务发展。

谱写信托业新征程的壮丽篇章，需要的不仅是"以信为本、谨慎忠诚"的信托文化，还有专业驱动的行动力。继往开来，砥砺前行，不忘初心。我们有幸作为信托人，见证了信托业过去十年的蜕变与发展，也期待着信托业未来的征程。

周小明

2019 年元月·北京

（前）（言）

　　2008~2017 年是我国信托业发展的黄金十年。在黄金十年发展中中国信托业凤凰涅槃，探索创新，砥砺前行，实现了爆发式增长。截至 2017 年年末，全行业 68 家信托公司管理的信托资产达到 26.25 万亿元的历史新高，比 2007 年的 0.88 万亿元增长了近 30 倍。

　　中国信托业十年中都经历了哪些发展阶段，68 家信托公司各自的经营状况发生了什么变化，中国信托业十年来的发展路径是怎样的，未来十年中国信托业发展趋势的展望。这些关乎中国信托业发展的重大问题都在本书中得到系统研究和深入的探讨。

　　本书运用大数据，通过十年 68 家信托机构各种核心财务指标和非财务指标的深入分析，对中国信托业十年的发展路径、发展阶段、周期波动、未来趋势进行了客观量化的实证分析。同时对 68 家信托机构的收入结构、资产规模、盈利来源进行了深入研究，揭示出领先机构和序后机构的波动原因以及成功要素。

　　本书理论与实践密切结合，是研究机构、信托公司、金融同业、监管部门重要的参考文献，具有较高的学术价值和实务应用价值。

　　本书出版过程中得到了中国人民大学信托与基金研究所、中国银保监会信托监管部、中国信托业协会、昆仑信托有限公司、国投信托有限公司、中航信托有限公司、新财道财富管理股份有限公司以及经济管理出版社和王光艳编辑的大力支持与帮助，文中部分数据和观点参考借鉴了部分专家和文献的内容，在此一并致以衷心的感谢。

目录

第一篇
信托业十年发展宏观分析

第一章

信托业十年发展沿革

第一节　信托业发展回顾

一、"一法两规"框架下的信托业

(一)"一法两规"沿革

财产管理业务是信托业的本源业务，与此同时，信托法律制度则是财产管理业务的基础。我国的信托业在改革开放以来经历了 20 余年的恢复与发展，但是信托法律制度建设的缺失仍是影响信托业发展的重要桎梏。法律制度的缺失使信托业长期存在主业不明、功能错位的问题。权责利的不明确也导致在行业发展过程中存在诸多的争议与纠纷，如何建立和完善相应的信托法律机制成为决定该行业能否进一步发展的重要因素。

2001 年 4 月 28 日，《中华人民共和国信托法》（以下简称《信托法》）经过 8 年的探讨与酝酿终于得以颁布。信托业长期以来制度缺失的局面得到了根本性改变，该法的颁布也成为中国信托业法律制度不断建立和完善的基石。中国通过引入源自普通法系的《信托法》，使行业发展有了相应的制度基础，从而为信托业在我国的进一步发展和壮大提供了良好的法律保障。

2002 年在《信托法》颁布以后，中国人民银行相继颁布《信托投资公司管理办法》和《信托公司资金信托管理暂行办法》。"两个办法"使信托公司的行业定位和经营范围更加明确。信托公司被界定为主营信托业的金融机构，经营范围包括资金信托、不动产信托、动产信托和其他信托四大类业务，同时可以代理财产管理与处分、企业并购与重组、公司理财、财务咨询、项目融资、代保管等金融中介业务。

《信托法》以及《信托投资公司管理办法》和《信托投资公司资金信托管理暂行办法》，被统称为"一法两规"，至此，中国信托业正式步入"一法两规"框架下的发展时期。"一法两规"的颁布明确了信托行业中的一些基本概念和法律问题，从而使整个行业的发展路径变得更为清晰。"一法两规"中明确了信托基本关系是信托制度的基础；信托公司是经营信托业务的主体；在信托公司的经营业务中，资金信托是核心业务。"一法两规"的颁布和实施，通过制度变迁的方式打破了信托业原有的发展路径，对于实现信托业回归本业、规范管理，起到了重要的规范与指导作用。信托业的发展也从依赖经验的探索阶段进入到了一个有着坚实法律制度保障的规范发展阶段。

（二）"一法两规"对信托业的明确定位

"一法两规"的颁布对于信托行业的发展具有重要意义。在旧的信托体制之下，信托公司的经营并不明确，其主要经营模式是与银行业务高度同质化的存贷款业务，这样的经营方式使信托公司与银行及其他金融同业机构的区分度并不清晰，从而使其发展受到了严重的影响。在"一法两规"颁布以后，虽然中国的信托法律制度还需要进一步完善，信托制度健全也还需要相当长的一个时期，但信托制度相关的基本概念和管理机制已经开始在"一法两规"中逐步体现出来。"一法两规"颁布之后，新的信托业定位强调信托本源的回归，将信托公司定位为接受信托财产和处理信托事务的受托人，主营信托业务的非银行金融机构，以收取手续费或佣金为经营目的。明确将"受人之托、代人理财"的财产管理功能作为其行业定位。行业定位的确立，使信托业的发展方向更为明确。新的信托业定位特征，主要体现在以下几个方面：

1. 信托业务法律基础得以确定

在"一法两规"颁布实施之前，我国信托业的法律基础和法律体系长期处于确实和模糊状态。基本没有对"信托"本身赋予清晰的界定，这也导致"信托投资业务"缺乏坚实可靠的法律基础，从而使一系列信托法律关系争议产生。而在2001年的《信托法》中，则明确了"信托"的基本内涵，为信托法律体系的完善奠定了坚实的基础。2002年颁布的《信托投资公司管理办法》，以《信托法》中的信托概念为逻辑起点，并规范了信托三方当事人、信托财产以及信托独立性等相关概念。至此，与信托业相关的法律基础开始建立与完善起来。信托法律基础的建立，使信托业摆脱了之前无法可依的局面，使该行业能够在相对完善的法律框架约束之下有序发展，这对于充分发挥信托业务的优越性，实现信托业的社会功能，起到了重要的支撑与保障作用。

2. 信托公司业务性质得以明确

在"一法两规"颁布之前，信托公司的业务范围十分模糊，特别是对于信托公司与商业银行之间的业务区分还存在一定的模糊之处。而《信托投资公司管理办法》和《信托投资公司资金信托管理暂行办法》将信托公司的性质清晰界定为非存款类金融机构。信托公司的业务范围涵盖多种信托业务，包括资金信托、动产信托、不动产信托以及其他财产信托等。信托资金的用途也包括贷款、股权投资、证券投资、融资租赁以及同业拆借等多种形式。但从资金来源上，严格禁止信托公司通过居民储蓄存款或法人机构存款等吸收存款的方式获取资金。明确了信托公司主要通过开展单一资金信托和集合资金信托等方式来获取资金。因此，"两规"通过对于信托公司资金来源的规范，将信托公司与商业银行之间的业务明确区分开来。信托公司基于"受人之托、代人理财"的经营理念，成为主要通过开展财产管理业务，以收取手续费和佣金为主要利润来源的非银行金融机构。信托业务性质的明确，从宏观上有利于发展多层次资本市场，加强不同类型金融机构之间的区分与协作；也有助于信托公司认清自身的行业定位，从而有针对性地制定发展战略。

3. 信托公司客户对象得以扩展

在"两规"颁布以前，信托公司的客户对象受到了比较大的限制。信托公司不能吸收个人资金，也不能开展与个人相关的信托业务。随着中国经济发展水平的不断提高以及国民收入分配结构的不断调整，我国居民个人的可支配收入大幅增加，居民个人财富无论是在存量还是在流量上都实现了较大的增长。与此同时，中国金融市场的不断发展也使居民的理财意识得以不断增强，居民为了实现自身财富的保值增值，也产生了大量的财产管理需求。由此可见，不断增长的个人信托需求与信托行业原有的供给不足之间的矛盾开始日益加剧。"一法两规"颁布以后，信托公司的客户对象得以扩展，具有完全民事行为能力的自然人、法人与其他组织都可以成为信托委托人。由此，自然人成为了信托委托主体之一。信托委托人范围的扩展，一方面有利于信托公司业务规模的不断扩大，充分调动了信托公司发展个人财产管理业务的积极性，促进了信托业财产管理业务本源的回归；另一方面，也缓解了居民理财需求增加和投资渠道受限之间的矛盾，进一步促进了我国多层次资本市场的发展。

4. 信托公司业务范围得以规范

如前所述，在"一法两规"颁布以前，信托公司的业务范围与商业银行存在一定的交叉与重叠。而"两规"中明确规定了信托公司的三类主要业务：

第一类：信托业务。信托公司接受委托人交付的信托财产，作为受托人以自己的名义对资产加以管理，通过收取手续费与佣金的形式获取财产管理收益，该业务也是信托公司的主要经营业务。

第二类：自营业务。即信托公司运用自有资金，将其投放于同业拆借、实业投资、证券投资、基础产业投资、房地产投资、融资租赁等，从而获取相应的投资收益。近年来，信托公司的自营业务也得到了较快的发展。

第三类：广义的投资银行业务。投资银行业务主要包括企业并购重组、经济咨询、财务咨询以及证券承销等业务。该类业务也是信托公司重要的利润来源，属于重要的辅助性财产管理业务。

5. 集合资金信托业务的私募性质得以明确

从理论上讲，集合资金信托业务按照接受委托的形式可以区分为两种类型：一是公募信托，其委托人为社会公众或不特定人群，委托人通过购买信托公司发行的标准化、可流通、证券化的信托产品，由受托人统一集合管理信托资金的业务；二是私募信托，即由具备一定的风险识别能力和风险承受度的特定群体或机构为委托人，通过与其签订信托合同，由受托人统一集合管理信托资金的业务。从两种集合资金信托业务的特征来看，第二类信托业务的潜在委托人，往往具备一定的风险管理能力，对于信托业务的风险与收益有着一定的了解。同时，由于其准入门槛较高，委托人往往具备一定的资金实力和风险承受力。而第一类信托业务由于是向社会公众发放，一方面委托人的风险管理能力差异较大，另一方面也不便于对委托人进行甄别与管理。此外，由于此类集合资金信托业务的潜在受众面较广，一旦出现问题，会产生较大的市场风险和不利社会影响。因此，"两规"明确了信托公司不得开展公募信托业务，而只能开展私募信托业务。同时，一个信托计划接受委托人的资金信托合同不得超过200份，每份合同金额不得低于人民币5万元，并要求信托公司在办理资金信托业务时，不得以各种形式通过或者配合报刊、电视、广播和其他公共媒体进行公开营销宣传。集合资金信托业务私募性质的确定可以在一定程度上降低信托业发展的潜在系统性风险。

二、"新两规"出台后的发展

信托"一法两规"相继颁布实施后，我国信托业进入了规范发展阶段，取得了令人瞩目的进步。但由于类银行化的业务积习甚久，信托公司在经营过程中暴露出若干问题，尤其是回归信托本源业务的进程相对缓慢。为解决这些问题，原中国银监会重新制定了《信托公司管理办法》和《信托公司集合资金信托计划管理办法》（以下简称"新两规"），于2007年3月1日起正式实施，取代了原有的《信托投资公司管理办法》和《信托投资公司资金信托管理暂行办法》（以下简称"旧两规"）。"新两规"的实施标志着中国信托业进入了转型和提高发展阶段。

（一）"新两规"出台的背景

"旧两规"框架下的信托业逐渐暴露出一些问题，这些问题阻碍了信托业的进一步发展，催生了"新两规"的出台。"旧两规"框架下信托业的主要问题如下：

1. 制度建设落后于实务发展

"一法两规"实施后，我国信托业发展明显加速，但制度落后于实务的情况日益明显。信托公司一些广泛开展的业务缺乏相应的制度监管，导致这些业务无规可循。同时，信托公司尚未完全摆脱传统惯性所引发的违规事件时有发生，少数信托公司甚至被监管部门责令停业整顿，行业也因此受到较大的冲击。

原中国银监会成立后，从监管的实际需要出发，针对信托公司经营过程中出现的具体问题，陆续出台了数十件临时性通知和规范性文件，作为"一法两规"的补充完善，但这些政策基本上属于打补丁的性质。随着文件数量的日益增多，不同文件出现内容重复甚至相互矛盾的问题，导致政策的系统性、连续性以及监管效率有所降低，不利于信托风险的防范，并且在一定程度上制约了信托业的发展。

2. 财产管理能力单一

"一法两规"明确了信托公司作为"受人之托，代人理财"的财产管理机构的功能定位，但在实践中，大量集合资金信托计划仍然主要以贷款方式运用信托资金，并存在变相对信托收益进行保底承诺的现象，不仅与银行信贷的同质化倾向明显，而且将本应由受益人承担的投资风险转嫁到了作为受托人的信托公司自己身上。信托业务简单化为"融资信托业务",财产管理能力简单化为融资能力,不利于信托公司专业理财能力和风险管理能力的提高,难以满足投资者对多样化信托理财的需求,也无助于信托公司在中国金融体系中真正确立其财产管理机构的定位。

3. 信托主业相对薄弱

一些信托公司的信托业务收入低于其固有业务收入,阻碍了信托业回归信托本源业务。"旧两规"规定的信托公司的固有业务经营范围宽泛,受到的限制和约束较少,因此不少信托公司把工作重心放在固有业务的经营上,从而荒废了信托主业的拓展。另外,监管政策较大地限制了信托业务的开展,对于集合资金业务尤为明显。例如,"旧两规"规定,一个集合资金信托计划不得超过 200 份信托合同,这一限制条件削弱了信托公司募集资金的能力,阻碍了信托业务规模扩大。

4. 投资者门槛过低

"旧两规"规定,投资者参与集合资金信托计划投资时,每份合同金额不得低于人民币 5 万元。这一门槛设置得过低,使财产并未达到丰裕程度的部分人群也参与了信托投资。但这些中小投资者往往既没有承担风险的意愿,也不具备承担风险的能力,如果他们投资有一定风险的信托产品,而又不能承受实际产生的风险,则不利于社会稳定。

5. 关联交易频繁

由于"旧两规"不禁止关联交易,导致部分信托公司在其自营业务和信托业务中与其股东或其他关系人之间的交易十分频繁,固有财产与信托财产之间的交易也时有发生。无论是在自营业务的关联交易中,还是在信托业务的关联交易中,信托公司在事实上难以保持真正的公平和不偏不倚,关联交易很可能被信托公司的股东或其他关系人利用,为自身牟取不当利益,从而侵害信托公司或者信托受益人的利益。

6. 异地展业受到限制

在"旧两规"框架下,将信托公司的经营范围局限在注册地内,异地业务难以大规模开展。事实上,这一政策把信托市场划分为多个相互分割的区域市场,信托公司之间的竞争无法充分展开,区域市场内往往形成垄断,不仅不利于信托公司创新能力和服务水平的提高,也加剧了发达地区和欠发达地区信托公司间的分化。

上述问题的存在,使"一法两规"颁布实施后的中国信托业遭遇到发展的瓶颈,要实现质的突破,必须对旧有法规和制度体系进行系统性完善，促使信托公司加快业务模式转型，推动信托主业的发展，鼓励竞争和创新，实现信托业向信托本源的全面回归。在此背景下，原中国银监会发布了"新两规"。

（二）"新两规"与"旧两规"的比较

1. 信托公司的名称更加规范

在"新两规"颁布之前，信托公司的命名并不规范，很多信托公司命名为"信托投资公司"。名称的不规范容易导致投资者对于信托公司业务范围的误导。如前所述，在"一法两规"中，已经明确将信托公司的主营业务界定为信托业务而非投资业务，"受人之托、代人理财"才是信托业的根本。因此为了正本清源，信托"新两规"统一规定"信托投资公司"一律改为"信托公司"。这一规定不仅使信托公司的命名更加规范，而且体现了信托业回归信托功能的发展趋势。

2. 对注册资本实行分级监管

原"两规"规定所有信托公司的注册资本不得低于3亿元。最低注册资本金的限定对于规范行业发展、降低投资者风险具有重要的作用。然而，由于不同信托公司的经营策略存在一定的差异，因此统一的最低注册资本金要求可能并不适用于不同类型信托公司的具体情况。因此信托新"两规"对于注册资本实行了分级管理。对申请从事企业年金基金、证券承销、资产证券化等业务的信托公司，其注册资本仍然要符合原有法律法规的要求；但对于信托公司处理信托事务不履行亲自管理职责，即不承担投资管理人职责的，最低注册资本金门槛降低为1亿元。此外，为了便于应对信托业的发展变化以及信托公司的不同情况，提高政策的灵活性，"新两规"还规定原中国银监会可以根据行业发展以及信托公司的具体情况，调整信托公司注册资本的最低限度。对于注册资本的分级管理，一方面使信托公司在注册资本的规定上与《中华人民共和国公司法》更为契合，另一方面也在一定程度上提高了政策弹性，有利于信托业动态地应对内外部环境的变化。

3. 明确了信托公司的主营业务

重整信托公司业务，压缩并限制其固有业务，规范并发展其信托业务。对信托公司原固有业务，"新两规"一方面采取压缩的办法，即取消原有的一部分固有业务，如规定除原中国银监会另有规定外，明确禁止信托公司进行实业投资，另一方面对保留的固有业务进行严格的限制，如信托公司固有财产在明确不得进行实业投资的同时（中国银监会另有规定的除外），其他非实业投资也只能投资于金融类公司股权、金融产品和自用固定资产；除同业拆入外，信托公司不得开展其他负债业务，且信托公司同业拆入的资金余额不得超过其净资产的20%；信托公司可以开展对外担保业务（但不得为关联方提供担保或者以信托财产提供担保），但对外担保的余额不得超过其净资产的50%。在规范信托业务方面，与修订前的《信托投资公司管理办法》相比，修订后的《信托公司管理办法》将信托公司对信托财产进行管理、运用的方式中的同业拆放调整为存放同业，明确规定信托公司不得以卖出回购方式管理、运用信托财产。此外，修订后的《信托公司管理办法》还取消了信托公司可以经营代理财产的管理、运用和处分的业务规定；对向他人提供贷款，规定不得超过其管理的所有信托计划实收余额的30%。

4. 将维护受托人利益作为信托业务的根本宗旨

修订前的《信托投资公司管理办法》并没有强调受托人利益的维护，使信托业的利益主体并不明确。修订后的《信托投资公司管理办法》，要求信托公司在从事业务活动时，应当遵循"恪尽职守"的原则，充分履行"诚实、信用、谨慎、有效管理"的义务，明确了维护受托人利益应当是信托业务活动的宗旨。修订后的《信托投资公司管理办法》将国外信托立法中受托人责任的相关规定引入中国信托法律体系，使信托业务的逻辑结构更为清晰。同时，该法规要求，信托公司在管理、运用和处置信托资产时应当将维护受托人利益的原则，贯穿于整个业务活动的始终。

5. 对信托公司的股东关联交易进行限制

根据公司治理理论，基于理性经济人假设，在公司治理机制不健全的条件下，信托公司可能通过与股东之间的关联交易进行利益输送，从而损害其他投资者的利益。为了从根本上抑制关联交易的潜在不利影响，修订后的《信托公司管理办法》规定，信托公司在从事固有业务时不得向关联方进行财产转移，不得为关联方提供担保，不得以股东持有的本公司股票进行质押融资，从而在一定程度上阻断了信托公司与关联股东之间的利益输送。同时，为了保证交易的公平性与委托人的知情权，《信托公司管理办法》规定，信托公司进行关联交易应当建立在价格公允的基础之上，同时事前要向中国银监会进行报告，事后要进行充分的信息披露，从而通过信息披露监管机制抑制了非正常关联交易的潜在不利影响，维护了信托公司的自身发展，也保护了广大利益相关者的根本权益。

6. 取消集合资金信托合同不得超过200份、每份金额不低于人民币5万元的限制

"旧两规"有200份合同的限制以及每份合同金额不低于5万元（含5万元）的规定。"新两规"对此做了根本的改变，既取消了合同总份数的限制，也不设最低金额，并引入了合格投资者制度。"新两规"规定，单个集合资金信托计划的人数除自然人外不得超过50人，合格的机构投资者数量不受限制，并增加了"参与信托计划的委托人必须为唯一受益人；信托受益权进行拆分转让的，受让人不得为自然人；机构所持有的信托受益权，不得向自然人转让或拆分转让"等条款。根据"新两规"的规定，信托计划的委托人须为合格投资者，其应符合下列条件之一：一是投资一个信托计划的最低金额不少于100万元人民币的自然人、法人或依法成立的其他组织；二是个人或家庭金融资产总计其认购时超过100万元人民币且能提供相关财产证明的自然人；三是个人收入在最近三年内每年收入超过20万元人民币或者夫妻双方合计收入最近三年内年收入超过30万元人民币且能提供相关收入证明的自然人。

7. 信托财产的管理、运用

"新两规"在规定信托公司管理、运用或处分信托财产时，保留了"旧两规"中可以依照信托文件的约定，采取投资、出售、租赁、贷款等方式，将"同业拆放"改为"存放同业"，并增加了允许"买入回购"方式，否定"卖出回购"方式。"新两规"还对信托公司管理集合资金信托计划设置了限制性条款：不得向他人提供担保，不得以固有财产与信托财产进行交易，不得将不同信托财产进行相互交易等，并增加了"向他人提供贷款不得超过其管理的所有信托计划实收余额的30%"和"不得将同一公司管理的不同信托计划投资于同一项目"。也就是说，对于此类交易，即使价格公平也是不允许的。而"旧两规"中虽然也有类似的规定，但对于依信托文件的约定且以公平的市场价格进行交易的，是不受限制的，并且对于贷款余额是不设上限的。

这些新增规定，使投资者能够更好地行使自身权利，参与对信托财产运用的监督，从而更好地保障投资者利益。

(三)"新两规"的积极影响

"新两规"着重引导信托公司对信托本源的回归，与其他一系列监管文件共同构成了信托业较为完整的法规体系，为信托业的健康发展提供了有力的制度保障。"新两规"颁布实施后,我国信托业进入了健康、快速发展的阶段。信托主业突飞猛进,信托财产规模快速扩张,行业回归本源的步伐显著加快。

1. 有助于信托业的本源回归

在"新两规"颁布以前,信托公司的业务范围并不明确。信托公司普遍选择了多元化投融资方向、多领域展业、多市场涉足、多手段组合的全能型发展模式。全能型的发展方向虽然有助于信托公司增加盈利渠道、扩大经营规模,同时也会造成信托公司在发展过程中主营业务不明、资源较为分散、与其他金融机构的业务区分度不清晰等一系列问题,信托公司的特点和优势并没有充分得到体现。

"新两规"通过多项政策促使信托公司回归信托本源。一方面,对信托公司的名称进行调整,要求原有的"信托投资公司"统一更名为"信托公司",从而使信托公司的行业定位和业务方向更加清晰。另一方面,在业务范围上,限制信托公司的固有业务、融资业务,大力发展信托业务,实现"受人之托、代人理财"的信托本质的回归。从"新两规"的经济后果上看,信托公司也普遍遵循了相应的政策导向,信托业务收入在营业收入中的比重普遍提高。在2010年以后,信托业务收入开始超过固有业务收入,信托业务作为信托公司主营业务的地位开始显现出来。

2. 有助于信托公司业务结构的重塑

"新两规"颁布以前,信托公司大量通过债权方式使用信托资金,通过将信托资金以发放贷款的形式进行债券化运用,以收取的贷款利息与支付给委托人的预期投资收益之间的差额作为自身的利润源泉。在这一时期,虽然不同信托公司的业务结构存在较大差异,经营模式也不尽相同,但通过赚取利差的盈利模式与商业银行的利差收入并不存在实质上的差异。由于赚取利差是商业银行的主要收益来源之一,在经验效应的作用之下,信托公司自身的特点和优势并没有体现出来。

"新两规"对于信托公司的业务结构进行了重塑和调整。鼓励信托公司放弃技术含量低、缺乏比较优势的贷款业务,鼓励信托公司开展交易结构复杂、经济附加值高、行业特色鲜明的财产管理业务与投资业务。同时,支持信托产品的基金化模式,将私募股权投资、房地产投资信托、企业年金基金、产业投资基金、资产证券化等确定为信托公司未来发展和创新的领域。

3. 有助于战略投资者的引入

"新两规"颁布以前,由于信托公司的业务范围并不明确、发展路径并不清晰，导致战略投资者较少地参与到信托公司的经营之中。"新两规"颁布以后，信托公司的治理结构不断完善，股票价格也不断提升，很多境内外战略投资者开始关注中国信托业的发展，很多战略投资者通过并购与重组等形式参与到信托公司的经营中来。战略投资者的引入，一方面扩大了信托公司的股权资本来源，使信托公司的资产数量和经营规模得以快速扩张，有利于信托业的飞速发展；另一方面，战略投资者长期涉足企业管理活动，具有先进的管理理念和经营思维。通过引入战略投资者，可以将其管理经验迅速地引入信托公司之中，提高信托公司的管理水平和业务能力，对于信托业的规范发展起到了良好的促进作用。

4. 促进了信托公司"投资导向"模式的确立

"旧两规"对于委托人的概念较为模糊，没有对投资者的要求进行清晰界定。这种对投资人不设限的发展模式虽然有助于信托公司客户对象的扩大，但由于投资者的资产实力、风险承受度以及风险管理能力存在巨大差异，容易产生较大的金融风险。

"新两规"明确了信托业的"私募"性质，引入了"合格投资者"的理念。"合格投资者"概念的确立，一方面对于较低端自然人投资者进行了一定的限制，促进了信托客户对象的高端化，传统中低端客户的业务导向模式逐步发展为机构化、成熟化、高端化的业务模式，客户结构的调整对于金融风险的控制起到了一定的正面作用；另一方面，"新两规"明确了信托公司在产品开发模式上从"融资导向"向"投资导向"的转化。合格投资者的投资需求与中低端投资者存在一定的差异，他们需要的不是简单的金融产品，而是高端的财产管理服务。过去信托公司通过债权模式管理信托资金的模式可能满足不了机构投资者的需求。因此，"新两规"的颁布迫使信托公司改变原有的经营理念，充分了解新的客户群体的需求，结合市场状况以及自身的业务特点和比较优势，设计出新型的信托产品来应对环境变化。

5. 促进信托公司全国化业务的开展

在"新两规"颁布以前，信托业的发展呈现出区域化割据的特征，一个省区通常存在少数几家信托公司，而每个信托公司的业务范围也仅局限在本省的区域范围内。由于不同信托公司的经营规模和资本实力存在一定的差异。对于信托公司异地经营的限制在一定程度上保护了资本实力较弱、市场化程度较低的信托公司的生存。但从另一方面，也导致了资本实力较强的信托公司在发展过程中受到了一定的抑制，市场竞争机制没有充分发挥作用等一系列问题。

"新两规"打破了对于信托公司异地经营的限制。随着异地经营的放开，一大批资本实力较强、市场化程度较高的信托公司迅速扩大经营范围和客户对象，业务规模和收入水平得到不断增长。与此同时，部分规模较小的信托公司原有经营边界难以保持，不断增加的外部市场压力迫使这些信托公司尽快调整经营策略、提高管理效率，以维持自身的生存与发展。虽然在整个市场化过程中，这类信托公司面临了一定的不利因素，但从整个行业的发展来看，可以充分发挥市场机制的调节作用，增强整个行业的经营效率和发展活力，有助于信托业的持续健康发展。

第二节　信托业黄金发展十年路径

2008~2017 年是我国现代信托业发展的黄金十年（见图 1-1），信托业务发展不仅寻求到了较为可行的模式，也走出了历史上持续被整顿的发展怪圈，初步奠定了信托制度在中国扎根的基础。

图 1-1　信托业十年发展路径

2008~2017 年，得益于宏观环境相对良好、投融资需求较为旺盛、居民财富管理要求日益高涨、信托投资被更多机构和个人认可、信托业定位更加清晰、信托业务在分业金融体制下的跨市场资产配置方面具有一定优势、信托从业人员在数量和质量上都有较大提升等有利因素，中国信托业管理资产规模达到约 26.25 万亿元，稳居金融行业子行业第二位，信托人用 6 年的时间完成了第一个 10 万亿元，用 3 年多的时间完成了第二个 10 万亿元（见图 1-2）；经受住了 2013 年以后经济下行、风险显现的考验，最大程度保护了受益人的权益，抗住了信托风险项目兑付压力，信托业没有发生行业系统性风险，实现了软着陆；创新发展了土地信托、家族信托、消费信托、慈善信托、养老信托等信托业务，既满足了社会经济发展需求，也为信托制度本土化、应用广泛化、发展深度化做了更多有益尝试；信托监管体系日渐完善，

"一法两规"确立了行业监管的基本框架，而"一体三翼"则确立了监管组织体系，近年来监管制度更是在信托保障基金、信托登记等方面取得突破，为信托业长期可持续发展保驾护航；信托文化逐步深入人心，社会各界对于信托业的关注日渐增强，投资者对于信托产品的投资价值给予更高认可，媒体舆论对于行业发展的报道日渐增多，行业影响力有显著提升。

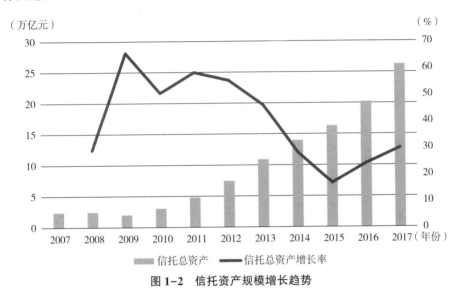

图1-2　信托资产规模增长趋势

资料来源：中国人民大学信托与基金研究所：《中国信托公司经营蓝皮书（各年度）》，财富出版社，2016年版。

一、爆发增长时期（2007~2012年）

信托业黄金发展的十年第一阶段，爆发增长时期（2007~2012年）。这一时期"新两规"刚刚颁布实施，蓄势待发，信托业务的良好功能首先在银信合作中被发掘，主要是充当银行规避监管、表内资产表外化的重要工具，同时四万亿元投资经济刺激后，货币政策收紧，信托作为银行之外企业融资的重要渠道作用得到彰显，包括房地产信托、政信合作信托在这一时期也得到较快发展，因此也可以看出这一时期监管政策更多聚焦上述热点领域。总体来看，这一时期是信托优势被发现、信托功能多方位挖潜、信托规模大爆发的时期，这一时期信托资产规模平均增速在70%以上，在这五年的时间里信托业资产规模已接近第一个十万亿元。

（一）《信托公司净资本管理办法》主要内容

在这一期间，《信托公司净资本管理办法》正式出台。《信托业净资本管理办法》分为六章30条，从章节上看，第一章是总则，第二章是净资本的计算，第三章是风险资本的计算，第四章是风险控制指标，第五章是监督检查，第六章是附则。

第6条，说明了对于信托公司的监管，实际上是赋予监管部门相机抉择的一种权力，可以根据市场发展情况和审慎监管的原则调整净资本计算的标准、风险控制的指标以及风险资本计算标准。这一条非常重要，它预示着在后期净资本管理办法实施过程中，监管部门可根据监管的需要和宏观经济调控的需要，去调整不同项目风险资本的计提比例，来引导业务的发展方向。第8条，给出了净资本的计算公式，即"净资本＝净资产－各类资产的风险扣除项－或有负债的风险扣除项－中国银行业监督管理委员会认定的其他风险扣除项"。这里将扣除项分为三类：第一类是各类资产的风险扣除项，第二类是或有负债的风险扣除项，第三类是其他风险扣除项。第10条，"资产的分类中同时符合两个或两个以上分类标准的，应当采用最高的扣除比例进行调整"。从中可以看出，监管部门对净资本管理实施的是一种相对严格的管理原则，扣除的比例是"就高不就低"。

第三章是风险资本的计算。主要依据是后续发布的风险资本计提比例表，摸底测算表已经发布，但最终确定的计算表还没有正式发布。风险资本的计算主要包括三部分：第一部分是关于固有业务；第二部分是关于信托业务；第三部分是关于其他业务。

第四章风险控制指标是核心的内容。整个前期的基础工作，计算净资产然后再折算出净资本，同时根据各个风险系数算出风险资本，最终的目的是要达到风险控制指标的要求。风险控制指标目前主要有三项：第一项就是公司的净资本不得低于2亿元；第二项是净资本不得低于各项风险资本之和；第三项是净资本不得低于净资产的40%。这一条也可以这样理解，即要求信托公司拿出自己净资产的40%作为各项业务风险的一种准备金。

第五章说明了如果不能够达到净资本管理控制要求，监管部门可以采取的措施。其包括要求信托公司制订整改的计划、调整业务结构和资产结构、补充资本以及限制信托公司业务增长速度等。对未按要求完成整改的信托公司将受到更加严厉的惩罚。

（二）《信托公司净资本管理办法》出台意义

《净资本管理办法》开创了信托监管的一个新时代。净资本管理的实施是信托监管的进步，它在很大程度上改变了过去那种"头痛医头、脚痛医脚"的惯用，但也是不太有效的手段。明确的信托业定位和有效的制度才能引导信托业的健康发展。

净资本管理的意图包括防范兑付风险、顺应政策、引导信托向主动管理发展、从信托的角度遏制通道业务等。

1. 净资本管理意图一：防范兑付风险，顺应政策

《净资本管理办法》开篇明义："对信托公司实施净资本管理的目的，是确保信托公司固有资产充足并保持必要的流动性，以满足抵御各项业务不可预期损失的需要。"这表明监管部门的"刚性兑付"思路没有改变，信托业务虽然是受托业务，但一旦出现风险（假设信托公司尽到了受托责任），信托公司仍要以固有资产来弥补损失。

净资本管理制度的实施，主要目的之一就是防范兑付风险，即业务开展要在信托公司资本实力允许范围之内，防止出现不能兑付客户本金和收益的情况。这主要针对的是融资类业务，尤其是愈演愈烈的房地产类信托。房地产信托发展到如此规模是信托公司和投资者共同作用的结果。信托产品能否成功发行的关键是客户是否接受，而很多客户看重产品的收益率，这使得信托产品比较单一，大部分信托公司基本只能靠比拼收益来吸引客户。

因为不少客户只看到收益，而不顾风险，所以一些信托公司开始忽视业务风险的控制，推出了一些风险可控度低的产品。最关键的是风险是否可控，这决定了信托公司能否尽到受托责任。个别信托公司为了利益而放任对业务风险的管控，监管部门已经意识到并持续地有所行动。

2. 净资本管理意图二：引导信托向主动管理发展

无论是单一信托还是集合信托，融资类业务的风险资本计提比例都远远高于投资类业务。尤其是集合信托中的房地产融资业务，计提比例高达3%。这对依靠此类业务的信托公司来说不啻为一个打击；而投资类业务明显是监管部门鼓励的种类，这类业务更偏向主动管理。主动管理业务正是监管部门一直期望信托公司做的事情。

在资本约束的情况下，各家信托要进行仔细的斟酌，在有限的资本约束下合理分配业务，粗放的发展模式不再适用于信托公司。

3. 净资本管理意图三：从信托的角度遏制通道业务

银信合作业务虽然曾经开展得非常广泛，在银信合作业务中信托公司仅仅是充当通道，赚取微薄的费用。它在一定程度上扰乱了货币政策和信贷政策的执行与监管。

2010 年 8 月 5 日，银监会下发了《关于规范银信理财合作业务有关事项的通知》（以下简称 72 号文）。这份文件对银信通道业务的限制作用非常明显，在此之后，银信通道业务合作全面收缩，也有个别开始改头换面走灰色路线。72 号文是《净资本管理办法》的前奏，72 号文通过对银信产品期限、融资业务规模、产品结构、产品投向几个方面的限制，以及银信业务表外转表内等一些新规来约束银信业务对信贷政策的突破；《净资本管理办法》更像是"温柔一刀"，通过信托公司的资本实力来间接约束了银信合作尤其是信贷类银信合作，实际效果更好、更长效。

虽然《净资本管理办法》给出了净资本的计算公式，但没有给出风险扣除项的计算方法。但从"信托公司应当在充分计提各类资产减值准备的基础上，按照中国银行业监督管理委员会规定的信托公司净资本计算标准计算净资本"这个说法来看，净资本的计算应该类似于 2005 年 1 月财政部颁发实施的《信托业务会计核算办法》。在《信托业务会计核算办法》中，信托项目资产期末应计提资产减值准备，主要有坏账准备、贷款损失准备、长期投资减值准备、固定资产和无形资产减值准备。因此，各类资产的风险扣除项大概就类似于信托公司财务报表中的"各项资产减值准备"科目。

二、盘整发展时期（2013~2016 年上半年）

黄金十年发展的第二阶段，行业进入盘整发展时期（2013~2016 年上半年，见图 1-3）。这一时期，信托业发展面临"五期叠加"的外部经营环境考验，实体企业经营绩效显著下滑，信用风险显现，信托项目兑付压力增大，极大冲击了行业发展基础，也正是在这种背景下 2014 年四月原中国银监会下发《关于信托公司风险监管的指导意见》（银监办发〔2014〕99 号，以下简称 99 号文），信托公司股东承担流动性支持的责任进一步明确。同时，信托业面临的另一个重大挑战来源于资管行业的全面开放，从 2012 年开始，券商资管、保险资管、基金子公司、期货资管面临更加宽松的监管环境，信托业面临更加激烈的资管行业竞争，券商资管、基金子公司在通道业务方面与信托公司形成非常直接的竞争，而在股票质押、证券投资等业务方面，券商、公募基金公司、基金子公司亦有很大优势。在多种因素的冲击下，信托业发展速度明显放缓，行业内各信托公司分化加剧，尤其是部分信托项目兑付压力较大的信托公司持续面临监管、流动性等因素制约，与行业领先公司的差距越来越大。

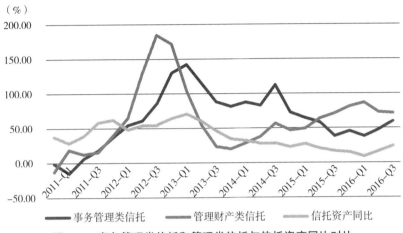

图1-3 事务管理类信托和管理类信托与信托资产同比对比

资料来源：中国人民大学信托与基金研究所：《中国信托公司经营蓝皮书（各年度）》，财富出版社，2016年版。

（一）《信托业保障基金管理办法》主要内容

在这一期间，《信托业保障基金管理办法》出台。2014年12月19日，由原中国银监会宣布，中国信托业保障基金即日正式成立，原始注册资本为115亿元，成立信托保障基金，将行业风险和政府有效隔离。该基金由中国银监会日常监管。成立保障基金的初衷是有效防范信托业系统风险，保护信托当事人的合法权益。

《信托业保障基金管理办法》中资金筹集分为两个部分，一是按照信托公司净资产规模向信托公司征收，二是按照信托计划的规模向信托公司或融资方征收。故保障基金对信托公司业绩的影响有两方面：一方面，占用净资产导致的业绩下降，另一方面，提高信托计划的运作成本，使信托计划在资产管理行业中竞争力下降，进而引起资产管理规模下跌导致的业绩下降。

（二）《信托业保障基金管理办法》出台意义

《信托业保障基金管理办法》的出台建立了信托业风险保障机制，其核心思想是改变以政府救助为主的信托业保障机制，充分发挥信托业自身的力量，通过自有资金解决行业风险控制问题，通过市场化的风险应对机制，降低行业风险，提高投资者对信托业的信赖程度。

1. 建立低成本、市场化、互助性的风险保障措施

第一，通过行业自筹的方式建立互助基金，应对信托业风险。降低信托业风险管理对于政府资金的依赖程度，通过信托业自筹的方式建立互助性风险保障基金，用于应对信托业面临的各项风险。对于风险基金的使用，建立基金理事会决策机制，通过良好的内部控制和治理措施使基金的筹集、监管和使用更加科学化、合理化。在理事会成员的构成上，主要由非股东单位产生，通过适度的权责分离实现有效的内外部监管机制，提高基金的使用效率与效果。

第二，建立完善的风险应对机制，针对不同类型的风险分别建立事前预防、事中控制以及事后处置三位一体的风险管理体系。在风险管理过程中摆脱过去依赖政府救助的模式，通过不同的风险评估和风险应对机制，着重于事前风险的预防以及事中风险的有效控制，从而提高风险管理策略的有效性，并降低风险管理成本。

第三，充分运用市场化手段进行风险管理，改变过去通过政府救济的方式来解决信托公司的风险问题。强调保障基金使用的有偿性和惩罚性，从而提高信托公司自身的风险管理意识和能力，降低信托公司将自身风险转嫁于政府以及行业的道德风险问题，实现权责利的有机统一。

2. 坚持治理规范、风险隔离、功能互补的经营原则

首先在治理结构上，由中国信托业协会联合实力较雄厚的13家信托公司、风险控制较为有效的13家信托公司出资，设置保障基金公司。并针对保障基金公司的运作，建立完善的公司治理结构，通过有效的内外部公司治理结构的建立，提高保障基金的使用效率。其次，实现信托公司自身风险与保障基金的有效隔离。对于信托公司与保障基金公司分别核算、分别管理，实现保障基金的托管制度。最后，实现保障基金与自有资金的功能互补，保障基金主要侧重于对于风险的事后救助，即对已经发生的突发性的机构风险进行补救。而自有资金则侧重于事前管理，即对日常的流动风险，通过资金注入、融资支持等手段，形成对信托业风险的有效控制。通过发挥保障基金与自有资金的协同效应，实现有效的风险防范与应对机制。

3. 坚持党的领导和行业协同的工作方针

首先，充分发挥党在信托业发展中的领导作用。保监会党委根据中央授权管理公司党的关系和领导班子，建立健全"双向进入、交叉任职"的领导机制。在公司日常经营过程中，严格落实党章要求，充分发挥公司党委在把方向、管大局、保落实中的重要作用，使党的领导作用着眼于信托公司经营的实处。其次，充分发挥监管部门的监督与垂范作用，保障基金公司要严格执行各项监管要求，保障基金的筹集、管理和使用均应当在相关监管法规的框架下有序进行。最后，充分发挥中国信托业协会、中国信登公司等的监管作用，实现信托行业的稳步健康发展（见图1-4）。

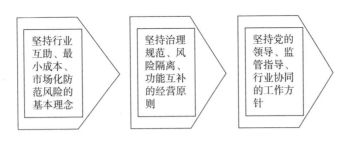

图1-4　《信托业保障基金管理办法》意义

随着大资管时代的到来，各个金融机构相继拓展并全面铺开资产管理、财富管理以及私募投行业务，对信托公司业务产生了一定程度的"挤出"效应，尤其是在银信、信政、信保以及与证券的合作方面，各信托公司的主要精力还是放在传统业务开发上，信托公司主导的产品较少，对信托本源的研究不足，以致多数信托产品的设计仍停留在初期阶段，以"信"立世的能力不足，产品优势不彰。

而在回归信托"本源"的过程中，近年来对信托业发展造成极大"威胁"的莫过于"刚性兑付"。所谓"刚性兑付"，就是指信托产品到期后，信托公司必须分配给投资者本金以及收益，当信托计划出现不能如期兑付或兑付困难时，信托公司需要兜底处理。

一方面，我国并没有任何一项法律条文规定信托公司必须进行刚性兑付，这只是信托业发展过程中信托公司与委托人之间逐渐形成的一种默契和共识。另一方面，信托业"刚性兑付"在初期其实有着明确的兑付指向——只在实体经济投融资集合资金信托计划以及银信合作理财产品中被执行，证券投资类信托并不受此约束。

但长期以来，由于信托制度设计中更多偏重于融资，对投资者权益保护重视不够，有针对性的制度安排较少，形成了融资强、投资弱的失衡格局。加上信托产品很难转让，如果"刚性兑付"这一潜规则不再存在，将导致很多投资者用脚投票，不再购买信托产品，对信托业发展造成沉重打击。从推动新业务开展、消除投资者疑虑、维护金融和社会稳定的层面考虑，"刚性兑付"的终结必须伴随着软硬件等相应配套设施的完善，包括监管层、信托公司人员配置及相关法律法规和市场环境的完善等。

因此，保障基金对信托公司的救助，不会是无成本的救助，更不会是对信托公司及其股东的逆向激励。这种机制安排将有助于维护信托业稳定，有助于落实优胜劣汰的市场竞争机制，更有助于稳妥解决"刚性兑付"问题，有效防范信托公司及其股东的道德风险。

（三）慈善信托发展障碍逐步消除

2016年3月16日，全国人大第四次会议审议通过《中华人民共和国慈善法》（以下简称《慈善法》），该法对慈善信托的相关操作细节进行了具体说明。

首先，《慈善法》明确了慈善信托的备案管理部门。该法第四十五条规定："设立慈善信托、确定受托人和监察人，应当采取书面形式。受托人应当在慈善信托文件签订之日起七日内，将相关文件向受托人所在地县级以上人民政府民政部门备案。"此条规定了民政部门为慈善信托的主管部门，并且慈善信托的设立制度由主管部门审批制过渡为民政部门备案制，慈善信托的审查重心由实质审查转变为形式审查，极大降低了慈善信托开展公益慈善事业的准入门槛。

其次，《慈善法》第四十八条对慈善信托的信息披露内容进行约定，并赋予委托人一定的监督权利，更加注重信息披露下的公众监督。其中要求："慈善信托的受托人应当根据信托文件和委托人的要求，及时向委托人报告信托事务处理情况、信托财产管理使用情况。慈善信托的受托人应当每年至少一次将信托事务处理情况及财务状况向其备案的民政部门报告，并向社会公开。"此规定强化了慈善信托委托人的地位，通过及时的信息披露提高慈善信托的透明度，有效促进了以慈善信托为途径的慈善活动的开展。

最后，《慈善法》弱化了信托监察人的监管责任，回避其权利和义务的不确定性。《信托法》中对慈善信托监管的责任主体约定为信托监察人，赋予信托监察人审议信托报告、以自己名义进行法律诉讼的权利，但《慈善法》并未强制要求慈善信托采取监察人制度。一方面，《慈善法》第四十八条并未要求慈善信托相应事务处理和财务状况的报告需经信托监察人批准；另一方面，《慈善法》第四十九条规定，"慈善信托的委托人根据需要，可以确定信托监察人。信托监察人对受托人的行为进行监督，依法维护委托人和受益人的权益。信托监察人发现受托人违反信托义务或者难以履行职责的，应当向委托人报告，并有权以自己的名义向人民法院提起诉讼。"显然，《慈善法》在一定程度上克服了《信托法》中信托监察人职责权限不明确的问题，使公众和委托人替代了信托监察人的部分职能。

2016 年 8 月，民政部和原银监会联合下发了《关于做好慈善信托备案有关工作的通知》（民发〔2016〕151 号），从确定备案管辖机关、明确程序和要求、依法管理和监督、加强信息公开、做好组织保障等方面对慈善信托备案提出了具体的要求。

在上述法律法规基础上，地方性文件也对慈善信托进行了说明。2016 年 9 月，北京市民政局下发《北京市慈善信托管理办法》，进一步对慈善信托的界定、备案机构、程序及文件、信托财产管理、受托人与信托文件变更、慈善信托终止条件、信托信息公开要求以及慈善信托监督管理等方面做出了详细的规定。

三、转型发展时期（2016 年下半年至今）

黄金十年发展的第三阶段为行业转型发展期（2016 年下半年至今）。2016 年下半年至今，信托业进入了强劲的复苏阶段，主要表现为信托资产规模持续增长，经营业绩有所改善，与此同时，在强监管下，基金子公司、券商等通道业务受到证监会的更大限制，房地产调控政策中，房地产信托调控并没有明显收紧，加之债券等融资渠道收窄，房地产企业、上市公司融资需求明显回流到信托渠道，传统信托业务得到一定提振。尤为难能可贵的是，该阶段的逆势增长是伴随全行业的转型创新同步发生的。但是，这一轮周期并不是新周期的开始，只是监管政策导致的融资需求再分配和资管行业业务结构再重构，这为备受压制的信托业获得了更大的结构调整的时间，当然，此轮周期可能随着资管行业监管政策统一以及监管政策普遍收紧而面临反转趋势。

（一）中国信托登记公司正式揭牌

虽然我国《信托法》早有提到信托登记，但是因为种种原因，信托登记制度一直在国内缺失。我国 2001 年制定的《信托法》第 10 条规定："设立信托，对于信托财产，有关法律、行政法规规定应当办理登记手续的，应当依法办理信托登记。未依照前款规定办理信托登记的，应当补办登记手续；不补办的，该信托不产生效力。"2011 年，在《信托法》颁布 10 周年纪念研讨会上，当时有业内人士指出，信托登记制度是信托关系确立的基础，信托登记制度的缺失，已经成为制约信托发展的重要障碍。

国际上通常把信托作为长期的理财工具，我们还没有把这个功能发挥出来。这主要是因为各类金融管理要有相对公开透明的市场。考虑到国际上主要大陆法系国家（如日本、德国等）都建立了信托登记制度，再加上国内信托登记制度的缺失，国内很早就开始在信托登记方面进行探索。2006 年，上海浦东新区成立了国内首家信托登记中心——上海信托登记中心。然而，由于种种因素制约，该登记中心一直停留在地区性平台的角色。2014 年 10 月，上海浦东新区政府、上海自贸区管理委员会联合印发《信托登记试行办法》，意在推动上海自贸区建立完善信托登记平台、探索信托受益权流转机制。试行办法通过了浦东区政府立法和备案程序，是国内首个与《信托法》相配套的地方性法规，具有突破性，但仍然属地方性法规。虽然期间，2010 年成立的北京金融资产交易所、天津金融资产交易所等，业务涉及信托资产交易，但国内一直呼吁一个全国性的信托登记平台。

综上，破解信托登记制度的缺失难题已经刻不容缓。2016 年 12 月 26 日，在 2016 年中国信托业年会举办期间，中国信托登记有限责任公司（以下简称"中信登"）在上海正式挂牌成立。其主要职能包括信托产品、受益权及其变动的登记，衍生功能是信托受益权流转交易等。

在"中信登"成立之前，每做一个信托计划就要事先向银监局报告，弊端很多：其一，监管部门没有一线的业务人员熟悉市场，不是监管部门的专长。其二，作为监管部门，没有必要为机构的每单业务背书。其三，程序烦琐，市场商机瞬息万变，很容易失去最好的时间窗口。"中信登"成立以后，信托公司发行的集合信托计划需在信托登记公司进行公示，监管人员只要盯紧信托登记公示系统，假定 5 天或者 10 天之内监管部门没有提出反对意见，信托公司就可以销售，但出了问题监管人员可以随时叫停。

一般意义上，信托登记指通过一定的方式，对有关财产已设立信托的事实向社会予以公布。就登记的基本内容而言，信托登记理论上大体可分为三类，即信托产品登记、信托收益权登记、信托财产登记。但信托财产登记并不在此次"中信登"的业务范围。信托财产登记涉及很多方面，比如动产、不动产，有技术问题、监管问题和观念问题，需要一个逐步推进的过程。中国信托登记有限责任公司的正式成立，将推动统一有效的信托市场逐步形成，进一步强化市场纪律和约束。

（二）"一体三翼"架构全面建成

伴随 2016 年中国信托登记有限公司正式揭牌成立，支持信托业发展的"一体三翼"架构全面建成，形成了监管部门为监管主体，行业自律、市场约束、安全保障为补充的多层次、多维度的信托业风险防控体系。

信托专业化监管迈出重要一步。我国信托业自 1979 年正式恢复经营以来，跌宕起伏，经历了风险与治理的交替演进。经过 30 余年的改革与发展历程，信托业规模逐步扩大，服务质效逐步提高，风控能力逐步增强，成了我国金融体系中的重要一员。

梳理信托的监管脉络可见，原银监会成立之后，以"新两规"颁布为标志，建立起了一整套适合信托业发展的监管体系框架。银监会成立信托监管部，进一步强化信托监管专业化水平。同时，信托业保障基金落地并有效运行，信托市场化风险处置工作稳步推进，行业保障机制初步建立。加上之前已经成立的履行行业自律职能的中国信托业协会，在信托公司自身不断加强风控能力的同时，支持信托业发展的"一体三翼"架构全面建成。

第二章

信托业十年发展现状与展望

当前我国信托业仍然处于初级发展阶段，而且处于关键的转型创新发展时期。

虽然1979年我国就诞生了第一家信托公司，但是在此后的近30年里，信托业持续经历被整顿的怪圈，2007年以后信托业才算真正进入平稳发展的时期，从国际比较来看，相比英、美、日百余年的信托业发展历史，差距相对较大；从国内金融同业比较来看，相比于我国银行业、证券业发展历史也相对较短，而且成熟的国际经验和模式更少。另外，信托业在我国发展时间短，信托业务模式、信托公司竞争力未来都会经历实践的不断检验，这也意味着信托业内部并不是均衡稳态，监管因素、竞争结构、业务模式等还会随着对信托制度认知的不断深化以及对本土社会经济环境的适应而形成动态调整，这其中监管因素和信托公司创新能力是塑造行业状态的关键变量。

我国信托业正在进入转型创新关键阶段，这是相对过去十年信托业的发展特质来说的，过去十年信托公司的发展成就规模扩张首当其冲，不可否认这体现了信托业初级发展阶段的特征，也符合我国金融行业先做大后做强的经验。然而，在社会经济转型发展的大趋势中，中国经济发展动力的转换、金融体系改革和重构、信息技术应用深化等都在潜移默化地影响信托业发展模式，建立在过去环境要素基础上的业务模式，已不能完全适应新情况和新常态，信托业的发展短板也会逐步被放大，如：通道业务占比高，信托业发展仍然较为粗放，专业化水平不高，信托公司受托人责任意识有待提升等。

信托业发展要由量变向质变转变，一方面，升级现有业务模式，增强附加值、技术含量，夯实部分传统业务发展基础；另一方面，应用新技术，拓展新业务，采用新模式，寻找发展新动力。那么信托业未来走向何方？现在市场的共识在于私募投行、财富管理、资产管理三大方向，分歧在于如何落实到各个信托公司具体层面。产业基金、资产证券化、证券投资、国际化业务、家族信托、PPP、消费信托等很多业务可供信托公司选择，但是信托公司必须结合自身战略、人才状况以及股东背景，选择若干业务领域进行深耕细作，美国调查数据显示，美国部分信托公司专注于1~3个业务条线，其经营效率要更高。而且，信托公司需要围绕所选定的业务方向和领域，构建必要的核心能力体系（见图2-1），否则难以将发展战略落到实处。

财富管理模式	资产管理模式	私募投行模式
• 金融产品筛选能力 • 投资咨询能力	• 投资能力 • 投后管理能力	• 资产获取能力 • 资金营销能力 • 风险管理能力

图 2-1　不同发展模式所必需的核心能力

　　信托公司转型发展没有统一的模板，可借鉴的经验也不多，更多是摸着石头过河。在转型发展过程中须遵守几个重要原则：首先，坚守信托本源，也就是现在倡导的回归本源，其实也并不一定是指回归到某一具体业务或者模式上，更多应该强调回归信托本质要求，信托的核心精神在于忠诚和创新，只有做信托才能做的事，才能体现自身的价值，不然信托与委托代理等制度的区别可能只体现在纸面上，最终有一天还是会面临更多人来抢饭碗的局面。其次，顺应市场需求，主要是要瞄准市场需求，信托两端在外，很容易顾此失彼，近年可以看到资产荒到资金荒的转变悄无声息，但是只有把握住了市场需求，才能做好双方的匹配和提高效率。再次，塑造核心优势，就在于能够做得比别人更好，未来资管市场的竞争肯定会越来越激烈，没有良好的风控、资源整合、市场渠道能力、研发能力就很容易被市场淘汰，打铁还需自身硬，总得练就点别人抢不走、偷不去、模仿不来的东西才行。最后，协调多种关系就是转型发展，不是一蹴而就，而是一项系统工程，涉及业务、制度、机制等方方面面，因此信托公司需要处理好短期业绩和长期发展、创新与风控等多种关系，从而才能确保转型发展平稳有序进行。

第一节　信托业十年发展成果

一、积极支持实体经济发展

服务实体经济是信托业发展的根本宗旨，也是推动我国经济高质量发展、满足人们美好生活需求的必然要求，作为一种建立在信托基础上的财产管理制度，信托具有高效的资产配置能力，是促进我国实体经济发展的重要力量。

在供给侧结构性改革的大背景下，信托业以"十九大"精神和"十三五"时期经济社会发展的主要目标和基本理念为指引，不断加大服务实体经济的广度和深度。作为金融领域的重要分支之一，近 10 年来，信托业秉承规范经营的理念，实现了快速健康的发展，并始终践行服务实体经济的初心。2017 年度，信托业直接投入实体经济领域的信托规模为 14.70 万亿元，占当年资金信托总规模的 67.09%，基本覆盖了实体经济的各个行业。据不完全统计，2008~2017 年黄金十年发展期间，全行业累计超过 60 万亿元投入实体经济，在支持国家重大战略，促进经济结构转型，解决企业融资难、融资贵等方面起到了积极的作用，为实体经济发展起到了重要的支撑作用。图 2-2 为 2014~2017 年信托业支持实体经济行业投向资产余额分布情况。

（一）积极响应国家重大战略及倡议

信托业积极响应国家重大战略及倡议，不断创新业务模式、完善服务措施，通过债券融资、股权投资、投资联动、产业基金、资产证券化等多重工具和手段，为"一带一路""京津冀一体化""长江经济带""中国制造2025"等国家重大战略及倡议提供形式多样的金融服务。

1. 积极融入"一带一路"建设

2016 年平安信托公司将"一带一路"沿线城市列为基建及与政府合作业务的重点区域，运用保险资金为该地区的基础设施项目提供融资支持，服务实体经济，同时也为险资提供良好的资产配置渠道。该策略实施后，平安信托在成都、重庆、西安、长沙、天津等"一带一路"重点城市均开展了较

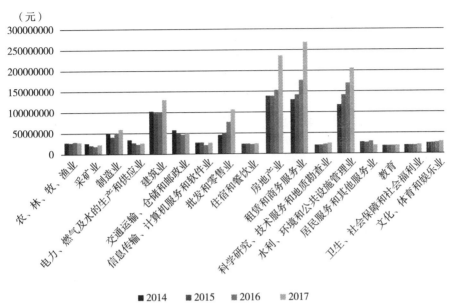

图 2-2　2014~2017 年信托业支持实体经济行业投向资产余额分布情况
资料来源：中国信托业协会官网。

大规模的合作，通过多年积累的金融专业服务能力提供全方位金融服务。2017 年，中信信托与渤海银行股份有限公司签订了"一带一路"建设相关国家出口信贷领域合作框架协议。本次合作框架协议的签署，不仅是中信信托与渤海银行在"一带一路"建设重点国家国际结算业务、贸易融资和外汇业务等领域达成的新一轮战略合作，而且是中信信托响应"一带一路"建设倡议，落实中信集团"谋势取实一带一路"战略的又一重要举措。英大信托依托全球能源互联网参与"一带一路"建设。基于特高压和智能电网技术创新，以能源电力基础设施互联互通为突破口，加快构建以特高压电网为骨干网架、以输送清洁能源为主导的"全球能源互联网"，对于实施"一带一路"倡议，推动能源生产和消费革命、保障国家能源安全、实现中华民族伟大复兴中国梦，具有重大战略意义和现实意义。

2. 支持京津冀协同发展

2016 年建信信托、廊坊市人民政府、建行河北省分行在廊坊市共同签署了《支持京津冀协同发展合作协议》。根据协议，建信信托与建行河北省分行将对廊坊市推荐的优势产业和重点建设项目优先给予资金支持，力争在 5 年内累计投入 1200 亿元的融资支持，促进廊坊市更好地实现转型升级，共同推进京津冀协同发展。三方紧密围绕现代化综合交通体系、优质园区、高端信息产业、新能源新材料产业、生物医药产业、现代物流产业等特色产业集群不断加强合作。2016年北京信托服务推进京津冀协同发展，与相关区县、市属企业合作设立了300亿元的海淀建设发展基金，200亿元的京津冀基础设施建设产业基金等。

3. 参与"长江经济带"建设

2015年6月，重庆信托发起设立了"重庆信托·长江经济带发展投资集合信托（基金）计划"，规模300亿元，旨在募集资金用于长江经济带各省（市）的发展建设，持续推动经济提质增效升级，努力为打造中国经济新支撑带做出贡献，信托资金能够用于基础设施建设、城镇化建设、产业升级转型、综合立体交通建设等，涉及"PPP"模式投资、股权投资、债权投资、产业投资基金、资产受益权等多种方式。2016年，中航信托参与管理长江经济带产业基金。作为基金管理公司联合发起人及基金管理人，中航信托将发起设立分期母基金。中航信托作为基金管理公司联合发起人，利用自身投资经验和产业背景，协助基金管理公司在产业引入、项目引进等方面提供支持。

4. 推进"中国制造2025"

2017年中航信托与仲德资本合作设立《中国制造2025》产业投资基金，助力中国制造业发展。根据协议约定，《中国制造2025》产业投资基金将紧紧围绕《中国制造2025》行动纲领，响应制造强国战略，重点关注人工智能、机器人、智能汽车、智能制造、医疗技术、先进材料、环保等领域的投资机会，寻求投资中国制造最具升级潜力的领域和企业，进一步推动国内制造企业升级。

（二）服务地方经济发展

信托业在坚持贯彻国家区域协调发展和城乡协调发展的政策方针，为地方经济发展提供金融服务，促进地方基础设施、特色产业、支柱产业的发展，活跃地方金融市场、带动地区经济繁荣方面发挥了积极的作用。比如，紫金信托参与地方基础产业基金、中泰信托支持贵州省生态移民项目建设、西部信托支持"引汉济渭"工程项目等。

以"新型城镇化"为例，新型城镇化的关键核心在于推进城乡一体化建设，而基础设施建设在城乡之间均衡发展是城乡一体化的前提。信托公司积极探索PPP模式，引导社会资金参与基础设施建设，为新城镇建设、地方经济发展提供了重要的资金支持。通过发起设立资金信托计划，信托公司以社会资本投资者身份与相关方成立项目公司，采取股权、债权或者"股+债"等方式为地方政府基础设施建设提供融资，地方政府或地方政府部门通过政府购买服务、财政补贴等给予项目公司相应支持。

(三) 助力"三农"发展

中央多次强调，把解决好"三农"问题作为全党工作的重中之重，要深入推进农业供给侧结构性改革，推动金融资源继续向"三农"倾斜。信托业积极响应国家号召，截至 2017 年末，投向农、林、牧、渔业的资金信托规模为 1078.31 亿元（见图 2-3）。

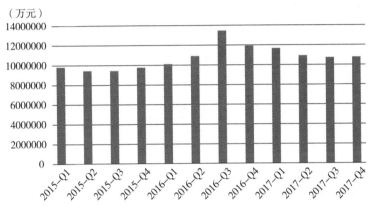

图 2-3　2015~2017 年信托行业投向农、林、牧、渔业的资金信托规模
数据来源：中国信托业协会。

在推进农业发展方面，信托公司积极创新农业金融服务模式，深度挖掘农业产业链价值，积极支持农业龙头企业的发展，为推动农业发展方式的转变贡献力量。例如，中粮信托把打造农业金融的创新服务平台作为战略发展方向，基于产业链金融逻辑，创新性地通过设立农产品价格指数投资信托、引入合作方设立农事服务一体化信托、与地方政府协商设立专项农业产业基金等业务模式，丰富投融资标的，提供全方位农事服务，有助于整合各类生产要素、规范农业产业链。

在改善农民生活方面，信托业通过推出土地流转信托、增加农民投资渠道等方式，帮助农民改善生活水平。土地流转信托是信托制度与土地流转制度的结合，是深化农村土地经营机制的改革利器，也是促进土地使用权规范有序流转的有效方式。作为国内土地流转信托的开创者，中信信托以土地流转信托为基础，打造农业产业链、"农+"一站式服务体系，为农业规模经营主体提供包括农资、农技、农机、仓储、交易、融资、理财等全程化农业服务，通过产业链内物流、信息流和资金流闭环，实现资金和产品自偿还，助力农民增收、农业增效和农村发展。

在支持新农村建设方面，信托公司通过信托贷款、债权投资、应收账款融资等方式，在农居拆迁、农村环境整治、基础设施及公共配套设施建设等方面，为新农村建设提供了资金支持。

（四）促进产业转型升级

伴随供给侧结构性改革持续深化，信托业大力响应"三去一降一补"，积极贯彻落实国家产业政策，关注产业升级的需求，将信托资金配置到符合国家产业政策导向的相关企业，推动企业加快技术改造及技术创新，促进传统产业转型升级。

信托业不断优化信托资产投向结构，促进我国经济结构调整，进一步提升全社会资源配置和生产效率。从信托资产结构上来看，投向房地产、地方政府融资平台、煤炭钢铁等产能过剩行业的信托资产占比有所下降，投向战略性新兴产业信托资产占比不断提升。

投向房地产占比下降，"因城施策去库存"。2014年以来，信托公司对房地产领域的资产配置占比持续下降。信托公司努力把握住房的居住属性，抓住结构性机会，区别对待，因城施策。一方面，重点关注供给仍然不足的地区及城市，支持保障性住房建设、棚户区改造等惠民生项目，推动降低库存压力较大的三四线房地产库存；另一方面，面对房地产增量见顶的态势，关注存量资产的证券化，积极推动 Reits 等产品创新（见图2-4）。

投贷联动、债转股、ABS，"积极稳妥去杠杆"。信托公司通过探索投贷联动业务，参与企业股权融资，进一步帮助企业降低杠杆率；通过购买银行债权进行后续转股操作，或是与银行共同设立"债转股基金"，合作开展"债转股"业务，帮助企业"起死回生"；通过探索不良资产受益权转让试点、金融租赁证券化、不良资产证券化等多种模式，大力发展资产证券化业务，有效促进企业盘活存量资产。

设立并购基金，"扎实有效去产能"。原中国银监会2014年4月下发《关于信托公司风险监管的指导意见》，将并购业务作为信托公司六大转型方向之一。随着并购基金在中国的逐步兴起，设立并购基金开始成为信托公司开展并购业务最为重要的模式之一，通过设立并购基金可以帮助产能过剩领域的一些企业兼并重组、转型升级。

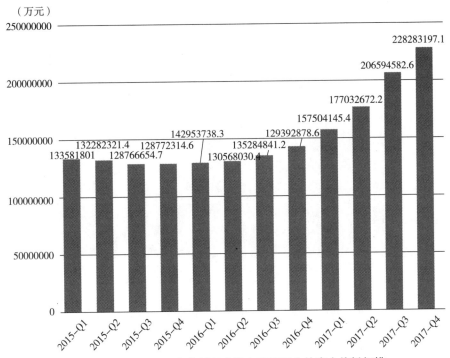

（万元）

图 2-4　2015～2017 年信托行业投向房地产业的资金信托规模

数据来源：中国信托业协会。

（五）支持战略性新兴产业

战略性新兴产业在促进经济增长、调整经济结构、推动产业转型升级等方面具有重要的作用。在新兴产业蓬勃崛起的背景下，信托业不断完善投融资机制，驱动产业创新，为具有发展潜力的企业注入活力，促进了节能环保、新能源、医疗健康、文化教育等重点新兴产业的发展（见图 2-5 与图 2-6）。

在医疗健康领域，由于受到国家利好政策的推动，多家信托公司都以不同形式不同程度地参与到医疗健康产业中，参与方式包括直接投资建设医疗机构、设立医院融资信托产品、设立医疗产业基金、与成熟医疗产业基金合作等。

在文化教育领域，信托业也不断加大支持力度，通过投融资、产业基金等方式提供资金支持。影视产业作为文化产业的重镇，近几年的高增长吸引了各路资本的目光，国投泰康信托、中融信托等信托公司也纷纷涉足该领域。例如，五矿信托通过发行结构化集合产品募集资金以股权加债权的形式投资和和影业，取得了较好的成绩。

（万元）

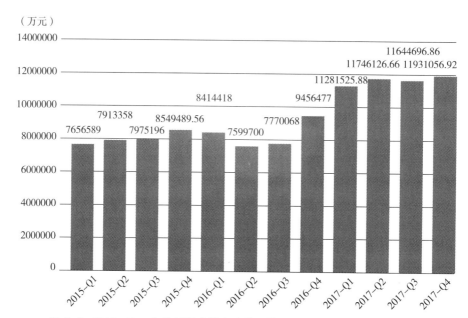

图2-5 2015~2017年信托行业投向文化、体育和娱乐业的资金信托规模

数据来源：中国信托业协会。

（亿元）

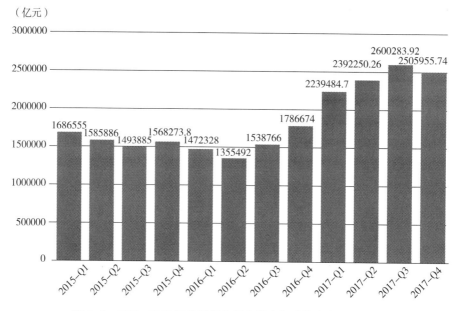

图2-6 2015~2017年信托行业投向教育领域的资金信托规模

数据来源：中国信托业协会。

（六）为中小企业融资提供更多渠道

中小微企业是我国国民经济中最具活力的群体，也是新兴产业的发展基石。但是，"融资难，融资贵"始终困扰着中小微企业。作为我国的"实业投行"，信托公司积极通过灵活的交易结构设计，为企业量身定做融资方案。

例如，中信信托设立"中信·北京中小企业发展信托基金"系列项目，涵盖高端制造业、医疗、餐饮、文化创意、农林、环保、通信增值服务等10大类30个子行业。据悉，在产品中信托公司担任基金的受托人和管理人，为基金提供综合金融服务，包括负责基金结构设计、担任交易财务顾问、基金份额募集、客户储备、筛选、投资决策以及对项目实施过程进行全面监管等。

中小企业信用等级低、经营稳定性差、可用于抵押担保的资产不足等，使其较难获得融资支持。在实践中，信托公司通过引入担保人等角色，配以结构化设计，如由政府认购劣后部分，搭建较为稳定的信用架构，使部分中小企业的信用得以扩充。

信托公司还可利用信托的平台优势，联动政策性担保公司、商业银行、PE（私募股权投资）、VC（风险投资）等机构，引入多重风险偏好资金，满足中小企业融资的综合需求。例如，厦门国际信托完成厦门市首笔科技信托，为两家科技型中小企业募集了3000万元资金。这两家企业均处于高速成长期，市场前景良好，但营业收入和盈利情况尚难以达到银行授信的要求，且都是轻资产运营，无法提供有效的固定资产抵押。为帮助优秀的科技型中小企业做大做强，市科技局与合作金融机构积极创新、协同合作，推出科技信托政策，由市科技局提供风险补偿和担保补贴，由厦门市担保有限公司科技担保分公司提供科技担保增信，由厦门国际信托募集社会资金，解决了企业燃眉之急。

二、深化国家绿色发展理念

绿色信托作为绿色金融体系中的一个重要分支，十年来信托业一如既往发挥金融调节和引领作用。信托业积极响应国家号召，顺应国家产业政策导向，坚定贯彻环保理念，通过引导资金投向、创新绿色信托项目、加大绿色信托研究投入、提高自身绿色发展能力以及参加绿色环保活动等方面，对经济、社会、环境可持续发展做出贡献。

图 2-7 数据显示，近年来绿色信托资金规模在不断扩大，2017 年绿色信托规模是 2013 年的 3.6 倍多。截至 2017 年末，信托公司存续绿色信托项目 564 个，资金规模 1693.19 亿元，其中集合资金信托项目 673.46 亿元，单一资金信托项目 1019.73 亿元，涵盖污水管网工程、河道整治、新能源汽车、生物能源等业务类型。统计数据显示，2017 年至今成立的集合资金类信托产品中，涉及"新能源""绿色""环保""清洁"的产品有 73 只，涉及 15 家信托公司，其中中航信托以 23 只居榜首。这些进一步表明，我国信托业积极贯彻落实党的十九大关于"加快生态文明体制改革，建设美丽中国"的战略部署，引导信托资金投入绿色发展项目，不断创新绿色信托模式。同时，信托业还积极开展绿色信托研究，积极参加绿色环保活动，以实际行动支持绿色发展。

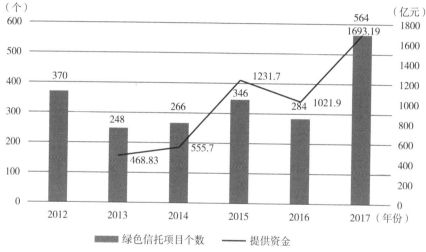

图 2-7　绿色信托项目个数和提供资金规模（2012～2017 年）
资料来源：中国信托业协会官网。

发展绿色金融已成为我国落实生态文明建设战略布局、实现绿色发展理念的重要举措，是"十三五"规划确立的五大发展理念之一。而绿色信托是信托业与我国社会经济发展新形势相结合的重要业务模式，在当前强监管的背景下，信托业务需要逐步向实体经济回归，运用信托来助力绿色产业的发展是大势所趋，也是各信托公司积极适应市场变化加强自身能力建设、脱虚向实的重要路径之一。

（一）绿色信托主动对接绿色产业发展

绿色信托是绿色金融概念提出后衍生的概念，属于绿色金融的组成部分。坚持"绿色"是未来产融结合的趋势与新方向，开展绿色信托既符合全球可持续战略，也是我国完善金融体系的战略任务，对于促进产业转型升级、推动区域经济可持续发展、加快社会进步都具有重要的意义。一些信托公司已经开始主动对接绿色产业。例如，中航信托是 68 家信托公司中第一个系统提出绿色信托概念的公司，把绿色理念和绿色行动引入公司治理和业务发展。为了更好地深化国家绿色发展理念，落实绿色金融体系政策，推进绿色信托理论研究与可持续业务模式探索。在实践中，中航信托发挥信托在资金配置等方面的优势，为绿色节能企业发展绿色节能项目提供融资支持；针对支持绿色节能项目研发、设计等中长期资金需求提供包括资产证券化在内的多元金融工具及金融服务支持，创新发展绿色供应链金融，引导社会资金向低耗能、低排放、低污染、高效率领域流动和集聚。

2014 年全国首个自然保护公益信托项目"万向信托—中国自然保护公益信托"正式设立，开启金融机构参与到保护环境事业的一种全新模式，在行业内具有里程碑式的意义。该公益信托成功地将信托模式引入了环境公益事业，其由万向信托担任受托人，以"发展中国的自然环境保护事业，保护生态环境"为目的，以公益信托的方式为公共利益目的进行管理运作，信托财产及其收益将全部用于信托目的的实现，充分发挥信托专款专用、封闭管理、信息披露严格的优势，汇聚各方力量维护中国生态环境。自 2015 年开始，持续资助水源地保护项目，已运营近 4 年。

（二）参与绿色信托研究

仅在 2017 年，信托公司就积极主办或参加各种形式的绿色环保主题研讨活动 50 余次，参会人员超过 7000 人次，共投入近 400 万元支持绿色信托领域研究，完成各类报告 50 余份，有力推动绿色信托业务发展。

2017 年，中国信托业协会与中国金融学会绿色金融专业委员会、中国投资协会、中国银行业协会、中国证券基金业协会等单位联合签署了《中国对外投资环境风险管理倡议》，并在北京绿色金融国际研讨会上正式发布。该倡议鼓励相关企业充分了解、防范和管理对外投资项目所涉及的环境和社会风险，强化环境信息披露，积极利用绿色融资工具和环境责任保险，推动贸易融资和供应链融资绿色化，加强环境风险管理方面的能力建设。

2017 年，建信信托在太阳能、风能等可再生能源领域以及环保领域进行了系统的专题研究，并发布了新能源、水处理、空气污染放置、危废处理等研究报告，为公司开展绿色信托业务提供了有力的研发支持。

（三）贯彻绿色环保理念

在日常经营中，信托公司全方位贯彻绿色环保理念，不仅在办公过程中推行无纸化办公、绿色采购、节约使用办公用品等方式减少资源消耗，也积极号召员工在工作之外，从自身做起，从点滴做起，节约每度电、每滴水、每张纸，倡导低碳出行。

信托公司积极开展绿色环保活动，2013 年有 4784 人参加，之后的几年，参加人数也在不断增长（见图 2-8）。

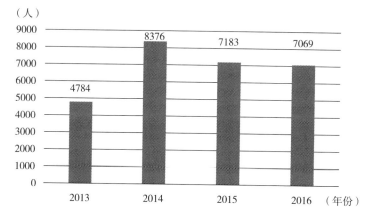

图 2-8　信托业参加绿色环保活动人数（2013~2016 年）

资料来源：中国信托业协会官网。

例如，北京信托利用办公楼顶空间铺设太阳能发电装置用于办公楼内照明设施供电，已持续发电 197 万千瓦·时。同时，公司从上至下开展绿色线上办公，提高工作效率，节约纸张消耗，制定相关工作节能制度，如下班后关闭空调等措施，为改善环境、节能减排做出了贡献；上海信托团委组织青年党团员与共青森林公园举行"绿化认养仪式"，公园向上海信托颁发《认建认养荣誉证书》。青年党团员开展了爱心公益林的养护活动，通过实际行动来增强爱护树木、珍惜绿色的责任心，营造和谐的自然环境。

三、推动慈善事业发展

2016 年 9 月 1 日，《中华人民共和国慈善法》正式施行。《中华人民共和国慈善法》包括总则、附则在内的十二章中，专门有一个章是"慈善信托"。2017 年 7 月，原银监会、民政部联合印发《慈善信托管理办法》（以下简称《办法》），明确信托公司开展慈善信托业务免计风险资本，免予认购信托业保障基金等一揽子优惠政策。《办法》的出台为这个市场注入了活力，在信托业一石激起千层浪。

（一）慈善信托发展成效显著

民政部"慈善中国"网站信息显示，截至 2018 年 9 月 30 日，慈善信托备案数量 106 单，受托财产总规模达到 16.5 亿元。表 2-1 列举了部分慈善信托产品基本信息。

表 2-1 部分慈善信托产品基本信息

慈善信托名称	备案单位	受托人	财产总规模（万元）	信托期限
中航信托·中慈联科技扶贫慈善信托	南昌市民政局	中航信托股份有限公司	34	不固定
中航信托·创青春扶贫慈善信托	南昌市民政局	中航信托股份有限公司 中国青年创业就业基金会	50	不少于一年
长安慈——平安天年方舟慈善信托	西安市民政局	长安国际信托股份有限公司	30	不设固定期限
北京联益慈善基金会 2018 年度益善 1 号——健康梦想慈善信托	北京市民政局	北京联益慈善基金会	1000	20 年
金谷信托 2018 信达大爱 1 号（扶贫及教育）慈善信托	北京市民政局	中国金谷国际信托有限责任公司	347	5 年
五矿信托——三江源精准扶贫 3 号慈善信托计划	青海省民政厅	五矿国际信托有限公司	1000	3 年

续表

慈善信托名称	备案单位	受托人	财产总规模（万元）	信托期限
厦门信托·临夏希望之旅慈善信托	厦门市民政局	厦门国际信托有限公司	15.6	不设固定期限
重庆信托·春蕾圆梦慈善信托	重庆市民政局	重庆国际信托股份有限公司	24	5 年
新华信托·华恩 5 号西藏民族教育扶贫慈善信托	重庆市民政局	新华信托股份有限公司	15	10 年
中建投信托·银信封慈善信托 1 号	杭州市民政局	中建投信托股份有限公司	13.2	2 年
绿色阳光慈善信托	杭州市民政局	万向信托股份公司	1	永续
杭工信·之江 1 号生态保护慈善信托	杭州市民政局	杭州工商信托股份有限公司	75	3 年
鲁冠球三农扶志基金慈善信托	杭州市民政局	万向信托股份公司	60000	永续
天信世嘉·信德精准帮扶 01 期慈善信托	天津市民政局	天津信托有限责任公司、天津市福老基金会	40	1 年
天信世嘉·信德精准帮扶 02 期慈善信托	天津市民政局	天津信托有限责任公司、天津市福老基金会	40	1 年

2018 年 1~9 月份，慈善信托受托财产总规模达到 7.56 亿元，月均规模 0.84 亿元，平均每单慈善信托 1938 万元。而 2016 年 9 月迄今，慈善信托受托财产总规模为 16.5 亿元，月均规模 0.66 亿元，平均每单慈善信托 1557 万元。从月均备案单数来看，2016 年最高，主要是因为多数信托公司依据《慈善法》将已设立的准公益信托转化为标准的慈善信托，前期"储备项目"贡献率较大。但因《慈善法》普及率以及社会各界对慈善信托的认知度较低，2017 年月均备案单数有所下降，但随着上述问题的逐步解决，以及慈善信托相关配套制度的不断完善，2018 年慈善信托的月均单数较 2017 年有所回升（见图 2-9 与图 2-10）。

机构种类趋于多样化。受托机构与受托财产种类趋于多样化，也是当下慈善信托发展呈现出的一大特征。据不完全统计，除信托公司作为受托人这一主要实践模式外，截至 2018 年 9 月已有 10 单"信托公司+基金会"的双

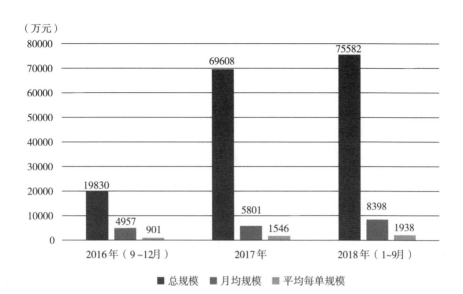

图 2-9 慈善信托各年规模指标数据

资料来源：中国信托业协会官网。

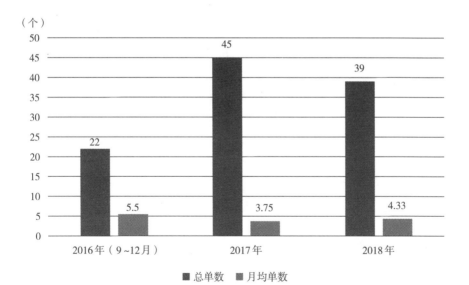

图 2-10 慈善信托各年备案单数指标数据

资料来源：中国信托业协会官网。

受托人模式，7单基金会、1单"基金会+多个自然人"的受托模式成功备案且运行顺畅。

慈善组织与信托机构跨界合作模式更有利于发挥各自专长、实现优势互补，对扩大公益慈善资金来源以及提升慈善项目的管理水平更加有利，或将成为我国慈善信托实践模式的重要选择。

(二) 我国慈善信托实践的创新

自《慈善法》颁布实施以来，信托公司和其他金融机构、慈善机构共同合作，拓展了许多慈善信托业务，模式创新层出不穷。主要内容如下：

1. 慈善信托参与方的创新

2017年"长安慈——民生001号慈善信托"首次实现由银行发动客户做慈善信托，并由银行作为慈善信托财务顾问的实践模式。2018年"大鹏半岛生态文明建设慈善信托"在广东省民政厅成功备案，成为全国首个以"政府部门委托+慈善组织受托"为模式的慈善信托。由深圳市大鹏新区管理委员会首期出资1000万元人民币设立并进行委托，深圳市社会公益基金会担任受托人。

2. 慈善信托金融扶贫模式的创新

中国信托业协会作为原中国银监会定点扶贫工作领导小组成员单位，在甘肃省临洮县探索推行了一套通过慈善信托进行规模化金融扶贫的创新模式。截至2018年上半年，已有包括"光大陇善行慈善信托计划1号""中国民生信托2018甘肃临洮民生精准扶贫慈善信托"等在内的6单慈善信托落地临洮。通过推行慈善信托支持肉牛产业（"中国信托业·长安慈·四川省慈善总会·定点扶贫慈善信托"）、慈善信托项目股权投资（"国投泰康信托·2018甘肃临洮产业扶贫慈善信托"）、慈善信托支持绿色农业（"五矿信托——三江源精准扶贫2号慈善信托"）等规模化创新金融扶贫模式，汇集更多资金资源，建立长期稳固可持续的脱贫机制，促进"输血式"扶贫向"造血式"扶贫转变。

3. 慈善信托资产类型的创新

国内首单股权慈善信托"国投泰康信托·2017年真爱梦想2号教育慈善信托"、首单艺术品作为信托财产的慈善信托"万向信托——艺酷慈善信托"落地。

4. 家族慈善的创新

"中信·何享健慈善基金会2017顺德社区慈善信托""长安慈·民生

001 号慈善信托"针对高净值人群的慈善信托落地。

5. 慈善信托慈善项目创新

"长安慈·杨凌精准扶贫慈善信托"落地，"中航信托·绿色生态慈善信托"是国内首单以绿色生态为主题的慈善信托。

6. 慈善运作模式的创新

"幸福传承慈善信托"作为国内首个双层信托模式的慈善信托成功落地。

（三）慈善信托案例

光大兴陇信托慈善信托在研发和产品与业务模式创新上亮点频现，"光大·陇善行 1 号"慈善信托产品就是其中一个典型成功案例。实际上，这款创新产品自 2016 年 12 月 8 日备案，并于 2017 年 1 月 12 日正式成立，随即成为在《慈善法》颁布当年内实现民政部门备案的慈善信托产品，光大信托也由此成功跻身全国慈善信托备案信托公司二十强。

作为甘肃省的首单慈善信托，同时也是公司"定点扶贫"的首个重点成果，"光大·陇善行 1 号"慈善信托产品 109.7 万元善款全部来自光大兴陇信托公司自有资金和员工捐赠及其增值，由受托人光大信托在信托监察人的监督下，将信托财产无偿捐给甘肃省迭部、和政、临洮三个民族地区贫困县进行定点扶贫和对口帮扶，具体用于慰问数百户五保户、为贫困中学生提供助学金资助及图书馆书籍采购与数字化管理等多个公益慈善重点项目。其核心创新点：一是引入员工捐款代表作为自然人委托人，克服公司作为单一委托人同时是受托人的合规性、风险防范难题。二是创造性地引入了"政府出红头文件、信托公司依照委托人意愿出资金、民间公益组织出人出力"的"三合一"慈善信托资金运用与公益项目执行机制，用公权力确保信托资金使用的公信力，以防范慈善信托最大、最难防范的项目资金挪用、私分等操作风险及其造成的声誉风险等，使信托公司和受捐地民政局或其指定协作单位（如教体局等）、授权或指定下级单位各司其职、各专其长，权责做到无缝衔接。

四、助力美好生活

一直以来，作为国家金融体系的重要构成，信托业始终在服务人民美好生活的征程中前行，致力于为投资者、为更广泛百姓的美好生活做出直接或间接贡献，通过探索新形势下的业务模式转型与创新，拓展更为广阔的投融资领域，极大拓宽了人民群众的财产性收入渠道。这十年来，在国家经济运行稳中有进、稳中向好的发展态势下，信托业与宏观经济保持协调发展，管理资产规模实现稳步增长，截至 2017 年末，68 家信托公司管理的信托资产规模为 26.25 万亿元；全年新增客户 19 万余人，服务客户 88 万余人；向投资者分配信托收益基本保持稳定，达到 6831.36 亿元。

信托业十年来从"受人之托，代人理财"的本源出发，忠实履行受托责任，充分发挥专业化优势，持续创新信托产品服务，不断提升财富管理水平，为投资者提供优质、综合化的金融服务。同时，在医疗、教育、卫生等社会事业领域，信托业积极实践，为改善民生注入动力，惠及更多百姓的美好生活。

（一）忠实履行受托责任要求

面对需求多元的理财市场，信托业的市场敏锐度、市场判断力和市场适应力都是其他金融机构无法企及的。作为资产管理的先行者，信托业凭借丰富的资产管理经验及人才积累，发挥财产管理、风险隔离、权益重构、跨行业金融资源配置及灵活的业务模式等制度优势，成为社会财富的优秀管理者。

如图 2-11 所示，信托业深入了解并分析投资者的多元化需求，为投资者提供了回报稳定、有吸引力和风险可控的投资产品，为社会及客户创造价值。2011 年，信托业为受益人创造了 4.30% 的平均年化综合收益率，到 2017 年已经上涨到 9.42%，增加 5.12 个百分点。

同时，结合各家信托公司年报数据，2017 年，信托产品的加权平均收益率为 6.31%；在监管指引下，信托业验收不发生系统性金融风险的底线，不良率为 0.50%，这与全行业长期对履行受托责任的高度重视密切相关。2017年，中国信托业协会持续推进对信托公司受托责任的监督工作，起草并完善《信托公司受托责任尽职指引》，旨在提升信托公司业务操作规范性，提高尽职履责水平；各家信托公司从体系建设、流程规范、行为规制等多角度要求全员尽职履行受托责任。

信托公司也进行了大量的基础建设工作。例如，中建投信托通过优化与外部评级机构、评估机构、数据库和券商研究所的合作，为风险评估和管理提供高质量的数据支持；通过建设交易对手管理系统，实现对交易对手每日舆情监测，形成对信用风险监控和应急机制的补充；江苏信托从三方面提升"双录"工作：加强"双录"签约人员培训；制定"双录"签约工作标准，将"双录"签约工作纳入员工考核；建立远程"双录"签约信息系统，实现异地及时"双录"签约。

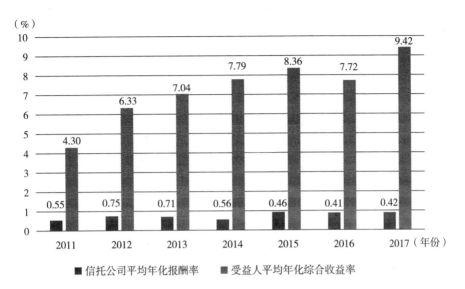

图 2-11 2011~2017 年信托公司平均年化报酬率和受益人平均年化综合收益率
资料来源：中国信托业协会官网。

（二）重视消费者权益保护

消费者权益保护工作是决定投资者满意度的关键之一，是信托业服务人民美好生活的重要标志。信托业认真践行全流程消费者权益保护体系各项要求，从制度与组织建设、消费者权益保护理念培育、多元化纠纷解决等多方面入手，提升消费者权益保护工作水平。例如，北京信托单独设立消费者权益保护职能部门——客户服务部，为消费者权益保护工作奠定坚实的组织基础，同时建立配套的消费者权益保护工作制度，形成一套体系完备、权责明确、全面覆盖的消费者权益保护工作机制；兴业信托设立金融消费者权益保护委员会、金融消费者权益保护办公室，履行消费者权益保护工作职责，并将金融消费者权益保护纳入公司治理、企业文化建设和经营发展战略的统筹规划；云南信托 TA 系统支持客户信息的采集与录入，由转岗人员根据客户所签署合同的要素进行信息集中管理，该系统与公司其他信息系统隔离，以确保客户的信息安全。

（三）不断提升财富管理水平

随着信托公司对财富端的日益重视，相关团队建设、人才储备的不断完善，信托业服务客户数量稳步增长。为更好地服务投资者，各家信托公司不断加强财富管理水平，通过网络平台建设、举办客户活动、加强客户回访等工作，优化客户服务，提升客户体验。例如，为提升客户体验，中融信托上线了业内第一家95037客服专线，招聘有金融机构客服多年经验以及高学历的人员组建专业服务团队，向客户提供高质量的服务。同时，公司开展了语音座席、官网、微信、邮箱等多个渠道为客户提供及时、便捷的服务；陆家嘴信托完善微信公众号功能。客户在关注陆家嘴公众号后，完成身份验证即可使用微信查询平台，功能与网上信托平台相同，包括已投资资产情况、收益分配情况查询以及最新产品实名预约功能，同时，微信公众号还为客户送上最新热销产品信息、公司动态、行业资讯、主体宣传等内容，不定期发布客户福利活动；外贸信托以"科学至上，打造科技驱动平台"为目标，诠释"金融科技"赋能信托财富管理的实践。通过技术升级公司官网、五行财富微信订阅号等线上传播营销工具，增加与客户的线上交互频次，逐步积累客户行为数据，深入了解并分析客户需求，从而更有针对性地策划客户服务活动，为客户创设多样化对话交流服务场景。

五、防控化解金融风险

党的十九大报告提出，防范化解重大风险是未来三年要坚决打好的攻坚战之一。由于金融在现代经济中所处的核心地位，金融风险的爆发对经济的冲击和影响往往巨大而深远。因此，打好防范化解重大风险攻坚战，重点要全面防控金融风险。

（一）监管政策不断完善

2001年，《信托法》出台后，信托业发展有法可依。2007年，信托公司重新登记后，相关监管制度加快出台，涉及信托公司监管、集合信托业务监管以及各细分业务规范，同时加强了行业基础设施的建设，建立信托业保障基金、信托登记制度等，逐步形成了相对立体化的监管体系，这为信托业稳健可持续发展奠定良好基础。2007年以后，信托业监管明显划分为两个阶段，第一阶段为建立基础监管规范的阶段，第二阶段为完善行业监管构架的阶段（见表2-2）。

第一阶段为2007~2013年，这一阶段主要是确立信托业发展的基本规范，尤其是银信合作、房地产信托等热点业务领域频繁出台了一系列监管举措，有利于强化信托公司稳健合规经营。在这一阶段，伴随《信托公司集合资金信托计划管理办法》《信托公司管理办法》《信托公司净资本管理办法》等监管法规的颁布，正式确立新时期信托业"一法三规"监管框架和体系，信托业发展进入一个新时期。《信托公司管理办法》对信托公司的经营范围进行了重新界定，将信托公司定位于"受人之托，代人理财"的专业化金融机构，更加明确了信托公司发展目标。同时，在监管基本框架确立后，监管注意力逐步聚焦信托公司业务发展和规范，相继发布了《银行与信托公司业务合作指引》《信托公司参与股指期货交易业务指引》《信托公司证券投资信托业务操作指引》等相关信托业务监管制度，而且对于票据、银信合作、政信合作的窗口指导开始增多，这表明监管部门开始更加注重微观基础业务的发展。而且，《关于支持信托公司创新发展有关问题的通知》表明监管部门也加大支持信托公司创新发展。

第二阶段为 2014 年以后，中国信托业的监管体系发生了自 2007 年的又一次翻天覆地的变化，这源于监管理念的更新与重塑，主要体现在监管部门更加关注行业监管构架的完善以及逐渐解决行业发展痛点，同时加强已有监管制度落实的监督、惩罚力度，着眼于促进行业回归本源，实现健康、可持续发展。在 2013 年、2014 年、2016 年信托业年会上监管层相继提出了行业机制、行业责任和业务分类等监管新理念，正是在这些监管新理念的指引下，信托业监管体系再一次发生了大的变革，这也是信托业新常态的特点之一。2014 年至今，信托业监管政策较少聚焦业务层面，主要强化行业规范化建设和弥补行业发展短板，强化监管制度供给，推动行业做大做强。2014 年、2016 年，监管部门相继下发了《关于信托公司风险监管的指导意见》《关于进一步加强信托公司风险监管工作的意见》，这两份文件聚焦了信托业面临的突出风险问题，而且逐步涉入公司治理、风险管理体系等方面，对于信托业风险管控具有深远意义；2014 年下发的《信托业保障基金管理办法》、2017 年下发的《信托登记管理规则暂行细则（征求意见稿）》，这两个文件聚焦行业基础设施建设，前者为防止行业发生系统性风险提供了保障，而后者有利于解决信托业务透明性以及信托产品流动性不足的问题。信托公司监管评级和行业评级的开展，则促进行业优胜劣汰，引导信托公司有序竞争。2014 年以来另一重大趋势是，监管部门对于信托公司行政处罚力度逐步增强，截至 2017 年 10 月份已开出罚单 10 张，超出上一年度全年数量。

表 2-2　2007~2017 年信托业重要监管政策法规

时间	监管政策
2007 年	《信托公司治理指引》《信托公司集合资金信托计划管理办法》《信托公司管理办法》《信托公司受托境外理财业务管理暂行办法》《关于调整信托公司受托境外理财业务境外投资范围的通知》
2008 年	《关于鼓励信托公司开展公益信托业务支持灾后重建工作的通知》《银行与信托公司业务合作指引》《关于加强信托公司房地产、证券业务监管有关问题的通知》《信托公司私人股权投资信托业务操作指引》《信托公司在全国银行间债券市场开立信托专用债券账户有关事项的公告》
2009 年	《关于信托公司开展项目融资业务涉及项目资本金有关问题的通知》《关于支持信托公司创新发展有关问题的通知》《关于进一步规范银信合作有关事项的通知》《关于信托公司信政合作业务风险提示的通知》《关于信托公司信托产品专用证券账户有关事项风险提示的通知》《信托公司证券投资信托业务操作指引》
2010 年	《信托公司净资本管理办法》《关于信托公司房地产信托业务风险提示的通知》《关于加强信托公司房地产信托业务监管有关问题的通知》《关于规范银信理财合作业务有关事项的通知》《关于加强信托公司结构化信托业务监管有关问题的通知》
2011 年	《信托公司参与股指期货交易业务指引的通知》《关于进一步规范银信理财合作业务的通知》
2012 年	《关于金融资产管理公司开展信托增信及其远期收购等业务风险提示的通知》
2013 年	《国务院办公厅关于加强影子银行监管有关问题的通知》《关于信托公司风险监管的指导意见》《关于 99 号文的执行细则》《信托业保障基金管理办法》《信托公司净资本管理办法（征求意见稿）》《信托公司监管评级与分类监管指引（征求意见稿）》
2014 年	《信托公司条例（征求意见稿）》《信托公司行业评级指引（征求意见稿）》《关于做好信托业保障基金筹集和管理等有关具体事项的通知》《中国银监会信托公司行政许可事项实施办法》《信托公司行业评级指引（试行）》
2015 年	《关于进一步加强信托公司风险监管工作的意见》《关于开展信托公司行业评级的通知》
2016 年	《信托公司监管评级办法》《信托登记管理规则暂行细则（征求意见稿）》《关于开展信托业务分类改革试点工作的通知》《慈善信托管理办法》
2017 年	《关于加强规范资产管理业务过渡期内信托监管工作的通知》

（二）加强内控系统

信托业十年以来一直明晰内控机制的目标，内控管理手段进一步升级，内控管理在公司业务环节中进一步延伸。各信托公司通过优化内部控制流程、开展员工培训等多种方式，完善内控体系建设。例如，英大信托细化供应链金融、水电信托、股权投资信托业务等重点业务指引，修订、发布《业务审批与决策管理办法》《信托项目评审委员会工作细则》等规定，完善了业务操作标准和流程；北京信托积极推进内控改革，进一步强化了对风控条线的人力资源配置，细化了岗位设置和职能分工，风控管理链条进一步延伸，逐步实现项目成立前的全流程管控和项目风险监控内嵌，强化了对业务部门负责人和员工在日常工作中的风控要求。

（三）提高风险处置能力

为响应监管机构专项治理要求，各信托公司积极认真组织自查，并主动配合监管检查。信托公司及时更新完善业务制度，着力完善风险应急处置机制，以实现及时识别、评估、监测、报告和控制各类风险，为规范金融秩序、维护金融稳定发挥了积极作用。例如，中铁信托出台房地产信托业务等多项业务风控指引，建立健全风险管理体系，增加风险防范措施，主动加强项目风险管理，切实提升了公司风险管理的精细化和有效性；大业信托对公司《风险管理办法》《信托项目终身实施细则》进行了修订，增加了终身备案委员的数量，修改了委员产生方式，丰富了终身委员的构成。

六、大力发展普惠信托

（一）普惠信托的发展背景与优势分析

党的十九大报告描绘了中国进入新时代的宏伟蓝图，普惠成为这幅蓝图的注解之一。从"把解决好三农问题作为全党工作重中之重"到"坚决打赢脱贫攻坚战"具体任务的提出，也为金融机构的发展指明了方向。

党的十八大以来，各类金融机构着眼于国家经济建设大局，自觉承担"普之城乡，惠之于民"的社会责任，走出了一条普惠金融可持续发展之路。但也必须看到，我国金融服务体系的结构和层次仍存在不平衡现象，与社会公众对金融服务的需求有一定差距，主要表现：农村金融基础弱、网点少、成本高，金融服务的覆盖面和渗透率还有待进一步提高；中小企业融资难、融资贵问题仍然存在；小型社区类金融机构发展亟待加快；对金融消费者合法权益的保护还不够等。

在此背景下，信托业大力发展普惠金融框架下的普惠信托业务，使现代金融服务更多地惠及广大人民群众和经济社会发展薄弱环节，既有利于实现当前稳增长、保就业、调结构、促改革的总体任务，也有利于促进社会公平正义，具有积极的现实意义。信托作为金融领域中的重要组成部分，近年来在普惠金融领域做了很多积极尝试：推出土地流转信托、依托信托制度优势以及在私募投融资领域所积累的综合金融服务能力，成为小微金融的终端服务商、积极拓展消费信托业务等。

实际上，信托业开展普惠金融业务具有核心优势。首先，信托公司在资金总量和资金来源上具有明显优势。信托公司可以通过发行集合信托产品从社会上募集资金，具有相对充足的资金来源。其次，信托公司可以根据普惠金融的服务特点，研发推广适合各种人群的订制金融产品，包括理财、托管、现金管理、财务顾问乃至贷款等。最后，信托公司业务条线丰富，专业化程度高，管理规范性强，风控水平高。信托公司通过信托制度灵活多变的特点，能够运用广泛的投资工具开展业务，这是其他金融机构所不具有的特质。

（二）普惠信托业务模式的探索与创新

近年来，信托公司积极创新普惠金融框架下的信托业务，在实践中进行了多元化、全方位、广领域的探索，取得了令人瞩目的成绩，为信托业不断回归本源定位、逐步实现业务模式和产品模式的转型升级，奠定了坚实的基础。

1. "慈善信托+"型普惠信托模式

该普惠信托模式是将慈善信托计划与扶贫、支贫、扶助三农等普惠信托目的相叠加，进而体现出公益信托和普惠信托两大信托目的，使信托制度设计灵活性的独特优势得以充分彰显。2015年11月，"大爱长安·普惠金融专项基金"捐赠暨"大爱长安·陕西银行业普惠金融扶贫慈善信托"签署仪式在西安市举行，长安信托成为该慈善信托的受托人。该慈善信托资金首期以农户小额贷款风险损失补偿金的形式与陕西省延川县农村信用合作联社、志丹民生村镇银行等金融机构合作，由合作机构适当降低对农户的贷款发放条件，使金融服务更广泛地惠及陕西省相对落后地区的农户。慈善信托对合作机构发放该类贷款的损失进行补偿，提高合作机构对农户发放贷款的积极性，使更多农户得到生产经营的资金，促进三农发展。

2. 惠民理财型普惠信托模式

这一模式要求信托公司深入理解和精准把控集合资金监管规章，坚持合格投资者的标准，在合规经营的前提下，通过创新设计信托计划的交易结构和资产配置结构，在现金流管理技术的支撑下，把信托理财的门槛加以降低，使信托产品逐步向更加惠民的理财工具靠拢。2016 年，百瑞信托推出一款名为"安鑫悦盈"的集合资金信托计划，在不违反合格投资人原则的前提下，将信托的投资起点从 100 万元降至 20 万元，并且实现了每个工作日申购赎回的高流动性。而通常信托计划的投资起点为 100 万元，甚至会提升至300 万元。这款产品或许是百瑞信托践行普惠金融理念，以产品为载体培养客户群体的一种有效尝试。

3. 同业合作型普惠信托模式

这是信托公司整合同业机构的不同资源与优势形成的业务模式，是在分业经营背景下开展普惠金融业务的一类探索。例如，中航信托在服务小微企业方面采取了与小贷公司（宜信）、保险公司（中国人寿财险）合作的模式。其中，中国人寿财险提供信用保证保险，如小额借款人出现逾期还款，则会进行相应赔付，而且所有使用信托资金放款的小额信用借款都在投保范围内。通过与保险公司的合作，信托公司可以实现客户资金的安全管理，并形成相对封闭的资金环境。保险公司具有经营范围广、资产规模庞大、覆盖地域广等优势，并且具有很强的风控能力，信托与保险的结合将更有利于普惠金融业务的发展。

4. 消费金融型普惠信托模式

目前我国信托公司可以通过四种模式介入消费金融业务：一是事务管理信托模式，即为非金融类的网贷机构提供后续放贷和管理服务，或者发挥信托制度优势，协助部分从事消费金融业务的机构开展资产证券化等业务；二是融资贷款信托模式，运用集合资金信托计划，发挥资金募集优势，为部分优质的、资本实力较强的消费金融机构提供大额融资服务；三是主动管理信托模式，先由部分专业的网贷公司、互联网机构负责提供客户资源并进行风险初步识别，其后由信托公司负责客户筛选、放款及后期管理，最终形成完整的消费金融业务链条；四是设立专业子公司模式，可以在消费金融业务具有一定规模后，成立消费金融业务事业部或者成立消费金融子公司。

第二节　信托业发展的主要瓶颈

一、信托监管制度有待完善

自 2007 年"新两规"颁布实施以来，已整整过去十年了，在这期间信托业持续稳健发展，这一切都离不开有效的监管。

（一）信托业监管的本质以及原则

为什么要对信托业监管以及如何监管，这其实是实施信托业监管首先需要回答的问题，这也决定了信托业的发力点和监管资源配置重点。

从金融监管理论上讲，信息不对称、维护金融系统稳定性、保障社会利益最大化等都是社会公认并接受的理论基础，信托业作为金融行业的重要组成部分，自然无法脱离上述理论制度的覆盖。那么实践情况又是如何呢？日本早在 19 世纪末就开始引进信托制度了，早期发展非常快，信托机构数量激增，当时并没有什么监管措施，各种机构打着信托的幌子开展投资业务，造成整个行业非常混乱，这也促成了后来的日本信托法以及信托业法的实施，对信托业实施较强的监管，提高了行业准入门槛。我国现代信托业开始不久，信托业监管薄弱，行业发展也经历了如同日本式的混乱局面，虽然有所控制，但是鉴于行业定位、监管制度不健全，致使整个行业多次进行调整和整顿。这些事实表明，营业信托，尤其是大陆法系国家引入营业信托业后，鉴于对于信托制度的理解以及其灵活性，很容易出问题，行业监管十分必要。同时，经营信托业务的机构以盈利为目的，在受托人职责以及自身利益存在冲突时，有必要通过监管促进信托机构更好地履行受托人职责，维护委托人或受益人的利益。

对信托业进行监管需要遵循三个原则，一是针对性原则，就是要根据不同金融子行业经营模式特点，有针对性地进行监管，诸如银行业本质是银行债权债务经营，因而需要针对客户储蓄安全以及资产质量进行监管；信托业则是管理信托财产，努力实现受益人利益最大化，这其中就要对信托机构履职尽责以及受益人权益维护进行监管，促进信托经营机构提升资产管理能力。二是规制与促进双重目标，监管的目标不仅在于促进行业有序发展，而且在于通过政策引导，推动行业提升发展水平，这对于信托业尤其重要，因为我国信托文化底蕴差，业务开展较难，而日本经验也表明，促进信托业的大发展，政府通过各种方式推动行业发展是十分必要的。三是成本与收益分析，监管部门实施各种监管行为都是有成本的，包括金融机构的合规成本，因而应该确立成本—收益分析方法，最大化地实现监管资源配置。

信托业务相对银行、证券尚不成熟，而且仅在英美日等少数国家取得了较大成绩，因而其国际监管经验仍不足，并不像银行等具有国际的丰富实践和近乎统一的全球规则。因此，我国信托业监管要在信托业不断成长和发展，部分借鉴国际经验的同时，根据本土特色有针对性地进行创新实践。所以，在信托业大发展的 10 年里，监管政策也经历了不同时期的演进和变化。

（二）我国信托业监管存在的问题

经历了近 10 年的不断优化和升级，现有监管体系已经相对完善和成熟，当然信托业发展时间短，需要不断针对行业发展的新形势和新趋势，加强规范和强化监管，从目前来看，我国信托业监管主要存在以下问题：

第一，顶层制度供给仍不足。虽然我国已制定了《信托法》，用以规范信托关系，通过《信托公司管理办法》"三规"形成信托业的监管框架，然而顶层主要制度仍不健全，主要表现为：一是信托业法缺失。目前，《信托公司管理办法》作为部门规章，法律层次较低，适用范围有限，对于信托公司权益保护不足。伴随资管市场的逐步开放，银行、券商等金融机构都已开展类信托业务，资管行业较为混乱，通过制定信托业法律，有利于统一信托业务经营规范。二是信托业退出和准入机制缺失。我国信托业准入、退出机制依然不健全，我国信托业进入门槛较高，主要体现在监管部门的严格审批制度，不发放新的信托牌照，主要以重组原有信托牌照为主；信托公司经营日益分化，部分信托公司经营不善，但信托公司退出机制缺失，不利于行业的优胜劣汰和资源配置优化。三是基础业务制度不完善。公司信托业务在会计、税收、信托财产登记等制度方面还不完善，不利于信托业务规范化发展，也阻碍了信托业务的有效发展。

第二，现有监管制度有待完善。这些年监管部门出台了大量监管制度，然而随着信托业的不断发展，部分制度已体现出了不适应现实情况的问题，需要不断完善。一是《信托法》有待完善，2001 年出台的《信托法》已经过去了 18 年，当时立法背景已经发生了很大变化，诸如以信托财产登记作为信托生效的重要前提条件，然而这与国外仅将信托财产登记作为对抗第三方的重要法律依据有一定差异，而且我国迟迟仍未建立起信托财产登记制度，已经在一定程度上阻碍了财产权信托的发展。二是信托保障基金制度有待完善，2014年出台信托保障基金制度后，为行业发展建立了安全网，有利于提升投资者信心，但是，从具体执行来看，信托保障基金使用要求和流程并不明晰，利用效率并不高，基金经营管理透明性不高，财产权信托缴纳的保障基金在项目结束后是否需要退回仍不清晰。未来还需要针对信托保障基金缴纳项目类型、最高认缴规模、具体可使用情形以及管理透明性等进行优化和完善。三是房地产信托业务、政信业务、银信业务等相关规范多以通知形式，在不同年份下发了不同要求，缺乏统一而系统的业务监管制度规范和指引。

第三，部分领域监管制度仍有待补充。虽然信托监管体系已经相当丰富，但是在部分领域仍有所欠缺，还需要加以规范。一是受托人责任仍然缺失，虽然《信托法》《信托公司管理办法》《信托公司委托责任尽职指引》2均对信托公司作为受托人履行职责做出原则性要求，但是仍缺乏可操作的细则。这些年信托监管更注重事后监管，但是对于信托关系最为依赖的受托人尽责方面的具体监管措施不足，因此，有必要加快建立受托人履职规范，有利于划分委托人和受托人责任，促进逐步打破刚性兑付。二是业务集中度监管要求不足，目前大部分信托公司仍以债权融资为主，而且对于个别债权人的投融资规模非常大，达到十几亿元甚至几十亿元，在刚性兑付的情况下，一旦出现黑天鹅事件，则信托公司自身都难以应对，将会对行业产生非常大的冲击，因此有必要加快建立部分投融资业务的集中度监管要求。三是信托公司作为金融机构在产品营销、分支机构建设方面受到极大限制，而针对异地开展业务，信托公司通常采用变相的方式突破现有监管要求，这本身有可能游离于监管掌控之外，不如变堵为疏，通过明确的制度规范科学合理地指导信托公司开展异地经营和产品销售活动。四是监管部门一直鼓励信托公司专业化经营，发起设立专业子公司，然而目前并没有明确的监管制度对发起设立子公司的条件、后续监管等做出相关规定，导致很多信托公司设立了较多的子公司及孙公司，业务经营更加复杂化，也容易形成风险隐患。

二、"去通道"压力凸显

"资管新规"对信托业影响的核心在于"去通道"，信托业在经历了2017年的通道业务回流后，通道类业务规模占比达到60%左右。在金融去杠杆的大背景下，未来去通道压力较大，信托资产规模可能会逐渐收缩。

2007 年以来，中国信托资产规模 10 年扩张了 27 倍。截至 2017 年末，信托管理资产规模达到 26.25 万亿元，是 2007 年末的 27.63 倍。从增速上看，2008 年，受益于银信合作通道的出现以及"四万亿"刺激计划，信托资产规模快速扩张；2009 年的增速高达 65.57%；2010 年，由于银信理财合作的叫停，信托资产增速回落至 50% 左右；2012 年，随着券商资管和基金子公司参与资管业务竞争以及年末对政信合作业务的加强监管，信托资产规模增速开始下滑，2015 年末达到 16.6% 的最低点，2017 年，由于通道业务的回流，增速回升至 29.81%（见图 2-12）。

总体来看，过去 10 年，信托业规模始终保持着相当高的增速水平，远超同期 GDP 的增速，在监管的变化过程中始终能寻找到行业的发展点。

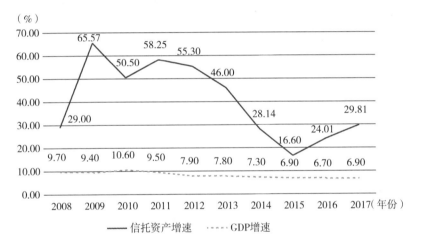

图 2-12　2008~2017 年信托资产增速与 GDP 增速对比

资料来源：中国人民大学信托与基金研究所：《中国信托公司经营蓝皮书（各年度）》，财富出版社，2016 年版。

（一）信托通道业务加杠杆

金融加杠杆的过程是信用扩张和风险提升的过程，金融行业是存在经营风险的行业，高负债、高杠杆经营是金融行业的特性，能够帮助金融企业成倍地放大收入和利润，金融企业具有加杠杆的内在动力。长期以来，商业银行为突破存贷比、资本充足率、准备金制度等对资产规模扩张的限制，积极发展表内同业、表外理财等创新业务，通过对接资管通道实现信贷资产的投放，从而扩大资产规模，提升杠杆水平。在此过程中，信托业凭借其灵活的制度优势、广泛的投资范围以及审慎监管的相对缺乏，成为银行资产出表的重要合作渠道。

商业银行通过信托通道加杠杆直接推动了信托资产规模的快速增长，在庞大的信托管理资产中，通道类业务规模占比不断增加。由于信托公司事务管理类信托风险准备计提系数更低，我们用事务管理类信托来衡量通道类信托业务，截至 2018 年第一季度，事务管理类信托规模达到 15 万亿元，占比为 59%，而 2010 年第一季度的占比仅为 21%（见图 2-13）。

图 2-13　2010~2018 年上半年事务管理类信托规模及其占比统计表

资料来源：中国人民大学信托与基金研究所：《中国信托公司经营蓝皮书（各年度）》，财富出版社，2016 年版。

初期的通道类业务主要是银信合作业务（见图 2-14），从 2007 年开始，信托业迎来快速发展期。当时为抑制房地产和基建投资过热，央行通过多次上调存款准备金、控制信贷规模等手段限制商业银行信贷的投放和资产的扩张，商业银行借道信托开展信贷业务，银信合作开始出现。对银行来说，银信合作业务可以优化商业银行的表内资产结构，扩大银行的投资范围，可以在商业银行缺乏信贷额度的情况下，帮助商业银行挽留和争夺重要客户，而信托公司也通过银信合作实现规模的快速扩张和赚取通道费。

2008 年，在全球金融危机的影响下，中国政策环境开始转松，出台了"四万亿"刺激计划，推动了融资规模的快速增长。2008 年年底，原银监会发布了《银行与信托公司业务合作指引》，对银行理财合作和银信其他合作进行了规范，银信通道类业务受到监管承认。此时的银信合作主要采用信托贷款模式，即银行委托信托公司就某项目发起集合或单一资金信托计划，然后以表外理财全额或部分购买此信托计划，银行是该融资项目风险和收益的承担者。

随着银信合作业务的扩张带来风险的积聚，监管层开始加强对银信合作业务的监管。2009 年，原银监会下发《关于进一步规范银信合作有关事项的通知》，规定在银信合作中信托公司不得将资产管理职能委托给资产出让方或理财产品发行银行，强调主动管理。2010 年 8 月，原银监会《关于规范银信理财合作业务有关事项的通知》，叫停银信理财合作通道类业务，并规定对信托公司融资类银信理财合作业务实行余额比例管理，融资类业务余额占银信理财合作业务余额的比例不得高于 30%，商业银行表外资产转入表内，按照规定比例计提拨备和资本。

与此同时，随着《信托公司净资本管理办法》的出台，信托公司的净资本管理制度正式形成。按照规定，信托公司净资本不得低于人民币 2 亿元，净资本不得低于各项风险资本之和的 100%，净资本不得低于净资产的 40%。2011 年初，原银监会下发《关于进一步规范银信理财合作业务的通知》，规定银行未转入表内的银信合作信托贷款，各信托公司应按照 10.5% 的比例计提风险资本。在对商业银行和信托公司双方的资本约束下，银信合作业务规模开始收缩，在信托资产规模中的占比也开始下降。2011 年一季度，银信合作规模达到历史最低的 1.53 万亿元，随后保持稳定增长，但占比从 2010 年 9 月的 64% 下降到目前的 20% 左右。

2013 年，银监会"8 号文"对非标投资设立了 4% 和 35% 的比例限制，信托收益权转让成为银信合作绕开监管的经典模式。信托收益权转让又可以分为买入返售模式和同业理财计划投资模式，前者是指在信托公司发放信托贷款，过桥企业获得信托收益权后，过桥企业与银行 A 和银行 B 签订《三方合作协议》，约定将信托收益权转让给银行 A，银行 B 以买入返售方式买入银行 A 的信托收益权，银行 A 承诺到期无条件回购；后者则是银行 B 购买银行 A 基于信托收益权发行的保本理财产品。

2012 年，在稳增长背景下政策趋于放松，证监会颁布并实施了《证券公司客户资产管理业务管理办法》和《证券投资基金管理公司子公司管理暂行规定》等法规，允许证券公司、基金子公司开展资产管理业务，通道业务全面放开。自此，券商资管和基金子公司"逐鹿"通道业务，基金子公司一度成为诸多金融创新业务均可开展的"万金油"。由于不受净资本约束，券

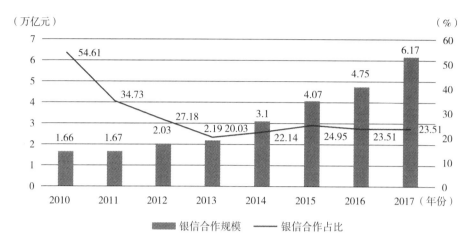

图 2-14　2010～2018 年上半年银信合作规模及占比统计

资料来源：中国人民大学信托与基金研究所：《中国信托公司经营蓝皮书（各年度）》，财富出版社，2016 年版。

商资管和基金子公司在通道业务方面存在资金成本优势，不断压低通道业务费率，通道费率从 2012 年的 0.3% 左右一度下降到 0.03% 以下，在激烈的价格竞争之下，信托通道业务分流。同时，多方共同参与的通道业务模式开始出现，通道业务链条被拉长，更加不利于金融杠杆和风险的评估和监管。

（二）监管收紧，通道业务回缩

近年来，金融防风险、去杠杆是金融行业发展的主基调。由银行资产出表需求驱动而快速扩张的金融机构表外业务放大了杠杆，在刚性兑付的背景下积累了大量的风险，是金融去杠杆的重要领域。截至 2017 年年末，中国大资管体系总规模达到 119.93 万亿元，是 2014 年年末的 2.1 倍，其中信托公司资金信托规模达 21.9 万亿元，占比 18.2%，是仅次于商业银行理财产品的第二大资管主体。

在金融去杠杆的背景下，中国大资管体系开始收缩。2017 年，在大资管体系中，券商资管、期货资管、基金公司及子公司专户业务规模均有不同程度的下降，银行理财规模基本维持不变，其中，券商资管、期货资管、基金公司及子公司专户业务规模分别较 2016 年年末下降 4%、10%、19%，银行理财规模较 2016 年年末增长 1.6%，大资管体系整体规模较 2016 年年末仅增长 7%，远低于 2016 年 27% 的增速。进入 2018 年，收缩趋势延续。资金信托规模也开始下降，截至 2018 年一季度，信托公司资金信托 21.58 万亿元，较 2017 年年末下降 0.32 万亿元。

券商资管和基金子公司规模的率先收缩源于监管的趋严，资本约束的加强促使券商和基金子公司压缩通道业务。2016 年 6 月，证监会《关于修改〈证券公司风险控制指标管理办法〉的决定》开启了压缩通道业务的严格监管模式，《证券公司风险控制指标管理办法》提出了资本杠杆率（核心净资本/表内外资产总额）不得超过 8%的新要求，由于通道业务费率普遍偏低，当其占用净资本规模将影响开展其他高收益业务时，券商收缩通道业务将成为必然趋势。

此外，券商分类评级标准中提出了资管业务月均受托资金万分之五的扣分项也抑制了通道规模的扩张。2016 年 11 月，《基金管理公司特定客户资产管理子公司风险控制指标管理暂行规定》对基金子公司设定净资本门槛与净资本监管要求，基金子公司和信托公司一样都有了规范的资本约束，倒逼其压缩通道业务。同时，由于规范监管下成本的提升，市场通道类业务费率也开始回升至 0.1%左右。

2016 年 7 月，被称为史上最严的银行理财新规《商业银行理财业务监督管理办法（征求意见稿）》出炉。新规划分投资范围，限制产品杠杆，并且明确限定银行理财对接非标债权资产的通道为信托。各家券商资管和基金子公司的通道业务处于新产品不开设、原有产品存续期满不续约的"半歇业"状态。

监管政策的密集出台导致通道类业务开始回流信托，从数据上来看，代表信托通道业务的事务管理类信托规模在经历了 2013~2016 年各资管主体通道业务"混战"的增速回落后，重回快速上升的态势，增速在 2017年 6 月回升至 67.11%，通道业务回流带动信托资产规模同比大幅增长29.81%。

2018 年 4 月 27 日，《关于规范金融机构资产管理业务的指导意见》（以下简称"资管新规"）正式落地，该文件是大资管行业监管的顶层设计，意味着资管行业从此逐渐进入统一监管、打破刚兑、主动管理的新时代。

"资管新规"对信托业具有深远影响，核心在于去通道。新规重点针对的多层嵌套、刚性兑付、规避金融监管和宏观调控等问题是信托等资管行业目前普遍存在的问题。"资管新规"明确规定金融机构不得为其他金融机构的资产管理产品提供规避投资范围、杠杆约束等监管要求的通道服务，同时规定资管产品只能再嵌套一层公募基金外的其他资管产品。信托业在经历了2017 年的通道业务回流后，通道类业务规模占比达到 60%左右，未来去通道压力较大，信托资产规模可能会逐渐收缩。

不过，考虑到通道业务费率较低，大概在 0.1% 左右，对信托业收入和利润的影响有限。2018 年，信托资产规模首次出现下降，截至 2018 年第一季度，中国信托资产规模为 25.61 万亿元，较 2017 年年末下降 6322 亿元，其中事务管理类信托规模下降 5043 亿元，投资类信托规模下降 1244 亿元，融资类信托规模下降 35 亿元，通道类业务规模下降明显。

"资管新规"对信托产品的发行和信托资金的募集提出了更高的要求。"资管新规"提高了合格投资者的标准，新增合格投资者家庭金融净资产不低于 300 万元的要求，减少了合格投资者的数量；同时要求信托产品要打破刚兑，在一定程度上降低了信托产品的吸引力，提升资金募集的难度，但对于主动管理能力强的信托公司来说，净值化管理发行的产品收益率有望提升，从而取得竞争优势。

而且，"资管新规"穿透式监管，向上识别产品的最终投资者，向下识别产品的底层资产，不得开展或者参与具有滚动发行、集合运作、分离定价特征的资金池业务，保证信托产品在资产端和资金端的风险、期限匹配，也对信托公司在产品发行、流动性管理方面产生一定的影响。

"资管新规"将过渡期设置为 2020 年年末，给予金融资管机构充分的整改和转型时间，超过两年半的过渡期内，金融机构可以发行老产品对接，但应当严格控制在存量产品整体规模内，有序压缩递减，防止出现断崖效应，维持资管机构的流动性和市场稳定。过渡期结束后，金融机构不得再发行或存续违反新规的资产管理产品。"资管新规"执行严格有序，后续效果将逐步显现。

（三）主动管理业务分化渐显

在通道业务收缩的背景下，未来信托业的收入仍能保持增长。

2010~2017 年，信托业营业收入和利润总额增长迅速（见图 2-15 与图 2-16）。2017 年，信托业实现营业收入 6578.99 亿元，是 2010 年的 4.43 倍，7 年年化增速 23%；实现利润总额 824.11 亿元，是 2010 年的 5.19 倍，7 年年化增速 27%。在增速方面，2016 年以前，信托业收入和利润的增速与规模的增速基本保持一致，总体呈下降趋势，2016 年之后，虽然信托资产规模扩张很快，但通道类业务的大量回流导致信托报酬率的下降，收入和利润增速回升有限。2018 年第一季度，信托业实现营业收入 243.36 亿元，同比增长 12%，实现利润总额 167.67 亿元，同比增长 7.92%。

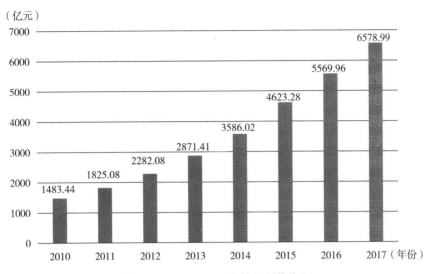

图 2-15 2010~2017 年信托经营收入

资料来源：中国人民大学信托与基金研究所：《中国信托公司经营蓝皮书（各年度）》，财富出版社，2016 年版。

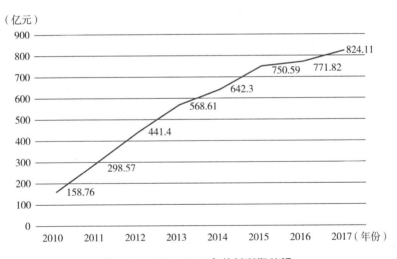

图 2-16 2010~2017 年信托利润总额

资料来源：中国人民大学信托与基金研究所：《中国信托公司经营蓝皮书（各年度）》，财富出版社，2016 年版。

除信托业务外，固有业务也是信托业的一大业务板块，固有业务指信托公司运用自有资本开展的业务，主要包括但不限于贷款、租赁、投资、同业存放、同业拆放等。截至 2018 年第一季度，信托业固有资产达到 6682 亿元，是 2010 年年末的 4.5 倍，固有资产扩张迅速，同时固有资产配置结构不断优化，投资类资产占比从 2010 年的 57.47% 提升至 2017 年的 75.41%，随着固有资产规模的稳步扩张和投资类占比的提升，固有业务收入（利息收入+投资收益）也从 2010 年的 111.68 亿元增长到 2017 年的 347.3 亿元，7 年年化增速 17.6%。固有业务收入在营业收入中的占比一直保持在 30% 左右。预计未来随着信托公司主动管理投资能力的提升，固有业务也会受益（见图 2-17）。

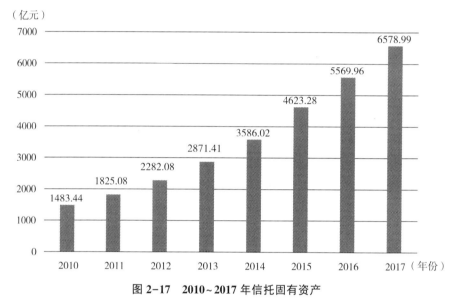

（亿元）

图 2-17　2010~2017 年信托固有资产

资料来源：中国人民大学信托与基金研究所：《中国信托公司经营蓝皮书（各年度）》，财富出版社，2016 年版。

从业务分类的角度来看，有关机构对 2018~2020 年信托业收入进行了相应的测算（见图 2-18 与图 2-19），信托业务，在信托资产规模方面，由于未来通道业务压缩是必然趋势，根据"资管新规"，到 2020 年年末的过渡期，信托通道类业务在 3 年时间内将逐步清理。以事务管理类信托规模直接刻画需要压缩的通道类业务规模（忽略资产证券化、标品信托等合规事务管理业务，即实际需压缩的通道业务规模应小于测算值，测算结果偏保守）。按照上述测算方法，假设 2018~2020 年存量通道业务每年到期 1/3，同时 2018~2020 年适当发行产品对接，新增产品为到期产品的 30%、20%、10%，则预计 2018~2020 年年末通道类业务规模分别为 12 万亿元、7.41 万亿元、1.9 万亿元。

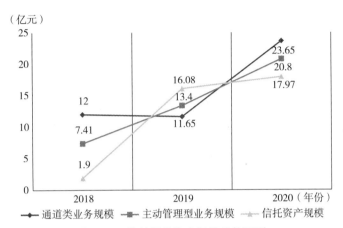

图2-18　信托行业资产规模趋势预测

数据来源：太平洋证券。

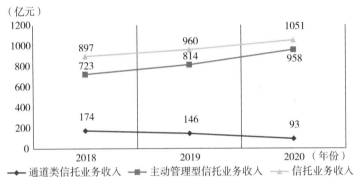

图2-19　信托行业信托业务收入趋势预测

数据来源：太平洋证券。

而在主动管理业务方面，信托业主动管理业务将逐渐替代通道业务。2017年，行业规模前20的信托公司主动管理规模增速的中位数为16.6%（渤海信托），预计2018～2020年主动管理转型加速，据此假设，未来三年主动管理业务规模（使用投资类+融资类信托规模估算）按10%、15%、20%的增速扩张，则2018～2020年年末主动管理类规模分别为11.65万亿元、13.40万亿元、16.08万亿元。

根据上述测算，到2018～2020年年末，信托资产规模为23.65万亿元、20.80万亿元、17.97万亿元，同比分别减少9.88%、12.02%、13.60%。

在信托报酬率方面，2018年以来，在强监管的压力下，通道业务费率有回升趋势，新增通道费率大部分在0.3%以上，根据上文存量和增量的比例假设，预计 2018～2020 年通道类业务平均报酬率为 0.13%、0.15%、0.20%；而在主动管理业务方面，预计 2018～2020 年平均报酬率维持在 2017 年 0.65% 左右的水平。

据此测算 2018～2020 年通道类信托业务收入分别为 174 亿元、146 亿元、93 亿元，主动管理类信托业务收入分别为 723 亿元、814 亿元、958 亿元，信托业务收入合计 897 亿元、960 亿元、1051 亿元，同比增长 11.4%、6.98%、9.52%。

其次来看固有业务，假设 2018～2020 年货币类资产+贷款规模增速为 5%，净利息率为 6%；投资类规模增速为 20%，投资收益率为 6%、6.5%、7%。据此预计 2018～2020 年信托业固有业务收入分别为 391 亿元、493 亿元、620 亿元，同比增长 12.6%、25.9%、25.9%（见图 2-20）。

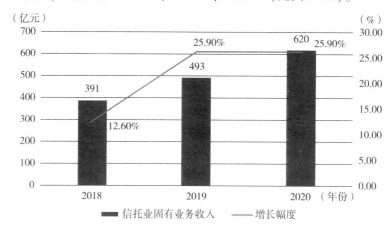

图 2-20　信托业固有业务收入趋势预测

数据来源：太平洋证券。

根据上述测算，2018～2020 年信托业营业总收入为 1288 亿元、1452 亿元、1671 亿元，同比增长 8.19%、12.73%、15.09%。

目前，信托业 68 家信托公司管理资产结构有较大的差异，主动管理业务规模占比各有不同，2017 年信托报酬率水平分化明显，部分公司如安信信托、东莞信托等能达到 2% 左右，而低的只有 0.1% 的水平。

就上市信托公司来看，2017 年年末，安信信托、中融信托主动管理规模占比较高，分别为 68.16%、64.53%，其相应的加权年化信托报酬率也相对较高，对于此类主动管理水平较高的信托公司，去通道对其影响较小，其突出的投资能力和资金获取能力将在后续的竞争中持续获益。爱建信托、江苏国际信托等主动管理规模占比较低，分别为 17.39%、9.92%，通道业务的压缩可能对其收入产生较大的负面影响，未来考验公司主动管理转型程度，若能够顺利拓展主动管理资金替代原有通道业务，则公司的盈利能力将会获得较大程度的提升。

2016~2017 年，部分上市信托公司主动管理业务已有明显的起色，安信信托、陕国投、中航信托、五矿信托、江苏国际信托主动管理规模同比分别增长 12%、78%、21%、43%、30%，安信信托被动管理业务还逆市下降了21%，各家上市信托公司都早已布局，发力主动管理业务。

（四）制度红利优势削弱

信托业一直在上演着资产管理规模"爆发式"增长的传奇。中国信托业协会数据显示，信托业全行业信托资产 2008 年第一次突破了 1 万亿元，此后几乎每年以约 1 万亿元的增长量不断刷新纪录。回顾信托快速增长的历程，信托资产管理规模的高速增长，很大程度上是因为分业经营的监管体系为信托业创造了一种制度性红利。

2007 年是信托高速增长的第一个年头。当时，银行的理财资金无法进入证券市场，而极具灵活性的信托投资，是唯一可以横跨货币市场、资本市场、实业三大投资领域的金融机构。2007 年股市暴涨，所有银行资金都期望进入证券，于是信托就成了主要通道。当时，银信合作的通道类业务曾让信托公司赚得盆满钵满，以中信信托为例，其 2006 年底的信托资产规模仅为385.51 亿元，但 2007 年底飙升到 1961.93 亿元（见图 2-21）。

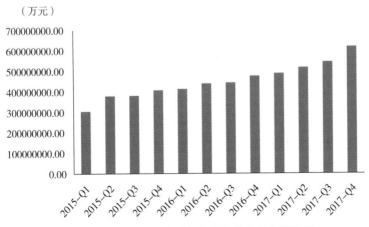

图 2-21　2015~2017 年信托行业银信合作余额情况

之后，信托产品的两大支柱——房地产信托和基础建设类信托，分别在2010年和2011年崛起。原因跟上述通道类业务几乎如出一辙，就是银行暂停或者限制了地产、基建企业的贷款，而信托却可以绕开监管，由此导致大量基建、房地产性质的信托雨后春笋一般冒出。

在"泛资产管理时代"，信托业所拥有的制度红利将被日益削弱。中国金融在慢慢走向混业，目前，商业银行理财子公司、基金公司、保险资管、券商的资产管理范围和管理形式都在逐步扩大，在制度上已经越来越接近信托了，而这些机构的传统管理能力都强于信托公司。

在资管市场竞争的大格局下，信托公司的制度性红利渐渐失去，以通道类业务为例，2010年，证监会鼓励券商创新，放松了各项业务的审批限制，券商也可以向银行提供通道。在券商的冲击下，通道类业务利润率被大幅压低。银信合作时期，信托通常会收取3‰~5‰的通道业务费，但券商资管介入后，通道业务费降至1‰之下。2012年10月，证监会允许基金管理公司设立子公司，对单一客户或多个客户设立"专项资产管理计划"，此类定向资管，实则就是通道业务。因此，原来信托公司一家独大的通道业务市场，正在上演商业银行理财子公司、保险资管公司、基金子公司、券商、信托公司的"群雄逐鹿"，信托公司原有的制度红利正在不断被削弱乃至消失。

三、破刚性兑付

刚性兑付在中国是一个相当普遍的金融市场发展问题，然而与此相比，信托业刚性兑付问题更加突出，虽然其有利于保持良好的行业声誉，约束信托公司尽职责任，然而随着信托项目风险集中显现，已经成为行业的不可承受之重，明显不利于行业发展。关键问题是刚性兑付使信托项目兑付在表外业务与表内负债之间转换，既不利于监管也不利于信托公司自身管理。虽然"资管新规"要求打破刚性兑付，但是这也不是一时半会能够解决的事情。而且，即使打破刚性兑付，也不一定意味着兑付责任就一定降低了，但是对于信托公司的尽责履职要求肯定是更高了，而这一点还是存在很大提升的空间，现行法律法规都没有明确受托责任的具体内涵，难免存在执行难度。所以，如果没有刚性兑付压阵，那么监管对于信托公司的约束必须更加前移，现在以刚性兑付为导向的风险兜底思维比较明显。

信托，尤其是融资类信托，普遍具有刚性兑付的传统。现实中，为了维护声誉、规模与珍贵的牌照，信托在产品出现兑付困难时，一般会用以下四种方式来维护产品的刚性兑付。

第一，转让信托受/收益权。即将信托计划的受益人更换为第三方，让原始受益人退出，保障原始受益人的利益。但这种方式需要受益人的同意，对信托公司的信誉也会造成一定影响。

第二，引入第三方或关联公司受让信托财产。第三方主要代表为AMC，由AMC直接从信托公司手中收购可能出现现金流问题的不良债权，进行重组回收。这种方式时间偏长，往往需要经历看资产、谈价格等阶段，因此需提前做好准备。但由于这种方式无须惊动受益人，在现实中也普遍被信托公司应用。

第三，利用自有资金受让资产，进行流动性支持。如果是单一信托，虽可直接受让信托财产，但因涉及关联交易，需先向银监会报送；如果是集合信托，依据集合资金信托计划管理办法，信托财产需与固有财产保持独立，自有资金不能受让信托财产。但有些公司可能会采用灰色手段，先将信托财产转让给第三方，而后再用自有资金间接受让。

第四，新发信托产品兑付老产品。直接采用这种模式违反集合资金信托计划管理办法，现实中往往会采取先引入第三方或关联机构接盘，然后由新发信托善后的灰色手段。

从以上四种方式中可以看出，前两种方式较为合规，但后两种方式都存在较大风险。对于第一种方式来说，外部的资管资金与内部资本相牵连，自有资本要为他人买单，外部风险事件极易对信托公司的经营构成冲击。对第三种方式来说，滚动的借新换旧，新投资者为老投资者买单的方式具有庞氏化的特征，资金滚动规模不断扩张，续接链条难度加大，如果发生断裂，会出现较大的风险。

从这个视角来看，监管层要求信托产品打破刚兑是正确的选择。但怎么打破呢？依据新规规定，为打破刚兑，资管产品未来均要走净值化道路。这固然是一种不错的安排，投资者只要通过产品的净值变化就可知道其理财的收益和风险情况。

但对于信托，尤其是融资类信托来说，产品走净值化道路，非标、信贷类资产的估值是个大问题。融资类信托产品主要面临的风险是信用风险，如果采用摊余成本法计量，将未来现金流摊余到每期，呈现出一个表面化的净值，那么这种模式事实上与给出一个预期收益率的模式并没有本质上的差别。且由于信用风险往往是在临近兑付时才会显现，如何让产品的净值体现出信用风险的高低变化是估值技术设计时需要重点考虑的。如果要让净值真正反映非标资产的信用风险，那就需要让非标如信用债一般，实现流转交易，让投资者用脚投票（抛或买），为非标信用风险高低变化创造条件，或者直接创造出一种不依赖市场交易，便能实时反映信用风险变化的估值技术。

无论怎样，信托产品要破刚兑、走净值化之路都是一个浩瀚且困难的工程，但有困难不意味着放弃。从种种迹象来看，"资管新规"中最为坚定且最为迫切的工作之一就是要破刚兑，监管层势在必行。对信托而言，刚兑被打破后，其所遭受的影响不仅在于其自身产品吸引力下滑，渠道销售难度进一步加大，更在于上游银行理财将面临的一系列问题。作为信托资金的重要来源之一，刚兑被打破后，缩量转型在所难免，但转向何方，如何转，还有多少资金能给信托，做银信合作等疑问将给后刚兑时代信托资金募集积累更多的不确定因素。

第三节　信托业未来展望

一、深化数字化信托创新

21世纪注定是一个以数字化整合经济与社会的时代。据测算，到2020年，全球数据总量就会达到4.4万亿GB，覆盖到经济和社会发展的各个领域。届时中国数据规模占比将达到18%，超越美国，位居世界第一。

2015年8月，国务院印发《关于促进大数据发展的行动纲领》，部署了我国从数据大国向数据强国迈进的国家战略。党的十九大亦制定了新时代中国特色社会主义的行动纲领和发展蓝图，提出要建设网络强国、数字中国、智慧社会，推动互联网、大数据、人工智能和实体经济深度融合，发展数字经济、共享经济，培育新增长点，形成新动能。

这就从顶层设计的角度为数字经济的大发展指明了方向。根据金融服务实体、信托回归本源的发展逻辑，信托业服务数字经济，可以提供综合金融及法律服务的路径，这其中既包括为传统产业的数字化转型赋能，也包括助力新兴数字产业的孵化与成长。这对于信托业来说，无疑是新时代的新机遇，但前提是信托业自身也需要完整经历数字化的过程。

（一） 信托公司积极赋能传统产业的数字化转型

根据腾讯研究院发布的新近研究成果，传统经济及产业的数字化转型涵盖制造业、农业、公共服务如教育、医疗、交通、城市治理等众多领域，可以说几乎渗透到实体经济的各个主要分支。

传统产业数字化转型是否成功，不仅在于产业表现形式的数字化，更重要的是体现为产业及行业决策机制和业务逻辑的数字化，即是否已经变革为基于大数据、云计算甚或是人工智能的数据驱动，还是仍然停留在基于过往验证的经验驱动或是基于模式建构的理论驱动。由此，认知系统和行为决策的数字化转型是关键，相应地，针对传统产业的数字化转型，金融服务逻辑和内容也应当顺势而变。

根据《2016 中国信托业社会责任报告》的相关数据统计，截至 2016 年年末，信托业直接投入实体经济领域的信托资产占比为六成以上，基本覆盖了实体经济各主要领域。伴随着传统产业向数字化转型发展进程的不断推进，信托公司提供投融资综合金融服务的方式也必然会相应发生变化，尤其是判断资产价值的信用逻辑和评估方法。

区别于针对有形物理资产的信贷评价方法，如何评价资产的数字化形式？如何评价医院的特定医患数据价值而非医院建筑本身？如何评价物流公司货运卡车的动态营运数据而非卡车本身的车辆价值？上述资产的数字化形式无疑具有营运层面的经济价值，但能否作为信托贷款授信的额度评价或质押方式，在目前信托法律法规及监管体系下尚无明确规范。

然而令人欣喜的是，中关村数据资产双创平台成功发放了一笔资产质权贷款数据，将一家水利信息化企业的灾害天气预测数据作为质押标的进行授信贷款。这样可贵且有效的探索尝试在合理妥适条件下，对信托公司具有积极的启发借鉴意义。

沿着资产数字化的发展思路，信托公司为实体经济数字化转型服务的空间非常广阔。实践中，2017 年 9 月，中航信托与百度金融等几家机构已经联合发起成立了以数据的管理、应用、经营和服务为核心的跨界合作组织，深度探索数字资产的产融结合模式与应用实践，为信托公司服务产业数字化转型寻找可行性方案。

（二） 信托制度精准助力新兴数字产业的规范成长

大数据本身的分布和共享机制决定了数字经济本质上具有共享经济的特

征，即使用权的价值在相当程度上优于所有权的价值。

现实中，集成数据的控制者与单体数据的所有者以及数据利益的享有者之间常处于分离状态。以航空延误险为例，单独乘客航班延误数据属于个体数据，所有航空公司延误数据为整体数据，而实际对航班延误信息享有数据利益的是开发延误险的保险公司。这种权属分离的状态和利益分置的安排是传统的民法物权制度难以解决或者设计的，且往往执行成本过高。

相比之下，信托制度的优越性则得到了较为恰当的体现。具体而言，根据信托法原理，信托财产所有权的制度安排具有结构化特质，在法律上受托人享有信托财产所有权，但信托财产的实际利益则归属于受益人，这种信托财产的权属分离状态虽然源于英美衡平法，但已经被我国信托法所承认。在商业实践中，信托制度对信托财产特有的制度安排亦十分契合数字资产的复合权属设计，以此为基础的制度工具，可以精准地助力数字资产的标识、定价和转让。

事实上，已有信托公司通过先行先试的方式将数字资产作为信托财产设立信托产品，探索信托服务产业数字化发展的新模式。例如，中航信托于2016年9月在业内率先发行了首单数据信托产品——委托人将其所有的数据库资产作为信托财产设立信托，受托人按照委托人意愿聘用数据服务商对数据进行专业管理，由此产生增值收益作为信托利益分配给信托投资者，委托人则通过信托收益权转让的方式获取现金对价，实现数据资产作为信托财产的价值变现。

（三）信托公司主动谋求数字化变革的自我驱动

数字经济的场景形成并不能完全依赖于数据及信息技术的自行决定或驱动，更需要由实际需求决定和业务逻辑驱动。因此，信托公司需要主动完成自身的数字化变更，才能真正享受到科技变革和数字经济的红利。

就优化内部治理机制而言，信托公司信息化系统建设是数字化变革的基础设施。根据中建投信托研究中心发布的行业研究报告，近几年信托公司投入信息化建设的资金比重逐年增加，2015年以来，IT系统投资达1500万元人民币的信托公司已经超过行业总数的1/3，有效保障了信息化建设的"硬件"基础。以金融科技驱动改善公司内容风控及运营治理的效果也日渐明显。

就拓展创新业务模式而言，信托公司积极运用数据技术开展新型业务场景的实例不断涌现。例如，利用区块链技术的分布式和共时性可验证特点开展消费金融业务，可以有效解决助贷机构与信托公司的数据对接以及符合监管要求的数据共享痛点，使消费金融数据的价值借助于业务场景的发展得以真正体现，使其作为授信和质押的资产价值在节点共识机制基础上成为可能；又比如在资产配置和财富管理场景挖掘方面，智能投顾的价值在于根据现代金融理论与信息技术，通过智能算法向客户提供个性化、自动化的投资顾问服务，辅助其投资。智能投顾既可以服务具有资产配置需求的终端财富客户，也可以为基金管理人提供研究及决策辅助。尽管实践中如何界定智能投顾的受托责任边界还有待解决，智能投顾的产业发展周期也尚处在孵化期向创新期的过渡，但是智能投顾的发展趋势对信托业财富管理的影响具有长远意义。2017年5月，中航信托携手博普科技和万维资产，共同研发建设以人工智能为主导的资产配置平台"万维智慧财富管理平台"，聚焦模型开发、策略管理、资产组合配置及风险管理等方面的智能投顾实践应用。

科技本身就是一种力量，与人类一样也有成长进化的需求。所以，与其被动接受数字智能浪潮的席卷，信托公司还不如主动作为，以合法合规审慎经营为前提，围绕信托本源的制度优势和金融机构的行业优势，寻找助力数字资产实现确权、管理、转让的优选路径，彰显其作为新型资产的应有价值，实现信托公司服务实体经济数字化转型的国家战略。

二、推动信托业基金化转型

近年来，在经济结构调整和转型升级的背景下，信托公司也在积极谋求自身业务的转型。除了以债权的方式支持基建、房地产等传统业务领域的融资需求外，越来越多的信托公司开始将视角投向范围更广的实体产业领域，如环保、新能源、医疗、高端制造业等新兴产业，而产业基金则是信托公司切入这些领域的主要方式。

（一）信托公司产业基金业务探索

产业基金是私募股权投资基金的一种，主要以特定产业处于成长期、成熟期的未上市企业股权为投资标的，通过参与企业经营管理实现企业增值，并借助IPO、股权出售、回购、管理层收购等方式退出实现收益。产业基金具有组合管理、滚动运作、风险分散、投资期限长等特点。与传统的集合信托业务主要针对单一项目提供债权融资、依赖物的信用增信不同，产业基金可以为实体产业提供股权资本支持，有助于增强企业可持续发展能力，帮助企业进行外延扩张，促进产业并购重组。产业基金可以同时投资于多个项目，相比传统的资金来源与项目运用"一对一"的信托业务模式，产业基金不仅能分散单个项目的投资风险，还可以通过不同项目间的收益平滑提高业绩的稳定性。

相比于债权融资，产业基金可以根据企业发展阶段的不同，综合运用多种融资工具为企业提供融资解决方案，实际上也是投贷联动的一种形式。通过产业基金的方式，信托公司可以更好地发挥促进资本形成、引导资源有效配置的作用。近年来，信托公司积极推动业务模式向基金化转型，开展的产业基金业务主要涉及以下领域。

1. 基础设施产业领域

在财政部 43 号文明确政府负债方式管控以及政府融资平台转型方向后，信托公司政信合作业务模式转型已经势在必行。为了满足地方在完善基础设施和公共服务供给方面的投融资需求，2015 年以来，信托公司通过发起设立基础产业基金、PPP 基金以及政府投资基金的方式为地方经济建设提供了融资支持，这些产业基金很多投向了"一带一路"、长江经济带、京津冀一体化等国家重点支持区域的基础设施项目以及省市级重点 PPP 项目，涉及交通基础设施、生态环境修复等多个领域。

2. 新能源、节能环保、医疗健康等与人民群众对美好生活追求密切相关的领域

近年来，已经有信托公司将清洁能源、节能环保等绿色信托作为产业聚焦的重要方向，通过与产业领域的合作伙伴共同发起设立光伏产业基金、清洁能源产业基金、节能环保产业基金、大气污染防治基金等方式，为这些领域提供了宝贵的资本支持，促进了产业的发展壮大。医疗健康也是信托公司拓展产业基金业务的热点领域，信托公司与上市公司、私募基金合作设立医疗产业基金的案例较多，这类基金主要投向生物药品研发、医院并购等领域，对于缓解我国医疗服务供给不足和不平衡问题起到了一定的作用。

3. 信息技术、高端制造等战略新兴产业领域

战略新兴产业是中国实现创新驱动发展战略的重要推动力。但是战略新兴产业领域的企业大都是轻资产型，资产规模小，并处于初创期或成长期，发展前景存在不确定性，信托公司凭借传统模式很难进入这些领域。为了契合国家产业升级的方向，近两年来，信托公司也开始探索以产业基金的方式来支持战略新兴产业的发展，比如通过与政府、PE 机构以及产业资本合作发起设立产业引导基金，投向信息技术、互联网、先进制造等领域。

（二）信托公司产业基金道路探索

资产管理，走信托基金化道路可分为两个大类来看：一是投资于非标债

权、股权等资产的信托型基金。这种产品对规模要求较高，在当前不能做期限错配、不能以明股实债、不能以直接或间接方式做担保、结构化分级要求高等一系列严苛的监管要求下，一些资金募集能力不够、专业能力不足的中小信托的开展存在较大困难。二是投资于股票、债券、货币市场等标准化资产的信托型基金，这应该是未来发展的趋势。但如果要做这一类产品，信托就必须要与券商资管、公募基金进行竞争，需要做好准备。

第一，做好渠道建设。中小信托在第三方代销被规范后，受到较大损失，未来在渠道定位上有两条路。走机构化道路，进一步提高机构的占比与集中度，主要针对一些对成本较为敏感、对成本控制要求较高的信托机构，但在现有的监管环境下会十分难过。下沉渠道，发展零售与对公。一方面继续下到基层支行，寻找银行代销，但代销对信托来说是一次性的营销活动，信托公司不能得到高净值客户的核心信息，不能面对面地深入沟通，没有办法建立长期的合作关系。另一方面圈定重点区域，忍受前期建设营销中心与队伍带来的大额成本开支，做直销，这种方式短痛长利，可增强客户黏性，对未来转向一站式的财富管理与高端资产管理大有裨益。

第二，投资管理专业化。非标受到限制后，几乎所有的机构都将涌向标准化资产的投资，竞争十分激烈，加上刚兑的法宝消失，以后将是凭业绩说话的时代。要想做好，就必须要有强大专业的团队，如果受制于成本，信托可引入诸如券商资管等机构担当产品的投顾，协助管理。

第三，产品设计特色化。有两个方面值得关注，一是做 TOT/FOHF 产品，挑选优质的阳光私募机构，依据自身对大类资产走势的判断，依据不同资产或不同策略进行各家机构的筛选。二是做现金类管理产品，一方面期限灵活、流动性好，收益率相对偏低，可以降低信托公司的成本；另一方面可以增加客户的黏性，引导客户在资金闲置期间存放于此，扩大管理规模。

三、信托产品实行净值化管理

净值型产品不设预期收益率，强调产品管理人专业投资管理能力，是金融机构发展资产管理业务的产品转型方向。在当前的信托产品格局中，净值型产品占比不高，但从长远趋势来看，信托业近年来一直在探索能打破"刚性兑付"的股权投资方式，使投资回报"净值化"，回归受托人本质。信托产品将打破预期收益型产品一统天下的格局，建立丰富的产品线，净值型产品占比有望进一步扩大。

（一）净值型资产管理产品的主要特征

所谓净值型资产管理产品是指发行方在发行相关的资产管理产品时未明确收益率，产品收益以净值的形式定期公布，投资人根据产品运作情况享受浮动收益的产品。公募基金是净值型产品的典型代表，近年来商业银行、信托公司也纷纷开发净值型产品等。净值型资产管理产品具有以下特点：

1. 底层资产以标准化资产为主

净值型产品的底层资产多是公开市场中可交易的金融资产，如股票、基金等透明化、标准化的投资产品。原则上只包括少量非标准化债权资产，通过组合投资、风险分散、信息透明、动态估值以及价格的上下波动，真正将风险传导给投资者。而非标投向由于普遍缺乏统一估值标准，面临估值公允性的难题，一般不作为净值型产品的主要基础资产。

2. 根据合同约定定期公布净值

净值型产品的初始净值设为1，当有盈利或亏损的时候就会发生变动。如，盈利20%，净值为1.2；亏损10%，净值为0.9。客户根据产品到期日或者赎回日的净值享受收益或亏损。净值型产品的净值不是实时变动的，是根据法律法规或合同约定，选择固定周期来公布。如开放式公募基金（不含货币基金）一般是每个交易日对外披露上一个交易日产品的单位净值和累计净值，封闭式公募基金则是一周公布一次；净值型理财产品则一般是根据合同约定选择每日、每周、每月或到期等不同周期公布净值。

3. 多采用开放式运作

净值型产品多采用开放式运作，定期开放认购和赎回。当发生合同规定的终止情形时，则按照法律法规和合同约定进行清盘处理。如公募基金市场中90%以上是开放式公募基金，基金份额总规模不固定，投资者可根据自身需求，在开放期内随时申购或赎回基金份额；净值型理财产品则是通过固定的开放期进行申购或赎回，如交通银行得利宝开新添利净值型人民币理财产品，以每个月10日为开放日。

（二）发展净值型产品的意义

随着信托业向资产管理业务转型，信托公司也纷纷加大了对净值型产品的开发和推广力度。

中信信托的"信惠现金管理型金融投资集合资金信托"、上海信托的"现金丰利系列集合资金信托"、华宝信托的"现金增利集合资金信托"、中航信托的"天启328号天玑聚富集合资金信托"都是信托公司开发净值型产品的代表。信托公司发展净值型产品，具有重要意义。

1. 丰富产品类型，扩大资金募集

净值型信托是新型资管产品类型，产品在基础资产、流动性和收益率等方面，不同于以往的预期收益型产品，可以满足投资者多样化的投资需求，扩大信托产品销售。对于投资者来说，净值型产品具备以下优势：一是基础资产类型丰富。不仅限于信贷类资产，而是组合投资于利率债、AA级以上信用债、货币市场基金、专项资产管理产品、银行理财产品、优质资产证券化产品等。二是具备高流动性。定期开放认购及赎回，投资者可灵活掌握投资时段，提高资金运用效率。三是可获得超额回报。净值型信托产品按照公募基金方式运作，投资者根据信托单位净值认购及赎回，无固定的预期收益率，投资者可以分享到绝大部分的超额回报。

2. 防止风险积聚，化解行业压力

目前信托公司开发的产品以固定收益类为主，通过设置预期收益率，虽然迎合了投资者关于理财产品的选择习惯，但也往往存在类似"刚性兑付"风险，在项目出现风险时信托公司也难以厘清责任。通过开发净值型产品，不设预期收益率，以公布净值为准，侧重资产配置，允许净值波动甚至亏损，实现了真正意义上的"投资型产品"，能够有效地化解信托公司的刚性兑付压力，防止风险积聚在信托业内部。

3. 创新收入模式，探索业务转型

信托公司净值型产品的收入模式分为两种，一种是固定管理费。投资收益全部交予投资者，让投资者在自担风险的同时尽享收益。另一种是设置业绩比较基准，超过业绩比较基准的部分，投资管理人会分得额外收益。通过将投资管理人的绩效和投资者收益绑定，更好地代表了投资者的利益。通过开发净值型产品，信托公司接受委托，通过"管理费"的收费盈利，行使"受人之托，代人理财"的职责和义务，风险和收益由委托人承担，探索向专业化资产管理机构的转型方向。

(三) 发展净值型产品对信托公司的要求

1. 建设自动化信息交易平台

由于净值型产品需要进行高频率的净值披露，其信息披露、估值核算和资金运作涉及的数据繁多，特殊时点并发量更高，对自动化信息服务系统的要求较高。如果仅凭工作人员单独一一报送给客户，不仅耗时耗力，且极易出现操作风险。因此要建设自动化信息服务交易平台，以实现净化型产品自动化管理相关功能。一是支持估值清算，支持运营管理部门对产品进行实时估值及公允价值估值，定期披露产品净值、费用等实时及历史数据，供客户查询；二是进行风险提示，系统对于存在潜在风险的产品将发出即时预警，并显示止损线、平仓线等；三是交易助手，系统提供基础的分析功能，通过图形比较、净值排序等，为客户决策提供参考。

2. 具备专业的投资管理能力

信托公司主动管理的净值型产品包括 FOF（Fund of Fund）、股票投资信托产品、债券投资信托产品、定向增发信托产品等不同类型，要求信托公司引入不同条线的专业投资团队，建立明确的投资策略，执行专业的投资决策。以 FOF 业务为例，信托公司需构建一套产品筛选体系，在对证券投资产品进行全面评估的基础上进行底层资产的筛选，对产品的业绩和持仓进行定量研究，对投资顾问的投资风格、管理水平进行定性研究。此外，还需要专业的投资人员负责信托财产的资产配置、久期管理、收益管理、头寸管理和资金管理。

3. 制订成熟的风险管理方案

信用公司开发净值型产品要特别注意防范操作风险和流动性风险，针对不同风险分别制订不同的风险防控预案。一是履行尽职责任，采取前台与中台分离、投资与交易分离、固有财产与信托财产分离的"三分离"风险管控机制，严控投资人员的道德风险，保证委托人利益；二是提升运营管理能力，提供严谨、高效、全面的交易管理、资产核算、财产清算、信息披露等各项运营管理服务；三是建立流动性监测和预警机制。通过对交易记录进行测算，制定完备的流动性监测体系，使动态和预警机制更加科学，从而降低流动性风险，避免出现集中赎回。

四、投身资产证券化新蓝海

资产证券化是信托业战略转型的重要领域（见表 2-3 与图 2-22）。在金融去杠杆、融资环境偏紧的背景下，资产证券化业务作为金融机构和企业盘活存量资产、实现资产合规出表的重要手段，最近几年发展十分迅猛。中国资产证券化市场主要包括银行抵押贷款证券化（CLO）、企业 ABS、信托型ABN 三种模式。

表 2-3　2015~2018 年前三季度各类资产证券化模式发行情况对比

	发行规模（亿元）				发行产品数（只）			
	证监会主管 ABS	银监会主管 CLO	交易商协会 ABN	合计	证监会主管 ABS	银监会主管 CLO	交易商协会 ABN	合计
2015Q1-Q3	1108.77	2480	32	3620.77	115	65	2	182
2016Q1-Q3	3158.86	2063.57	33.68	5256.11	274	64	3	341
2017Q1-Q3	5181.37	3225.87	323.49	8730.73	330	83	21	434
同比（%）	64.03	56.32	860.48	66.11	20.44	29.69	600	27.27
2018Q1-Q3	5833.5	5738.36	537.1	12108.96	400	93	43	536
同比（%）	12.59	77.89	66.03	38.69	21.21	12.05	104.76	23.50
2015 年全年	2043.9	4042.59	35	6121.49	211	105	3	319
2016 年全年	4742.89	3908.53	166.57	8817.99	385	108	8	501
2017 年全年	8114.04	5977.37	574.95	14666.36	500	134	34	668

数据来源：Wind 博瞻智库。

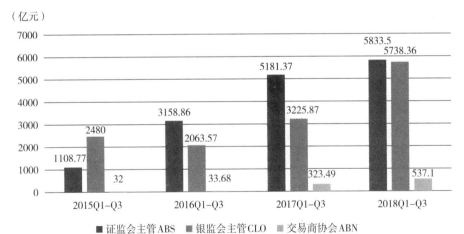

图 2-22　2015~2018 年前三季度各类资产证券化模式发行规模对比

数据来源：Wind 博瞻智库。

近年来，资产证券市场快速扩容，银行 CLO 发行常态化。截至 2018 年 7 月 6 日，银行 CLO 发行规模 3345.57 亿元，同比增长 64%；企业 ABS 爆发式增长，2015~2017 年发行规模同比分别增长 419%、131%、73%；信托型 ABN 在 2016 年正式推出后，发行规模也是相当可观，2017 年达到 574.95 亿元。资产证券化业务需要通过设立特殊目的载体实现风险的隔离和资产的独立，信托作为天然的风险隔离主体，是资产证券化业务的核心。目前，银行

CLO 和信托型 ABN 业务的发行机构均为信托公司，2017 年，共有 23 家信托公司参与了银行 CLO 的发行，其中中信信托、华润深国投信托两家发行规模超过 1000 亿元，位列行业前两位；共有 17 家信托公司参与 ABN 发行，其中排名第一的为云南国际信托，发行规模 81.5 亿元。截至 2018 年 7 月 6 日，银行 CLO 和信托型 ABN 规模同比分别增长 64% 和 122%，信托参与资产证券化业务的规模依然保持高速增长且发展空间很大（见表 2-4 与图 2-23）。

表 2-4　截至 2018 年第三季度我国资产证券化产品发行情况

基础资产类型	项目数（只）	项目数量比重（%）	发行总额（亿元）	总额比重（%）	产品余额（亿元）	余额比重（%）
个人住房抵押贷款	85	54.84	7038.17	81.99	5478.14	78.56
商业房地产抵押贷款	28	18.06	861.56	10.04	853.67	12.24
不动产投资信托 REITs	32	20.65	603.36	7.03	597.5	8.57
住房公积金贷款	7	4.52	42	0.49	20.12	0.29
棚改/保障房	2	1.29	34	0.40	18.5	0.27
REITs	1	0.65	5.54	0.06	5.36	0.08
合计	155	100.00	8584.63	100.00	6973.29	100.00

数据来源：Wind 博瞻智库。

目前来看，信托在资产证券化业务中，基本是一个通道角色，业务利润较低。原因很多，比如信托在结构设计、资产遴选、定价等和券商相比没优势，ABS 发行周期长需要建设专门的团队成本高，信托没有主承资格需要依赖券商，对各家机构的资产需求不熟悉等。但归根结底，还是因为信托转型的需求不迫切。以前只要依赖原有的主营业务，在趋势中就能赚钱，专门设立资产证券化部门、建设人才团队去与有先发优势的券商竞争，冒险虎口夺食，是由于现在形势不一样了。传统的信托业务领域即将步入寒冬，信托公司需要寻找新的增长点，而资产证券化作为未来发展的新蓝海，如果能做好，市场空间与利润相当可观。

（一）开展资产证券化业务的优势

信托公司开展资产证券化业务具有多重优势。首先，法律制度安排方面，信托公司依托《信托法》及其相关制度赋予的"信托财产独立性"和"破产隔离"功能，能够充分保障资产证券化的两个核心要件"真实出售"和"破产隔离"。同时，信托公司还可以直接进行股权、债权投资，提供丰

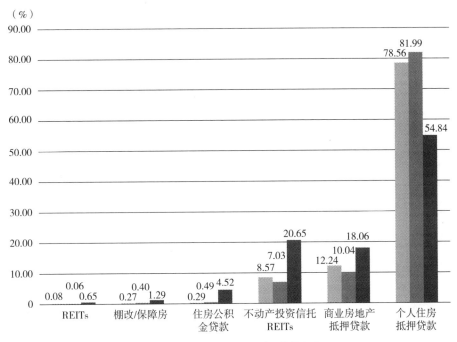

图 2-23 截至 2018 年第三季度我国资产证券化产品发行情况

数据来源：Wind 博瞻智库。

富的结构设计工具，在开展资产证券化业务过程中具有独特的制度优势和竞争优势。其次，在项目运作经验方面，信托公司在展业过程中积累了大量的项目经验，工作职责从基础资产筛选、资金募集等，到后期的管理、信息披露等，涵盖了整个项目的生命周期，从而有能力参与资产证券化实施前期、中期、运行管理期和结束期的全程服务。

另外，风险管理理念较好。信托公司具备较为完善的业务流程、风控体系和规章制度，并能根据监管政策要求与时俱进进行调整，保证资产证券化业务在合法合规的要求下不断升级。

(二) 资产证券化模式

就具体模式而言，信托参与资产证券化有三种方式（见图 2-24）。

图 2-24 资产证券化模式

1. 交易所 ABS

由于 ABS 有两套系统，信托归属原银监会管辖，而交易所归属证监会，两者分离，因此信托公司无法直接用信托计划在交易所发行 ABS，需要引入券商资管或基金子公司，以其作为在交易所上市的平台，形成"信托计划+专项支持计划"的双 SPV 模式。

在开展此项业务时，对部分发行成功率较高、确定性较大、前端综合收益率较高且风险较为分散的融资租赁、小微信贷、消费金融等领域的基础资产，信托可以先带着资金进入，发放短期（3~6 个月）"过桥贷款"，帮助企业先形成基础资产（Pre-ABS），然后再帮助企业进行资产证券化，并主动参与销售与前端融资，实现买方与卖方的两肩挑。

将 Pre-ABS 业务与 ABS 业务结合，信托既能赚取前端信托贷款的高收益率，补贴初期资产证券化团队建设时的成本，也可在证券化业务中掌握更多的话语权与主动权。

2. 信贷资产证券化

由银行作为发起机构，将信贷资产委托给信托机构，由受托机构设立 SPT（特定目的信托），以资产支持证券的形式向投资机构发行受益证券，投资者进行认购。

当前该项业务的主动权仍然掌握在银行手中，由于涉及的参与者较多、落地周期长，信托"通道化"的现象比较严重，费率收益在各家信托机构"价格竞争"下也比较低，业务开展的性价比相对较差。

但目前出现了一些积极的因素，可能会对当前的形势有所改善。在"资管新规"、银监 55 号文等多项监管文件的压力下，表外资产未来要回表，银行资本充足率等指标存在较大的考核压力，有着较强的出表与转标需求，信托的议价能力可能会有所提高，费率会有所反弹。在禁止非标期限错配后，机构要想获得较高的收益率，也会积极参与非标转标形成的证券化资产，销售端的压力会相对小一些。同时考虑到目前信托是信贷资产证券化的唯一合格主体，具有垄断性的优势，积极投入也可增加创新类业务规模，扩充业务收入渠道，进一步加强与银行间市场的客户关系，因此信托公司也可将其作为公司业务发展的战略性方向。

3. 资产支持票据（ABN）

这是交易商协会主导的资产证券化模式，基础资产等各方面都类似于交易所 ABS，信托可直接参与，相当于给了信托直接做企业资产证券化的渠道。

与传统的 ABN 相比，信托 ABN 具有公募发行、真实实现破产隔离、资产出表与增信等优势，目前 ABN 尚没有一个具体的业务指引手册，在产品设计等方面没有相应的制度安排，有较大的不确定性。但在监管层支持资产证券化的情况下，以后有望出台，这一块的业务空间未来还会继续释放。

(三) 深化发展仍需克服 "短板"

目前不少信托公司在资产证券化方面已积累实际操作经验，并取得成效，为公司转型提供助力。不过，虽然信托公司正在酝酿深耕资产证券化领域，但仍有一些 "短板" 不容忽视。

信托公司场内资产证券化附加值低，收入尚不能单独支撑起一个部门。在场内资产证券化业务中，信托公司作为 SPV（特殊目的载体）尽管较易实现规模化，但市场竞争激烈，收费极低，该业务往往被信托公司作为增值服务。信托公司应在资产证券化业务中探索盈利模式。部分信托公司在资产证券化业务链中的价值含量需要提高。其自身主动作用有限，对客户需求把握不足，加之资金成本上升，形成业务利润下降的趋势，无法支撑业务的长久发展。

另外，信托公司目前尚不具备 ABS 和 ABN 业务的承销资质，需要主导 ABS 和 ABN 产品时，一般需要引入银行和券商作为承销商，这会增加发行人的发行成本和沟通成本。与此同时，信托公司人才储备不足也是一大瓶颈。资产证券化业务技术环节多且相对复杂，部分信托公司由于缺乏相应的专业人才，在资产筛选、现金流切割、证券分层设计等环节参与程度不深，资产证券化业务对主动管理能力及团队专业能力的提升作用不明显，加之业务附加值偏低，进而在一定程度上影响了信托公司的市场地位和影响力。

未来信托公司应抓住机遇，充分利用各平台业务优势。一方面，在银登中心开展的信贷资产收益权转让业务，只能通过信托公司设立信托计划的形式，信托公司可重点营销意向处置不良资产的银行机构，用好信托的 "独家经营权"。另一方面，信托公司可抓住信托型 ABN 产品业务机会，全程参与尽职调查、产品设计和发行以及信息披露等整个产品周期，控制资产端核心资源；深度参与信托型 ABN 产品的创设、管理和销售，满足资金端多样化需求；提高专业能力及合规意识，争取从被动的 "通道" 角色向主动管理者转变。

五、财富管理，私人定制

财富管理是依据高净值客户与机构客户的风险偏好、流动性要求、资产偏好等一系列的个性化要求，提供专属的财产管理服务。

就目前来说，这一块的需求十分广阔。根据招商银行与贝恩咨询发布的2017年私人财富报告来看，当前个人资产超过 1 千万元的人数已经达到了158 万人，其中又以个人资产超过 5000 万元与超过 1 亿元的超高净值客户增速最为迅速。这部分超高净值客户在经过多年的打拼积累到巨额财富后，已经慢慢转入"守富"与"传富"的阶段，对于个人资产不仅有保值增值的诉求，也有传承、风险隔离的考虑。

（一）信托在财富管理方面的优势

信托公司的家族信托与私人银行及其他资管产品相比，有着天然的优势。信托是唯一一个拥有货币市场、资本市场与实业投资三大牌照的机构，能够满足超高净值客户的各类资产偏好，是做大类资产配置的良好平台，大信托可能有财力物力，中小信托缺乏优质的证券投资团队，可将证券投资委托于券商资管、基金管理。

信托具有破产隔离、财产独立的优势，能够将富人的私有财产与公司财产进行分割，也可预防诸如婚姻变动等因素对家族财富造成侵蚀的风险。

信托具有他益性的特征，适合做财富的代际传承，在条款设计上比较灵活，可通过信托计划的设计来规避后代不思进取而肆意挥霍家族财富、管理不当造成财富损失的风险，也可通过条款来激励后代奋发，比如要求继承人必须达成××目标，方有继承财富资格。

（二）财富管理模式设计

1. 信托公司主导模式，即以直销客户为主的家族信托或家族办公室

一是直接设立家族信托，将受益人设定为家人或自己，以达到财富管理目的；二是采用家族办公室的设计，即委托人将资金委托于信托公司，同时由客户家族发起设立有限合伙企业，管理人由客户家族成员担任，信托公司按照客户意愿，作为有限合伙人的出资人/有限合伙人。该有限合伙企业完全在家族控制之下，可实现金融投资、不动产传承、股权投资等目标。这种模式既满足了富人希望隔离资产、财富传承，也能通过家族持续控制家族财富的目的。

信托公司承担家族信托客户发掘维护、需求沟通识别、产品方案设计、合同框架制定与信托财产管理运用等全部职责，此外，信托公司独立设立不以营利为目的的事务类家族信托。一方面，尽可能地按照委托人意愿进行产

品定制化；另一方面，采取专业法律审计、投资管理收费模式，委托人不参与投资，接受全权委托，设立"不可撤销"家族信托，为未来遗产税的出台预留操作空间。

2. 与银行合作

设立定制式、可撤销或可变更、委托人与受托人共同管理的家族信托。银行作为财务顾问，业务客户来自银行的私人银行部直销客户；信托资金根据风险预期进行结构化配比，实现信托小账户管理，最大限度地实现客户资产保值增值。利用银行在高净值客户中的良好形象，银行系的信托公司可直接利用作为股东的银行进行拓展，而非银行系的则需寻找合作伙伴，与其私人银行部门在资产配置、结构条款设计等方面进行深度合作，互通有无。

3. 类家族信托

类家族信托与保险公司、养老服务机构合作推出的保险金信托或养老健康信托等，实现将保险服务、养老服务、医疗保障与信托服务相结合；利用杠杆效应，放大保障额度或服务权益，降低专属私人高端财富管理门槛；提供私人保单管家或者养老管家，享受多重增值服务。下面将详细阐述与保险机构的合作。与保险机构合作即保险金信托。投保人买保险，同时和信托机构签订信托合同，把信托作为保险的受益人，把自己的亲属或者其他人作为信托的受益人。如果触发了保险的赔偿条件，获得大笔赔偿金，那么这笔赔偿金就将进入信托计划，由信托代为管理，实现保险赔付金保值增值的目的。在这个过程中，保险信托双方共赢。保险能为投保人提供后端的增值服务，也可在信托投资中担任投资顾问，赚取投顾费，在信托正式运行后，信托投资时也会相应购买保险的资产管理产品，实现资金的回流。信托则利用保费的杠杆作用，有效降低了家族信托的门槛，拓宽了渠道。

不过，现在国内家族信托主要是一些拥有足够实力的大信托在做，很多中小信托规模不大，部分还处于"单独账户管理"的阶段，在未来可积极尝试：一方面与外部机构合作，借银行、保险渠道，借券商资管、公募基金等投研能力协同发展；另一方面先从"单独账户管理"向为超高净值客户提供专属、定制的资产管理服务转向，在建立良好的合作关系后，再进阶为家族财富的私人管家。

六、顶层制度设计更趋完善

我国信托业正处于快速发展阶段，加之可借鉴经验较少，这对我国信托监管部门是较大挑战，如何很好地把握信托业风险又促进行业稳健可持续发展，确实是个不容易解答的命题，我国信托业监管部门担负了很大的重任。未来我国信托业监管可能的走向如下：

第一，监管部门正逐步构建更好引导信托业回归本源的监管体系。自2007年以来，监管部门一直强调信托业回归本源，提倡"受人之托，代人理财"的行业定位，但是这些监管倡议并没有落实到位，或者仍处于一种认知和探索过程中。自2014年以来，监管部门提倡的八大机制、八大责任、八大业务是对中国信托业回归本源的一种新的认知和方向，回归信托精神所倡导的忠诚和创新，在新监管理念的引导下，中国信托业监管体系将呈现新的变革和创新，构建面向未来的监管体系，促进信托业发展向透明化、尽责化、创新化、高效化方向演进。

第二，监管政策加快落地，行业游戏规则重塑。自2014年以来，信托业监管政策大动作不断，目前已进入加速设计和落地阶段，除了已落地的《信托业保障基金管理办法》《信托公司行业评级指引》《慈善信托管理办法》等监管制度，未来还有很多新的监管政策征求意见或者出台，诸如《信托业务尽职调查指引》《信托公司子公司管理办法》、信托产品登记以及流转平台运行、信托业信息系统平台运行等，部分创新业务也可能逐步制定行业操作指引。总之，未来2~3年内信托业监管体系塑造进入快速实施和落地时期，整个行业运行和市场规则将继续面临较大变革。

第三，新监管形势下优胜劣汰效应会更加明显。监管政策的完善和重塑将会对行业发展形成较大影响，加大行业合规压力和要求。同时，也注意到此轮行业监管政策的变革，监管部门推动决心非常大，变革速度较快，监管政策本身体现了分类经营、分类监管的理念，有利于行业优秀信托公司获得更大监管政策支持，做大做强，落后信托公司则在业务范围等方面有更大的受限，如果逐步更加明晰准入和退出机制，行业竞争结构将会有更大变化。

第四，监管政策将向着更加市场化方向演进。随着我国信托业的发展成熟度上升，以及社会认知的提高，监管部门高度管制的力度可能会下降，未来可能更注重监管制度设计以及信托公司准入、退出、风险控制等关键领域的监管，节约监管资源，监管重点和切入口或许有所优化，更加注意平衡监管力度与市场约束的多重运用，以此促进信托公司创新发展与运行效率提升。综上所述，我国信托业未来十年将仍然是继续保持在中国资产管理行业占有15%市场份额的有竞争力的子行业，竞争力不仅体现在资产管理规模上，还更多体现在为客户全球化资产配资的能力、综合化金融服务方案的执行、一站式多元化金融产品的选择等市场核心竞争力上；那时不仅有信托公司专营信托，还有其他金融机构兼营信托，信托经营机构既有综合化金融服务机构，也有致力于细分市场的专业型机构，但是整体行业集中度要比现在高很多，准入与退出机制更加明晰化，个别经营不善的信托公司将会被市场逐步淘汰，要么面临重组，要么面临破产托管；那时信托创新更加频繁，主要是基于信托制度特性以及市场需求，继续在养老、财富传承、国际资产配置等领域加强供给侧改革；那时随着信托文化的普及和传播，以及更多人参与到信托业务当中，信托从一种高端理财产品将逐步过渡到一种服务于社会经济生活的财产制度工具，更多私人信托业务伴随个性信托需求而产生。

我国信托公司未来十年应是更具专业化和综合性的金融机构，通过并购重组其他信托公司和金融机构加快发展和壮大，形成规模效应和市场份额地位，从而推动行业竞争结构向着更加集中化的方向发展；收益来源不再集中于类似利差的融资业务信托报酬上，而是依靠专业投行经验和投资能力，获得管理费用和信托报酬，收益模式的风险收益更加对称，与实体经济的顺周期性波动降低；逐步建立更加面向客户的经营模式，形成以机构和个人客户为主的多产品条线，能够及时捕捉市场需求变化，形成创新产品方案，满足客户需求；形成较为突出的研发能力、风控能力、资产管理能力，可以及时根据外部经营环境变化做出变化，在不断适应内部外环境变化的同时，把控住所蕴含的风险隐患，将所承担的风险水平控制在风险偏好之下；在以轻资产为主的经营模式以及有效控制杠杆水平的前提下，资本补充渠道得到创新和完善，理顺 IPO、发债等外部融资机制，实现信托公司获取更加多元化的资本补充来源。

第二篇

信托业十年发展中观分析

在第一篇中，本书从宏观层面回顾分析了信托业十年来的发展历程，主要阐述了影响信托业发展的外部因素。在第二篇中，本书将深入到信托业内部，通过行业数据从中观层面分析信托业十年发展的基本特征。依据资产配置决定收入水平，营业收入产生经营利润的基本思路，本篇深入研究分析了 2008～2017 年信托公司在资产、收入、盈利方面的经营状况以及在非财务信息方面的主要特征。

第三章

信托业资产十年变动趋势分析

第一节　信托资产十年变动趋势分析

一、信托资产规模十年变动趋势分析

从2008~2017年，在外部经济环境和信托业自身发展的共同作用下，信托资产规模一直呈现持续增长态势。其中，2008年全行业平均信托资产规模仅为2446206万元，2017年则达到38648885万元，增长超过14倍，年平均增幅达到36%。在信托登记、信托产品流动性等制度建设存在一定缺失的条件下，信托资产规模一直保持高速增长，这在一定程度上反映了信托业良好的发展前景。随着居民对理财需求的日益提高以及相关机制的不断完善，信托业仍会在一定时期内保持较为合理的发展速度。

如图3-1所示，自"一法三规"颁布开辟了信托业的新篇章以来，平均信托资产增长率也呈现出一定的阶段性波动的特征。其中，2008~2012年，信托业处于整体快速发展时期。一方面，信托公司刚刚登记完成，经过行业整合体现出了新的发展活力和态势；另一方面，国际金融危机之后，中国四万亿元经济政策的影响使信托业在这一时期得到了快速增长。在这一时期，房地产信托、政信信托的快速发展使信托业成为企业重要的融资渠道，同时银信合作也成为银行实现资产表外化，从而达到监管要求的重要手段。2008年平均信托增长率仅为16.29%，而在2009年度迅速上升至47.19%。自2010年开始，平均信托增长率虽然有所波动，但均维持在30%以上的水平，其中，2011年更是实现了57.87%的高速增长。在2013~2015年，信托业进入调整期。在这一阶段，受内外部经营环境的影响，实体经济显著下滑，信

用风险开始逐步显现。另外，资管行业的全面开放使券商、保险、基金子公司等资管企业开始在通道业务、股票质押、证券投资等领域与信托企业进行直接竞争，信托资产规模的增速开始放缓。其中，2013 年度，平均信托资产规模增长率为 35.83%，2014 年降至 29.12%，2015 年则进一步下降至16.08%，成为自 2008 年以来增长速度最低的一年。在 2016~2017 年，信托业产生一定的复苏趋势。一方面，对于券商、基金公司的监管压力加大，使其通道业务受到一定的限制；另一方面，在房地产市场调控的大背景之下，债券等融资渠道受到了一定的限制，但是房地产信托的调控力度相对较小，这在一定程度上促进了信托资产规模在这一时期的增长。其中，2016 年度，平均信托资产规模增长率达到23.74%，2017 年度进一步上升至29.87%，然而值得注意的是，在2016~2017 年信托业的复苏阶段，很大程度上得益于监管政策调整的影响，随着资管行业监管政策的逐步统一，信托业还需要进一步找到自身定位，寻求新的发展机遇。

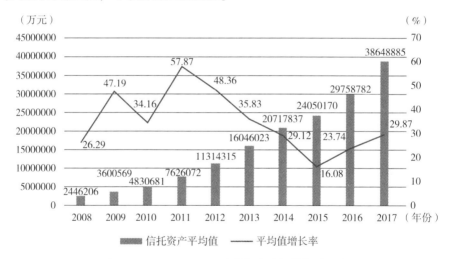

图 3-1　2008~2017 平均信托资产规模与增长率

资料来源：中国人民大学信托与基金研究所：《中国信托公司经营蓝皮书（各年度）》，财富出版社，2016 年版。

从行业内信托企业信托资产规模的差异性来看（见表 3-1），从 2008 年开始，受到行业重构的影响，行业内信托企业的信托资产规模差异性较大，其信托资产规模标准差为 3096118，变异系数为 1.27。随着信托业经验的不断积累以及监管政策的不断完善，行业内企业信托资产规模的差异性也在逐步下降，变异系数自 2008 年的 1.27 持续降至 2013 年的 0.83。自 2013 年开始，在行业监管与流动性双重压力的作用之下，部分兑付压力较大的信托公司与领先公司的差距也在逐步扩大，信托资产规模变异系数在2014年和2015年分别上升至0.89与0.98。2016~2017年，随着信托业进入复苏阶段，信托业内信托资产规模差异也有所降低，2016年与2017年变异系数分别降至0.95与0.91。

从行业内信托资产规模较大的公司数来看，2008年度，信托资产规模超过1000亿元的公司只有2家，2009年度也仅有5家。而到了2013年度，信托资产规模超过1000亿元的公司已经达到56家，2014年与2017年分别达到了60家和63家。由此可见，随着行业的不断发展，信托资产的规模和实力也在不断扩张。

表3-1 2008~2017年度信托公司信托资产规模统计

年份	2008	2009	2010	2011	2012
平均值（万元）	2446206	3600569	4830681	7626072	11314315
平均值增长幅度（万元）	509160	1154363	1230112	2795391	3688243
平均值增长率（%）	26.29	47.19	34.16	57.87	48.36
公司数目	50	56	63	63	66
最大值（万元）	16077930	20678079	33279077	39996932	59134914
最小值（万元）	7510	1013	114721	438216	260295
标准差（万元）	3096118	4176353	5541451	7095099	9836142
变异系数	1.27	1.16	1.15	0.93	0.87
年份	2013	2014	2015	2016	2017
平均值（万元）	16046023	20717837	24050170	29758782	38648885
平均值增长幅度（万元）	4232905	4671814	3332333	5708612	8890103
平均值增长率（%）	35.83	29.12	16.08	23.74	29.87
公司数目	68	67	68	68	68
最大值（万元）	72966080	90207416	109683950	142488879	198672976
最小值（万元）	1271355	695795	980256	971111	396584
标准差（万元）	13235416	18357256	23583490	28279946	35079305
变异系数	0.83	0.89	0.98	0.95	0.91

资料来源：中国人民大学信托与基金研究所：《中国信托公司经营蓝皮书（各年度）》，财富出版社，2016年版。

从信托公司信托净资产的规模上看（见表3-2），在2008~2012年，信托资产规模平均值呈现出增长率上升与下降交替出现的趋势。其中，2008年度信托净资产平均规模为2432584万元，相比于2007年增长26.39%，增长率并不是很高。而2009年度信托净资产平均规模为3629669万元，增幅上升至49.21%。2010年度增长率下降至34.25%，2011年度提高至54.77%，2012年度信托净资产规模平均值为11253722万元，增长率为49.22%，相比于2011年度再次出现下降。由此可见，这一时期信托净资产虽然时序增长，但增速并不稳定。2013~2017年，信托净资产规模增长率呈现出先下降后上升的"倒U"形发展趋势。其中，2013年度信托净资产规模平均值为15793272万元，实现了40.34%的增长率。此后，信托净资产增长率连续两年出现下滑，2014年度降至34.92%，2015年度更是降至11.75%，为近年来信托净资产增速最为缓慢的一年。2016~2017年，信托净资产规模增速开始回升。其中，2016年度信托净资产增长率为23.66%，2017年度信托净资产规模平均值为38285010万元，实现了30.02%的增长速度。

从信托净资产规模的差异性来看，在行业整合前期，信托净资产变异系数相对较高，其中，2008年信托净资产变异系数为1.27，2009年与2010年分别为1.14与1.14。从2011年开始，信托净资产变异系数均维持在1以下。在这一时期，变异系数的最高值为2015年度的0.97，最低值为2013年度的0.83，表明这一时期信托公司在信托净资产规模方面逐步趋同。2008~2017年度信托净资产规模的状况如表3-2所示。

表3-2　2008~2017年度信托公司信托净资产规模统计

年份	2008	2009	2010	2011	2012
平均值（万元）	2432584	3629669	4872729	7541649	11253722
平均值增长幅度（万元）	507911	1197085	1243060	2668920	3712073
平均值增长率（%）	26.39	49.21	34.25	54.77	49.22
最大值（万元）	16040933	20448826	33169133	39873238	58669874
最小值（万元）	7301	1007	114720	437373	260245
标准差（万元）	3085206	4136589	5547377	7117745	9769891
变异系数	1.27	1.14	1.14	0.94	0.87

续表

年份	2013	2014	2015	2016	2017
平均值（万元）	15793272	21308229	23811592	29444643	38285010
平均值增长幅度（万元）	4539550	5514957	2503363	5633050	8840368
平均值增长率（%）	40.34	34.92	11.75	23.66	30.02
最大值（万元）	72040012	88482104	108633516	140416775	196221060
最小值（万元）	1253550	677596	961213	962627	382217
标准差（万元）	13037518	18611396	23083019	27688198	34564096
变异系数	0.83	0.87	0.97	0.94	0.90

资料来源：中国人民大学信托与基金研究所：《中国信托公司经营蓝皮书（各年度）》，财富出版社，2016年版。

图 3-2 为 2008~2017 年信托总资产与信托净资产增长率变化趋势。如图 3-2 所示，信托总资产与信托净资产的变动趋势基本是一致的。其中，2014 年度信托总资产均值增长率为 29.12%，信托净资产均值增长率为 34.92%，相差 5.8 个百分点。而 2008 年度、2010 年度、2012 年度、2016 年度以及 2017 年度，信托总资产增长率与信托净资产增长率的差异小于 1%，这在一定程度上表明信托资产规模在逐年增长的同时，其财务杠杆保持在一个相对稳定的水平之内。

二、信托资产分布十年变动趋势分析

信托公司的信托资产可以分为基础产业、房地产业、证券业资产、实业资产以及金融机构资产五大类别。2008~2017 年，各类资产在信托资产占比平均值如图 3-3 所示。

2012 年以前，基础产业在信托资产中所占的比重是最高的。其中，2008 年，基础产业占比为 35.87%，2009 年这一比例进一步上升至 42.51%，2010~2011 年，基础产业占比虽然有所下降，但仍然以 33.28% 和 20.79% 的比重位于资产比例的首位。2012 年，基础产业占比（25.58%）首次被实业资产（26.74%）所超过。此后的 2012~2014 年，基础产业一直保持在资产比例的第二位。自 2015 年开始，基础产业开始被金融机构资产所取代，占比位于资产比例的第三位。基础产业信托的发展在很大程度上受到宏观经济

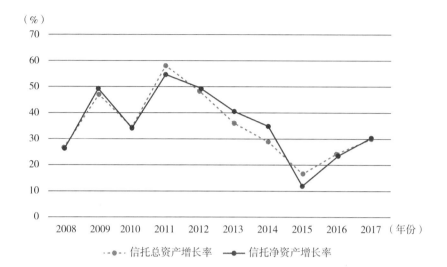

图 3-2 2008~2012 信托总资产与信托净资产年增长率对比

资料来源：中国人民大学信托与基金研究所：《中国信托公司经营蓝皮书（各年度）》，财富出版社，2016 年版。

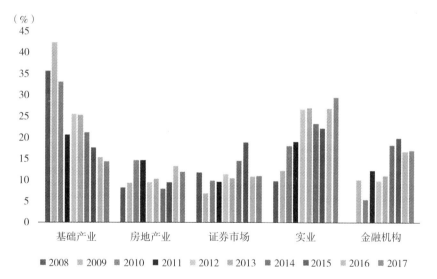

图 3-3 2008~2017 年信托资产行业占比平均值分布

资料来源：中国人民大学信托与基金研究所：《中国信托公司经营蓝皮书（各年度）》，财富出版社，2016 年版。

环境以及经济周期的影响。由于固定资产投资等一直在中国经济发展中扮演重要角色，因此，信托业选择将大量信托资产配置于基础产业，在一定时期内也得到了较稳定的回报。但是随着政府基础设施监管力度的加大以及地方政府融资渠道收紧等因素的影响，基础产业收益有所下滑，也直接导致信托资产在基础产业中的配置比例有所降低。但随着国家对基础产业投资力度的进一步加大，基础产业仍将在信托资产中占据重要地位。

从房地产资产来看，2008 年度房地产业占比为 8.31%，在信托资产占比中的排名较低。2009 年之后，随着中国房地产市场的不断发展，房地产信托所占比重也在不断增加，其中，2010 年与 2011 年，房地产占比均超过了14%，位于资产占比的第三位。经历了 2008～2011 年的持续增长之后，从2012 年开始，房地产占比一直处于波动状态。其中，房地产占比最高的为2016 年的 13.32%，占比最低的为 8.09%。房地产信托呈现波动变化的原因可能是国家房地产调控政策的影响。一方面，房地产行业在近年来中国经济增长过程中起到了重要的推动作用；另一方面，房地产市场的高速增长也带来了一系列潜在风险。由于近年来对于房地产行业的调控方式和调控力度一直是各界关注的重要问题，政策的变化使其未来发展带有一定的不确定性，因此信托公司对于房地产行业的发展一直持观望态度，导致其配置比例在不同年度出现了一定的波动。

从实业资产来看，2008 年实业资产占比相对较低，仅为 9.88%，位于基础产业和证券市场资产之后。2009 年实业资产占比达到 12.25%，仅次于基础产业。2012 年，实业资产占比达到 26.74%，首次超过基础产业。在 2012～2017 年，实业资产一直保持在资产占比的首位，并且呈持续上升趋势。2017年度实业资产占比更是达到了 29.60%。随着我国产业结构的不断调整与升级，相对于房地产、基础设施等传统行业，高科技、互联网等新兴行业对于直接融资的依赖程度较高，信托公司也必然会考虑这些新型实体企业对于融资的特殊需求。在去通道、去杠杆、金融服务于实体的政策导向下以及信托公司在业务模式上的不断完善，实业资产在信托资产中的比重仍会维持高位。

从证券资产来看，其在信托资产中的比重一直维持在 10% 左右，2009 年度相对较低，占比为 6.96%；2014 年度和 2015 年度相对较高，占比分别达到 14.64% 和 19.02%。从金融机构资产来看，2009～2012 年，金融机构资产投资比例保持波动状态，其中，2010 年较低，为 5.37%；2011 年该比例较高，达到 12.23%。自 2013 年开始，金融机构资产占比一直维持在 10% 以上的水平，2014年和2015年更是达到了18.35%和19.89%。从不同资产变动趋势的对比来看，证券资产、金融资产与基础资产等存在一定的替代效应。2009年和2010年，在全球性金融危机和国家经济刺激政策的作用下，基础产业和实业资产占比增长较快，而证券资产和金融资产占比则位于波谷。在我国经济转型和增速放缓的条件下，证券资产和金融资产占比得到了一定的上升。

图3-4为2008~2017年信托资产行业分布比例变异系数的变化趋势。从基础产业来看，其变异系数一直较低且变化较小。2008~2013年，基础产业占比变化系数一直低于0.6，说明在这一期间行业内各公司对于基础产业资产占比的差异性相对较小。但值得注意的是，自2014年开始，该指标达到0.63，同时进入了持续上升通道，2017年该指标更是达到了0.87的最高值。虽然和其他行业相比该数值并不算高，但也在一定程度上说明，随着国家对基础设施建设监管政策的不断收紧，行业内公司对于基础产业未来发展的预期开始有了一定分化。从房地产资产占比变化系数来看，该指标一直维持在1以上，其中2017年相对较低，为1.02；2011年和2015年相对较高，为1.49。在房地产行业快速发展以及政府监管压力不断增强的双重作用下，信托公司对于房地产资产的态度一直存在较大差异。从实业资产占比变化系数来看，2008年与2009年，该系数相对较高，分别为1.46和1.40，在这一时期，受国内外经济环境以及国家经济政策的影响，信托业对于实体资产发展趋势的认识存在一定差异。自2010年开始，实业资产占比变异系数一直在较低水平上徘徊，其中，2016年与2017年仅为0.64，表明信托业对于金融服务于实体的认识逐步达成共识。从证券市场资产占比变异系数来看，呈现出典型的高低交替的波动型变化趋势。其中，变异系数最高的为2016年的1.46，变异系数最低的为2008年的0.82，这在一定程度上反映出我国证券市场的不稳定性导致信托公司的态度在不断发生变化。从金融机构资产占比的变化趋势上看，呈现出典型的两阶段特征。其中，在2009~2012年，行业内金融机构资产的配置比例存在较大差异，变化系数一直处于较高水平，2010年达到最高值1.34。2013~2017年，金融机构资产占比变化系数均小于1，2015年仅为0.65，说明这一时期信托公司对于金融机构资产的配置比例在不断缩小。

2008~2017年度信托公司信托资产行业分布占比情况如表3-3所示。

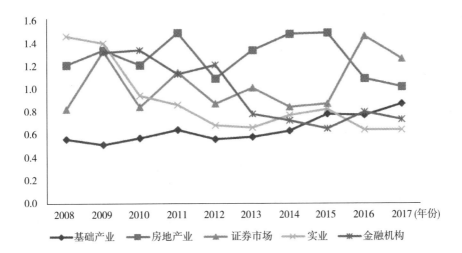

图 3-4　2008~2017 年信托资产行业分布比例变异系数

资料来源：中国人民大学信托与基金研究所：《中国信托公司经营蓝皮书（各年度）》，财富出版社，2016 年版。

表 3-3　2008~2017 年度信托公司信托资产行业分布统计

年份		2008	2009	2010	2011	2012
披露公司数目		49	51	51	61	63
基础产业	规模（万元）	891723	1652956	1850383	1580108	2851611
	占比（%）	35.87	42.51	33.28	20.79	25.58
	占比最大值（%）	82.78	85.09	79.20	55.35	82.40
	占比最小值（%）	0.00	0.00	0.00	0.00	0.08
	标准差（%）	20.23	21.82	18.90	13.24	14.29
	变异系数	0.56	0.51	0.57	0.64	0.56
房地产	规模（万元）	206619	364188	821325	1122519	1061249
	占比（%）	8.31	9.37	14.77	14.77	9.52
	占比最大值（%）	70.27	70.30	81.80	76.64	70.92
	占比最小值（%）	0.00	0.00	0.00	1.37	0.01
	标准差（%）	15.09	14.46	17.90	15.23	11.39
	变异系数	1.21	1.34	1.21	1.49	1.09

年份		2008	2009	2010	2011	2012
披露公司数目		49	51	51	61	63
证券资产	规模（万元）	296576	270654	556522	732216	1272525
	占比（%）	11.93	6.96	10.01	9.63	11.42
	最大值（%）	38.03	41.18	43.43	34.62	42.76
	最小值（%）	0.00	0.00	0.00	0.00	0.00
	标准差（%）	9.78	9.23	11.37	7.97	10.12
	变异系数	0.82	1.33	0.84	1.14	0.87
实业	规模（万元）	245593	476385	1013225	1455973	2980858
	占比（%）	9.88	12.25	18.22	19.16	26.74
	最大值（%）	67.94	92.95	92.24	83.59	84.54
	最小值（%）	0.15	0.00	0.00	0.00	0.00
	标准差（%）	14.44	17.12	17.11	16.39	18.20
	变异系数	1.46	1.40	0.94	0.86	0.68
金融机构	规模（万元）	—	390277	298873	929302	1090494
	占比（%）	—	10.04	5.37	12.23	9.78
	最大值（%）	—	48.15	30.55	64.16	52.27
	最小值（%）	—	0.00	0.00	0.00	0.00
	标准差（%）	—	13.23	7.17	13.78	11.87
	变异系数	—	1.32	1.34	1.13	1.21

年份		2013	2014	2015	2016	2017
披露公司数目		63	64	66	67	65
基础产业	规模（万元）	4256482	4450960	4353447	4954380	5543222
	占比（%）	25.49	21.35	17.73	15.47	14.52
	占比最大值（%）	85.09	61.74	55.35	53.67	57.63
	占比最小值（%）	0.00	0.00	0.00	0.08	0.00
	标准差（%）	14.67	13.41	13.79	11.90	12.63
	变异系数	0.58	0.63	0.78	0.77	0.87
房地产	规模（万元）	1721714	1981747	1986838	2735452	3449852
	占比（%）	10.31	8.09	9.51	13.32	12.02
	占比最大值（%）	70.30	76.74	76.64	69.91	69.45
	占比最小值（%）	0.00	0.00	0.00	0.28	0.33
	标准差（%）	13.87	11.95	14.18	14.56	12.28
	变异系数	1.34	1.48	1.49	1.09	1.02

续表

年份		2013	2014	2015	2016	2017
披露公司数目		63	64	66	67	65
证券资产	规模（万元）	1748212	3051222	4670180	4615884	5497438
	占比（%）	10.47	14.64	19.02	10.90	11.07
	最大值（%）	41.18	57.91	34.62	75.94	58.63
	最小值（%）	0.00	0.00	0.00	0.00	0.01
	标准差（%）	10.62	12.26	16.52	15.91	13.93
	变异系数	1.01	0.84	0.87	1.46	1.26
实业	规模（万元）	4516831	4879568	5482718	7634547	9976555
	占比（%）	27.05	23.41	22.33	26.97	29.60
	最大值（%）	92.95	78.51	83.59	81.57	87.02
	最小值（%）	0.00	0.00	0.00	0.20	1.47
	标准差（%）	17.94	17.92	18.31	17.29	18.84
	变异系数	0.66	0.77	0.82	0.64	0.64
金融机构	规模（万元）	1842148	3825970	4884625	6028036	8293402
	占比（%）	11.03	18.35	19.89	16.83	17.04
	最大值（%）	48.15	62.65	64.16	48.37	50.33
	最小值（%）	0.00	0.00	0.00	0.00	0.00
	标准差（%）	8.59	13.21	13.03	13.53	12.50
	变异系数	0.78	0.72	0.65	0.80	0.73

资料来源：中国人民大学信托与基金研究所：《中国信托公司经营蓝皮书（各年度）》，财富出版社，2016年版。

三、信托资产运用十年变动趋势分析

信托资产的运用可以分为货币资产、贷款、长期投资以及交易性金融资产等。2008~2017年，信托公司信托资产运用分布特征如图3-5所示。

自2008年开始，贷款资产所占比重一直位于首位。其中2008年度和2009年度，贷款资产所占比重分别为57.76%和57.93%，占到信托资产运用一半以上的比重。在"一法三规"推行之后，经过行业重新整合，信托公司主要通过贷款资产进行信托资产运用。特别是在200年四万亿元经济刺激政策出台以后，房地产价格开始大幅上扬，而监管机构开始严格限制信贷资金流入房地产市场；同时，地方债务平台问题的凸显也使地方政府融资平台受

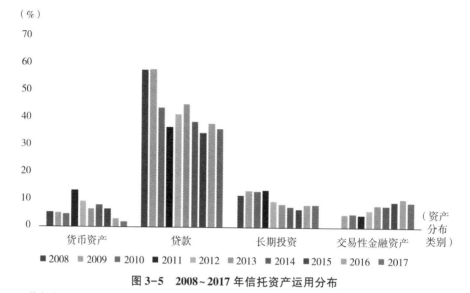

图3-5　2008～2017年信托资产运用分布

资料来源：中国人民大学信托与基金研究所：《中国信托公司经营蓝皮书（各年度）》，财富出版社，2016年版。

到了一定的限制。对于银行而言，增量贷款收益受到一定冲击，存量信贷资产的风险也有所加大，为了维持和融资平台的持续进行，银行开始寻求银信合作，通过资产表外化的方式以达到监管要求，从而使信托业贷款规模不断扩张。2010年以后，随着原银监会监管政策的进一步收紧，信托业面临业务模式转型，贷款资产占比虽仍维持在首位，但已开始出现下降趋势。其中，2010年降至43.78%，2011年进一步降至36.76%。2012年开始，信托公司的业务模式开始发生转化，贷款资产比重得到了一定的提升，2012年和2013年的贷款资产占比分别为41.52%和45.05%。随着证监会放开了券商以及基金子公司从事资管业务后，这些机构开始抢占原先的银信合作市场，贷款资产所占比重再次处于下行通道。其中，2014年，贷款资产占比下降至38.64%，2015年进一步下降至34.76%。2016年与2017年随着银监会与证监会对资管监管力度上的差异，贷款资产比重有了一定的提升，分别达到了37.97%与36.08%。随着金融行业监管统一性的加强，贷款资产未来的走势还有待观望。

从长期投资来看，2008年，长期投资资产所占比重为11.93%。2009～2011年，随着政府经济刺激政策的出台，长期投资资产所占比重分别达到13.60%、13.29%以及13.74%，连续三年高位运行。长期投资资产的流动性虽然略逊于货币资产和交易性金融资产，但其收益能力相对较高，因此各信托公司也适当加大了长期投资资产的比重，以期获得更高的收益水平。2012年随着实体经济发展速度放缓，长期投资资产所占比重有所下降。其中，2012年长期投资资产所占比重下降至9.74%，之后进入下行通道，2015年长期投资资产占比仅为6.73%。2016年度与2017年度，随着信托业的复苏，长期投资资产比重也开始提高，分别达到8.43%和8.48%。信托业对长期投资资产比重的加大，一方面反映了信托业通过改变业务结构提升盈利水平的诉求；另一方面也体现了信托业回归本源，服务于实体经济的发展方向。

从货币资产来看，2008年货币资产占比为5.46%，2008~2011年，货币资产占比整体处于上升通道。2011年度货币资产占比更是高达13.60%。这在一定程度上体现出信托业在这一时期的投资策略相对较为谨慎。从2012年开始，随着信托业主动管理能力的不断提升，货币资产的比例整体处于下降趋势。除2014年货币资产占比为8.14%，相对于2013年的6.80%略有提升之外，其他年份货币资产比重均同比下降。2016年度和2017年度，货币资产占比仅为3.04%和2.15%。

从交易性金融资产上看，2012年以前，交易性金融资产占比维持在5%左右。随着信托业的不断转型以及自主盈利能力的不断提高，交易性金融资产占比也开始逐渐上升。其中，2012年交易性金融资产比例为6.30%，2013年上升至8.16%，2014年度虽然小幅降至7.99%，2015年则反弹至9.42%，2016年度和2017年度，交易性金融资产占比仍然维持在10%左右的水平，分别为10.50%和9.37%。

图3-6为2008~2017年信托资产运用方式比例变异系数。从贷款资产来看，其变异系数一直相对较低。其中，2008年度贷款资产占比变异系数为0.38，2009年度为0.36。自2010年度开始，贷款资产占比变异系数一直比较稳定，除2013年的0.38以外，其他年份贷款资产占比变异系数均位于0.40~0.50。由于贷款资产一直是信托资金运用的主要方式，各信托公司的投资策略相对也较为接近。相比而言，长期投资与交易性金融资产占比变异系数虽然也相对较为稳定，但也存在周期性的波动。其中，长期投资资产占比变异系数在2008~2009年相对较高，分别为1.54和1.51，表明这一时期受到外部经济环境不确定性较大的影响，不同信托公司对于长期投资资产的发展预期存在一定的差异。自2010年开始，长期投资资产占比变化系数保持在较低水平，均没有超过1。2016年度和2017年度，长期投资资产占比变异系数分别为0.71和0.75，结合前述长期投资占比在2016年和2017年有所增长的事实，表明信托业普遍对于长期投资资产持有较为乐观的态度。从交

易性金融资产来看，在2009~2017年，交易性金融资产占比变异系数均超过1，其中最大值为2012年的1.46，最小值为2013年的1.13，整体而言，交易性金融资产占比变异系数相对较为稳定。从货币资产来看，其变异系数在不同年度波动相对较大，特别是在2008~2010年，2008年货币资产占比变异系数为1.92，2010年则降至0.71，降幅相对较高。2011~2015年，货币资产占比变异系数始终维持在1左右。但是2016年度与2017年度，货币资产占比变异系数进一步提高至1.61和1.50，说明信托业对于货币资产的运用再一次出现分化。

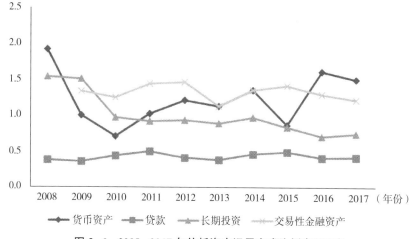

图3-6 2008~2017年信托资产运用方式比例变异系数

资料来源：中国人民大学信托与基金研究所：《中国信托公司经营蓝皮书（各年度）》，财富出版社，2016年版。

2008~2017年度信托公司信托资产运用方式分布情况如表3-4所示。

表3-4 2008~2017年度信托公司信托资产运用方式分布统计

年份		2008	2009	2010	2011	2012
披露公司数目		50	53	51	61	63
货币资产	规模（万元）	138167	210376	317623	1012030	1064910
	占比（%）	5.46	5.26	4.78	13.60	9.55
	占比增长（%）	−19.67	−0.20	−0.48	8.82	−4.05
	最大值（%）	64.03	23.02	18.38	65.41	51.14
	最小值（%）	0.00	0.20	0.15	0.00	0.00
	标准差（%）	10.48	5.25	3.44	13.89	11.56
	变异系数	1.92	1.00	0.71	1.02	1.21

续表

年份		2008	2009	2010	2011	2012
披露公司数目		50	53	51	61	63
贷款	规模（万元）	1461424	2241969	2906503	2734718	4628246
	占比（%）	57.76	57.93	43.78	36.76	41.52
	占比增长（%）	16.80	0.17	-14.14	-7.02	4.76
	最大值（%）	94.88	97.05	79.84	86.60	80.98
	最小值（%）	5.40	12.30	0.03	0.03	5.40
	标准差（%）	21.72	20.94	19.39	18.30	16.97
	变异系数	0.38	0.36	0.44	0.50	0.41
长期投资	规模（万元）	301887	528789	882123	1021872	1086106
	占比（%）	11.93	13.60	13.29	13.74	9.74
	占比增长（%）	-0.05	1.67	-0.31	0.45	-3.99
	最大值（%）	76.37	98.72	57.22	52.50	48.45
	最小值（%）	0.00	0.00	0.26	0.85	0.00
	标准差（%）	18.42	20.75	12.86	12.65	9.06
	变异系数	1.54	1.51	0.97	0.92	0.93
交易性金融资产	规模（万元）	—	196608	439060	465858	950747
	占比（%）	—	4.82	5.07	4.57	6.30
	占比增长（%）	—	—	0.25	-0.50	1.73
	最大值（%）	—	25.65	30.28	27.68	38.24
	最小值（%）	—	0.00	0.00	0.00	0.00
	标准差（%）	—	6.45	6.33	6.57	9.18
	变异系数	—	1.34	1.25	1.44	1.46
年份		2013	2014	2015	2016	2017
披露公司数目		64	64	66	64	62
货币资产	规模（万元）	1146007	1620648	1658037	1656976	1031960
	占比（%）	6.80	8.14	6.75	3.04	2.15
	占比增长（%）	-2.75	1.34	-1.39	-3.71	-0.89
	最大值（%）	32.94	62.65	33.30	29.82	17.54
	最小值（%）	0.20	0.00	0.00	0.00	0.18
	标准差（%）	7.71	11.00	5.91	4.90	3.22
	变异系数	1.13	1.35	0.87	1.61	1.50

年份		2013	2014	2015	2016	2017
披露公司数目		64	64	66	64	62
贷款	规模（万元）	7404305	7695919	8533610	9844327	13649619
	占比（%）	45.05	38.64	34.76	37.97	36.08
	占比增长（%）	-3.53	-6.41	-3.88	3.21	-1.89
	最大值（%）	80.15	83.00	86.60	68.70	80.84
	最小值（%）	12.30	10.25	0.03	8.60	3.25
	标准差（%）	16.95	17.78	16.93	15.54	15.30
	变异系数	0.38	0.46	0.49	0.41	0.42
长期投资	规模（万元）	1425731	1498744	1652335	2146446	2886342
	占比（%）	8.67	7.53	6.73	8.43	8.48
	占比增长（%）	-1.07	-1.14	-0.80	1.70	0.05
	最大值（%）	39.55	42.70	52.50	28.01	31.39
	最小值（%）	0.39	0.00	0.85	0.86	0.22
	标准差（%）	7.75	7.29	5.65	5.98	6.37
	变异系数	0.89	0.97	0.84	0.71	0.75
交易性金融资产	规模（万元）	1341084	2263059	3669147	4283962	4800038
	占比（%）	8.16	7.99	9.42	10.50	9.37
	占比增长（%）	-0.37	-0.17	1.43	1.08	-1.13
	最大值（%）	38.24	43.12	69.07	73.08	45.84
	最小值（%）	0.00	0.00	0.00	0.00	0.00
	标准差（%）	9.18	10.50	13.17	13.41	11.46
	变异系数	1.13	1.35	1.41	1.29	1.22

资料来源：中国人民大学信托与基金研究所：《中国信托公司经营蓝皮书（各年度）》，财富出版社，2016 年版。

第二节 自营资产十年变动趋势分析

一、自营资产规模十年变动趋势分析

2008~2017 年，随着信托公司资产管理能力的不断提升以及经营模式的不断变化，其自营资产规模得到了快速增长（见图3-7）。其中，2008年度，信托业平均自营资产规模仅为187255万元，平均增长率仅为0.55%，该数据表明，在这一时期，信托公司的自营资产增长速度相对较慢。2009年度，信托业自营资产平均规模达到215927万元，增速达到15.31%，相对于前一年度，增长速度明显加快。2010年度，随着宏观经济增速开始回暖，信托公司也进一步加大了自营资产规模，信托公司平均净资产达到531209万元，增速达到146.01%。而在2011年，随着内外部环境的变化，中国宏观经济再次开始放缓，信托业自营资产规模平均值仅为296623万元，相比于2010年出现了44.16%的下降。由此可见，在2008~2011年，由于信托业刚刚完成行业整合，并且内外部宏观经济环境相对波动性较大，因此，信托公司自营资产的配置规模在这一时期的不稳定性也较高。2012年度，信托公司自营资产平均规模达到351276万元，同比增长18.43%。至此之后，自营资产规模进入一个相对稳定的增长时期，2013~2016年，信托公司自营资产规模增长率最高为2015年度的29.02%，最低为2016年度的19.84%。值得注意的是，自2016年开始，信托公司自营资产规模的增长率整体呈下降趋势，2017年信托业自营资产平均规模增长率为17.88%，相比于2016年度增速进一步放缓。

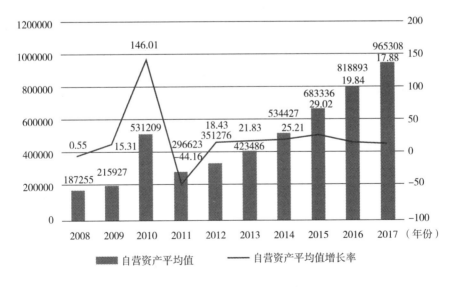

图3-7　2008~2017年平均自营资产规模与增长率

资料来源：中国人民大学信托与基金研究所：《中国信托公司经营蓝皮书（各年度）》，财富出版社，2016年版。

从信托公司自营资产规模的差异性来看，在 2008~2010 年，信托公司在自营资产上的差异相对较高，并且呈现出一定的上升趋势。其中，2008 年度信托业自营资产规模的变异系数为 1.02，2009 年上升至 1.04，2010 年则达到 3.50，为近十年来的最高值。结合自营资产平均值增长率的指标可以发现，在 2010 年，行业内的自营资产呈现出不平衡的高速增长趋势。自 2011 年开始，信托公司自营资产变异系数相对稳定，均没有超过 1。其中，这一时期的变异系数最高值出现在 2011 年度的 0.92，最低值出现在 2017 年的 0.66，整体上呈现出逐步下降的发展趋势。这表明，经过行业整合初期较不稳定的态势之后，各信托公司对于自营资产配置规模的认识逐步趋于一致。2008~2017 年度信托公司自营资产规模如表 3-5 所示。

表 3-5 2008~2017 年度信托公司自营资产规模统计

年份	2008	2009	2010	2011	2012
平均值（万元）	187255	215927	531209	296623	351276
平均值增长幅度（万元）	1025	28672	315282	-234586	54653
平均值增长率（%）	0.55	15.31	146.01	-44.16	18.43
公司数目	47	51	52	59	63
最大值（万元）	1187025	1376017	13674689	1538725	1607236
最小值（万元）	36614	12357	34108	42571	32465
标准差（万元）	190764	224126	1861873	273894	299780
变异系数	1.02	1.04	3.50	0.92	0.85
年份	2013	2014	2015	2016	2017
平均值（万元）	423486	534427	683336	818893	965308
平均值增长幅度（万元）	75883	107608	153685	135557	146415
平均值增长率（%）	21.83	25.21	29.02	19.84	17.88
公司数目	68	67	68	68	67
最大值（万元）	1856314	2130809	2925275	2611260	2813417
最小值（万元）	45159	44523	43113	70574	117865
标准差（万元）	341799	424092	542345	591021	637047
变异系数	0.81	0.79	0.79	0.72	0.66

资料来源：中国人民大学信托与基金研究所；《中国信托公司经营蓝皮书（各年度）》，财富出版社，2016 年版。

从信托公司自营净资产的规模上看，在 2008~2017 年，其增长速度相对较为稳定。2008 年度，信托公司平均自营净资产规模为 151783 万元，增长率为 6.62%。自 2009 年开始，信托公司自营资产规模的增长率维持在 20% 左右。其中，2014 年度信托公司自营净资产规模平均为 474526 万元，增长率为 26.64%，为这一时期增长速度最快的一年；2017 年度信托公司自营净资产规模平均为 770560 万元，增长率为 16.91%，为这一时期增长速度最慢的一年。

从信托公司自营净资产规模的差异性来看，其变动趋势与自营总资产的趋势基本一致。在 2008~2010 年，信托公司自营净资产规模的变异系数分别为 1.13、1.08 与 1.06，表明这一时期的自营净资产规模在信托公司之间的差异性相对较高，自 2011 年开始，信托公司自营净资产规模的变异系数也进入一个相对稳定的时期。这一时期该指标的最大值为 2011 年的 0.93，最小值为 2017 年的 0.65。2008~2017 年度信托公司自营净资产规模状况如表 3-6 所示。

表 3-6　2008~2017 年度信托公司自营净资产规模统计

年份	2008	2009	2010	2011	2012
平均值（万元）	151783	180920	216349	253677	307805
平均值增长幅度（万元）	1025	28672	315282	-234586	54653
平均值增长率（%）	6.62	19.20	19.58	17.25	21.34
最大值（万元）	1144629	1244046	1334382	1364990	1514666
最小值（万元）	19401	11325	29829	27144	31237
标准差（万元）	170961	195032	229168	236373	263398
变异系数	1.13	1.08	1.06	0.93	0.86
年份	2013	2014	2015	2016	2017
平均值（万元）	374690	474526	560325	659106	770560
平均值增长幅度（万元）	66885	99835	90142	98781	111454
平均值增长率（%）	21.73	26.64	19.17	17.63	16.91
最大值（万元）	1713394	1966971	2277467	2251071	2391441
最小值（万元）	36447	39087	38456	49402	67046
标准差（万元）	306290	376103	416468	453099	504608
变异系数	0.81	0.79	0.74	0.68	0.65

资料来源：中国人民大学信托与基金研究所：《中国信托公司经营蓝皮书（各年度）》，财富出版社，2016 年版。

图 3-8 为信托公司自营总资产与自营净资产年增长率的对比趋势。通过对两个指标的对比分析可以得出以下结论：一方面，在 2012 年以前，自营总资产增长率的波动性相对较高，而自营净资产的增长率整体较为平稳。这表明在 2012 年以前，自营总资产的大幅增减变动主要是由于财务杠杆变化作用的结果。另一方面，自 2012 年开始，信托自营总资产和信托自营净资产的增长率均较为平稳，但除 2012 年与 2014 年以外，信托公司自营总资产的增长率均高于自营净资产的增长率，这表明信托公司在增加自营资产投资的同时，大量地采用了负债方式作为自营资产的资金来源。随着信托公司自营资产经营能力的加强，期望通过杠杆经营的方式来获取自营资产收益的提升。

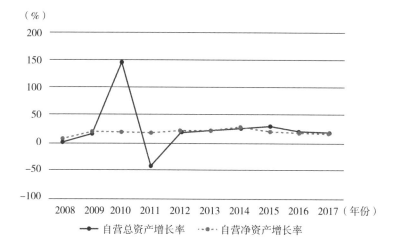

图 3-8 2008~2017 年自营总资产与自营净资产年增长率对比

资料来源：中国人民大学信托与基金研究所：《中国信托公司经营蓝皮书（各年度）》，财富出版社，2016 年版。

通过对信托公司自营资产负债率的分析，也可以验证之前的结论。如图 3-9 所示，2012 年度信托公司自营资产负债率平均值为 11.45%，相比于 2011 年度的 10.96% 出现了一定的上升。2013~2014 年，自营资产负债率一直维持在 11% 以上的水平。2015 年自营资产负债率上升至 11.30%，2016 年进一步上升至 19.51%，2017 年达到 20.29%。这进一步表明信托公司在自营资产经营方面提高了财务杠杆水平。

图 3-10 将 2008~2017 年信托资产与自营资产的增长率进行了对比，通过趋势分析可以发现以下几点：首先，从 2008~2017 年总体趋势来看，信托

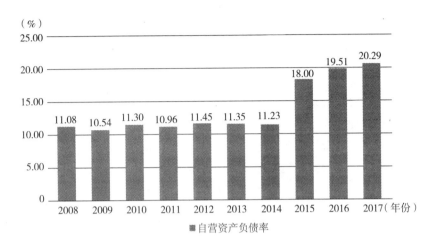

图 3-9　2008~2017 年信托公司自营资产负债率

资料来源：中国人民大学信托与基金研究所；《中国信托公司经营蓝皮书（各年度）》，财富出版社，2016 年版。

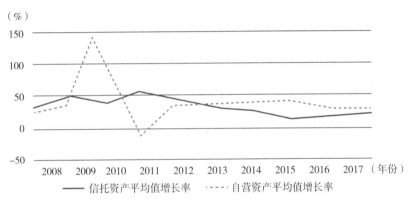

图 3-10　2008~2017 年信托资产与自营资产平均增长率对比

资料来源：中国人民大学信托与基金研究所；《中国信托公司经营蓝皮书（各年度）》，财富出版社，2016 年版。

资产平均值增长率的稳定性要比自营资产更高。其次，信托资产与自营资产在行业整合初期的增长速度均具有一定的不稳定性。其中，2011 年度的信托资产平均规模增长率（57.87%）比 2008 年度的增长率（26.29%）高出三十余个百分点；而 2010 年度的自营资产平均规模增长率（146.01%）高出 2011 年度增长率（-44.16%）近 200 个百分点。最后，从 2013 年开始，信托资产与自营资产的平均增长率均趋于稳定，但是信托资产的平均值增长率要显著高于自营资产。

二、自营资产分布十年变动趋势分析

信托公司的自营资产也可以分为基础产业、房地产业、证券业资产、实业资产以及金融机构资产五大类别。2008~2017 年，各类资产在自营资产行业占比平均值如图 3-11 所示。

从基础产业上看，如前所述，2012 年以前，基础产业资产在信托资产中所占的比重是最高的，但是在信托公司自营资产的分布上面，基础产业资产的规模和比重一直相对较低。其中，2008 年，自营资产中基础产业资产规模平均值为 8148 万元，占全部自营资产的比重为 4.59%，在五大类资产的分布中略微高于房地产的 4.17%。2009 年度，基础产业资产规模均值为 7638 万元，占比为 4.32%，为自营资产占比最低的。2010 年度，基础资产占比稍有提升，达到 5.22%，2011 年再一次下降至 2.98%。此后的一段时期内，基础产业资产占比始终处于波动状态，其中 2014 年度基础产业资产均值为 146268 万元，占比为 15.33%，为近年来的最高值。而 2015 年度基础产业资产规模为 11384 万元，占比仅为 1.65%，为近年来的最低值。2017 年度，信托业在自营资产中加大了对基础产业的配置规模与比重，规模均值达到 45539 万元，占比为 5.41%，是近三年来的最高值。通过对自营资产中基础产业占比规模与占比的分析，可以发现如下特征：一方面，与信托资产分布不同，基础产业资产在自营资产中所占的比重相对较低；另一方面，2008~2017 年，自营资产中基础产业的分布比例存在一定的波动性。此外，随着内外部经济环境的变化，基础产业所占比重出现了一定回升的态势。

从房地产业来看，整体而言，随着中国房地产市场的快速发展，自营资产中房地产占比的总体趋势表现为持续上升。2008 年度，自营资产中房地产资产规模平均值为 8584 万元，占比为 4.17%；2009 年度，房地产资产规模达到 11691 万元，占比达到 4.88%。2010 年度与 2011 年度，该指标进一步上升至 5.72% 与 6.42%。2012 年度，房地产资产占比虽然下降至 6.05%，但 2013 年度房地产资产规模平均值达到 34556 万元，占比上升至 7.99%。2014 年度房地产资产规模均值达到 81109 万元，占比为 8.50%，为近年来的最大值。2015 年，房地产资产占比再次下降至 5.91%。2016 年与 2017 年，该指标则再次回到上升通道，分别达到 6.29% 和 8.02%。值得注意的是，通过对比房地产资产在信托资产与自营资产中所占的比重，可以发现两者的变化趋势并不完全一致。其中，2014 年房地产资产在信托资产中所占比重为

8.09%，处于近十年来的最低值；而2014年房地站资产在自营资产中的8.50%为近十年来的最高值。因此，信托公司在信托资产与自营资产的配置策略上并不是完全一致的。

从证券资产来看，在"一法三规"颁布之后的一段时间内，自营资产中的证券资产占比变动趋势呈现出增加与减少交替的局面。2008年度，证券资产规模平均值为41222万元，占比为20.42%。2009年度，该比重下降至17.32%。2010年度证券资产占比回升至23.02%，2011年下降至15.59%，2012年小幅上升至17.75%，2013年大幅下降至10.90%。2014年度，证券资产占比为10.79%，再次出现了小幅下滑。2015年度，自营资产中的证券资产规模平均值为115297万元，占比为16.69%。2016~2017年，证券资产占比持续下降，分别为14.44%与13.85%。从自营资产中证券资产占比的发展趋势中，可以得出如下两个结论：第一，2008~2017年的大部分年份，证券资产在自营资产中所占的比重要高于在信托资产中所占的比重。第二，虽然证券资产占比存在一定的波动，但是整体而言还是呈下降趋势。

从实业资产来看，2008年度，自营资产中的实业资产规模平均值为29763万元，占比为10.51%。2009年与2010年，实业资产占比连续两年出现下降，分别为10.27%与5.98%。2011~2013年，实业资产占比相对较为平稳，连续三年均处于7%~8%的水平。2014年度，实业资产规模均值为143244万元，占比为15.01%，达到近十年来的最大值。2015年实业资产占比大幅减少至4.35%，2016年与2017年则分别上升至7.41%与10.92%。通过与信托资产分布的对比可以发现，自2012年开始，实业资产在信托资产中所占的比重一直处于首位，但是在自营资产的分布方面，实业资产占比要显著低于证券市场资产与金融机构资产，这表明在自营资产的配置策略上，信托公司更加注重金融类资产，对于实业资产与基础资产的配置比例则相对较低。

从金融机构资产上看，2009年度，自营资产中金融机构资产规模平均值为78624万元，占比为30.12%。此后，金融机构资产占比虽然出现一定波动，但是一直位于自营资产分布中的第一位。其中，2010年占比上升至31.17%，2011年与2012年比较稳定，分别为37.30%与37.28%。2013年金融机构资产均值为174267万元，占比达到40.28%。2014年度，金融机构资产占比大幅下降至23.30%。2015~2017年连续三年，金融机构资产占比均处于较高水平，其中2015年与2016年占比分别为45.37%与48.91%，2017年度更是达到了50%的比重。由此可以看出，信托公司在自营资产的分布中对于金融机构资产存在较强的偏好，这可能是由两方面原因造成的：一方面，金融机构资产相比于其他类型资产的投资期限相对较短，增加其投资比重可以提高自营资产的周转速度，提高盈利水平；另一方面，金融机构资产的变现速度较快，流动性较强，通过金融机构资产投资可以增强信托公司资产的财务松弛度，提高其灵活性。

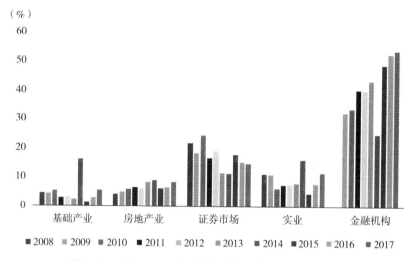

图 3-11　2008~2017 年自营资产行业占比平均值分布

资料来源：中国人民大学信托与基金研究所：《中国信托公司经营蓝皮书（各年度）》，财富出版社，2016 年版。

图 3-12 反映了 2008~2017 年自营资产分布变异系数的基本情况。由图 3-12 可见，信托公司自营资产中的基础产业变异系数相对较高。除 2014 年的 0.64 与 2017 年的 1.40 以外，其他年份的变异系数均超过了 2。而 2011 年基础产业变异系数达到了 3.18，为近十年中所有自营资产分布指标中变异系数最大值，这表明信托公司在自营资产方面对于基础产业的分布策略一直存在较大差异。房地产资产的变异系数相对较为平稳，最大值出现在 2010 年的 1.64，最小值出现在 2014 年与 2017 年的 1.22，这表明，信托公司在房地产资产的配置策略年度差异比较小。在证券资产变异系数方面，2008~2010 年，该指标均为超过 1，这表明信托公司在这一时期证券资产分布方面差异较小。其中，2009 年该指标仅为 0.93，达到近十年来的最小值。从 2011 年开始，证券资产的变异系数均超过 1，表明信托公司对于自营资产中证券资产分布的差异性在逐步加大，特别是 2014 年的 1.73 达到了近十年来的最大值。在实业资产方面，除 2014 年的 0.70 以外，其他年度的实业资产

变异系数均超过 1，表明自营资产中实业资产的行业内差异相对较高。值得注意的是，自 2010 年开始，信托资产中实业资产占比变异系数始终小于 1，2016 年与 2017 年仅为 0.64。这表明实业资产在自营资产中的行业差异性要显著高于其在信托资产中的差异性。在金融机构资产变异系数方面，除 2014年的 1.21 之外，其他年份金融机构资产占比变异系数均小于 1。其中，2017年该指标仅为 0.56，为近十年来的最小值。由此可以发现，金融机构资产占比呈现出规模较大、行业内差异较小的特点，说明信托公司在自营资产中对于金融机构资产具有较为强烈的偏好。

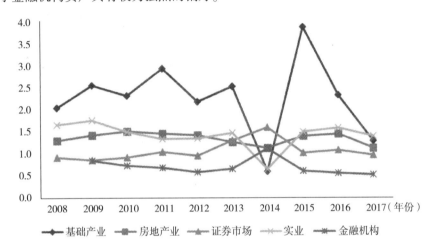

图 3-12　2008~2017 年自营资产行业分布比例变异系数

资料来源：中国人民大学信托与基金研究所：《中国信托公司经营蓝皮书（各年度）》，财富出版社，2016 年版。

2008~2017 年度信托公司自营资产基本情况如表 3-7 所示。

表 3-7　2008~2017 年度信托公司自营资产行业分布统计

年份		2008	2009	2010	2011	2012
披露公司数目		47	49	40	59	63
基础产业	规模（万元）	8148	7638	10189	7776	11138
	占比（%）	4.59	4.32	5.22	2.98	3.15
	占比最大值（%）	48.70	58.37	63.49	63.59	35.65
	占比最小值（%）	0.00	0.00	0.00	0.00	0.00
	标准差（%）	10.17	11.98	13.12	9.49	7.46
	变异系数	2.22	2.77	2.51	3.18	2.37

续表

年份		2008	2009	2010	2011	2012
披露公司数目		47	49	40	59	63
房地产	规模（万元）	8584	11691	18629	18375	26690
	占比（%）	4.17	4.88	5.72	6.42	6.05
	占比最大值（%）	21.80	30.98	36.56	48.72	39.75
	占比最小值（%）	0.00	0.00	0.00	0.00	0.00
	标准差（%）	5.89	7.59	9.35	10.24	9.32
	变异系数	1.41	1.55	1.64	1.59	1.54
证券资产	规模（万元）	41222	36364	59030	43168	58022
	占比（%）	20.42	17.32	23.02	15.59	17.75
	最大值（%）	71.10	65.72	77.55	80.77	76.41
	最小值（%）	0.00	0.00	0.00	0.00	0.00
	标准差（%）	20.19	16.08	22.76	17.56	18.25
	变异系数	0.99	0.93	0.99	1.13	1.03
实业	规模（万元）	29763	30139	26357	23682	26482
	占比（%）	10.51	10.27	5.98	7.01	7.31
	最大值（%）	73.40	93.63	45.55	44.47	48.19
	最小值（%）	0.00	0.00	0.00	0.00	0.00
	标准差（%）	18.96	19.61	9.75	10.19	10.75
	变异系数	1.80	1.91	1.63	1.45	1.47
金融机构	规模（万元）	—	78624	95995	118412	129399
	占比（%）	—	30.12	31.37	37.30	37.28
	最大值（%）	—	87.76	89.06	92.73	94.97
	最小值（%）	—	0.00	0.00	0.00	0.00
	标准差（%）	—	27.42	24.64	27.76	23.38
	变异系数	—	0.91	0.79	0.74	0.63

年份		2013	2014	2015	2016	2017
披露公司数目		61	63	63	66	64
基础产业	规模（万元）	10830	146268	11384	10754	45539
	占比（%）	2.50	15.33	1.65	3.08	5.41
	占比最大值（%）	34.60	55.06	39.57	48.00	27.84
	占比最小值（%）	0	0	0	0	0
	标准差（%）	6.87	9.80	6.94	7.77	7.57
	变异系数	2.74	0.64	4.21	2.52	1.40

续表

年份		2013	2014	2015	2016	2017
披露公司数目		61	63	63	66	64
房地产	规模（万元）	34556	81109	40816	38283	170549
	占比（%）	7.99	8.50	5.91	6.29	8.02
	占比最大值（%）	41.00	42.90	41.37	51.38	38.02
	占比最小值（%）	0	0	0	0	0
	标准差（%）	10.92	10.35	8.97	9.90	9.80
	变异系数	1.37	1.22	1.52	1.57	1.22
证券资产	规模（万元）	47177	102958	115297	99612	119951
	占比（%）	10.90	10.79	16.69	14.44	13.85
	最大值（%）	68.31	82.03	83.72	81.97	68.62
	最小值（%）	0	0	0	0	0
	标准差（%）	15.33	18.65	18.33	16.83	14.58
	变异系数	1.41	1.73	1.10	1.17	1.05
实业	规模（万元）	33051	143244	30049	53068	438570
	占比（%）	7.64	15.01	4.35	7.41	10.92
	最大值（%）	66.05	34.27	28.95	56.02	90.36
	最小值（%）	0	0	0	0	0
	标准差（%）	12.19	10.54	7.04	12.76	16.55
	变异系数	1.60	0.70	1.62	1.72	1.52
金融机构	规模（万元）	174267	222315	313499	397058	494508
	占比（%）	40.28	23.30	45.37	48.91	50.00
	最大值（%）	97.26	96.19	96.15	98.42	98.24
	最小值（%）	0	0	0	1.82	2.64
	标准差（%）	28.75	28.10	30.06	29.62	28.09
	变异系数	0.71	1.21	0.66	0.61	0.56

资料来源：中国人民大学信托与基金研究所：《中国信托公司经营蓝皮书（各年度）》，财富出版社，2016 年版。

表 3-8 至表 3-10 为 2008~2017 年信托业信托资产规模以及增长的基本情况。通过对 68 家信托公司资产十年变动趋势的分析不难发现，经过十余年的发展，信托公司的资产规模整体呈上升趋势，且增长速度较快。

表 3-8　2008～2017 年信托资产规模序列表

序号	公司简称	均值	最大值	最小值	标准差	变异系数
1	中信信托	77578378	198672976	16077930	55139086	0.71
2	建信信托	54443255	140966997	489370	51442808	0.94
3	兴业信托	45481022	94462051	296683	37721469	0.83
4	华润信托	42134009	134693940	4952100	40624865	0.96
5	中融信托	40673687	71059273	7032331	24864630	0.61
6	华能贵诚	36653771	101025340	2271498	31645162	0.86
7	平安信托	33058741	67722094	4864381	21685775	0.66
8	上海国信	32475896	91239147	2093123	32289495	0.99
9	交银国信	31823740	96562955	2311865	30743672	0.97
10	华宝信托	30050245	59558947	3111116	21106505	0.70
11	外贸信托	29322761	54345654	4104484	18364845	0.63
12	中航信托	27767609	65776656	3889426	19535865	0.70
13	中海信托	23209925	41866307	7589795	12066616	0.52
14	五矿信托	22864446	51746920	0	16693512	0.73
15	四川信托	22822090	41822811	1314001	13552927	0.59
16	渤海信托	22390505	75497485	548775	20970160	0.94
17	中诚信托	22253678	35721118	9256249	8904661	0.40
18	长安国信	21825984	60140473	650064	17202950	0.79
19	英大信托	19462395	28164153	10406642	4793942	0.25
20	山东国信	18940146	33018995	3049349	10248623	0.54
21	江苏国信	18276846	55114402	1185299	18981042	1.04
22	西藏信托	17708728	52404787	7509	18828318	1.06
23	北方国信	17207477	29423228	946739	11650606	0.68
24	粤财信托	16007244	25398340	840138	7317935	0.46
25	新时代	15707994	34977199	1546597	11284870	0.72
26	中铁信托	15485576	43434756	2117268	12783197	0.83
27	北京国信	14935783	31018941	5691490	8059803	0.54
28	华鑫信托	14784318	29740210	633078	9186179	0.62
29	云南国信	13995299	36963991	453965	12671006	0.91
30	陕西国信	12981685	45322169	492070	13161497	1.01
31	国投泰康	12889558	36280515	422739	11055330	0.86
32	华融国信	12872110	33574453	1983597	10319249	0.80

续表

序号	公司简称	均值	最大值	最小值	标准差	变异系数
33	中江国信	12720835	21976295	2300939	6252414	0.49
34	昆仑信托	12290791	35193495	3873634	8691841	0.71
35	光大兴陇	11808062	47845949	265563	14857962	1.26
36	国通信托	11433865	23895072	362743	7345928	0.64
37	厦门国信	11263207	30110009	926175	9095806	0.81
38	国元信托	10990999	26343019	1234366	7670894	0.70
39	民生信托	10933502	18711141	3902604	5337783	0.49
40	安信信托	10768647	23591000	976827	9402782	0.87
41	新华信托	10649699	18278322	2311012	5469609	0.51
42	陆家嘴信托	10413913	28699033	1013	9755691	0.94
43	国民信托	10281934	52190913	188178	15824306	1.54
44	万向信托	10213423	19012684	1601690	6281865	0.62
45	重庆国信	10022149	18823265	2640582	6101758	0.61
46	中粮信托	9730002	19525484	3647790	5275937	0.54
47	天津信托	9340537	21737786	1566079	6544738	0.70
48	百瑞信托	9219191	17628403	824480	6231714	0.68
49	中原信托	9033766	19552038	837566	5695926	0.63
50	爱建信托	8575502	33276793	580344	10480968	1.22
51	金谷信托	8134996	12452636	197624	4283390	0.53
52	大业信托	7405923	19945531	0	6169175	0.83
53	华信信托	7357191	13869052	3053479	3420029	0.46
54	中建投信托	6998288	17024647	966826	5151007	0.74
55	紫金信托	6815662	21046244	114721	6570604	0.96
56	西部信托	6751505	24840651	405878	7353449	1.09
57	苏州信托	5218836	9818958	800407	3587516	0.69
58	吉林信托	4787266	8358624	1010086	1949969	0.41
59	浙商金汇	4767658	15851066	1037270	5091739	1.07
60	湖南信托	4124995	7667672	366086	2482046	0.60
61	华澳信托	3934220	14008809	93594	3954665	1.01
62	中泰信托	3873315	8240317	462101	2687381	0.69
63	山西信托	3622410	6765472	829388	1656768	0.46
64	国联信托	3478033	8585980	732985	2207253	0.63

序号	公司简称	均值	最大值	最小值	标准差	变异系数
65	东莞信托	3147388	4815060	1028870	1412308	0.45
66	工商信托	2122867	5058845	435376	1426701	0.67
67	长城新盛	1675493	3471237	260295	976212.1	0.58
68	华宸信托	1171011	1650121	396584	385477.3	0.33

表3-9　2008~2017年信托资产规模增长序列表

序号	公司简称	均值	最大值	最小值	标准差	变异系数
1	中信信托	17905365	56184097	-3541397	16749608	0.94
2	建信信托	14080270	43100417	-2496038	14193511	1.01
3	华润信托	13244155	53870897	717997	15529412	1.17
4	华能贵诚	12344230	30086343	1881346	8146341	0.66
5	渤海信托	10322134	40859827	-660321	13279617	1.29
6	交银国信	9651895	25166834	-254355	8093646	0.84
7	兴业信托	9267674	27086502	-1245538	9839413	1.06
8	上海国信	8895371	22221453	-192312	8423838	0.95
9	中航信托	8841033	18297713	3957969	4947918	0.56
10	五矿信托	7392417	13107126	1419172	3648861	0.49
11	平安信托	6051648	15858602	-2446474	5625721	0.93
12	中融信托	6039316	23205783	-4067418	8560221	1.42
13	长安国信	5989950	23327729	-185255	7078636	1.18
14	四川信托	5786973	8189461	2256734	1708940	0.30
15	华宝信托	5619559	21994585	-3053836	6516955	1.16
16	江苏国信	5382284	17364437	-106262	5440357	1.01
17	国民信托	5177623	27443383	-226508	8284630	1.60
18	光大兴陇	4765696	16967929	-2014766	6717554	1.41
19	陕西国信	4498084	19941067	-1042858	5723297	1.27
20	外贸信托	4409238	22607961	-8756656	8767849	1.99
21	万向信托	4352749	5690217	3798585	782447.5	0.18
22	陆家嘴信托	4318871	7763294	-13039	2600241	0.60
23	西藏信托	4243841	16740771	-9958967	7280973	1.72
24	华鑫信托	4158162	8695528	993770	2553519	0.61
25	中铁信托	4143204	13014241	-1629083	4702064	1.13
26	爱建信托	4087056	13391839	140341	4680337	1.15

序号	公司简称	均值	最大值	最小值	标准差	变异系数
27	新时代	3917415	16875027	−2091284	5449629	1.39
28	民生信托	3702134	4959905	2474089	1003068	0.27
29	云南国信	3594816	15409956	−6214401	6529132	1.82
30	中海信托	3569395	13680709	−6634977	5780125	1.62
31	国投泰康	3567713	14332269	−3798887	5562136	1.56
32	昆仑信托	3461089	20725990	−3024494	6467133	1.87
33	国通信托	3361761	9877300	−3416058	3577159	1.06
34	华融国信	3353690	8178936	−563473	2668742	0.80
35	紫金信托	2990218	8504830	1066970	2511186	0.84
36	浙商金汇	2962759	10944293	−338837	4124690	1.39
37	厦门国信	2917179	11971258	−1704580	3895692	1.34
38	北方国信	2905656	13361351	−2049376	4595868	1.58
39	大业信托	2849362	6797572	−1029294	2452442	0.86
40	北京国信	2720277	5224048	−566493	1894244	0.70
41	中诚信托	2595847	12851967	−8986025	6262132	2.41
42	国元信托	2587637	14246633	−4869789	5121169	1.98
43	山东国信	2512692	10972094	−8383013	4747043	1.89
44	粤财信托	2487958	7677843	−3165215	3507800	1.41
45	西部信托	2456293	11036051	71953	3123352	1.27
46	英大信托	2300272	5974164	−896571	2382565	1.04
47	中粮信托	2224977	8751932	−7090535	4636424	2.08
48	安信信托	2214229	8475884	−240035	3002694	1.36
49	天津信托	2061079	6432540	−2128790	2406383	1.17
50	中原信托	1890437	6160312	−317360	1848670	0.98
51	华澳信托	1739402	9191045	−1392665	3124156	1.80
52	百瑞信托	1715385	4109092	349924	1152973	0.67
53	中建投信托	1677175	5431809	−93886	1945241	1.16
54	重庆国信	1611409	6254817	−68590	1700264	1.06
55	新华信托	1565212	7163644	−6027543	3204187	2.05
56	金谷信托	1427914	6066283	−831701	2303785	1.61
57	中江国信	1419690	5229007	−2993760	2577665	1.82
58	华信信托	1268924	2789645	−1209030	1101511	0.87
59	苏州信托	865723	3266560	−540594	1115517	1.29

序号	公司简称	均值	最大值	最小值	标准差	变异系数
60	吉林信托	828891	2955723	−2392121	1680941	2.03
61	国联信托	811309	4044512	−144658	1164667	1.44
62	湖南信托	737238	2887682	−1956851	1306109	1.77
63	长城新盛	642188	1431137	−585994	728278.4	1.13
64	工商信托	464286	1685941	19392	466284.6	1.00
65	山西信托	425143	2043219	−2467678	1465606	3.45
66	东莞信托	349564	952222	−656784	460475.1	1.32
67	中泰信托	297750	3055623	−2930313	1656512	5.56
68	华宸信托	−34173	792817	−575560	407801.5	−11.93

表 3-10 2008~2017 年信托资产规模增幅序列表

序号	公司简称	均值（%）	最大值（%）	最小值（%）	标准差（%）	变异系数
1	交银国信	565.66	5153.83	−6.66	1529.79	2.70
2	华融国信	553.51	5181.64	−10.48	1542.88	2.79
3	西藏信托	534.30	4393.45	−19.00	1293.05	2.42
4	渤海信托	233.23	1358.19	−6.17	461.26	1.98
5	紫金信托	186.59	930.05	33.17	304.01	1.63
6	国通信托	186.17	1065.65	−24.73	360.88	1.94
7	吉林信托	169.25	1348.83	−36.60	397.03	2.35
8	华鑫信托	141.27	781.25	6.18	262.36	1.86
9	金谷信托	133.86	516.58	−7.88	215.32	1.61
10	华澳信托	133.76	476.77	−31.83	156.06	1.17
11	建信信托	126.23	463.07	−7.12	131.15	1.04
12	长城新盛	118.45	456.82	−34.29	174.14	1.47
13	国民信托	109.26	599.34	−54.62	173.97	1.59
14	兴业信托	103.17	361.93	−45.04	125.84	1.22
15	万向信托	102.04	256.80	24.97	90.73	0.89
16	长安国信	101.57	413.73	−0.85	122.65	1.21
17	光大兴陇	96.86	327.99	−25.88	101.24	1.05
18	四川信托	94.61	437.33	6.68	142.66	1.51
19	粤财信托	94.03	707.71	−13.79	206.60	2.20
20	浙商金汇	92.59	223.04	−13.66	85.19	0.92
21	云南国信	91.95	438.92	−55.01	146.67	1.60

序号	公司简称	均值（%）	最大值（%）	最小值（%）	标准差（%）	变异系数
22	昆仑信托	88.99	564.88	−21.35	165.49	1.86
23	国投泰康	86.60	454.90	−29.94	140.63	1.62
24	陕西国信	69.98	152.36	−10.31	48.41	0.69
25	北方国信	68.47	163.41	−6.97	65.98	0.96
26	爱建信托	68.15	110.78	24.18	27.84	0.41
27	五矿信托	67.00	225.01	5.33	72.88	1.09
28	西部信托	65.96	265.01	17.73	68.66	1.04
29	中建投信托	65.56	282.31	−0.93	79.58	1.21
30	华能贵诚	63.60	124.79	25.21	31.55	0.50
31	国元信托	61.74	164.51	−29.66	59.28	0.96
32	厦门国信	56.95	263.94	−12.87	80.75	1.42
33	大业信托	56.27	85.13	−11.87	32.09	0.57
34	华润信托	54.80	119.86	9.80	36.66	0.67
35	新时代	54.08	124.86	−5.98	47.64	0.88
36	中航信托	52.10	101.76	19.64	27.23	0.52
37	上海国信	49.86	133.77	−8.41	40.63	0.82
38	民生信托	49.54	77.78	26.50	21.70	0.44
39	江苏国信	49.03	99.60	−8.23	31.45	0.64
40	百瑞信托	47.85	124.90	4.33	36.68	0.77
41	中粮信托	47.39	239.92	−57.18	86.26	1.82
42	中原信托	47.39	190.50	−2.45	51.71	1.09
43	湖南信托	47.20	154.53	−28.98	50.86	1.08
44	安信信托	44.02	151.57	−12.22	51.96	1.18
45	中铁信托	42.70	148.05	−7.72	46.56	1.09
46	华宝信托	38.60	112.39	−7.50	39.57	1.03
47	陆家嘴信托	37.68	143.64	−92.79	69.14	1.83
48	国联信托	36.83	89.06	−3.32	29.50	0.80
49	天津信托	36.57	76.90	−13.79	22.86	0.63
50	平安信托	35.84	168.92	−3.61	47.19	1.32
51	外贸信托	35.67	176.16	−28.27	62.53	1.75
52	山西信托	35.33	210.49	−47.41	67.81	1.92
53	华信信托	34.66	158.81	−22.93	47.60	1.37
54	山东国信	34.26	79.03	−25.39	34.29	1.00

序号	公司简称	均值（%）	最大值（%）	最小值（%）	标准差（%）	变异系数
55	苏州信托	34.03	104.70	-5.51	29.40	0.86
56	中泰信托	33.41	191.48	-38.05	69.83	2.09
57	工商信托	30.25	77.95	3.66	22.74	0.75
58	中融信托	30.18	87.04	-5.72	33.20	1.10
59	中江国信	29.81	78.84	-13.62	30.57	1.03
60	新华信托	28.77	75.96	-32.98	31.61	1.10
61	中信信托	27.87	60.94	-18.05	20.43	0.73
62	中海信托	25.29	80.63	-16.22	32.66	1.29
63	北京国信	24.87	63.99	-9.05	19.59	0.79
64	重庆国信	23.76	98.09	-2.53	26.92	1.13
65	英大信托	21.60	101.62	-3.88	30.45	1.41
66	中诚信托	21.39	65.07	-28.77	30.54	1.43
67	东莞信托	17.13	64.43	-13.64	20.88	1.22
68	华宸信托	3.15	107.38	-59.16	44.70	14.17

　　表3-11至表3-13为2008~2017年信托公司信托负债规模以及增长的基本情况。通过相关统计数据不难发现，信托公司在十年的行业发展过程中充分运用了财务杠杆手段扩大经营规模。一方面，信托公司抵御财务风险的能力在不断增加；另一方面，信托公司的盈利能力能够弥补其资本成本方面的支出。

表3-11　2008~2017年信托负债规模序列表

序号	公司简称	均值	最大值	最小值	标准差	变异系数
1	华润信托	1732420	6350427	5326	2401311	1.39
2	中信信托	989346	2451916	36998	878795	0.89
3	中融信托	742324	2224946	15083	817862	1.10
4	建信信托	510513	1121707	735	451247	0.88
5	平安信托	378916	983539	13027	297972	0.79
6	华宝信托	327025	1285457	4119	409211	1.25
7	新华信托	325088	792192	10165	274421	0.84
8	华融国信	307307	1095745	173	424077	1.38
9	五矿信托	210029	977196	0	301711	1.44
10	外贸信托	209132	549036	1832	184870	0.88

序号	公司简称	均值	最大值	最小值	标准差	变异系数
11	百瑞信托	195715	481374	14931	171618	0.88
12	上海国信	180026	884461	29559	247720	1.38
13	中诚信托	173789	281913	96885	51723	0.30
14	国通信托	160281	416499	5	145764	0.91
15	四川信托	156779	364142	20	140790	0.90
16	重庆国信	139038	391872	967	120122	0.86
17	西藏信托	129171	866458	0	264367	2.05
18	兴业信托	125998	365686	1669	129898	1.03
19	交银国信	123815	669034	4228	195233	1.58
20	爱建信托	98238	214193	59396	50123	0.51
21	中航信托	96294	302015	7945	88317	0.92
22	山东国信	80410	286886	18016	87597	1.09
23	新时代	78863	427568	10	136582	1.73
24	江苏国信	68212	180535	3560	51935	0.76
25	苏州信托	66027	170007	15278	45741	0.69
26	中海信托	64030	164714	779	52057	0.81
27	光大兴陇	63044	258284	935	84698	1.34
28	中江国信	62888	174885	2568	63654	1.01
29	云南国信	60115	232557	1121	73869	1.23
30	长安国信	59339	246008	883	67768	1.14
31	国元信托	58136	280285	7	101598	1.75
32	华澳信托	55865	177670	2	60304	1.08
33	中粮信托	55839	250900	2926	81140	1.45
34	中铁信托	55216	124501	1331	47011	0.85
35	工商信托	52663	288471	2285	82077	1.56
36	民生信托	51441	137399	188	52849	1.03
37	陆家嘴信托	45743	148503	6	58318	1.27
38	湖南信托	44502	127635	1054	40489	0.91
39	渤海信托	42711	215407	84	74578	1.75
40	华鑫信托	42282	199364	1476	60325	1.43
41	中原信托	40973	145368	3177	40687	0.99
42	安信信托	37279	151473	775	45354	1.22
43	吉林信托	36721	92196	568	29557	0.80

序号	公司简称	均值	最大值	最小值	标准差	变异系数
44	中泰信托	36546	140737	531	39403	1.08
45	金谷信托	35627	109784	13	40642	1.14
46	西部信托	34385	223684	1796	64411	1.87
47	北京国信	33369	67495	4901	21001	0.63
48	昆仑信托	33054	84771	99	27900	0.84
49	国联信托	31623	87829	741	32498	1.03
50	北方国信	31481	67097	892	23762	0.75
51	大业信托	27550	65668	0	22814	0.83
52	厦门国信	26396	62808	2356	19631	0.74
53	陕西国信	24559	89989	438	29168	1.19
54	天津信托	23429	62978	4198	18474	0.79
55	粤财信托	21616	54295	1352	16073	0.74
56	中建投信托	20831	93823	365	26350	1.26
57	华信信托	19101	41165	9079	9479	0.50
58	华能贵诚	17950	45997	5112	12253	0.68
59	万向信托	17617	71770	139	24887	1.41
60	山西信托	17486	79765	869	23183	1.33
61	国民信托	16856	76374	117	22824	1.35
62	东莞信托	10871	27859	1229	8495	0.78
63	紫金信托	10381	30480	2	9417	0.91
64	华宸信托	8296	19043	383	7793	0.94
65	国投泰康	7486	52217	680	14962	2.00
66	英大信托	6114	13670	42	4395	0.72
67	浙商金汇	5398	14887	1025	4859	0.90
68	长城新盛	5304	17033	50	6023	1.14

表3-12　2008~2017年信托负债规模增长序列表

序号	公司简称	均值	最大值	最小值	标准差	变异系数
1	华润信托	634144	2854023	-3659	715577	1.13
2	中信信托	242088	799244	-119307	220324	0.91
3	中融信托	204102	857107	-169473	284232	1.39
4	华宝信托	127824	504563	-129326	156170	1.22

序号	公司简称	均值	最大值	最小值	标准差	变异系数
5	建信信托	110564	608395	−244743	166128	1.50
6	华融国信	109056	608951	−46803	141833	1.30
7	上海国信	86768	564624	−41293	128024	1.48
8	交银国信	66903	514414	−80734	130756	1.95
9	新时代	53445	230494	−6627	80039	1.50
10	四川信托	52017	141420	−58861	58540	1.13
11	平安信托	47730	470290	−429977	173778	3.64
12	国通信托	47158	361495	−264239	131484	2.79
13	新华信托	45684	248315	−331181	106588	2.33
14	中航信托	42010	145051	−40627	46881	1.12
15	百瑞信托	40418	141154	−153017	67236	1.66
16	重庆国信	37515	127460	−66248	44643	1.19
17	渤海信托	35558	103187	−1003	35268	0.99
18	民生信托	30591	128621	−77687	84536	2.76
19	华鑫信托	28270	170007	−24788	295836	10.46
20	外贸信托	28201	168939	−259109	86567	3.07
21	国元信托	28004	213544	−16652	60991	2.18
22	山东国信	27473	181770	−93882	716214	26.07
23	五矿信托	26668	783580	−754124	303011	11.36
24	光大兴陇	25568	153108	−68539	238006	9.31
25	长安国信	24585	204383	−16610	63691	2.59
26	万向信托	22921	57903	−1032	62512	2.73
27	中诚信托	22894	121588	−84971	115373	5.04
28	华澳信托	22208	72781	−50082	38156	1.72
29	西部信托	22081	212174	−24264	65677	2.97
30	爱建信托	19319	70287	−12531	23024	1.19
31	兴业信托	18433	263236	−177368	106492	5.78
32	中江国信	17300	120035	−117347	42658	2.47
33	中海信托	15960	65327	−26183	173134	10.85
34	安信信托	15018	72333	−25246	32992	2.20
35	西藏信托	14872	776769	−747543	254853	17.14
36	陆家嘴信托	14259	113702	−61489	39642	2.78

序号	公司简称	均值	最大值	最小值	标准差	变异系数
37	中原信托	13642	105666	-43936	28261	2.07
38	湖南信托	12620	40209	-15551	72877	5.77
39	金谷信托	10990	99762	-33204	121330	11.04
40	苏州信托	10770	87496	-62275	85281	7.92
41	云南国信	10562	184483	-92456	62765	5.94
42	中建投信托	9379	62457	-5582	41310	4.40
43	国民信托	7630	45885	-3924	148947	19.52
44	昆仑信托	7286	57088	-25381	48336	6.63
45	山西信托	7056	48348	-14421	49886	7.07
46	陕西国信	6682	89551	-76330	67316	10.07
47	工商信托	6566	267060	-226185	183553	27.96
48	中铁信托	6180	108938	-82567	54266	8.78
49	国联信托	5499	52890	-22778	23150	4.21
50	粤财信托	5424	30413	-27229	19520	3.60
51	吉林信托	5412	40134	-30664	14946	2.76
52	北京国信	5410	32934	-30604	117998	21.81
53	国投泰康	5171	49809	-3238	20095	3.89
54	大业信托	4775	48515	-32242	46514	9.74
55	北方国信	4670	31811	-25694	63472	13.59
56	厦门国信	3202	41388	-46987	23102	7.22
57	东莞信托	2728	14386	-7861	254613	93.33
58	浙商金汇	2574	11388	-7405	19000	7.38
59	紫金信托	1832	30296	-21595	12856	7.02
60	华能贵诚	1379	21353	-26664	42448	30.78
61	华宸信托	1344	16253	-10559	14000	10.41
62	江苏国信	1323	111727	-49598	146605	110.80
63	英大信托	456	8436	-13628	14677	32.19
64	华信信托	397	10586	-19941	129166	324.99
65	长城新盛	214	16950	-11579	8265	38.59
66	中粮信托	-527	137562	-224566	77383	-146.88
67	天津信托	-5283	17801	-58780	19038	-3.60
68	中泰信托	-7705	76932	-94129	36975	-4.80

表 3-13　2008~2017 年信托负债增幅序列表

序号	公司简称	均值（％）	最大值（％）	最小值（％）	标准差（％）	变异系数
1	交银国信	49278.69	491551.16	-69.96	147424.23	2.99
2	国通信托	23011.13	159581.35	-63.44	55755.53	2.42
3	华澳信托	9201.26	68789.41	-89.49	22555.19	2.45
4	国元信托	6477.55	50468.76	-99.77	14912.17	2.30
5	金谷信托	5060.68	32320.66	-95.87	10570.13	2.09
6	四川信托	4977.76	33901.33	-37.22	11809.30	2.37
7	长城新盛	4060.75	20343.01	-86.14	8141.36	2.00
8	紫金信托	4006.21	16453.78	-70.85	6457.48	1.61
9	陕西国信	2089.07	20441.21	-90.46	6118.56	2.93
10	新时代	1612.47	10980.15	-79.27	3550.10	2.20
11	昆仑信托	886.27	8281.09	-94.28	2468.73	2.79
12	国民信托	636.21	5080.77	-97.10	1491.71	2.34
13	渤海信托	560.03	1754.12	-66.50	675.81	1.21
14	中粮信托	539.98	3772.86	-89.50	1322.48	2.45
15	中江国信	516.20	4380.83	-95.58	1298.60	2.52
16	民生信托	492.39	1465.32	-56.54	689.85	1.40
17	华宝信托	432.00	3781.93	-80.88	1120.53	2.59
18	陆家嘴信托	367.34	1969.47	-98.86	727.01	1.98
19	西部信托	341.44	1843.45	-67.83	707.09	2.07
20	粤财信托	336.13	2328.03	-62.06	692.04	2.06
21	兴业信托	317.64	2916.08	-58.14	870.50	2.74
22	西藏信托	314.11	1103.33	-86.28	439.67	1.40
23	吉林信托	272.39	2122.37	-42.59	658.75	2.42
24	国投泰康	271.70	2068.68	-82.65	613.14	2.26
25	万向信托	268.73	417.55	-6.93	195.13	0.73
26	华融国信	249.92	967.82	-96.67	313.09	1.25
27	英大信托	241.55	1491.12	-99.69	450.54	1.87
28	华鑫信托	236.93	787.93	-75.47	299.58	1.26
29	中建投信托	218.67	948.06	-32.63	292.53	1.34
30	光大兴陇	187.03	636.97	-95.47	232.47	1.24
31	建信信托	184.95	752.37	-23.30	227.39	1.23
32	中海信托	179.97	1295.51	-84.77	387.86	2.16

序号	公司简称	均值（%）	最大值（%）	最小值（%）	标准差（%）	变异系数
33	重庆国信	177.70	1121.37	−92.53	354.84	2.00
34	长安国信	172.96	491.01	−24.14	182.36	1.05
35	山西信托	164.12	997.25	−90.56	308.43	1.88
36	中铁信托	152.53	699.98	−84.14	226.78	1.49
37	国联信托	148.55	562.61	−77.17	226.49	1.52
38	浙商金汇	147.57	325.49	−87.84	153.83	1.04
39	工商信托	146.28	1247.30	−78.41	372.54	2.55
40	五矿信托	144.97	404.71	−77.17	175.09	1.21
41	华宸信托	144.39	1047.13	−71.55	320.09	2.22
42	大业信托	141.34	561.26	−52.58	238.09	1.68
43	安信信托	135.44	490.70	−87.11	169.22	1.25
44	华润信托	124.87	316.75	−40.72	116.86	0.94
45	外贸信托	118.19	692.36	−76.85	218.79	1.85
46	北方国信	108.55	502.69	−38.62	160.52	1.48
47	苏州信托	103.49	396.38	−78.93	149.94	1.45
48	中泰信托	102.99	372.71	−98.31	177.50	1.72
49	云南国信	102.14	383.75	−71.36	157.70	1.54
50	中信信托	99.88	519.64	−52.04	163.58	1.64
51	东莞信托	99.02	307.59	−62.29	133.50	1.35
52	中航信托	95.32	334.29	−47.10	107.22	1.12
53	湖南信托	91.59	345.45	−41.26	120.13	1.31
54	上海国信	81.05	284.83	−58.28	102.07	1.26
55	江苏国信	79.95	389.55	−91.08	159.11	1.99
56	新华信托	79.84	215.94	−41.81	81.78	1.02
57	中融信托	79.25	233.59	−7.62	77.06	0.97
58	平安信托	78.27	322.74	−43.72	100.78	1.29
59	山东国信	77.22	270.31	−47.18	121.86	1.58
60	中原信托	76.08	313.91	−62.59	125.74	1.65
61	厦门国信	72.43	250.25	−88.81	125.38	1.73
62	百瑞信托	57.32	189.79	−31.79	60.66	1.06
63	天津信托	50.16	424.03	−93.33	149.30	2.98
64	华能贵诚	43.84	221.04	−57.97	88.00	2.01

续表

序号	公司简称	均值（%）	最大值（%）	最小值（%）	标准差（%）	变异系数
65	北京国信	40.54	148.52	-45.85	71.88	1.77
66	中诚信托	32.88	186.02	-36.04	66.50	2.02
67	爱建信托	19.89	78.27	-14.87	26.08	1.31
68	华信信托	9.35	51.22	-48.44	32.77	3.51

表 3-14 至表 3-16 为 2008～2017 年信托公司信托权益规模以及增长的基本情况。由表可见，随着信托业不断发展成熟，信托公司的净资产规模普遍提升。

表 3-14　2008～2017 年信托权益规模序列表

序号	公司简称	均值	最大值	最小值	标准差	变异系数
1	中信信托	76589032	196221060	16040933	54307699	0.71
2	建信信托	53932745	139860869	488635	51044958	0.95
3	兴业信托	45128985	93028194	295014	37323248	0.83
4	华润信托	40392047	128343512	4851354	38372306	0.95
5	中融信托	39931363	70077623	7017249	24160889	0.61
6	华能贵诚	36635821	101009196	2266387	31647637	0.86
7	平安信托	32679825	67168533	4851354	21463050	0.66
8	上海国信	32295870	90354686	2062388	32093815	0.99
9	交银国信	31699925	95893921	2307637	30573818	0.96
10	华宝信托	29723220	58273491	3099186	20777851	0.70
11	外贸信托	29113629	53966218	4101703	18195866	0.62
12	中航信托	27671315	65474641	3881481	19452931	0.70
13	渤海信托	24149104	75282079	3264601	21387770	0.89
14	中海信托	23145895	41701593	7589016	12023023	0.52
15	五矿信托	22776567	51560244	0	16623104	0.73
16	四川信托	22665311	41458669	1313980	13421753	0.59
17	中诚信托	22079889	35596558	9104733	8888754	0.40
18	长安国信	21766645	59894465	649181	17142902	0.79
19	西藏信托	19509703	51538329	7301	18692023	0.96
20	英大信托	19474801	28154000	10400101	4775802	0.25
21	江苏国信	18208634	55082707	1118351	19007833	1.04

序号	公司简称	均值	最大值	最小值	标准差	变异系数
22	山东国信	17762527	32952280	3007081	9528509	0.54
23	北方国信	17175996	29387942	945847	11629142	0.68
24	国民信托	16097711	65461827	184137	22789772	1.42
25	粤财信托	15985629	25344045	838786	7307027	0.46
26	新时代	15629132	34780125	1546587	11175225	0.72
27	北京国信	14902414	30955814	5686589	8045899	0.54
28	中铁信托	14826587	43372250	2115937	12623102	0.85
29	华鑫信托	14742036	29540847	631602	9144654	0.62
30	云南国信	13935184	36854453	452373	12623598	0.91
31	陕西国信	12957126	45254205	491605	13144050	1.01
32	国投泰康	12882072	36228298	421661	11044529	0.86
33	中江国信	12657947	21929474	2298370	6229127	0.49
34	华融国信	12564802	32478708	1983424	9914809	0.79
35	昆仑信托	12257736	35119367	3871903	8672126	0.71
36	光大兴陇	11745019	47587665	261741	14782905	1.26
37	国通信托	11273584	23564961	362738	7231257	0.64
38	厦门国信	11246812	30056939	922653	9085540	0.81
39	国元信托	10932864	26062734	1234352	7610214	0.70
40	民生信托	10872177	18610591	3902416	5300460	0.49
41	安信信托	10731368	23530081	976052	9368077	0.87
42	陆家嘴信托	10368170	28612019	1007	9709114	0.94
43	新华信托	10324611	17745787	2300847	5267791	0.51
44	万向信托	10192687	18940915	1601550	6260365	0.61
45	重庆国信	9883111	18431393	2627642	5990881	0.61
46	中粮信托	9674164	19499150	3642959	5244781	0.54
47	天津信托	9317108	21720958	1513186	6552861	0.70
48	百瑞信托	9023476	17214667	809549	6068494	0.67
49	中原信托	8992792	19406670	832306	5662779	0.63
50	爱建信托	8468262	33062600	520700	10434627	1.23
51	金谷信托	8099370	12376056	197611	4254931	0.53
52	大业信托	7378373	19912105	0	6157504	0.83
53	华信信托	7338090	13855714	3044400	3420658	0.47
54	中建投信托	6977457	16930824	966461	5128593	0.74

序号	公司简称	均值	最大值	最小值	标准差	变异系数
55	紫金信托	6805281	21033418	114720	6568296	0.97
56	西部信托	6717120	24616967	402859	7297444	1.09
57	吉林信托	5267993	11618025	1009518	2811028	0.53
58	苏州信托	5152809	9648950	785129	3559261	0.69
59	浙商金汇	4762260	15836179	1035251	5087502	1.07
60	湖南信托	4080493	7540037	365032	2452376	0.60
61	华澳信托	3868995	13831139	9359	3915572	1.01
62	中泰信托	3785581	8176512	430639	2716871	0.72
63	山西信托	3604924	6759424	828520	1649201	0.46
64	国联信托	3446410	8530499	732244	2185993	0.63
65	东莞信托	3136517	4793597	1026515	1405819	0.45
66	工商信托	2082766	4988250	433090	1392977	0.67
67	长城新盛	1670189	3470116	260245	975816	0.58
68	华宸信托	1162714	1648569	382217	391164	0.34

表 3-15　2008~2017 年信托权益规模增长序列表

序号	公司简称	均值	最大值	最小值	标准差	变异系数
1	中信信托	17663277	55804285	-3547356	16648073	0.94
2	建信信托	13969706	43171691	-2646479	14161386	1.01
3	华润信托	12611215	53140832	692900	15199172	1.21
4	华能贵诚	12342851	30079117	1876796	8149275	0.66
5	渤海信托	11664333	40756664	-53022	13658339	1.17
6	交银国信	9584992	24652420	-239207	8008314	0.84
7	兴业信托	9249241	26823265	-240773	9753404	1.05
8	上海国信	8808603	22184612	-206269	8392275	0.95
9	中航信托	8799023	18152663	3931411	4903238	0.56
10	五矿信托	7365749	12884053	1612788	3561776	0.48
11	平安信托	6003918	15388312	-2377423	5619283	0.94
12	长安国信	5965366	23123345	-168645	7022953	1.18
13	中融信托	5835214	22581622	-4453606	8500219	1.46
14	四川信托	5734956	8057088	2138103	1702097	0.30
15	华宝信托	5491736	21736388	-3558399	6526420	1.19
16	江苏国信	5380735	17356103	-157004	5442398	1.01

序号	公司简称	均值	最大值	最小值	标准差	变异系数
17	国民信托	5169993	61219403	−53049318	26851881	5.19
18	西藏信托	5062186	15964001	−9211423	7591279	1.50
19	光大兴陇	4740128	16998846	−2023940	6695824	1.41
20	中铁信托	4584035	13076236	−30744	4508632	0.98
21	陕西国信	4491426	19903533	−966528	5704515	1.27
22	万向信托	4409720	5691249	3740683	906472	0.21
23	外贸信托	4381037	22439022	−8805154	8723358	1.99
24	陆家嘴信托	4304611	7734267	−12518	2605281	0.61
25	华鑫信托	4129892	8696998	986176	2563910	0.62
26	民生信托	4080892	4831284	3081563	735689	0.18
27	爱建信托	4067738	13337734	140589	4658705	1.15
28	新时代	3863970	16713502	−2321778	5436425	1.41
29	云南国信	3584254	15440518	−6398884	6551769	1.83
30	国投泰康	3562542	14330541	−3798812	5555849	1.56
31	中海信托	3553435	13660340	−6664554	5773055	1.62
32	昆仑信托	3453804	20736632	−3001607	6470781	1.87
33	国通信托	3314603	9781528	−3151819	3494448	1.05
34	华融国信	3244634	8076739	−577427	2558824	0.79
35	紫金信托	2988385	8509608	1066787	2513187	0.84
36	浙商金汇	2960186	10932905	−331432	4119932	1.39
37	厦门国信	2913978	12018246	−1606618	3899045	1.34
38	北方国信	2900986	13362245	−2081187	4593921	1.58
39	大业信托	2844586	6797572	−1037802	2458933	0.86
40	北京国信	2714868	5230746	−562344	1892688	0.70
41	中诚信托	2572953	12730378	−9045927	6256609	2.43
42	国元信托	2559632	14205441	−4876299	5124488	2.00
43	山东国信	2485219	14000255	−8515296	5432780	2.19
44	粤财信托	2482535	7681006	−3162442	3512659	1.41
45	西部信托	2434212	10823877	71658	3066104	1.26
46	英大信托	2299816	5965727	−890005	2343642	1.02

序号	公司简称	均值	最大值	最小值	标准差	变异系数
47	中粮信托	2225504	8750936	−7097240	4650114	2.09
48	安信信托	2199211	8429431	−312368	3004871	1.37
49	天津信托	2066322	6430718	−2142004	2406601	1.16
50	中原信托	1876795	6054646	−331438	1827389	0.97
51	华澳信托	1727722	9146579	−1465446	3110898	1.80
52	百瑞信托	1674966	3974369	344546	1104334	0.66
53	中建投信托	1667798	5420925	−112403	1932929	1.16
54	重庆国信	1573895	6145542	−64805	1679085	1.07
55	新华信托	1519528	6915329	−6202883	3239823	2.13
56	金谷信托	1416924	6070420	−843051	2293390	1.62
57	中江国信	1402391	5189700	−3061743	2594302	1.85
58	华信信托	1268526	2788848	−1210123	1099838	0.87
59	苏州信托	854953	3216265	−481917	1115595	1.30
60	吉林信托	823478	7453125	−7535937	3600597	4.37
61	国联信托	805811	4054082	−186832	1171673	1.45
62	湖南信托	724618	2847473	−1981847	1304274	1.80
63	长城新盛	641974	1438102	−574415	727524	1.13
64	工商信托	457721	1796651	0	505101	1.10
65	山西信托	419192	2041820	−2453257	1459213	3.48
66	东莞信托	346836	942796	−652648	458066	1.32
67	中泰信托	305455	3052695	−3007245	1641032	5.37
68	华宸信托	−35518	793356	−580410	410256	−11.55

表 3-16　2008~2017 年信托权益增幅序列表

序号	公司简称	均值（%）	最大值（%）	最小值（%）	标准差（%）	变异系数
1	华澳信托	780.30	5652.56	−33.58	1843.54	2.36
2	华融国信	637.63	6027.48	−13.79	1796.76	2.82
3	交银国信	564.62	5144.33	−6.30	1526.97	2.70
4	国民信托	232.09	1443.03	−81.04	443.84	1.91
5	紫金信托	186.51	929.91	−33.95	303.95	1.63
6	国通信托	185.54	1063.52	−23.53	360.26	1.94

序号	公司简称	均值（%）	最大值（%）	最小值（%）	标准差（%）	变异系数
7	吉林信托	178.76	1348.02	-64.86	396.62	2.22
8	华鑫信托	141.22	781.24	6.10	262.39	1.86
9	金谷信托	133.74	518.84	-23.53	215.44	1.61
10	建信信托	126.16	463.18	-81.04	131.19	1.04
11	长城新盛	118.46	456.90	-33.95	174.20	1.47
12	兴业信托	103.48	367.54	-44.94	126.84	1.23
13	长安国信	101.53	414.09	-0.77	122.75	1.21
14	光大兴陇	96.92	328.07	-26.04	101.07	1.04
15	四川信托	94.36	436.81	-12.04	142.52	1.51
16	粤财信托	94.10	708.74	-13.89	206.92	2.20
17	浙商金汇	92.59	222.97	-13.41	85.16	0.92
18	云南国信	92.05	439.27	-54.95	146.79	1.59
19	昆仑信托	89.15	566.04	-21.27	165.88	1.86
20	国投泰康	86.71	456.11	-30.06	140.97	1.63
21	渤海信托	70.89	145.10	-1.12	52.13	0.74
22	爱建信托	70.27	116.51	25.21	28.07	0.40
23	陕西国信	69.94	152.19	-9.64	48.22	0.69
24	北方国信	68.48	163.47	-7.08	66.03	0.96
25	五矿信托	66.93	224.96	-57.26	72.81	1.09
26	西部信托	65.99	265.92	-54.95	68.83	1.04
27	中建投信托	65.48	282.23	-1.12	79.58	1.22
28	华能贵诚	63.63	124.56	19.53	31.51	0.50
29	西藏信托	63.13	219.72	-47.38	74.52	1.18
30	国元信托	61.75	164.65	-29.73	59.69	0.97
31	厦门国信	57.22	264.01	-64.86	80.70	1.41
32	大业信托	56.31	84.44	-12.04	32.17	0.57
33	华润信托	54.24	117.42	-29.73	36.61	0.68
34	新时代	53.88	125.17	-25.84	47.73	0.89
35	中航信托	52.03	101.29	-33.58	27.12	0.52
36	万向信托	50.31	66.48	24.61	18.38	0.37
37	上海国信	49.88	133.82	-16.23	40.80	0.82
38	江苏国信	49.60	99.57	-12.31	32.99	0.67
39	百瑞信托	47.82	124.95	-2.56	36.77	0.77

序号	公司简称	均值（%）	最大值（%）	最小值（%）	标准差（%）	变异系数
40	中原信托	47.54	191.95	-60.29	52.08	1.10
41	中粮信托	47.52	240.22	-57.26	86.29	1.82
42	湖南信托	47.08	154.36	-44.94	50.87	1.08
43	中铁信托	46.41	146.84	-92.55	46.43	1.00
44	民生信托	44.57	75.87	13.42	22.16	0.50
45	安信信托	44.05	153.09	-12.19	52.37	1.19
46	中泰信托	39.78	191.89	-36.78	83.61	2.10
47	华宝信托	38.43	116.01	-36.78	39.99	1.04
48	陆家嘴信托	37.65	143.59	-92.55	69.04	1.83
49	天津信托	37.48	77.76	-13.89	23.20	0.62
50	国联信托	36.85	90.57	-12.19	29.91	0.81
51	平安信托	35.82	169.10	-12.15	47.36	1.32
52	外贸信托	35.58	175.75	-28.29	62.39	1.75
53	山西信托	35.42	209.66	-47.38	67.51	1.91
54	山东国信	34.87	79.39	-25.84	36.86	1.06
55	华信信托	34.82	160.10	-23.01	47.94	1.38
56	苏州信托	33.98	104.04	-28.29	29.46	0.87
57	工商信托	30.43	78.35	-7.62	23.88	0.78
58	中融信托	29.87	87.17	-18.11	33.42	1.12
59	中江国信	29.70	78.92	-30.06	30.59	1.03
60	新华信托	28.64	74.37	-34.95	31.91	1.11
61	中信信托	27.76	62.21	-18.11	20.63	0.74
62	中海信托	25.26	80.51	-16.23	32.68	1.29
63	北京国信	24.87	64.14	-9.00	19.61	0.79
64	重庆国信	23.56	97.84	-9.00	26.82	1.14
65	英大信托	21.57	101.71	-4.18	30.33	1.41
66	中诚信托	21.42	64.99	-34.95	30.70	1.43
67	东莞信托	17.06	63.94	-17.87	20.83	1.22
68	华宸信托	3.10	107.59	-60.29	45.12	14.58

表3-17至表3-26为2008~2017年信托资产分布中基础产业资产、房地产资产、证券资产、实业资产以及金融机构资产的配置规模及占比。通过前述相关分析以及统计数据不难发现，由于外部经营环境、监管政策以及信

托公司自身经营策略的变化，不同类型信托资产分布的变化趋势呈现出非同步、多元化的特征。

表3-17　2008~2017年信托资产分布基础产业资产序列表

序号	公司简称	均值	最大值	最小值	标准差	变异系数
1	中信信托	21584785	38856421	4085092	13440608	0.62
2	交银国信	12017213	38090063	606400	12358104	1.03
3	英大信托	11639592	16669012	67528	4628817	0.40
4	上海国信	10418212	35262828	354981	11847166	1.14
5	华能贵诚	8955140	13617572	2623679	3435416	0.38
6	中融信托	6591216	14297633	1515277	4529131	0.69
7	兴业信托	6570257	20169988	111145	5841376	0.89
8	中航信托	6151239	9638379	1682216	2988798	0.49
9	建信信托	5852092	38951021	220065	11213450	1.92
10	五矿信托	5634275	11814781	0	4237083	0.75
11	中海信托	5386376	8380879	3908176	1359176	0.25
12	平安信托	4972391	10420608	1973172	2320157	0.47
13	国元信托	4447960	10956603	863092	3054734	0.69
14	光大兴陇	4261263	18014723	0	6155314	1.44
15	陆家嘴信托	4194386	7737251	0	2641834	0.63
16	北方国信	4109836	7269611	282312	2721223	0.66
17	长安国信	4048704	8691170	124682	3262519	0.81
18	华宝信托	3977461	8151344	240411	2571301	0.65
19	中江国信	3973258	8278204	1142465	2119865	0.53
20	厦门国信	3876004	30110009	84095	8774746	2.26
21	渤海信托	3735010	6218381	1577059	1516001	0.41
22	陕西国信	3483177	9729653	324573	3310558	0.95
23	山东国信	3482657	5111513	1440889	1141207	0.33
24	万向信托	3446623	5093872	801949	1573125	0.46
25	新华信托	3322873	7647695	733240	1962317	0.59
26	中诚信托	3235548	5219112	1190810	1383708	0.43
27	北京国信	3157501	4334911	1990682	737857	0.23
28	百瑞信托	3058721	4804977	297937	1511748	0.49
29	云南国信	2732279	8564783	0	2888670	1.06
30	粤财信托	2692814	3694790	590764	870534	0.32

续表

序号	公司简称	均值	最大值	最小值	标准差	变异系数
31	国通信托	2671717	3619330	679545	913007	0.34
32	四川信托	2543652	4942650	1558629	1263236	0.50
33	国投信托	2521535	4255295	56752	1464014	0.58
34	西藏信托	2414255	7773813	247	2470219	1.02
35	中粮信托	2294961	3165824	912124	717439	0.31
36	华信信托	2151899	3372328	1559165	603558	0.28
37	爱建信托	2128747	5306368	0	1911320	0.90
38	湖南信托	1956795	4224950	114628	1308255	0.67
39	江苏国信	1933124	5190208	413310	1522248	0.79
40	金谷信托	1931211	4161928	606501	1241949	0.64
41	民生信托	1892870	3131140	687564	865026	0.46
42	华融国信	1878217	3473673	45193	1211434	0.64
43	紫金信托	1840623	3086727	0	965044	0.52
44	外贸信托	1832123	3304478	543609	915755	0.50
45	苏州信托	1721527	3198376	326688	985033	0.57
46	华鑫信托	1678665	2736483	742993	588448	0.35
47	昆仑信托	1648211	3863090	886150	841292	0.51
48	重庆国信	1469802	2538977	525400	563722	0.38
49	华润信托	1443880	3389412	136877	1073508	0.74
50	中建投信托	1422499	2766305	29950	1051988	0.74
51	中铁信托	1417291	2464404	265602	779624	0.55
52	西部信托	1354202	3586843	77989	1272995	0.94
53	华澳信托	1259541	4590871	0	1374906	1.09
54	安信信托	1232287	2500415	219588	868168	0.70
55	中原信托	1162727	2574813	128711	867411	0.75
56	天津信托	1044296	2200090	63270	669601	0.64
57	新时代	936227	1994768	164520	606571	0.65
58	山西信托	844134	1551965	224400	482985	0.57
59	国民信托	835828	3692435	0	1246960	1.49
60	大业信托	835493	2247699	54	721260	0.86
61	国联信托	780003	1961416	36898	660142	0.85
62	浙商金汇	720818	1006660	336690	231062	0.32
63	中泰信托	530369	1627825	20000	474989	0.90

序号	公司简称	均值	最大值	最小值	标准差	变异系数
64	吉林信托	502011	638074	310701	139242	0.28
65	东莞信托	449685	599723	362075	73143	0.16
66	工商信托	419294	3372904	9900	986993	2.35
67	华宸信托	360696	845708	85484	236796	0.66
68	长城新盛	113822	236895	0	81823	0.72

表 3-18　2008~2017 年信托资产分布基础产业资产占比序列表

序号	公司简称	均值（%）	最大值（%）	最小值（%）	标准差（%）	变异系数
1	英大信托	62.82	85.09	0.30	24.34	0.39
2	国元信托	45.55	69.92	30.43	12.83	0.28
3	湖南信托	44.39	63.15	31.31	9.99	0.23
4	百瑞信托	41.44	76.22	20.46	15.59	0.38
5	万向信托	40.68	50.07	24.48	9.69	0.24
6	华信信托	40.27	63.96	12.08	18.22	0.45
7	苏州信托	38.96	55.89	19.92	10.92	0.28
8	陆家嘴信托	36.54	69.31	0.00	19.53	0.53
9	陕西国信	35.05	65.96	21.47	14.45	0.41
10	中江国信	34.23	51.32	15.04	11.49	0.34
11	交银国信	34.13	46.59	13.72	9.53	0.28
12	新华信托	33.82	64.99	13.45	13.61	0.40
13	中海信托	31.99	57.05	9.93	17.78	0.56
14	北京国信	29.32	58.63	14.73	15.11	0.52
15	紫金信托	29.04	50.48	0.00	18.13	0.62
16	中信信托	28.19	41.08	18.12	7.10	0.25
17	山西信托	28.18	60.79	7.22	19.46	0.69
18	浙商金汇	27.06	40.59	5.59	13.90	0.51
19	中航信托	26.94	44.22	14.65	9.06	0.34
20	国投泰康	26.93	57.99	11.73	15.12	0.56
21	平安信托	26.76	79.66	4.07	22.82	0.85
22	上海国信	26.47	38.65	10.93	8.37	0.32
23	北方国信	25.81	35.29	17.24	5.03	0.19
24	吉林信托	25.73	63.17	3.72	26.61	1.03
25	山东国信	25.73	47.25	11.26	12.00	0.47

序号	公司简称	均值（%）	最大值（%）	最小值（%）	标准差（%）	变异系数
26	金谷信托	25.40	52.61	5.01	15.70	0.62
27	华能贵诚	24.99	36.84	8.04	10.01	0.40
28	西部信托	24.95	58.24	13.73	12.16	0.49
29	华宸信托	24.82	55.23	6.86	16.46	0.66
30	中粮信托	24.55	36.71	15.76	7.74	0.32
31	重庆国信	24.51	65.04	2.79	18.48	0.75
32	爱建信托	24.34	52.64	0.00	20.71	0.85
33	兴业信托	23.87	48.04	6.48	13.92	0.58
34	国联信托	23.28	41.62	0.81	12.10	0.52
35	国通信托	22.61	32.37	12.03	7.63	0.34
36	华澳信托	21.91	34.52	0.00	12.14	0.55
37	安信信托	21.84	47.80	6.69	16.84	0.77
38	五矿信托	21.13	42.11	0.00	13.67	0.65
39	光大兴陇	20.26	45.00	0.00	18.18	0.90
40	中铁信托	19.28	58.97	1.85	18.56	0.96
41	江苏国信	19.23	49.46	8.19	13.18	0.69
42	民生信托	19.09	27.62	8.15	6.63	0.35
43	长安国信	18.58	31.76	2.96	7.71	0.41
44	中建投信托	18.49	27.76	3.10	7.54	0.41
45	中原信托	18.43	45.38	1.08	14.55	0.79
46	中融信托	18.30	29.68	5.13	7.66	0.42
47	东莞信托	18.17	39.45	10.14	9.52	0.52
48	华融国信	17.75	30.90	2.28	8.87	0.50
49	华宝信托	17.75	49.80	4.30	13.46	0.76
50	中诚信托	17.52	38.36	3.65	10.63	0.61
51	粤财信托	16.71	36.69	2.07	10.09	0.60
52	渤海信托	16.70	20.20	8.24	3.78	0.23
53	昆仑信托	16.40	30.63	7.66	7.04	0.43
54	云南国信	16.18	38.04	0.00	12.20	0.75
55	西藏信托	14.48	30.33	3.29	11.43	0.79
56	建信信托	13.34	44.97	1.61	13.32	1.00
57	天津信托	12.85	27.28	4.04	7.25	0.56
58	四川信托	12.75	22.60	3.78	7.52	0.59

序号	公司简称	均值（%）	最大值（%）	最小值（%）	标准差（%）	变异系数
59	中泰信托	12.72	25.35	3.09	6.36	0.50
60	厦门国信	12.68	28.13	4.27	6.79	0.54
61	华鑫信托	11.18	16.03	5.80	3.27	0.29
62	大业信托	10.86	18.00	7.12	3.17	0.29
63	外贸信托	10.28	20.27	1.09	6.85	0.67
64	国民信托	9.81	30.70	0.00	10.32	1.05
65	新时代	8.91	23.90	1.77	6.93	0.78
66	工商信托	7.14	15.98	0.08	6.14	0.86
67	长城新盛	6.45	13.86	0.00	5.22	0.81
68	华润信托	6.06	18.17	1.20	5.89	0.97

表 3-19 2008~2017 年信托资产分布房地产资产序列表

序号	公司简称	均值	最大值	最小值	标准差	变异系数
1	中信信托	9237579	29615315	2801587	7570722	0.82
2	平安信托	5547874	10063325	191549	3388451	0.61
3	中融信托	3955860	7440715	36600	1947868	0.49
4	华润信托	3207307	7565572	186741	2678473	0.84
5	中航信托	2926608	5832730	559063	1619365	0.55
6	五矿信托	2715475	8473337	0	2595005	0.96
7	中诚信托	2677701	5199513	847308	1344902	0.50
8	四川信托	2587444	4317086	1199882	1062161	0.41
9	建信信托	2553401	11965114	10180	3356897	1.31
10	兴业信托	2425343	6468133	0	2117620	0.87
11	中原信托	2402309	7376780	81605	2624599	1.09
12	国民信托	2391471	15347440	25000	4708530	1.97
13	上海国信	2314957	5449539	139713	2079953	0.90
14	中建投信托	2273213	7557241	64690	2314341	1.02
15	渤海信托	2244870	5133950	974468	1238459	0.55
16	北京国信	2148110	4292487	520735	1312632	0.61
17	大业信托	2143262	4942047	86	1568833	0.73
18	新华信托	2126634	3507541	435928	970729	0.46
19	长安国信	2065647	6167261	5020	1777125	0.86
20	万向信托	2065410	4276445	357460	1272805	0.62

序号	公司简称	均值	最大值	最小值	标准差	变异系数
21	华融国信	2065282	6411295	0	2138399	1.04
22	山东国信	2022657	5471783	149336	1869376	0.92
23	中铁信托	1830324	5969873	287665	1628999	0.89
24	百瑞信托	1820637	5103493	44537	1652341	0.91
25	华能贵诚	1818952	4595586	1093169	1142864	0.63
26	厦门国信	1810632	3760840	63722	1286511	0.71
27	重庆国信	1762496	4389734	109805	1376176	0.78
28	安信信托	1650891	4392304	76040	1494080	0.91
29	交银国信	1622232	4801409	30200	1404132	0.87
30	陆家嘴信托	1598888	5326339	0	1696515	1.06
31	爱建信托	1571440	4466721	452770	1387133	0.88
32	工商信托	1557582	3513481	214085	1042327	0.67
33	昆仑信托	1551335	2506059	0	730255	0.47
34	国通信托	1459122	2062692	1055930	358483	0.25
35	金谷信托	1424282	2123867	251379	555380	0.39
36	民生信托	1388982	2419386	567645	618132	0.45
37	英大信托	1283296	6689676	105753	2149816	1.68
38	外贸信托	1249915	2290908	354719	551230	0.44
39	光大兴陇	1208937	4908953	300	1465152	1.21
40	中江国信	1163120	2191477	93853	669234	0.58
41	江苏国信	1138714	1863184	205543	545997	0.48
42	西藏信托	1067539	2789648	5278	1047207	0.98
43	华信信托	1055012	3238147	68089	1099338	1.04
44	浙商金汇	1020343	3256032	139985	1026019	1.01
45	北方国信	1015905	2320354	319665	654780	0.64
46	华宝信托	919498	4833539	0	1333399	1.45
47	粤财信托	884332	1584951	175414	467993	0.53
48	华鑫信托	840285	1917176	247988	492011	0.59
49	长城新盛	833072	1266122	145839	407929	0.49
50	国投泰康	826032	2516276	0	720884	0.87
51	新时代	774763	1368025	108358	424753	0.55
52	西部信托	754637	3140508	21069	930661	1.23
53	陕西国信	708907	3328237	41999	1037006	1.46

序号	公司简称	均值	最大值	最小值	标准差	变异系数
54	中海信托	700717	1416300	310000	353528	0.50
55	苏州信托	643296	1260743	104877	360238	0.56
56	天津信托	637590	980049	464716	155510	0.24
57	国联信托	466342	2583756	28143	713580	1.53
58	吉林信托	453941	628594	201999	182530	0.40
59	中泰信托	428714	1697926	35575	488074	1.14
60	紫金信托	419836	709755	118960	208669	0.50
61	国元信托	418040	870881	20000	277214	0.66
62	云南国信	387992	1177951	0	387828	1.00
63	华澳信托	334004	842742	13464	266480	0.80
64	中粮信托	324530	477810	105350	134522	0.41
65	山西信托	294595	642062	16870	213282	0.72
66	湖南信托	251807	691490	34874	233218	0.93
67	东莞信托	226137	441566	87230	102708	0.45
68	华宸信托	208040	350058	19509	112897	0.54

表 3-20　2008~2017 年信托资产分布房地产资产占比序列表

序号	公司简称	均值（%）	最大值（%）	最小值（%）	标准差（%）	变异系数
1	工商信托	71.00	83.31	49.17	9.77	0.14
2	长城新盛	52.50	70.40	36.48	11.33	0.22
3	爱建信托	35.62	71.54	13.42	23.46	0.66
4	大业信托	28.67	35.86	24.00	4.26	0.15
5	中建投信托	24.75	44.39	6.69	11.53	0.47
6	浙商金汇	23.25	37.37	11.80	8.99	0.39
7	万向信托	23.23	26.72	21.41	2.05	0.09
8	西藏信托	22.41	70.30	2.75	27.73	1.24
9	国民信托	21.82	62.02	5.22	21.28	0.98
10	华宸信托	21.34	49.04	1.27	13.45	0.63
11	华澳信托	20.48	81.80	0.28	28.13	1.37
12	新华信托	20.06	41.49	0.35	10.90	0.54
13	中原信托	19.99	61.92	5.08	16.95	0.85

序号	公司简称	均值（%）	最大值（%）	最小值（%）	标准差（%）	变异系数
14	安信信托	17.54	46.14	7.78	13.20	0.75
15	中泰信托	17.19	55.44	2.08	18.75	1.09
16	厦门国信	16.52	28.40	6.12	7.54	0.46
17	金谷信托	16.44	22.64	10.77	3.93	0.24
18	平安信托	16.27	25.35	3.94	7.68	0.47
19	重庆国信	15.87	29.13	4.16	7.38	0.47
20	百瑞信托	15.81	28.95	5.40	6.66	0.42
21	苏州信托	15.69	29.00	5.93	7.06	0.45
22	国联信托	15.63	56.89	0.33	15.18	0.97
23	北京国信	15.04	20.80	8.32	4.38	0.29
24	昆仑信托	14.14	25.74	0.00	7.34	0.52
25	民生信托	13.63	18.05	8.10	3.23	0.24
26	国通信托	13.54	24.97	6.81	5.57	0.41
27	中诚信托	13.49	28.74	6.21	7.74	0.57
28	华融国信	13.46	20.21	0.00	6.80	0.51
29	江苏国信	13.20	25.39	2.81	7.64	0.58
30	中信信托	12.93	18.29	7.21	3.98	0.31
31	吉林信托	12.66	20.00	6.36	5.62	0.44
32	天津信托	12.52	32.76	3.58	9.85	0.79
33	中铁信托	12.49	27.42	7.69	5.44	0.44
34	五矿信托	12.33	40.00	0.00	11.77	0.95
35	华信信托	12.09	23.35	2.23	7.81	0.65
36	中航信托	12.05	16.28	7.99	2.64	0.22
37	中融信托	11.57	30.31	0.52	8.11	0.70
38	西部信托	11.05	16.55	4.99	4.06	0.37
39	北方国信	11.00	39.56	2.31	10.38	0.94
40	四川信托	10.74	16.99	8.34	2.64	0.25
41	渤海信托	10.13	19.99	6.59	4.24	0.42
42	陆家嘴信托	9.95	18.56	0.00	5.46	0.55
43	华润信托	9.23	20.77	3.14	6.37	0.69
44	长安国信	9.13	15.44	0.77	3.98	0.44
45	山东国信	8.90	16.57	2.48	4.84	0.54
46	中江国信	8.75	13.14	4.08	2.53	0.29

序号	公司简称	均值（%）	最大值（%）	最小值（%）	标准差（%）	变异系数
47	光大兴陇	8.21	14.81	0.07	5.18	0.63
48	上海国信	7.87	13.41	4.93	2.36	0.30
49	东莞信托	7.72	11.71	4.67	2.23	0.29
50	外贸信托	7.57	20.03	0.99	6.22	0.82
51	山西信托	7.18	13.73	0.85	4.11	0.57
52	紫金信托	7.13	10.38	3.37	2.54	0.36
53	交银国信	6.10	16.37	0.79	4.23	0.69
54	湖南信托	6.09	12.71	1.37	3.52	0.58
55	华鑫信托	5.95	14.31	1.67	3.91	0.66
56	华能贵诚	5.86	17.00	1.89	4.89	0.83
57	国投泰康	5.80	11.60	0.00	3.03	0.52
58	兴业信托	5.78	11.45	0.00	3.29	0.57
59	英大信托	5.59	30.15	0.64	9.12	1.63
60	粤财信托	5.47	14.25	2.30	3.45	0.63
61	陕西国信	5.24	8.54	2.38	2.16	0.41
62	新时代	5.18	8.17	2.39	1.96	0.38
63	建信信托	4.82	9.16	1.23	2.37	0.49
64	国元信托	4.63	14.20	1.20	3.92	0.85
65	中粮信托	4.34	13.10	0.85	3.84	0.88
66	中海信托	4.13	8.85	1.12	2.92	0.71
67	云南国信	3.06	12.50	0.00	3.42	1.12
68	华宝信托	2.93	9.17	0.00	2.87	0.98

表 3-21　2008~2017 年信托资产分布证券市场资产序列表

序号	公司简称	均值	最大值	最小值	标准差	变异系数
1	华润信托	21832500	67968585	809195	26414265	1.21
2	建信信托	13940975	42531575	2095	12603912	0.90
3	外贸信托	11795465	24496480	643404	8506577	0.72
4	中海信托	10150000	27515222	193189	9898598	0.98
5	江苏国信	9677006	32826439	13843	13433568	1.39
6	华宝信托	8290739	21205098	561967	7579374	0.91
7	兴业信托	5832186	14072075	111	5064148	0.87
8	交银国信	5682104	16479333	15632	6296026	1.11

续表

序号	公司简称	均值	最大值	最小值	标准差	变异系数
9	中信信托	5087324	8521285	977114	2226309	0.44
10	陕西国信	5026352	17251723	36333	5873927	1.17
11	四川信托	4533663	10362798	0	4069708	0.90
12	中诚信托	4421646	9466116	147414	2999917	0.68
13	中融信托	4267413	9207569	1031654	2488579	0.58
14	北方国信	3343478	7103394	9958	2552981	0.76
15	平安信托	3221754	9312151	489158	2790096	0.87
16	长安国信	2469376	6564236	2845	1935687	0.78
17	华鑫信托	2419687	6981586	123933	2456644	1.02
18	北京国信	2378297	4014553	24860	1445204	0.61
19	中航信托	2287353	5962686	82231	2337550	1.02
20	云南国信	2239275	8948760	31342	2783086	1.24
21	上海国信	1961992	3608171	301938	868579	0.44
22	山东国信	1811614	5245990	41698	1698468	0.94
23	粤财信托	1454154	3865832	173813	1318869	0.91
24	华融国信	1421349	3965482	0	1671004	1.18
25	重庆国信	1214639	3842320	38104	1134109	0.93
26	民生信托	1051894	2122138	0	839638	0.80
27	厦门国信	928341	2265597	156684	754966	0.81
28	光大兴陇	820993	6603326	5312	2044668	2.49
29	五矿信托	779083	1582531	32196	533879	0.69
30	国投泰康	669340	3121277	61515	869693	1.30
31	陆家嘴信托	661323	1251013	0	445906	0.67
32	中江国信	637113	1565386	52136	407468	0.64
33	新时代	607499	3499800	3484	1116255	1.84
34	渤海信托	593713	3133789	10000	1064133	1.79
35	国通信托	565208	1453354	26480	523918	0.93
36	华信信托	513941	1297960	92119	455556	0.89
37	爱建信托	466048	2211753	833	718944	1.54
38	中粮信托	448370	1811170	3000	630466	1.41
39	西藏信托	424577	1074993	0	421930	0.99
40	山西信托	394307	1188721	128126	329788	0.84
41	昆仑信托	287305	718498	6151	188229	0.66

序号	公司简称	均值	最大值	最小值	标准差	变异系数
42	国民信托	276483	1831832	9482	575873	2.08
43	金谷信托	248556	1404625	0	476722	1.92
44	天津信托	227063	689094	37380	204996	0.90
45	国元信托	209804	519857	0	167574	0.80
46	紫金信托	161182	594193	0	254536	1.58
47	中铁信托	153641	440103	1529	140330	0.91
48	华能贵诚	145228	921976	0	318782	2.20
49	东莞信托	138353	413154	13867	121021	0.87
50	中建投信托	133241	400688	51926	106389	0.80
51	西部信托	129969	738017	69	219291	1.69
52	新华信托	125550	669748	738	197037	1.57
53	万向信托	121792	267267	0	108740	0.89
54	华澳信托	116264	822761	0	268671	2.31
55	湖南信托	107174	495190	2867	182699	1.70
56	浙商金汇	103704	271707	18044	91687	0.88
57	中泰信托	89096	285316	8089	87885	0.99
58	大业信托	71043	426260	0	158858	2.24
59	国联信托	42194	103129	804	33362	0.79
60	苏州信托	38758	138670	36	43500	1.12
61	中原信托	21178	38656	11443	8531	0.40
62	工商信托	20228	172700	0	53903	2.66
63	长城新盛	16125	80623	0	32249	2.00
64	华宸信托	14777	60218	0	9587	0.65
65	英大信托	13575	89730	0	28113	2.07
66	百瑞信托	11062	37972	0	13025	1.18
67	安信信托	3143	9733	0	4215	1.34
68	吉林信托	1436	2245	0	91	0.06

表 3-22　2008~2017 年信托资产分布证券市场资产占比序列表

序号	公司简称	均值（%）	最大值（%）	最小值（%）	标准差（%）	变异系数
1	华润信托	38.32	75.94	16.34	20.44	0.53
2	外贸信托	36.03	53.73	11.24	12.52	0.35
3	中海信托	32.71	66.83	2.55	22.48	0.69

序号	公司简称	均值（%）	最大值（%）	最小值（%）	标准差（%）	变异系数
4	陕西国信	29.54	42.92	7.38	11.43	0.39
5	江苏国信	28.89	70.18	0.86	25.08	0.87
6	建信信托	28.07	42.06	0.43	13.41	0.48
7	华宝信托	22.88	38.04	9.95	9.05	0.40
8	中诚信托	17.68	34.88	1.59	9.91	0.56
9	云南国信	16.58	43.43	5.74	10.73	0.65
10	北京国信	16.56	30.81	0.44	8.65	0.52
11	北方国信	14.57	25.95	1.05	8.08	0.55
12	兴业信托	14.52	39.28	0.04	9.93	0.68
13	四川信托	13.25	30.66	0.00	11.06	0.83
14	中融信托	12.85	36.66	6.71	8.17	0.64
15	平安信托	12.20	38.03	3.74	10.32	0.85
16	上海国信	11.94	25.88	2.91	7.42	0.62
17	交银国信	11.80	24.48	0.21	8.45	0.72
18	厦门国信	11.80	28.66	4.18	7.72	0.65
19	华鑫信托	10.97	23.50	2.22	7.50	0.68
20	重庆国信	10.92	22.25	1.26	5.72	0.52
21	山西信托	10.87	22.84	3.44	5.30	0.49
22	粤财信托	10.80	33.92	2.56	10.03	0.93
23	国民信托	9.33	23.81	0.58	8.79	0.94
24	长安国信	9.06	15.09	0.44	4.87	0.54
25	中信信托	8.58	22.90	4.17	5.17	0.60
26	山东国信	8.46	21.29	1.37	5.65	0.67
27	民生信托	7.88	14.80	0.00	4.96	0.63
28	华信信托	7.88	20.24	1.91	6.20	0.79
29	华融国信	7.73	18.67	0.00	7.09	0.92
30	中航信托	7.05	13.45	1.18	4.68	0.66
31	国投泰康	6.74	14.55	2.06	4.14	0.61
32	五矿信托	6.66	24.01	1.00	7.41	1.11
33	浙商金汇	5.79	26.19	0.37	9.19	1.59
34	陆家嘴信托	5.51	11.77	0.00	3.76	0.68
35	中江国信	4.67	7.45	2.27	1.68	0.36
36	国通信托	4.09	7.45	0.24	2.79	0.68

序号	公司简称	均值（%）	最大值（%）	最小值（%）	标准差（%）	变异系数
37	东莞信托	3.81	8.58	0.57	2.26	0.59
38	中粮信托	3.67	15.59	0.06	5.27	1.44
39	中建投信托	3.37	7.95	0.52	2.71	0.80
40	昆仑信托	3.07	9.21	0.16	2.89	0.94
41	天津信托	3.01	9.93	0.96	2.65	0.88
42	爱建信托	2.92	6.65	0.04	2.80	0.96
43	光大兴陇	2.84	13.80	0.19	3.88	1.37
44	新时代	2.30	10.01	0.03	3.21	1.39
45	西部信托	2.15	6.99	0.02	2.01	0.94
46	金谷信托	2.10	12.09	0.00	4.08	1.94
47	湖南信托	2.04	8.66	0.05	2.86	1.40
48	中泰信托	2.02	3.52	0.48	1.03	0.51
49	国联信托	1.89	5.40	0.01	1.52	0.80
50	国元信托	1.75	3.97	0.00	1.38	0.79
51	西藏信托	1.36	2.98	0.00	1.07	0.79
52	渤海信托	1.15	4.15	0.05	1.39	1.21
53	新华信托	1.13	3.80	0.02	1.17	1.04
54	万向信托	1.08	2.81	0.00	0.98	0.91
55	中铁信托	1.05	2.26	0.07	0.80	0.76
56	苏州信托	1.04	2.83	0.00	0.87	0.84
57	紫金信托	1.01	4.24	0.00	1.64	1.62
58	华澳信托	1.01	5.87	0.00	1.94	1.92
59	华宸信托	1.00	3.93	0.00	1.28	1.28
60	中原信托	0.69	3.69	0.10	1.06	1.54
61	长城新盛	0.46	2.32	0.00	0.93	2.00
62	工商信托	0.44	3.42	0.00	1.03	2.36
63	大业信托	0.31	2.14	0.00	0.75	2.45
64	安信信托	0.27	0.75	0.00	0.34	1.24
65	百瑞信托	0.19	0.53	0.00	0.18	0.95
66	华能贵诚	0.15	0.91	0.00	0.31	2.11
67	英大信托	0.07	0.42	0.00	0.15	1.99
68	吉林信托	0.02	0.04	0.00	0.02	0.73

表 3-23　2008~2017 年信托资产分布实业资产序列表

序号	公司简称	均值	最大值	最小值	标准差	变异系数
1	渤海信托	14948797	38158046	3748949	10371756	0.69
2	中融信托	13561231	27142111	836316	10084167	0.74
3	新时代	13498180	28615833	1808117	8743556	0.65
4	兴业信托	13358535	33209176	132503	11961081	0.90
5	平安信托	10600691	30614114	368481	10694029	1.01
6	中信信托	8755633	24012900	1181775	7430481	0.85
7	华能贵诚	7928328	14032164	1966474	3961596	0.50
8	长安国信	7892427	23707426	154797	6879394	0.87
9	四川信托	7776322	10807034	3239495	2442511	0.31
10	华鑫信托	7734362	12809088	551899	3906773	0.51
11	中航信托	7094361	14670161	880532	4078624	0.57
12	上海国信	6999474	18261104	279796	7067886	1.01
13	中诚信托	6631248	15760817	362863	4484540	0.68
14	山东国信	6538384	12013463	491506	3705983	0.57
15	安信信托	6395514	14165360	100741	6195150	0.97
16	国投泰康	6251329	19929592	69551	6314277	1.01
17	天津信托	6246495	17498626	355427	6043762	0.97
18	中铁信托	5144351	11724242	4764	4901789	0.95
19	五矿信托	5055634	9367675	3000	3588509	0.71
20	国民信托	5053002	32573556	0	10025231	1.98
21	中江国信	4788832	8595042	363669	3075858	0.64
22	西藏信托	4695635	13338389	0	5217064	1.11
23	交银国信	4640645	18074284	616640	4905536	1.06
24	华润信托	4565699	24125783	42996	6813349	1.49
25	厦门国信	4060354	10075475	86202	3256018	0.80
26	国元信托	3935301	8736232	123693	2792458	0.71
27	粤财信托	3845211	8651233	153296	2447319	0.64
28	民生信托	3823602	5726885	1545739	1595139	0.42
29	光大兴陇	3647204	13589427	8500	4004233	1.10
30	云南国信	3453585	8212769	0	3011473	0.87
31	国通信托	3362152	5912694	1108981	1494426	0.44
32	西部信托	3360216	12645993	0	3739239	1.11

序号	公司简称	均值	最大值	最小值	标准差	变异系数
33	新华信托	3122170	6008931	435926	1992214	0.64
34	北方国信	3084934	7483425	20353	2736622	0.89
35	江苏国信	3078824	8376595	0	2859927	0.93
36	吉林信托	3074251	6037236	8548	2462273	0.80
37	重庆国信	3000668	9977284	94711	2939967	0.98
38	昆仑信托	2988426	6633843	37761	1907053	0.64
39	华宝信托	2903182	19792953	0	5704566	1.96
40	紫金信托	2901430	9144225	205792	2989642	1.03
41	建信信托	2740528	21256367	137845	6193868	2.26
42	外贸信托	2717030	6393716	64726	2127075	0.78
43	中原信托	2634022	6146795	90030	1931942	0.73
44	华融国信	2419167	5008881	3000	1600178	0.66
45	陆家嘴信托	2240035	5859141	0	2066497	0.92
46	万向信托	2165284	5063133	231250	1808512	0.84
47	陕西国信	2045916	6775415	42082	2334511	1.14
48	北京国信	2026433	3124082	497704	755477	0.37
49	中泰信托	1895122	5266988	157420	1696456	0.90
50	大业信托	1882033	4757156	76	1608169	0.85
51	百瑞信托	1827714	3395407	77686	1325502	0.73
52	爱建信托	1551797	6758352	0	1978487	1.27
53	华澳信托	1522512	3010231	98264	1012173	0.66
54	中粮信托	1520423	2552899	259575	768721	0.51
55	山西信托	1482884	3799076	23543	1333651	0.90
56	中海信托	1352738	2899647	627321	684978	0.51
57	华信信托	1291986	2180056	181637	651473	0.50
58	金谷信托	1238818	2190557	121009	591010	0.48
59	湖南信托	1108571	2294632	52878	825919	0.75
60	浙商金汇	1011519	3361885	143200	1132433	1.12
61	东莞信托	962668	1545278	0	609863	0.63
62	中建投信托	888430	2087136	3562	623619	0.70
63	英大信托	858783	2207046	0	890956	1.04
64	国联信托	649299	1226026	122347	372192	0.57

序号	公司简称	均值	最大值	最小值	标准差	变异系数
65	苏州信托	572189	1282613	126935	336218	0.59
66	华宸信托	360419	730382	97210	196858	0.55
67	长城新盛	344565	1466581	0	517027	1.50
68	工商信托	106877	318278	48272	76296	0.71

表 3-24　2008~2017 年信托资产分布实业资产占比序列表

序号	公司简称	均值（%）	最大值（%）	最小值（%）	标准差（%）	变异系数
1	新时代	75.45	87.02	60.24	8.91	0.12
2	渤海信托	57.24	66.42	46.85	7.37	0.13
3	天津信托	49.19	81.57	13.33	27.24	0.55
4	光大兴陇	44.70	92.95	3.20	28.93	0.65
5	吉林信托	43.96	72.23	0.85	30.97	0.70
6	西部信托	43.82	70.28	0.00	20.77	0.47
7	中泰信托	43.54	69.25	24.19	14.85	0.34
8	华鑫信托	43.35	55.20	9.89	14.77	0.34
9	国投泰康	39.58	64.88	2.77	19.64	0.50
10	安信信托	39.04	66.19	7.76	22.95	0.59
11	华澳信托	36.65	58.82	18.20	15.15	0.41
12	民生信托	36.35	39.87	30.61	3.45	0.09
13	山东国信	35.76	51.54	16.12	10.43	0.29
14	四川信托	34.73	62.17	21.25	13.62	0.39
15	中江国信	34.12	54.55	15.81	12.17	0.36
16	厦门国信	33.50	48.74	8.28	10.06	0.30
17	国元信托	33.35	54.67	10.02	13.99	0.42
18	中原信托	32.48	63.46	0.76	17.12	0.53
19	山西信托	32.34	68.87	2.84	22.18	0.69
20	长安国信	31.91	40.18	19.39	7.17	0.22
21	紫金信托	30.18	43.45	17.42	9.40	0.31
22	兴业信托	29.99	44.66	21.91	6.37	0.21
23	华宸信托	28.94	44.26	9.92	8.99	0.31
24	中融信托	28.31	40.52	11.89	9.36	0.33
25	中航信托	28.31	39.13	17.82	8.27	0.29
26	湖南信托	26.97	51.91	8.94	13.38	0.50

序号	公司简称	均值（%）	最大值（%）	最小值（%）	标准差（%）	变异系数
27	中诚信托	26.77	48.34	3.92	12.98	0.48
28	国通信托	26.74	35.53	17.75	5.22	0.20
29	新华信托	26.52	42.62	10.80	8.08	0.30
30	中铁信托	26.28	60.24	0.23	22.81	0.87
31	国民信托	25.70	62.41	0.00	23.15	0.90
32	东莞信托	25.69	44.34	0.00	13.77	0.54
33	粤财信托	24.53	41.52	2.26	12.10	0.49
34	平安信托	24.46	45.21	2.82	12.81	0.52
35	大业信托	24.08	34.55	16.00	5.64	0.23
36	国联信托	23.81	53.46	5.66	16.90	0.71
37	中粮信托	23.50	43.56	13.94	10.87	0.46
38	昆仑信托	23.46	33.71	0.97	9.54	0.41
39	重庆国信	22.56	53.01	3.13	14.41	0.64
40	华融国信	22.25	43.07	0.15	13.56	0.61
41	云南国信	21.68	47.29	0.00	14.05	0.65
42	五矿信托	20.89	45.42	0.57	14.65	0.70
43	交银国信	20.55	48.74	8.91	13.58	0.66
44	西藏信托	19.59	31.42	0.00	9.05	0.46
45	百瑞信托	19.17	30.19	4.19	6.33	0.33
46	浙商金汇	19.03	29.13	11.17	6.20	0.33
47	华信信托	18.95	26.02	5.95	6.57	0.35
48	华能贵诚	18.76	23.92	13.89	2.99	0.16
49	爱建信托	18.67	27.64	0.00	7.97	0.43
50	万向信托	18.16	26.63	12.61	5.41	0.30
51	江苏国信	16.72	33.79	0.00	9.29	0.56
52	北京国信	16.66	27.04	7.95	5.97	0.36
53	上海国信	16.59	22.87	5.72	4.99	0.30
54	陆家嘴信托	15.38	23.40	0.00	7.55	0.49
55	金谷信托	13.75	21.51	4.90	4.95	0.36
56	中建投信托	13.30	29.50	0.37	6.75	0.51
57	苏州信托	13.05	22.00	7.52	4.56	0.35
58	北方国信	12.73	25.44	2.15	8.12	0.64
59	长城新盛	12.66	42.25	0.00	14.49	1.14

序号	公司简称	均值（%）	最大值（%）	最小值（%）	标准差（%）	变异系数
60	陕西国信	11.54	20.80	3.86	5.20	0.45
61	外贸信托	10.39	24.31	1.58	7.42	0.71
62	中信信托	9.85	12.91	3.92	2.90	0.29
63	华润信托	8.84	21.70	0.66	7.07	0.80
64	工商信托	7.56	23.94	1.98	6.39	0.85
65	华宝信托	6.99	37.56	0.00	10.57	1.51
66	建信信托	6.88	28.17	0.83	8.58	1.25
67	中海信托	6.30	12.18	3.95	2.32	0.37
68	英大信托	4.33	11.91	0.00	4.28	0.99

表 3-25　2009～2017 年信托资产分布金融机构资产序列表

序号	公司简称	均值	最大值	最小值	标准差	变异系数
1	建信信托	26315365	70954037	321022	23213748	0.88
2	兴业信托	18438387	45687969	0	18382689	1.00
3	中信信托	13502516	41650614	685609	13274371	0.98
4	中融信托	10994293	27864432	53349	10924701	0.99
5	西藏信托	9830763	22333439	0	9056276	0.92
6	华宝信托	9523990	22836198	0	7581267	0.80
7	平安信托	8270522	22432119	428500	8145723	0.98
8	华润信托	7666286	19668003	0	7006132	0.91
9	上海国信	7445436	25075774	35793	9360897	1.26
10	外贸信托	7335021	19090005	629559	6699299	0.91
11	华能贵诚	5386299	12892791	260690	4767156	0.89
12	华融国信	4689092	13685162	396185	4817655	1.03
13	渤海信托	4595992	18110090	319940	6064380	1.32
14	中海信托	4558511	10558264	1177587	3345534	0.73
15	粤财信托	4421565	8213678	742265	2420673	0.55
16	中粮信托	3640750	6481863	66700	2509223	0.69
17	四川信托	3640490	6250335	189382	2344946	0.64
18	国通信托	3345051	9351484	115821	3729790	1.12
19	中诚信托	3051145	6815163	0	2333435	0.76
20	五矿信托	2951276	8951604	53970	3450836	1.17
21	北京国信	2661124	10767233	97090	3671054	1.38

序号	公司简称	均值	最大值	最小值	标准差	变异系数
22	交银国信	2574200	11732724	5018	3603259	1.40
23	华鑫信托	2368344	4748795	836637	1147828	0.48
24	紫金信托	2217103	8343222	0	2836511	1.28
25	长安国信	2117544	4367775	603476	1106454	0.52
26	江苏国信	2098705	6894331	54268	1957048	0.93
27	万向信托	2045400	4119678	29328	1712968	0.84
28	中航信托	1977445	7079520	0	2790467	1.41
29	中铁信托	1919942	10714368	14048	3161118	1.65
30	爱建信托	1870098	10275684	0	3403221	1.82
31	浙商金汇	1753623	7857287	3806	2834521	1.62
32	国元信托	1712414	7595691	70361	2245962	1.31
33	重庆国信	1698761	3727347	153232	1238985	0.73
34	昆仑信托	1688475	5362377	379808	1474941	0.87
35	新华信托	1626256	4339085	22987	1645157	1.01
36	厦门国信	1532023	5337051	25037	1615817	1.05
37	云南国信	1289822	4219033	0	1300461	1.01
38	陕西国信	1223371	3143057	223374	887589	0.73
39	北方国信	1131668	2961319	31655	1016084	0.90
40	西部信托	1130157	4892033	0	1501702	1.33
41	国民信托	1102103	7245489	12900	2509803	2.28
42	光大兴陇	1095388	3887009	4219	1262142	1.15
43	陆家嘴信托	1008888	3360272	0	1115202	1.11
44	中原信托	912081	2825111	0	951182	1.04
45	华信信托	896969	2704450	1000	1112687	1.24
46	山东国信	882078	3439659	100304	1067358	1.21
47	吉林信托	765064	1014533	515595	249469	0.33
48	大业信托	724600	1846897	1	649949	0.90
49	英大信托	695512	3193559	0	1025974	1.48
50	金谷信托	665136	3576644	67181	1113116	1.67
51	中建投信托	557912	2112904	200804	573049	1.03
52	中江国信	523102	1518803	0	612638	1.17
53	民生信托	447174	760070	30600	295100	0.66
54	天津信托	437189	1014497	51729	262511	0.60

续表

序号	公司简称	均值	最大值	最小值	标准差	变异系数
55	国投泰康	402807	2048953	0	622036	1.54
56	百瑞信托	401471	795526	34656	289883	0.72
57	中泰信托	296162	1119598	0	366846	1.24
58	华澳信托	278889	1035053	0	365096	1.31
59	苏州信托	266952	688160	8788	266142	1.00
60	新时代	262703	396202	300	133834	0.51
61	湖南信托	245489	590467	13340	202992	0.83
62	国联信托	201128	1165705	300	359849	1.79
63	工商信托	175589	551245	0	212269	1.21
64	长城新盛	161052	595781	58723	195065	1.21
65	华宸信托	73653	200801	12000	60913	0.83
66	山西信托	44084	210552	0	72882	1.65
67	东莞信托	15380	113422	0	35529	2.31
68	安信信托	4000	8000	0	4000	1.00

表3-26　2009~2017年信托资产分布金融机构资产占比序列表

序号	公司简称	均值（%）	最大值（%）	最小值（%）	标准差（%）	变异系数
1	建信信托	37.20	52.66	11.65	14.89	0.40
2	华宝信托	32.01	64.16	0.00	20.00	0.62
3	中粮信托	29.32	52.27	1.83	16.70	0.57
4	华融国信	27.61	45.80	5.58	14.50	0.53
5	西藏信托	26.10	55.22	0.00	21.49	0.82
6	兴业信托	24.62	48.37	0.00	18.50	0.75
7	粤财信托	21.70	48.15	5.54	13.24	0.61
8	浙商金汇	19.38	49.57	0.37	20.52	1.06
9	外贸信托	19.23	35.13	2.64	10.64	0.55
10	国通信托	18.45	46.12	2.74	15.80	0.86
11	中融信托	17.73	40.80	0.31	14.98	0.85
12	紫金信托	17.56	39.64	0.00	13.99	0.80
13	平安信托	17.54	33.12	3.28	9.78	0.56
14	江苏国信	17.14	38.73	1.99	13.93	0.81
15	长城新盛	16.50	53.06	1.69	19.08	1.16
16	五矿信托	16.41	62.65	1.00	19.97	1.22

序号	公司简称	均值（%）	最大值（%）	最小值（%）	标准差（%）	变异系数
17	中海信托	16.37	26.13	7.16	6.36	0.39
18	华鑫信托	16.26	39.80	9.78	9.93	0.61
19	陕西国信	15.55	33.60	3.20	11.35	0.73
20	万向信托	15.19	27.08	1.83	8.66	0.57
21	昆仑信托	14.80	42.67	2.68	11.33	0.77
22	华润信托	14.54	36.13	0.00	11.53	0.79
23	重庆国信	14.20	21.58	5.06	5.22	0.37
24	长安国信	13.64	30.03	2.78	10.21	0.75
25	北京国信	13.03	41.63	1.19	14.61	1.12
26	上海国信	12.67	27.48	0.65	10.13	0.80
27	四川信托	12.39	18.64	1.38	5.44	0.44
28	中信信托	12.00	22.43	1.64	8.57	0.71
29	渤海信托	11.67	23.99	3.19	8.08	0.69
30	厦门国信	11.24	22.44	2.70	7.10	0.63
31	中诚信托	11.14	26.84	0.00	8.51	0.76
32	新华信托	11.00	24.62	0.33	9.79	0.89
33	国元信托	10.86	28.83	1.08	8.91	0.82
34	吉林信托	10.84	12.14	9.54	1.30	0.12
35	中建投信托	10.09	33.17	2.00	9.09	0.90
36	华能贵诚	10.02	15.99	1.50	5.18	0.52
37	西部信托	9.99	20.03	0.00	8.78	0.88
38	金谷信托	9.52	49.40	0.66	15.46	1.62
39	中原信托	8.73	16.18	0.00	5.50	0.63
40	爱建信托	8.62	30.88	0.00	11.48	1.33
41	华信信托	8.41	20.97	0.02	9.67	1.15
42	中铁信托	7.66	24.67	0.34	6.92	0.90
43	大业信托	7.50	17.00	1.00	4.69	0.63
44	民生信托	7.43	19.48	0.16	7.24	0.97
45	光大兴陇	6.91	16.97	0.98	5.08	0.74
46	云南国信	6.41	15.62	0.00	5.21	0.81
47	华宸信托	6.31	16.35	0.83	4.28	0.68
48	陆家嘴信托	5.63	11.71	0.00	4.41	0.78
49	湖南信托	5.33	12.35	0.83	3.83	0.72

序号	公司简称	均值（%）	最大值（%）	最小值（%）	标准差（%）	变异系数
50	华澳信托	5.13	21.48	0.00	6.51	1.27
51	中泰信托	4.99	13.59	0.00	5.15	1.03
52	工商信托	4.83	13.73	0.00	5.46	1.13
53	国民信托	4.76	13.88	1.08	4.06	0.85
54	交银国信	4.70	12.15	0.14	3.44	0.73
55	天津信托	4.53	7.57	2.32	1.54	0.34
56	国联信托	4.49	25.67	0.01	7.88	1.75
57	北方国信	4.49	10.07	0.61	3.09	0.69
58	百瑞信托	4.36	9.19	1.18	2.61	0.60
59	中航信托	3.96	12.62	0.00	5.22	1.32
60	山东国信	3.94	13.15	0.53	3.80	0.96
61	苏州信托	3.39	7.70	0.54	2.55	0.75
62	中江国信	3.03	9.10	0.00	3.67	1.21
63	英大信托	2.98	14.39	0.00	4.45	1.50
64	新时代	2.30	4.57	0.00	1.53	0.66
65	国投泰康	2.05	5.65	0.00	1.73	0.85
66	山西信托	1.53	7.69	0.00	2.61	1.71
67	东莞信托	0.35	2.59	0.00	0.81	2.34
68	安信信托	0.23	0.62	0.00	0.26	1.10

表 3-27 至表 3-34 为 2008~2017 年信托公司信托资产运用分别在货币资产、贷款、长期投资以及交易性金融资产中的规模和占比情况。相关数据显示，贷款资产在信托资产运用中的比重较高，属于信托资产主要的运用方式，但其他类型的资产也在不断增长。

表 3-27　2008~2017 年信托资产运用货币资产序列表

序号	公司简称	均值	最大值	最小值	标准差	变异系数
1	建信信托	12924443	38951021	3806	13326569	1.03
2	中信信托	11270173	16353271	1171607	5562214	0.49
3	华宝信托	8040914	18563988	312229	6138600	0.76
4	华润信托	6047342	17147511	372752	5685639	0.94
5	江苏国信	3417288	8938592	7003	3314008	0.97

序号	公司简称	均值	最大值	最小值	标准差	变异系数
6	粤财信托	1782848	3238930	294078	946144	0.53
7	交银国信	1593524	3089058	80976	1203526	0.76
8	外贸信托	1511993	4155921	256465	1099045	0.73
9	平安信托	1284621	2419651	372536	608189	0.47
10	中粮信托	1147597	6340900	82878	2125800	1.85
11	华能贵诚	1094615	3513415	16	1131376	1.03
12	中融信托	1041473	1790907	241809	463682	0.45
13	中诚信托	739739	1666621	299962	480456	0.65
14	山东国信	686643	2183980	8365	684442	1.00
15	五矿信托	684674	1382599	210296	364121	0.53
16	北方国信	617535	3479631	24191	1013576	1.64
17	上海国信	598313	979433	189368	254590	0.43
18	金谷信托	549020	1743504	27481	567920	1.03
19	兴业信托	524535	966560	3254	296402	0.57
20	渤海信托	492561	2169310	1258	714044	1.45
21	云南国信	477323	1077942	119693	325947	0.68
22	安信信托	467401	1236926	22367	492547	1.05
23	华鑫信托	463472	750144	157211	193669	0.42
24	中海信托	456245	1304384	81982	320094	0.70
25	陆家嘴信托	388974	1010453	13	347574	0.89
26	陕西国信	374589	941308	17277	294539	0.79
27	四川信托	354154	1110226	51753	326302	0.92
28	厦门国信	348113	745596	89464	255061	0.73
29	长安国信	339733	612543	24200	182478	0.54
30	西藏信托	324183	889909	67	356161	1.10
31	北京国信	305793	742085	0	230223	0.75
32	紫金信托	299843	704185	61597	226410	0.76
33	中航信托	298658	508605	138521	111783	0.37
34	民生信托	252438	531901	7801	187290	0.74
35	重庆国信	243274	531784	33905	147814	0.61
36	国通信托	222132	416178	44002	153590	0.69
37	华信信托	201500	403122	61109	107435	0.53

续表

序号	公司简称	均值	最大值	最小值	标准差	变异系数
38	中江国信	174044	278603	29777	70295	0.40
39	山西信托	142109	255960	53968	56146	0.40
40	天津信托	138424	194579	87168	34074	0.25
41	昆仑信托	131848	226599	22545	48954	0.37
42	东莞信托	130639	373211	21543	105324	0.81
43	中建投信托	128067	233507	59241	58175	0.45
44	光大兴陇	127968	608605	4219	189993	1.48
45	华宸信托	122497	971111	3894	284192	2.32
46	国投信托	113839	601252	28889	165609	1.45
47	新时代	105351	188766	48421	48924	0.46
48	苏州信托	98683	348344	16037	109590	1.11
49	百瑞信托	97123	216452	34656	61479	0.63
50	中原信托	89547	152517	39213	39817	0.44
51	国元信托	87553	296499	14230	80704	0.92
52	爱建信托	78681	238041	1437	89719	1.14
53	西部信托	76016	174430	24594	44930	0.59
54	新华信托	73852	120364	33200	32992	0.45
55	中泰信托	71248	193035	15768	61343	0.86
56	国民信托	64446	262050	4233	79619	1.24
57	华澳信托	63029	238943	17598	67627	1.07
58	湖南信托	57477	130952	13340	30378	0.53
59	国联信托	46786	80172	26657	18039	0.39
60	浙商金汇	43762	81556	3806	31047	0.71
61	万向信托	43617	77760	4698	25301	0.58
62	中铁信托	40871	117883	0	46568	1.14
63	英大信托	38090	97579	2944	29727	0.78
64	华融国信	37709	147106	0	50334	1.33
65	工商信托	29011	79099	6133	20044	0.69
66	吉林信托	12980	22639	5480	7170	0.55
67	长城新盛	9949	37579	1150	12571	1.26
68	大业信托	0	0	0	0	0.00

表 3-28 2008~2017 年信托资产运用货币资产占比序列表

序号	公司简称	均值（%）	最大值（%）	最小值（%）	标准差（%）	变异系数
1	华宝信托	26.14	65.41	3.16	19.41	0.74
2	建信信托	24.55	45.04	0.78	13.86	0.56
3	江苏国信	16.96	39.62	0.59	12.88	0.76
4	云南国信	16.22	64.03	0.75	20.30	1.25
5	中信信托	16.06	29.63	7.10	7.23	0.45
6	华润信托	15.31	36.33	5.33	10.53	0.69
7	紫金信托	13.83	59.59	0.49	20.38	1.47
8	五矿信托	13.01	62.65	1.75	20.73	1.59
9	粤财信托	10.50	16.53	1.16	4.90	0.47
10	中粮信托	10.19	51.14	0.93	16.84	1.65
11	交银国信	8.40	40.85	1.46	11.11	1.32
12	平安信托	6.09	22.49	1.87	5.98	0.98
13	外贸信托	5.80	17.41	3.31	4.01	0.69
14	山西信托	5.66	22.29	1.53	5.83	1.03
15	厦门国信	5.46	16.18	0.84	4.64	0.85
16	上海国信	5.33	14.24	0.92	5.17	0.97
17	金谷信托	5.31	14.00	0.33	4.48	0.84
18	国投信托	5.22	30.91	0.16	9.67	1.85
19	东莞信托	4.84	15.81	0.66	4.39	0.91
20	安信信托	4.51	12.07	0.94	3.68	0.82
21	山东国信	4.37	11.51	1.80	2.75	0.63
22	北方国信	4.14	17.41	0.20	5.49	1.33
23	陕西国信	4.06	6.67	1.91	1.55	0.38
24	华鑫信托	3.98	12.57	0.92	3.71	0.93
25	华信信托	3.51	9.03	1.16	2.58	0.74
26	国民信托	3.47	20.92	0.50	6.23	1.79
27	中诚信托	3.40	7.63	1.18	1.78	0.52
28	天津信托	3.32	12.42	0.43	3.57	1.08
29	中融信托	3.29	6.71	1.09	1.59	0.48
30	中建投信托	3.21	8.72	0.97	2.74	0.85
31	西部信托	3.04	7.64	0.38	2.29	0.75
32	陆家嘴信托	2.85	5.44	0.65	1.68	0.59

序号	公司简称	均值（%）	最大值（%）	最小值（%）	标准差（%）	变异系数
33	重庆国信	2.61	4.81	1.12	1.09	0.42
34	北京国信	2.51	6.25	0.00	2.03	0.81
35	长安国信	2.49	8.04	0.72	2.24	0.90
36	国联信托	2.43	8.66	0.32	2.48	1.02
37	湖南信托	2.43	7.35	0.64	2.41	0.99
38	兴业信托	2.42	8.50	0.54	2.45	1.01
39	民生信托	2.42	4.69	0.20	1.84	0.76
40	中海信托	2.27	8.69	1.08	2.20	0.97
41	华宸信托	2.25	8.31	0.49	2.12	0.94
42	中泰信托	2.14	3.92	0.49	1.10	0.51
43	华能贵诚	2.12	6.66	0.00	1.93	0.91
44	华澳信托	1.99	6.24	0.54	1.77	0.89
45	中航信托	1.79	4.43	0.74	1.38	0.77
46	工商信托	1.75	3.26	0.40	0.93	0.53
47	中江国信	1.74	4.06	0.64	1.15	0.66
48	苏州信托	1.73	3.55	0.53	0.88	0.51
49	国通信托	1.68	3.74	0.39	1.01	0.60
50	渤海信托	1.58	4.89	0.04	1.67	1.06
51	百瑞信托	1.52	4.84	0.52	1.18	0.77
52	中原信托	1.48	4.68	0.52	1.13	0.77
53	昆仑信托	1.28	2.92	0.58	0.70	0.55
54	四川信托	1.27	3.28	0.69	0.85	0.67
55	国元信托	1.24	5.58	0.22	1.50	1.21
56	新时代	1.23	5.27	0.32	1.46	1.19
57	西藏信托	1.18	2.50	0.25	0.62	0.53
58	浙商金汇	1.18	2.96	0.37	0.90	0.77
59	光大兴陇	1.08	2.63	0.41	0.60	0.56
60	中铁信托	1.04	2.77	0.00	1.09	1.05
61	新华信托	0.96	2.27	0.25	0.67	0.69
62	爱建信托	0.78	1.45	0.17	0.41	0.53
63	华融国信	0.69	2.07	0.00	0.68	0.99
64	长城新盛	0.48	1.08	0.15	0.29	0.61

序号	公司简称	均值（%）	最大值（%）	最小值（%）	标准差（%）	变异系数
65	万向信托	0.45	0.82	0.29	0.20	0.45
66	吉林信托	0.34	0.54	0.20	0.15	0.44
67	英大信托	0.19	0.35	0.01	0.12	0.63
68	大业信托	0.00	0.00	0.00	0.00	0.00

表 3-29　2008~2017 年信托资产运用贷款序列表

序号	公司简称	均值	最大值	最小值	标准差	变异系数
1	中诚信托	7846364	10832667	5709196	2706956	0.34
2	新华信托	3772270	7613939	1835549	1641460	0.44
3	华信信托	2830146	5180038	1553834	14989960	5.30
4	上海国信	16816602	46288487	704430	13388268	0.80
5	中海信托	6233557	9344155	4799581	7962924	1.28
6	平安信托	15456718	30497603	2528052	8761225	0.57
7	厦门国信	5243755	13537635	476687	4057541	0.77
8	吉林信托	2540149	3725929	509489	930370	0.37
9	东莞信托	1239768	1743014	762622	3783853	3.05
10	西藏信托	5516829	11588549	1978	3637472	0.66
11	山西信托	2095279	3959411	298610	5730680	2.74
12	光大兴陇	6360626	25181694	48934	7333939	1.15
13	中融信托	11107884	19723511	1643261	20757769	1.87
14	中信信托	32456160	88711547	8411462	23072072	0.71
15	苏州信托	1817512	3716953	257458	3776738	2.08
16	外贸信托	7191980	13212842	1807759	3714318	0.52
17	江苏国信	4956853	10670126	636899	4002110	0.81
18	华融国信	4890117	11750411	117193	3413478	0.70
19	粤财信托	4553914	8224494	818398	1906474	0.42
20	天津信托	2557517	4015563	976381	4591319	1.80
21	北方国信	8021840	13937372	502502	4479959	0.56
22	百瑞信托	4617799	7916736	670629	3119187	0.68
23	中原信托	5255294	12372356	365099	3348143	0.64
24	华宸信托	547511	1162920	63435	1931593	3.53
25	湖南信托	3139951	6164583	211578	11409111	3.63
26	兴业信托	16685647	38366970	88595	12167772	0.73

序号	公司简称	均值	最大值	最小值	标准差	变异系数
27	工商信托	474113	1190672	27596	7896290	16.65
28	建信信托	7517503	35530407	464294	10116772	1.35
29	国民信托	6474828	31672941	109	7322945	1.13
30	华宝信托	4741121	8887519	1087647	2463724	0.52
31	中泰信托	1622810	3563942	160795	6042249	3.72
32	英大信托	12274695	16559799	5004494	5979716	0.49
33	国联信托	1734182	2964328	423879	4070123	2.35
34	安信信托	6374634	13251446	790643	6009997	0.94
35	陕西国信	5333214	19238991	295818	5021848	0.94
36	新时代	3865752	9530642	655958	4865930	1.26
37	山东国信	7842292	17585943	167086	8054512	1.03
38	华润信托	10087628	37590661	2768584	7813011	0.77
39	国元信托	5904814	16382868	919610	3950308	0.67
40	中江国信	7232763	12986954	1837806	4726779	0.65
41	国投信托	7500366	16823798	180852	4889434	0.65
42	昆仑信托	3805122	12002316	1646105	6655792	1.75
43	长安国信	9429991	27088375	279009	6934494	0.74
44	西部信托	3648512	12412898	298229	5229380	1.43
45	云南国信	6403370	16182023	0	4882914	0.76
46	重庆国信	2704891	5262200	686565	2840473	1.05
47	北京国信	3795426	11046943	0	8215994	2.16
48	交银国信	12394502	27757326	1746785	10232077	0.83
49	渤海信托	14875570	39657358	1763134	9579812	0.64
50	中建投信托	4009416	10951028	329830	4120702	1.03
51	中铁信托	5298926	12421334	9551	4078098	0.77
52	陆家嘴信托	3846089	10500041	0	3285766	0.85
53	爱建信托	2973644	10085891	94700	4960357	1.67
54	华能贵诚	9610118	14729079	2194230	6284110	0.65
55	中航信托	13015072	25488195	2734545	7725955	0.59
56	华澳信托	2001112	5067666	307420	2364822	1.18
57	金谷信托	4953724	7499623	922042	2029995	0.41
58	国通信托	3888846	7054948	1019607	4166771	1.07
59	四川信托	9221786	16915201	3119476	4524083	0.49

序号	公司简称	均值	最大值	最小值	标准差	变异系数
60	大业信托	3311811	7921572	106	2895633	0.87
61	华鑫信托	5929002	8304957	467290	4699743	0.79
62	五矿信托	7338803	17774925	63905	4541219	0.62
63	中粮信托	4610926	6347270	2134461	2267511	0.49
64	紫金信托	3021771	8718159	158470	2382234	0.79
65	长城新盛	557374	1122779	112640	1262199	2.26
66	浙商金汇	2098646	4912881	521385	2717676	1.29
67	万向信托	5395593	9421656	943995	2276567	0.42
68	民生信托	4457414	5964656	2332876	225640863	50.62

表3-30　2008~2017年信托资产运用贷款占比序列表

序号	公司简称	均值（%）	最大值（%）	最小值（%）	标准差（%）	变异系数
1	湖南信托	71.92	80.40	57.79	7.44	0.10
2	英大信托	66.99	88.25	17.77	23.48	0.35
3	渤海信托	63.19	76.14	52.53	8.45	0.13
4	安信信托	62.96	80.94	51.42	10.07	0.16
5	中江国信	59.29	79.87	51.03	7.55	0.13
6	中原信托	58.36	68.28	43.59	8.45	0.14
7	浙商金汇	58.02	83.00	30.99	18.64	0.32
8	国元信托	57.93	80.40	37.08	12.81	0.22
9	国投信托	57.28	79.35	40.71	12.85	0.22
10	万向信托	56.69	70.03	45.97	8.41	0.15
11	西部信托	56.07	73.48	44.07	8.98	0.16
12	金谷信托	55.77	71.45	32.68	12.73	0.23
13	百瑞信托	55.18	81.34	44.90	9.91	0.18
14	山东国信	55.12	63.07	46.84	5.11	0.09
15	山西信托	54.98	72.12	36.00	10.23	0.19
16	国联信托	53.82	64.45	34.53	8.83	0.16
17	交银国信	52.66	79.12	28.75	18.28	0.35
18	吉林信托	52.56	62.65	44.58	7.53	0.14
19	中航信托	51.61	68.32	34.18	12.51	0.24
20	中粮信托	51.03	79.27	32.50	18.26	0.36
21	北方国信	50.53	75.18	40.96	9.91	0.20

序号	公司简称	均值（%）	最大值（%）	最小值（%）	标准差（%）	变异系数
22	光大兴陇	49.99	74.07	15.06	19.71	0.39
23	平安信托	49.74	74.55	39.85	9.00	0.18
24	东莞信托	48.02	86.25	16.59	20.93	0.44
25	华澳信托	47.66	71.68	22.63	16.94	0.36
26	厦门国信	46.69	59.56	35.81	7.34	0.16
27	中泰信托	46.44	73.55	31.98	13.33	0.29
28	民生信托	46.41	59.78	30.25	12.29	0.26
29	长城新盛	45.52	77.47	3.25	27.02	0.59
30	上海国信	45.36	56.91	29.19	10.10	0.22
31	中铁信托	45.33	65.57	23.64	13.03	0.29
32	中建投信托	45.11	67.97	12.01	18.93	0.42
33	华信信托	44.87	73.50	28.18	14.54	0.32
34	华宸信托	43.68	75.95	16.00	16.26	0.37
35	大业信托	42.33	56.71	34.00	7.36	0.17
36	江苏国信	42.19	71.70	18.08	18.06	0.43
37	中信信托	41.93	56.81	25.05	8.27	0.20
38	长安国信	41.49	56.36	25.53	8.97	0.22
39	新华信托	41.00	79.43	24.02	17.15	0.42
40	中诚信托	40.12	85.96	28.01	18.13	0.45
41	兴业信托	40.00	75.25	8.27	21.51	0.54
42	天津信托	39.44	66.52	18.41	18.81	0.48
43	华能贵诚	38.95	97.05	14.58	24.92	0.64
44	云南国信	38.41	71.87	0.00	21.40	0.56
45	国民信托	37.48	69.65	0.03	26.05	0.69
46	陕西国信	37.36	79.75	13.49	18.99	0.51
47	四川信托	36.85	44.18	28.87	5.47	0.15
48	中海信托	35.13	71.20	11.46	19.41	0.55
49	华鑫信托	34.83	53.63	8.38	13.53	0.39
50	华润信托	34.22	55.91	9.02	16.35	0.48
51	华融国信	33.92	49.35	5.91	12.45	0.37
52	紫金信托	33.43	43.89	13.41	11.07	0.33
53	西藏信托	31.87	59.11	18.55	11.84	0.37
54	工商信托	31.37	57.19	19.22	12.78	0.41

序号	公司简称	均值（％）	最大值（％）	最小值（％）	标准差（％）	变异系数
55	昆仑信托	31.08	42.50	24.83	5.59	0.18
56	爱建信托	30.98	53.41	11.45	13.64	0.44
57	国通信托	30.41	41.64	20.30	6.51	0.21
58	苏州信托	30.32	41.60	16.44	7.89	0.26
59	外贸信托	30.20	60.14	16.47	12.27	0.41
60	中融信托	29.80	62.33	15.89	12.69	0.43
61	陆家嘴信托	29.31	44.04	0.00	14.02	0.48
62	新时代	29.22	56.96	3.93	18.88	0.65
63	五矿信托	29.20	37.20	12.24	7.49	0.26
64	重庆国信	27.84	39.22	22.75	5.35	0.19
65	北京国信	27.70	52.10	0.00	17.48	0.63
66	粤财信托	24.17	35.84	12.06	8.08	0.33
67	华宝信托	23.28	54.66	7.63	14.80	0.64
68	建信信托	23.09	94.88	5.40	25.19	1.09

表 3-31　2008~2017 年信托资产运用长期投资序列表

序号	公司简称	均值	最大值	最小值	标准差	变异系数
1	中信信托	8123083	18998936	2095427	4785403	0.59
2	中融信托	7320992	11179385	744933	3315504	0.45
3	华能贵诚	3709575	11078786	0	3491414	0.94
4	中诚信托	3608078	5765194	153132	1569319	0.43
5	中航信托	3397690	10791717	267395	3245796	0.96
6	昆仑信托	2911011	6663580	165582	2184246	0.75
7	兴业信托	2752921	9329709	37457	3589223	1.30
8	粤财信托	2627233	3308922	1569007	498435.4	0.19
9	平安信托	2353941	3749083	570212	995578.5	0.42
10	重庆国信	2335849	3529992	1483195	600908.4	0.26
11	百瑞信托	2176077	3696638	62017	1344857	0.62
12	北京国信	1988066	3319483	0	1099283	0.55
13	山东国信	1710976	3511389	49610	1082872	0.63
14	新华信托	1664392	3612652	63455	969881.3	0.58
15	渤海信托	1628523	4129494	920638	962571.6	0.59

续表

序号	公司简称	均值	最大值	最小值	标准差	变异系数
16	华鑫信托	1591309	2627180	489752	776383.3	0.49
17	长安国信	1572677	5828736	44700	1605025	1.02
18	国元信托	1521801	2670208	87032	850445.9	0.56
19	五矿信托	1518284	3200231	0	1271162	0.84
20	中粮信托	1511332	6129132	363200	1949940	1.29
21	建信信托	1483557	5152794	18813	1642952	1.11
22	中铁信托	1480499	4839420	167381	1329378	0.90
23	上海国信	1400034	3440623	158421	1385376	0.99
24	中江国信	1344507	2891090	50340	906152	0.67
25	陆家嘴信托	1341591	4050665	1000	1534601	1.14
26	四川信托	1216488	1728135	511586	416915.6	0.34
27	国通信托	1215535	2146681	386711	543159.4	0.45
28	北方国信	1208615	2434770	325490	612457.6	0.51
29	苏州信托	1196551	1856599	436522	500624.4	0.42
30	光大兴陇	1153369	3754213	202799	1307080	1.13
31	爱建信托	1130040	5524925	128833	1637046	1.45
32	金谷信托	1077947	2098499	10100	729197.1	0.68
33	华融国信	1077508	2727682	5680	805300.9	0.75
34	华宝信托	1038892	5318575	24757	1516997	1.46
35	陕西国信	985504	2788784	16208	889301.2	0.90
36	交银国信	979795	2075683	47035	850045.6	0.87
37	大业信托	927445	2200467	45	695768.9	0.75
38	华润信托	919904	2595227	0	822696.4	0.89
39	国投信托	914935	2379746	32200	563944.4	0.62
40	中原信托	873182	2254984	135321	821988.5	0.94
41	安信信托	864214	2391787	21060	873215.9	1.01
42	外贸信托	835674	3033880	115358	834136.7	1.00
43	天津信托	830133	1278418	263966	308524.9	0.37
44	西部信托	813492	1649425	7253	663374.8	0.82
45	厦门国信	759565	1389589	44052	507608.6	0.67
46	中海信托	751395	1479052	0	444757.8	0.59
47	英大信托	679541	1509267	341819	390749.5	0.58

序号	公司简称	均值	最大值	最小值	标准差	变异系数
48	西藏信托	628489	1422353	5187	450384.2	0.72
49	江苏国信	611462	2881231	129655	815649.8	1.33
50	国民信托	461826	2420679	40400	749627.3	1.62
51	中泰信托	444661	788774	68139	225007.5	0.51
52	紫金信托	407236	1510424	10000	517551.3	1.27
53	万向信托	396863	1001273	9380	340497.9	0.86
54	民生信托	382035	1073257	95452	359854.3	0.94
55	中建投信托	367740	706341	47798	219867.3	0.60
56	东莞信托	351662	669671	1100	219764	0.62
57	华澳信托	347346	871698	182720	219983.4	0.63
58	工商信托	345186	684855	98840	221624.5	0.64
59	长城新盛	319043	1070404	0	359798.7	1.13
60	国联信托	294001	484066	117372	150265.3	0.51
61	新时代	285260	459330	72076	112131.3	0.39
62	浙商金汇	279788	1155906	0	396067.5	1.42
63	吉林信托	257680	348972	187084	67691.33	0.26
64	华宸信托	238865	827502	5000	278372.3	1.17
65	云南国信	215699	836272	29681	242095.4	1.12
66	山西信托	196826	299337	123432	61118.41	0.31
67	湖南信托	182423	319710	98028	65259.84	0.36
68	华信信托	111497	164081	46931	40989.61	0.37

表3-32 2008~2017年信托资产运用长期投资占比序列表

序号	公司简称	均值（%）	最大值（%）	最小值（%）	标准差（%）	变异系数
1	重庆国信	32.06	67.87	15.03	17.10	0.53
2	苏州信托	32.01	59.03	12.88	14.92	0.47
3	光大兴陇	27.44	77.95	6.44	27.97	1.02
4	西藏信托	26.79	69.08	1.00	29.12	1.09
5	百瑞信托	24.30	38.22	7.52	7.39	0.30
6	昆仑信托	24.21	56.67	2.77	16.73	0.69
7	陆家嘴信托	21.24	98.72	3.16	31.95	1.50
8	中融信托	20.50	38.10	10.59	8.84	0.43

序号	公司简称	均值（%）	最大值（%）	最小值（%）	标准差（%）	变异系数
9	工商信托	17.76	26.54	6.66	5.22	0.29
10	新华信托	17.59	52.06	2.75	14.27	0.81
11	华宸信托	17.15	57.22	0.72	18.60	1.08
12	粤财信托	16.40	35.78	7.77	7.47	0.46
13	西部信托	16.08	48.45	1.52	14.40	0.90
14	国元信托	15.65	26.91	6.86	5.65	0.36
15	中诚信托	15.60	21.61	1.65	5.37	0.34
16	中泰信托	15.54	42.62	7.14	10.59	0.68
17	北京国信	14.96	24.72	0.00	6.73	0.45
18	山东国信	14.22	24.11	9.71	4.62	0.32
19	长城新盛	13.76	30.84	0.00	10.30	0.75
20	吉林信托	13.73	34.55	2.24	14.75	1.07
21	华澳信托	13.62	33.85	4.49	11.42	0.84
22	爱建信托	13.20	18.93	8.64	4.29	0.32
23	天津信托	12.68	22.11	5.27	6.02	0.47
24	大业信托	12.50	16.00	10.00	2.07	0.17
25	中信信托	12.22	19.05	6.03	4.15	0.34
26	华融国信	12.18	22.48	0.29	7.46	0.61
27	中江国信	11.68	23.95	2.19	7.81	0.67
28	国投信托	11.57	29.12	3.10	8.41	0.73
29	中粮信托	11.43	31.39	4.67	8.61	0.75
30	北方国信	11.25	34.38	0.02	9.39	0.83
31	中铁信托	10.87	25.39	6.46	5.57	0.51
32	中航信托	10.84	16.47	6.68	3.85	0.36
33	渤海信托	10.69	28.20	3.66	7.65	0.72
34	平安信托	10.45	19.11	2.16	6.10	0.58
35	国联信托	10.45	28.46	4.61	6.56	0.63
36	国通信托	10.11	15.54	5.78	3.70	0.37
37	金谷信托	9.93	16.85	0.78	5.78	0.58
38	陕西国信	9.88	24.90	3.29	6.25	0.63
39	东莞信托	9.54	16.10	0.11	4.96	0.52
40	中原信托	9.36	21.64	3.09	5.88	0.63
41	华鑫信托	9.31	11.99	6.23	1.79	0.19

序号	公司简称	均值（%）	最大值（%）	最小值（%）	标准差（%）	变异系数
42	国民信托	8.38	25.73	2.75	6.62	0.79
43	湖南信托	8.36	26.78	1.53	7.47	0.89
44	厦门国信	7.48	13.25	3.99	3.32	0.44
45	华能贵诚	7.03	10.97	0.00	3.25	0.46
46	江苏国信	6.55	20.04	0.67	5.99	0.91
47	长安国信	6.55	10.29	1.34	2.74	0.42
48	中建投信托	6.51	12.79	2.70	3.36	0.52
49	山西信托	6.51	14.88	2.93	3.44	0.53
50	安信信托	6.34	10.18	2.16	2.48	0.39
51	兴业信托	6.06	21.84	0.39	6.11	1.01
52	五矿信托	5.90	10.00	0.00	3.36	0.57
53	四川信托	5.43	8.07	2.21	1.91	0.35
54	新时代	5.38	27.03	0.22	7.90	1.47
55	浙商金汇	4.41	7.29	0.00	2.60	0.59
56	外贸信托	4.38	14.10	0.46	4.30	0.98
57	上海国信	4.37	8.50	1.32	1.88	0.43
58	英大信托	3.95	14.50	1.68	3.64	0.92
59	紫金信托	3.80	7.18	0.85	2.23	0.59
60	中海信托	3.61	7.54	0.00	2.50	0.69
61	华润信托	3.45	8.25	0.00	2.74	0.80
62	民生信托	3.34	5.74	1.21	1.94	0.58
63	云南国信	3.22	7.32	0.62	2.29	0.71
64	交银国信	3.08	4.85	1.84	1.14	0.37
65	万向信托	3.07	5.27	0.59	1.54	0.50
66	建信信托	2.94	6.15	0.93	1.33	0.45
67	华宝信托	2.33	8.93	0.26	2.39	1.03
68	华信信托	2.16	4.41	0.40	1.31	0.60

表3-33 2009~2017年信托资产运用交易性金融资产序列表

序号	公司简称	均值	最大值	最小值	标准差	变异系数
1	华润信托	22540268	61744637	1189624	24949274	1.11
2	外贸信托	9456352	19676545	605625	7413462.7	0.78
3	中海信托	8779612	18246021	761957	6314529.7	0.72

序号	公司简称	均值	最大值	最小值	标准差	变异系数
4	华宝信托	8395478	18901584	503162	6860285.6	0.82
5	江苏国信	6186812	20439433	107157	7481602.6	1.21
6	交银国信	6112800	15842707	40513	5992853.5	0.98
7	中信信托	5890456	11176332	1002230	2774819.8	0.47
8	兴业信托	5519146	11417247	0	4716975	0.85
9	中诚信托	5324691	9830047	796090	2944438	0.55
10	西藏信托	5044427	11051509	0	4333254.3	0.86
11	陕西国信	4993076	15425404	255816	5321809	1.07
12	建信信托	4264968	12689017	0	5052680.5	1.18
13	上海国信	3636527	6923298	594374	2357980.3	0.65
14	北方国信	3518212	6701865	26736	2393706.7	0.68
15	四川信托	3152604	6846350	0	2746639.2	0.87
16	中融信托	2761535	6449453	0	1832191.9	0.66
17	平安信托	2704834	6233616	493721	1908705.9	0.71
18	长安国信	2494150	6663316	35911	2009889.4	0.81
19	华鑫信托	2083443	6797495	123933	2502967.8	1.20
20	云南国信	2066169	7851399	180202	2383738.7	1.15
21	北京国信	1863814	3450852	0	1330598.5	0.71
22	粤财信托	1815548	7434902	47166	2358968.2	1.30
23	山东国信	1643473	5027048	32668	1801788.7	1.10
24	光大兴陇	1248421	7328036	150	2365728.6	1.89
25	重庆国信	1214022	4079822	35589	1212017.2	1.00
26	新时代	1213895	4815179	3484	1466754.3	1.21
27	民生信托	958865	1962946	0	822063.52	0.86
28	爱建信托	741052	3934962	0	1299448.2	1.75
29	厦门国信	682656	1935854	165884	593828.42	0.87
30	东莞信托	633072	1620293	93443	517395.49	0.82
31	五矿信托	607759	1649080	0	564484.99	0.93
32	中江国信	592768	1413238	2926	424796.49	0.72
33	国通信托	488310	1356340	0	521563	1.07
34	国投信托	408339	2065453	27708	603003.4	1.48
35	华信信托	390215	1158498	45730	388285.36	1.00
36	山西信托	334119	1016010	71266	320743.24	0.96

序号	公司简称	均值	最大值	最小值	标准差	变异系数
37	昆仑信托	292351	718498	74649	181313.78	0.62
38	天津信托	240397	835717	37380	239528.79	1.00
39	国元信托	236049	519857	0	168218.31	0.71
40	中粮信托	206190	912433	0	314176.15	1.52
41	国民信托	202787	1332196	2123	429270.69	2.12
42	中航信托	189937	729474	0	262109.48	1.38
43	金谷信托	166333	973847	0	326700.19	1.96
44	渤海信托	135172	1022684	0	335576.99	2.48
45	陆家嘴信托	132298	433837	0	181314.39	1.37
46	华能贵诚	128508	923376	0	302024.23	2.35
47	西部信托	123962	493769	24354	142346.51	1.15
48	新华信托	123491	631322	8943	184596.88	1.49
49	万向信托	123134	322515	0	122640.5	1.00
50	湖南信托	98925	387190	2867	150819.08	1.52
51	华澳信托	96698	728323	0	239147.1	2.47
52	浙商金汇	96097	248730	0	99298.572	1.03
53	苏州信托	92070	285898	36	105875.96	1.15
54	中泰信托	86025	239293	7908	74147.183	0.86
55	大业信托	67653	405919	0	151277.22	2.24
56	华宸信托	59483	416380	0	145702.65	2.45
57	中铁信托	55423	234296	1616	79532.324	1.44
58	紫金信托	47411	309036	0	106922.32	2.26
59	吉林信托	42202	83709	695	41507.23	0.98
60	国联信托	35735	103129	25	36688.082	1.03
61	华融国信	34098	170489	0	68195.532	2.00
62	中建投信托	28838	106562	0	36810.914	1.28
63	百瑞信托	22668	57684	0	20554.228	0.91
64	中原信托	18926	38418	11443	8769.5854	0.46
65	安信信托	1947	9733	0	3893.2	2.00
66	工商信托	556	5000	0	1571.3484	2.83
67	英大信托	273	2454	0	771.23351	2.83
68	长城新盛	0	0	0	0	0.00

表3-34 2009~2017年信托资产运用交易性金融资产占比序列表

序号	公司简称	均值（%）	最大值（%）	最小值（%）	标准差（%）	变异系数
1	华润信托	35.65	73.08	16.67	20.63	0.58
2	中海信托	30.65	44.98	5.56	14.05	0.46
3	陕西国信	26.59	39.08	16.45	8.16	0.31
4	外贸信托	24.53	42.17	7.48	11.41	0.47
5	中诚信托	20.78	36.22	8.53	8.21	0.40
6	华宝信托	20.67	33.90	9.95	8.77	0.42
7	江苏国信	19.53	37.09	6.68	12.41	0.64
8	西藏信托	17.78	43.12	0.00	14.30	0.80
9	东莞信托	16.03	35.25	4.29	9.64	0.60
10	北方国信	15.43	24.48	1.30	6.90	0.45
11	云南国信	14.62	30.28	4.59	7.69	0.53
12	上海国信	13.78	27.68	7.40	6.35	0.46
13	交银国信	12.68	24.08	0.88	7.97	0.63
14	北京国信	12.28	27.75	0.00	9.20	0.75
15	四川信托	9.33	20.26	0.00	8.03	0.86
16	山东国信	9.13	20.41	3.98	5.87	0.64
17	重庆国信	8.88	23.62	1.18	6.18	0.70
18	华鑫信托	8.82	22.90	1.97	8.07	0.91
19	粤财信托	8.29	29.27	0.43	9.70	1.17
20	兴业信托	8.29	13.49	0.00	4.15	0.50
21	长安国信	8.18	12.54	1.08	4.47	0.55
22	山西信托	7.63	19.52	2.60	5.59	0.73
23	中信信托	7.44	10.29	4.63	1.98	0.27
24	厦门国信	7.43	17.91	2.74	5.67	0.76
25	中融信托	7.36	12.53	0.00	3.43	0.47
26	民生信托	6.81	13.69	0.00	4.72	0.69
27	平安信托	6.81	9.55	3.77	1.73	0.25
28	浙商金汇	5.54	23.98	0.00	9.27	1.67
29	新时代	5.15	13.77	0.03	4.76	0.92
30	华宸信托	4.68	32.75	0.00	11.46	2.45
31	西部信托	4.67	25.65	0.37	7.64	1.64
32	华信信托	4.31	8.35	1.07	2.89	0.67

序号	公司简称	均值（%）	最大值（%）	最小值（%）	标准差（%）	变异系数
33	建信信托	4.04	11.57	0.00	3.96	0.98
34	光大兴陇	4.02	15.32	0.16	5.08	1.26
35	国通信托	3.79	6.51	0.00	2.62	0.69
36	紫金信托	3.77	26.15	0.00	9.14	2.42
37	爱建信托	3.69	11.82	0.00	4.40	1.19
38	中江国信	3.68	6.43	0.07	2.03	0.55
39	国投信托	3.42	11.43	0.19	3.34	0.98
40	昆仑信托	2.64	6.45	0.71	1.98	0.75
41	五矿信托	2.33	5.11	0.00	1.53	0.65
42	天津信托	2.29	5.64	0.89	1.46	0.64
43	国民信托	1.98	7.13	0.25	2.12	1.07
44	国元信托	1.94	3.97	0.00	1.38	0.71
45	湖南信托	1.81	7.65	0.05	2.56	1.42
46	中泰信托	1.72	3.85	0.48	1.05	0.61
47	中粮信托	1.49	6.44	0.00	2.27	1.52
48	金谷信托	1.41	8.38	0.00	2.80	1.99
49	中铁信托	1.38	10.00	0.01	3.06	2.22
50	苏州信托	1.36	3.22	0.00	1.05	0.77
51	万向信托	1.27	3.39	0.00	1.27	1.01
52	中建投信托	1.09	5.41	0.00	1.91	1.75
53	国联信托	0.96	2.37	0.00	0.82	0.85
54	新华信托	0.95	3.58	0.07	1.01	1.06
55	华澳信托	0.77	5.20	0.00	1.70	2.22
56	陆家嘴信托	0.60	2.00	0.00	0.73	1.22
57	吉林信托	0.51	1.00	0.01	0.50	0.98
58	华融国信	0.48	2.40	0.00	0.96	2.00
59	中航信托	0.39	1.11	0.00	0.50	1.27
60	中原信托	0.35	1.09	0.07	0.39	1.13
61	大业信托	0.34	2.04	0.00	0.76	2.24
62	百瑞信托	0.24	0.53	0.00	0.17	0.70
63	渤海信托	0.20	1.35	0.00	0.44	2.18
64	安信信托	0.15	0.75	0.00	0.30	2.00

序号	公司简称	均值（%）	最大值（%）	最小值（%）	标准差（%）	变异系数
65	华能贵诚	0.14	0.91	0.00	0.30	2.16
66	工商信托	0.04	0.34	0.00	0.11	2.83
67	英大信托	0.00	0.01	0.00	0.00	2.83
68	长城新盛	0.00	0.00	0.00	0.00	0.00

　　表3-35至表3-37为2008～2017年信托公司自营资产规模、自营净资产以及自营资产负债率的基本情况。通过与信托资产相关数据进行对比不难发现，信托公司自营业务与信托业务在业务规模以及财务杠杆方面存在显著差异。

表3-35　2008～2017年信托公司自营资产规模序列表

序号	公司简称	均值	最大值	最小值	标准差	变异系数
1	国通信托	1957883	13674689	70574	4431634	2.26
2	平安信托	1898533	2925275	1187025	594818	0.31
3	中信信托	1366839	2654754	303611	812914	0.59
4	重庆国信	1254697	2573658	217809	802367	0.64
5	华润信托	1251863	2171416	535383	524321	0.42
6	中诚信托	1188182	2212703	394798	589348	0.50
7	中融信托	995094	2878830	45470	980468	0.99
8	上海国信	779741	1667017	469652	375803	0.48
9	华能贵诚	752485	1466564	98451	471640	0.63
10	民生信托	705949	1333650	115489	498075	0.71
11	江苏国信	688220	1325878	299750	324109	0.47
12	陕西国信	672962	950467	123598	388466	0.58
13	兴业信托	669567	1896201	67616	625063	0.93
14	外贸信托	608802	1391272	185400	390544	0.64
15	中铁信托	604676	1289098	172826	397958	0.66
16	建信信托	602139	1160659	66086	339280	0.56
17	昆仑信托	570862	1303305	62818	356769	0.62
18	五矿信托	553072	1179961	140709	346483	0.63
19	华宝信托	551168	1052338	247899	216315	0.39

序号	公司简称	均值	最大值	最小值	标准差	变异系数
20	中航信托	532864	1182475	43661	352145	0.66
21	渤海信托	525403	1401426	104431	421986	0.80
22	华信信托	515047	1360128	173612	401149	0.78
23	中海信托	490215	1073325	161017	303464	0.62
24	北京国信	485020	1170225	179403	321015	0.66
25	华鑫信托	473937	1264694	137557	340194	0.72
26	华融国信	458054	1258352	35362	407363	0.89
27	山东国信	446593	1437156	149208	354659	0.79
28	吉林信托	440107	663172	182421	224305	0.51
29	中江国信	427779	1099636	55978	348041	0.81
30	交银国信	420133	1040016	126041	298068	0.71
31	国元信托	417133	732624	162108	168875	0.40
32	新时代	396036	1034755	74470	353585	0.89
33	英大信托	387660	820259	162371	209453	0.54
34	中建投信托	381223	884439	58308	289665	0.76
35	西部信托	371843	1206352	68951	375388	1.01
36	四川信托	368018	868335	90315	225067	0.61
37	国联信托	365575	927243	198956	218612	0.60
38	百瑞信托	357995	906914	62313	272905	0.76
39	长安国信	354113	849294	36614	289758	0.82
40	国投信托	352845	655364	177266	186114	0.53
41	中原信托	351228	1005374	72385	281779	0.80
42	粤财信托	346799	625805	140685	149849	0.43
43	新华信托	344448	769198	64684	260505	0.76
44	中粮信托	341040	521158	137822	116510	0.34
45	陆家嘴信托	327204	567949	12357	211395	0.65
46	爱建信托	324740	723552	45405	227174	0.70
47	北方国信	323415	835818	131012	201620	0.62
48	金谷信托	317665	494092	141001	113406	0.36
49	天津信托	303349	629273	168167	142618	0.47
50	厦门国信	273535	577701	112659	158990	0.58
51	湖南信托	257427	887165	66684	238444	0.93

续表

序号	公司简称	均值	最大值	最小值	标准差	变异系数
52	中泰信托	257329	473006	93673	133694	0.52
53	苏州信托	243486	493245	41932	165529	0.68
54	万向信托	240091	406212	140888	97749	0.41
55	光大兴陇	225545	585468	40942	188330	0.83
56	东莞信托	220373	432548	73589	144624	0.66
57	紫金信托	208356	425242	55549	130187	0.62
58	国民信托	199172	430744	61037	128070	0.64
59	华澳信托	192919	483788	34108	154139	0.80
60	工商信托	187188	496276	54979	146777	0.78
61	山西信托	172573	228829	124026	38235	0.22
62	大业信托	161875	289050	46894	99161	0.61
63	云南国信	152537	279702	72776	67144	0.44
64	西藏信托	140288	246166	42571	75238	0.54
65	华宸信托	129073	170044	78465	26236	0.20
66	浙商金汇	114625	266723	60075	76900	0.67
67	长城新盛	58944	117832	32465	28731	0.49
68	安信信托	未披露	未披露	未披露	未披露	未披露

表3-36　2008~2017年信托公司自营净资产序列表

序号	公司简称	均值	最大值	最小值	标准差	变异系数
1	平安信托	1720306	2391441	1144629	444877	0.26
2	中信信托	1208866	2153983	300847	662596	0.55
3	华润信托	1165370	1846469	502781	436957	0.37
4	重庆国信	1080613	2068088	248394	569568	0.53
5	中诚信托	1039075	1657800	331524	428268	0.41
6	上海国信	689649	1226826	409624	256302	0.37
7	中融信托	680217	1587169	40482	519541	0.76
8	江苏国信	675392	1137839	297592	264446	0.39
9	兴业信托	657949	1478514	65405	537824	0.82
10	建信信托	620727	1105522	69153	285426	0.46
11	华信信托	598586	1197106	164928	349273	0.58
12	民生信托	577824	1104753	106505	395950	0.69

序号	公司简称	均值	最大值	最小值	标准差	变异系数
13	华能贵诚	562640	1221453	82572	376072	0.67
14	昆仑信托	536251	1260880	58548	283092	0.53
15	外贸信托	518270	895267	153138	238835	0.46
16	五矿信托	454173	1137868	120239	311423	0.69
17	北京国信	442378	827630	213427	222375	0.50
18	交银国信	427368	1001536	121111	283194	0.66
19	华宝信托	416476	721199	182843	185905	0.45
20	国元信托	413805	643853	146698	148441	0.36
21	安信信托	407563	1619148	19401	573486	1.41
22	渤海信托	406485	1154386	87401	317011	0.78
23	华融国信	400892	961979	152920	248862	0.62
24	中江国信	396582	875049	69456	272095	0.69
25	中航信托	386014	974592	30080	287696	0.75
26	四川信托	373051	691329	130214	190967	0.51
27	山东国信	372648	914754	152226	238345	0.64
28	陕西国信	367415	793113	48890	310517	0.85
29	中铁信托	367249	765138	129941	215938	0.59
30	英大信托	360243	610605	160184	156519	0.43
31	中海信托	354928	474635	173733	99523	0.28
32	中建投信托	344272	667033	71524	186721	0.54
33	新时代	331593	808048	70918	259324	0.78
34	国投泰康	329807	555582	177869	150692	0.46
35	中原信托	328700	804666	128266	235720	0.72
36	百瑞信托	325718	701450	74603	213291	0.65
37	吉林信托	314301	461274	174057	96217	0.31
38	粤财信托	306447	564171	105334	143811	0.47
39	西部信托	302382	941102	71388	297123	0.98
40	国联信托	301900	508882	196017	110020	0.36
41	长安国信	296844	658795	34537	215130	0.72
42	中粮信托	296147	459769	125135	115470	0.39
43	新华信托	293717	603015	62906	201167	0.68
44	华鑫信托	287175	451627	103549	113867	0.40
45	天津信托	277205	455751	166751	101182	0.37

序号	公司简称	均值	最大值	最小值	标准差	变异系数
46	北方国信	259970	429118	124901	108286	0.42
47	金谷信托	258919	384533	116533	102170	0.39
48	国通信托	258261	490316	30100	158628	0.61
49	厦门国信	253555	484771	122837	128653	0.51
50	中泰信托	246066	422800	87199	119099	0.48
51	爱建信托	235990	449686	32675	163982	0.69
52	苏州信托	233582	430905	75425	134397	0.58
53	东莞信托	219573	399178	75135	133651	0.61
54	湖南信托	216367	687067	57704	182568	0.84
55	光大兴陇	214752	501988	33857	168960	0.79
56	陆家嘴信托	204009	423310	11325	163147	0.80
57	万向信托	178068	243336	137197	37814	0.21
58	工商信托	164903	368305	52018	113142	0.69
59	国民信托	164339	244097	109529	49158	0.30
60	山西信托	161537	196323	112023	30622	0.19
61	云南国信	138573	232361	69729	53730	0.39
62	紫金信托	137408	363218	48002	99281	0.72
63	西藏信托	107755	221680	38688	65434	0.61
64	华澳信托	107644	341477	30166	88167	0.82
65	华宸信托	96971	133425	66064	20256	0.21
66	大业信托	96886	181447	29829	50815	0.52
67	浙商金汇	88292	191525	54454	46961	0.53
68	长城新盛	43612	67046	31237	11791	0.27

表 3-37 2008~2017 年信托公司自营资产负债率序列表

序号	公司简称	均值（%）	最大值（%）	最小值（%）	标准差（%）	变异系数
1	安信信托	38.21	50.89	23.16	8.62	0.23
2	中铁信托	32.54	47.62	10.49	10.70	0.33
3	华宸信托	25.92	61.15	10.84	16.82	0.65
4	中融信托	23.58	31.90	19.02	4.29	0.18
5	新华信托	22.42	33.56	8.49	7.80	0.35
6	中海信托	21.89	58.56	4.92	19.24	0.88
7	大业信托	21.52	37.54	2.76	9.57	0.44

序号	公司简称	均值（%）	最大值（%）	最小值（%）	标准差（%）	变异系数
8	华澳信托	20.60	40.95	1.60	11.82	0.57
9	西藏信托	20.51	62.13	3.57	16.57	0.81
10	吉林信托	20.10	42.26	0.89	13.46	0.67
11	万向信托	20.04	40.10	2.62	14.86	0.74
12	中信信托	19.88	30.65	12.46	5.74	0.29
13	长城新盛	19.87	43.12	3.78	13.18	0.66
14	重庆国信	19.81	33.73	7.93	8.48	0.43
15	长安国信	19.60	27.54	5.67	7.36	0.38
16	华宝信托	19.17	31.47	8.91	8.38	0.44
17	工商信托	18.95	54.04	7.67	12.61	0.67
18	湖南信托	18.87	34.45	12.12	5.87	0.31
19	陕西国信	17.76	29.91	8.37	6.44	0.36
20	中诚信托	17.61	25.08	10.32	5.14	0.29
21	山东国信	17.27	39.37	4.29	13.90	0.80
22	国民信托	17.18	43.33	1.98	15.08	0.88
23	中航信托	17.04	39.60	0.17	11.06	0.65
24	浙商金汇	15.70	28.19	9.36	6.47	0.41
25	民生信托	15.16	23.70	5.71	7.22	0.48
26	陆家嘴信托	15.12	30.19	1.37	10.03	0.66
27	国通信托	15.04	22.60	5.44	4.75	0.32
28	金谷信托	14.53	31.15	6.36	7.85	0.54
29	西部信托	14.45	22.88	5.17	6.03	0.42
30	百瑞信托	14.29	22.66	9.69	3.91	0.27
31	中建投信托	13.57	29.20	4.72	9.60	0.71
32	华能贵诚	13.56	30.37	3.29	8.44	0.62
33	华融国信	13.24	33.35	3.52	10.25	0.77
34	云南国信	13.13	16.93	9.01	2.42	0.18
35	中江国信	13.13	33.63	3.95	9.12	0.69
36	平安信托	11.15	22.15	3.57	5.20	0.47
37	厦门国信	11.05	22.93	5.75	5.96	0.54
38	华润信托	10.79	14.96	5.28	3.46	0.32
39	北方国信	10.74	14.73	4.66	3.56	0.33
40	上海国信	10.29	26.41	2.83	7.52	0.73

序号	公司简称	均值（%）	最大值（%）	最小值（%）	标准差（%）	变异系数
41	天津信托	9.96	27.58	5.16	6.76	0.68
42	爱建信托	9.89	36.37	0.30	12.13	1.23
43	华鑫信托	9.67	22.97	0.37	6.08	0.63
44	新时代	9.47	26.93	2.81	8.36	0.88
45	四川信托	9.36	20.38	0.59	5.86	0.63
46	光大兴陇	9.10	17.31	3.32	4.78	0.53
47	北京国信	8.98	13.42	4.08	2.60	0.29
48	国投泰康	8.96	17.73	2.18	5.95	0.66
49	外贸信托	8.84	28.56	1.73	7.92	0.90
50	中泰信托	8.73	15.94	4.15	2.86	0.33
51	渤海信托	8.53	17.70	2.27	5.82	0.68
52	兴业信托	8.00	22.03	4.14	5.15	0.64
53	苏州信托	7.95	13.13	2.44	3.97	0.50
54	山西信托	7.59	14.42	0.31	3.63	0.48
55	紫金信托	7.33	14.59	0.11	3.92	0.53
56	中原信托	7.31	19.96	0.23	6.26	0.86
57	五矿信托	7.26	20.74	0.60	5.71	0.79
58	东莞信托	6.46	11.54	3.82	2.04	0.32
59	昆仑信托	6.21	22.58	2.72	5.74	0.93
60	华信信托	5.59	13.63	2.52	3.57	0.64
61	建信信托	5.26	10.22	2.38	2.33	0.44
62	中粮信托	5.00	11.78	2.90	2.75	0.55
63	国元信托	4.92	9.51	3.40	2.25	0.46
64	江苏国信	4.88	14.29	0.72	4.78	0.98
65	交银国信	4.37	5.99	2.87	0.85	0.19
66	英大信托	4.11	7.47	1.25	1.95	0.47
67	国联信托	4.02	10.93	1.47	3.61	0.90
68	粤财信托	3.96	9.85	1.28	2.43	0.61

表3-38至表3-47为2008~2017年自营资产分布中基础产业资产、房地产资产、证券资产、实业资产以及金融机构资产的配置规模以及占比。通过与前述信托资产分布进行比对，可以发现自营资产与信托资产在资产分布上也存在一定的差异。

表 3-38　2008~2017 年自营资产分布基础产业资产序列表

序号	公司简称	均值	最大值	最小值	标准差	变异系数
1	五矿信托	1725317	8599585	0	3437142	1.99
2	英大信托	84266	158569	0	49427	0.59
3	湖南信托	81331	246958	1300	89828	1.10
4	昆仑信托	76432	200572	0	71944	0.94
5	陕西国信	50000	100000	0	50000	1.00
6	厦门国信	43132	68753	24633	12264	0.28
7	万向信托	41440	86660	8000	26490	0.64
8	国元信托	36280	72000	0	21582	0.59
9	交银国信	34072	190717	0	56802	1.67
10	山东国信	33963	70452	0	33978	1.00
11	爱建信托	29198	190733	0	58698	2.01
12	外贸信托	21196	75120	0	22920	1.08
13	中航信托	21176	91910	0	29684	1.40
14	中诚信托	17742	97170	0	27447	1.55
15	华澳信托	17143	120000	0	41991	2.45
16	华鑫信托	16928	60000	0	19134	1.13
17	百瑞信托	15344	85060	1200	23894	1.56
18	建信信托	15123	119900	0	39604	2.62
19	渤海信托	14466	49092	0	18196	1.26
20	天津信托	12905	42060	200	12332	0.96
21	中海信托	10616	95545	0	30027	2.83
22	民生信托	10180	36900	0	14418	1.42
23	北方国信	9112	27503	0	9534	1.05
24	平安信托	8923	47300	0	17029	1.91
25	大业信托	8274	41370	0	16548	2.00
26	西部信托	6775	19775	0	6928	1.02
27	新华信托	6586	25621	0	8283	1.26
28	江苏国信	4776	14667	0	5619	1.18
29	中建投信托	4730	27720	0	9355	1.98
30	四川信托	4357	30500	0	10673	2.45
31	中粮信托	3960	9900	0	4850	1.22
32	光大兴陇	3333	15000	0	6236	1.87

序号	公司简称	均值	最大值	最小值	标准差	变异系数
33	华宝信托	2200	19800	0	6223	2.83
34	国联信托	1875	8000	0	3257	1.74
35	华宸信托	1862	7300	0	2844	1.53
36	华融国信	1250	10000	0	3307	2.65
37	重庆国信	1250	10000	0	3307	2.65
38	粤财信托	831	6647	0	2198	2.65
39	中泰信托	778	7000	0	2200	2.83
40	兴业信托	667	5014	0	1549	2.32
41	长安国信	667	5000	0	1563	2.35
42	中原信托	614	5528	0	1737	2.83
43	中信信托	556	5000	0	1571	2.83
44	中铁信托	401	2805	0	878	2.19
45	山西信托	291	2620	0	823	2.83
46	工商信托	29	285	0	86	3.00
47	华信信托	0	0	0	0	0.00
48	上海国信	0	0	0	0	0.00
49	吉林信托	0	0	0	0	0.00
50	东莞信托	0	0	0	0	0.00
51	西藏信托	0	0	0	0	0.00
52	中融信托	0	0	0	0	0.00
53	苏州信托	0	0	0	0	0.00
54	国民信托	0	0	0	0	0.00
55	安信信托	0	0	0	0	0.00
56	新时代	0	0	0	0	0.00
57	华润信托	0	0	0	0	0.00
58	中江国信	0	0	0	0	0.00
59	国投泰康	0	0	0	0	0.00
60	云南国信	0	0	0	0	0.00
61	北京国信	0	0	0	0	0.00
62	陆家嘴信托	0	0	0	0	0.00
63	华能贵诚	0	0	0	0	0.00
64	金谷信托	0	0	0	0	0.00

序号	公司简称	均值	最大值	最小值	标准差	变异系数
65	国通信托	0	0	0	0	0.00
66	紫金信托	0	0	0	0	0.00
67	长城新盛	0	0	0	0	0.00
68	浙商金汇	0	0	0	0	0.00

表 3-39　2008~2017 年自营资产分布基础产业资产占比序列表

序号	公司简称	均值（%）	最大值（%）	最小值（%）	标准差（%）	变异系数
1	英大信托	30.06	63.59	0.00	22.87	0.76
2	湖南信托	20.73	48.00	1.88	15.60	0.75
3	厦门国信	20.62	44.88	6.39	13.56	0.66
4	万向信托	19.64	55.06	5.68	17.93	0.91
5	山东国信	16.29	43.93	0.00	17.68	1.09
6	昆仑信托	11.47	34.60	0.00	10.67	0.93
7	中航信托	9.57	47.62	0.00	15.79	1.65
8	五矿信托	8.64	32.28	0.00	12.32	1.43
9	国元信托	7.44	13.25	0.00	3.44	0.46
10	西部信托	7.15	22.87	0.00	8.53	1.19
11	爱建信托	6.68	39.57	0.00	12.11	1.81
12	华鑫信托	6.08	20.46	0.00	7.55	1.24
13	中海信托	5.41	48.70	0.00	15.30	2.83
14	百瑞信托	5.33	31.07	0.17	8.75	1.64
15	陕西国信	5.30	10.59	0.00	5.30	1.00
16	外贸信托	4.22	13.45	0.00	4.43	1.05
17	交银国信	4.10	18.34	0.00	5.84	1.42
18	北方国信	3.64	15.27	0.00	4.49	1.23
19	华澳信托	3.54	24.80	0.00	8.68	2.45
20	天津信托	3.49	6.68	0.10	2.30	0.66
21	建信信托	3.46	26.29	0.00	8.64	2.49
22	大业信托	2.86	14.31	0.00	5.72	2.00
23	新华信托	2.71	14.25	0.00	4.33	1.60
24	渤海信托	1.81	5.73	0.00	2.33	1.29
25	中诚信托	1.47	8.38	0.00	2.40	1.63
26	中粮信托	1.46	4.34	0.00	1.84	1.26

序号	公司简称	均值（%）	最大值（%）	最小值（%）	标准差（%）	变异系数
27	光大兴陇	1.32	8.65	0.00	2.78	2.10
28	中建投信托	1.30	6.75	0.00	2.47	1.90
29	江苏国信	1.24	4.89	0.00	1.66	1.34
30	华宸信托	1.20	4.29	0.00	1.78	1.48
31	国联信托	0.92	3.87	0.00	1.60	1.73
32	中泰信托	0.83	7.47	0.00	2.35	2.83
33	华融国信	0.79	6.30	0.00	2.08	2.65
34	民生信托	0.78	2.77	0.00	1.09	1.40
35	平安信托	0.71	3.98	0.00	1.38	1.94
36	粤财信托	0.59	4.72	0.00	1.56	2.65
37	华宝信托	0.55	4.94	0.00	1.55	2.83
38	四川信托	0.50	3.51	0.00	1.23	2.45
39	重庆国信	0.45	3.58	0.00	1.18	2.65
40	中原信托	0.29	2.61	0.00	0.82	2.83
41	山西信托	0.23	2.11	0.00	0.66	2.83
42	兴业信托	0.20	1.21	0.00	0.37	1.81
43	中铁信托	0.18	1.62	0.00	0.48	2.71
44	中信信托	0.13	1.15	0.00	0.36	2.83
45	长安国信	0.11	0.67	0.00	0.23	1.99
46	工商信托	0.05	0.52	0.00	0.16	3.00
47	华信信托	0.00	0.00	0.00	0.00	0.00
48	上海国信	0.00	0.00	0.00	0.00	0.00
49	吉林信托	0.00	0.00	0.00	0.00	0.00
50	东莞信托	0.00	0.00	0.00	0.00	0.00
51	西藏信托	0.00	0.00	0.00	0.00	0.00
52	中融信托	0.00	0.00	0.00	0.00	0.00
53	苏州信托	0.00	0.00	0.00	0.00	0.00
54	国民信托	0.00	0.00	0.00	0.00	0.00
55	安信信托	0.00	0.00	0.00	0.00	0.00
56	新时代	0.00	0.00	0.00	0.00	0.00
57	华润信托	0.00	0.00	0.00	0.00	0.00
58	中江国信	0.00	0.00	0.00	0.00	0.00
59	国投泰康	0.00	0.00	0.00	0.00	0.00

序号	公司简称	均值（%）	最大值（%）	最小值（%）	标准差（%）	变异系数
60	云南国信	0.00	0.00	0.00	0.00	0.00
61	北京国信	0.00	0.00	0.00	0.00	0.00
62	陆家嘴信托	0.00	0.00	0.00	0.00	0.00
63	华能贵诚	0.00	0.00	0.00	0.00	0.00
64	金谷信托	0.00	0.00	0.00	0.00	0.00
65	国通信托	0.00	0.00	0.00	0.00	0.00
66	紫金信托	0.00	0.00	0.00	0.00	0.00
67	长城新盛	0.00	0.00	0.00	0.00	0.00
68	浙商金汇	0.00	0.00	0.00	0.00	0.00

表 3-40　2008~2017 年自营资产分布房地产资产序列表

序号	公司简称	均值	最大值	最小值	标准差	变异系数
1	五矿信托	507425	2536831	0	1014703	2.00
2	中诚信托	364062	643195	57101	178366	0.49
3	中信信托	216032	360926	89517	77486	0.36
4	爱建信托	120170	286403	9813	86246	0.72
5	昆仑信托	108389	301500	0	100959	0.93
6	新华信托	107571	297256	0	118346	1.10
7	兴业信托	101991	338200	0	116971	1.15
8	重庆国信	76619	170490	383	60132	0.78
9	交银国信	74169	229000	0	62317	0.84
10	平安信托	69830	161958	10050	44844	0.64
11	外贸信托	65153	184311	3465	52419	0.80
12	中建投信托	63781	138282	0	48741	0.76
13	渤海信托	54516	143013	0	52028	0.95
14	中航信托	38561	114115	2000	39023	1.01
15	金谷信托	37704	55742	27016	10812	0.29
16	华润信托	35808	322272	0	101280	2.83
17	陕西国信	35179	55000	15358	19821	0.56
18	四川信托	34009	45832	0	15147	0.45
19	北方国信	33176	58779	11750	16220	0.49
20	中原信托	27268	96482	0	32760	1.20
21	国通信托	25404	48905	10000	16188	0.64

续表

序号	公司简称	均值	最大值	最小值	标准差	变异系数
22	万向信托	24628	75310	0	26763	1.09
23	百瑞信托	24362	89620	1000	26715	1.10
24	工商信托	19503	60000	0	21139	1.08
25	吉林信托	19268	21046	16000	2314	0.12
26	国元信托	18997	82364	0	22807	1.20
27	大业信托	18340	54495	0	19368	1.06
28	华鑫信托	18128	52390	0	18198	1.00
29	天津信托	15443	35060	0	10804	0.70
30	民生信托	13223	38780	0	16594	1.25
31	北京国信	10778	54000	0	20329	1.89
32	中融信托	10599	105989	0	31797	3.00
33	华宸信托	10049	38026	0	15424	1.53
34	苏州信托	9672	20650	3000	6292	0.65
35	华融国信	9638	40000	0	14306	1.48
36	湖南信托	6810	14900	0	6175	0.91
37	西部信托	6565	17600	0	5818	0.89
38	中铁信托	6005	16637	0	5827	0.97
39	光大兴陇	5614	11000	996	3676	0.65
40	国联信托	4860	12000	0	4128	0.85
41	紫金信托	4800	16000	0	5913	1.23
42	江苏国信	4000	20000	0	8000	2.00
43	华澳信托	3689	21820	0	7530	2.04
44	长安国信	2901	7000	0	2578	0.89
45	华宝信托	2342	22863	0	6840	2.92
46	厦门国信	2000	8900	0	2840	1.42
47	西藏信托	1544	7870	0	2775	1.80
48	建信信托	1409	5770	0	2441	1.73
49	华信信托	833	5000	0	1863	2.24
50	中江国信	354	1418	0	501	1.41
51	国民信托	57	400	0	140	2.45
52	上海国信	0	0	0	0	0.00
53	中海信托	0	0	0	0	0.00
54	东莞信托	0	0	0	0	0.00

序号	公司简称	均值	最大值	最小值	标准差	变异系数
55	山西信托	0	0	0	0	0.00
56	粤财信托	0	0	0	0	0.00
57	中泰信托	0	0	0	0	0.00
58	英大信托	0	0	0	0	0.00
59	安信信托	0	0	0	0	0.00
60	新时代	0	0	0	0	0.00
61	山东国信	0	0	0	0	0.00
62	国投泰康	0	0	0	0	0.00
63	云南国信	0	0	0	0	0.00
64	陆家嘴信托	0	0	0	0	0.00
65	华能贵诚	0	0	0	0	0.00
66	中粮信托	0	0	0	0	0.00
67	长城新盛	0	0	0	0	0.00
68	浙商金汇	0	0	0	0	0.00

表 3-41　2008~2017 年自营资产分布房地产资产占比序列表

序号	公司简称	均值（%）	最大值（%）	最小值（%）	标准差（%）	变异系数
1	爱建信托	36.32	51.38	21.61	9.34	0.26
2	中诚信托	28.55	42.90	13.32	8.62	0.30
3	新华信托	18.05	41.37	0.00	17.23	0.95
4	中信信托	17.30	28.76	8.91	6.43	0.37
5	交银国信	16.35	36.56	0.00	10.37	0.63
6	中建投信托	16.00	31.89	0.00	9.45	0.59
7	昆仑信托	15.75	39.75	0.00	14.14	0.90
8	大业信托	14.92	41.00	0.00	14.13	0.95
9	金谷信托	14.38	23.36	5.72	6.50	0.45
10	北方国信	11.86	16.22	4.00	3.92	0.33
11	兴业信托	10.98	29.08	0.00	8.07	0.73
12	外贸信托	10.34	27.43	1.87	7.39	0.71
13	国通信托	10.28	16.01	3.81	4.86	0.47
14	四川信托	10.19	22.27	0.00	7.12	0.70
15	渤海信托	9.90	24.82	0.00	8.64	0.87
16	陕西国信	9.11	12.43	5.79	3.32	0.36

续表

序号	公司简称	均值（%）	最大值（%）	最小值（%）	标准差（%）	变异系数
17	万向信托	8.45	18.54	0.00	6.99	0.83
18	中航信托	7.79	20.79	1.00	6.31	0.81
19	工商信托	7.71	13.42	0.00	4.09	0.53
20	湖南信托	7.68	21.56	0.00	8.69	1.13
21	华鑫信托	7.42	38.09	0.00	12.60	1.70
22	百瑞信托	7.40	26.40	0.13	7.35	0.99
23	华宸信托	7.11	28.97	0.00	11.14	1.57
24	天津信托	5.89	16.18	0.00	4.84	0.82
25	苏州信托	5.89	17.04	0.89	4.84	0.82
26	重庆国信	5.78	13.86	0.02	3.69	0.64
27	中原信托	5.40	12.39	0.00	5.07	0.94
28	吉林信托	5.01	8.77	3.10	2.66	0.53
29	华融国信	4.79	22.56	0.00	7.56	1.58
30	西部信托	4.36	8.83	0.00	2.99	0.69
31	紫金信托	4.21	10.61	0.00	4.63	1.10
32	光大兴陇	4.13	7.09	0.21	2.59	0.63
33	平安信托	3.90	10.08	0.54	2.81	0.72
34	国元信托	3.41	11.24	0.00	3.16	0.93
35	中铁信托	2.49	9.25	0.00	2.90	1.17
36	华信信托	2.24	13.45	0.00	5.01	2.24
37	华澳信托	2.16	12.62	0.00	4.36	2.02
38	五矿信托	1.93	9.52	0.00	3.80	1.97
39	西藏信托	1.75	6.82	0.00	2.79	1.60
40	国联信托	1.67	6.03	0.00	1.74	1.04
41	华润信托	1.65	14.84	0.00	4.66	2.83
42	北京国信	1.29	6.60	0.00	2.45	1.89
43	江苏国信	1.20	6.67	0.00	2.42	2.02
44	建信信托	1.10	7.59	0.00	2.48	2.26
45	民生信托	1.02	3.07	0.00	1.29	1.26
46	厦门国信	1.02	4.90	0.00	1.50	1.47
47	华宝信托	0.93	9.22	0.00	2.76	2.97
48	长安国信	0.78	2.45	0.00	0.83	1.06
49	中融信托	0.37	3.68	0.00	1.10	3.00

序号	公司简称	均值（%）	最大值（%）	最小值（%）	标准差（%）	变异系数
50	中江国信	0.36	1.92	0.00	0.63	1.77
51	国民信托	0.09	0.65	0.00	0.23	2.45
52	上海国信	0.00	0.00	0.00	0.00	0.00
53	中海信托	0.00	0.00	0.00	0.00	0.00
54	东莞信托	0.00	0.00	0.00	0.00	0.00
55	山西信托	0.00	0.00	0.00	0.00	0.00
56	粤财信托	0.00	0.00	0.00	0.00	0.00
57	中泰信托	0.00	0.00	0.00	0.00	0.00
58	英大信托	0.00	0.00	0.00	0.00	0.00
59	安信信托	0.00	0.00	0.00	0.00	0.00
60	新时代	0.00	0.00	0.00	0.00	0.00
61	山东国信	0.00	0.00	0.00	0.00	0.00
62	国投泰康	0.00	0.00	0.00	0.00	0.00
63	云南国信	0.00	0.00	0.00	0.00	0.00
64	陆家嘴信托	0.00	0.00	0.00	0.00	0.00
65	华能贵诚	0.00	0.00	0.00	0.00	0.00
66	中粮信托	0.00	0.00	0.00	0.00	0.00
67	长城新盛	0.00	0.00	0.00	0.00	0.00
68	浙商金汇	0.00	0.00	0.00	0.00	0.00

表 3-42　2008~2017 年自营资产分布证券市场资产序列表

序号	公司简称	均值	最大值	最小值	标准差	变异系数
1	中江国信	298057	890040	47821	240062	0.81
2	吉林信托	289795	455058	14124	196211	0.68
3	中融信托	276265	713921	5188	289739	1.05
4	五矿信托	251743	1531121	418	523002	2.08
5	重庆国信	248164	379445	162	99075	0.40
6	西部信托	235731	1009994	0	321093	1.36
7	华信信托	200067	462425	2053	173073	0.87
8	外贸信托	196016	284876	69224	78836	0.40
9	长安国信	160654	442677	1897	150775	0.94
10	中诚信托	153564	664860	23179	205298	1.34
11	华鑫信托	152623	201858	10509	67541	0.44

续表

序号	公司简称	均值	最大值	最小值	标准差	变异系数
12	山东国信	152579	502294	7009	134642	0.88
13	华融国信	150653	301673	47079	84786	0.56
14	华宝信托	145072	273373	40949	69929	0.48
15	华润信托	133535	380658	0	113020	0.85
16	兴业信托	130149	503476	96	172366	1.32
17	上海国信	110567	167896	63856	34421	0.31
18	陕西国信	101627	177760	0	74776	0.74
19	中信信托	98908	295013	23742	75897	0.77
20	江苏国信	91155	328188	1580	98759	1.08
21	陆家嘴信托	84774	130266	0	40123	0.47
22	中海信托	69381	306664	18791	81520	1.17
23	天津信托	64709	122107	22280	23689	0.37
24	国投泰康	62272	131872	3000	45183	0.73
25	华能贵诚	60882	123815	13108	33603	0.55
26	苏州信托	59250	130470	1695	49869	0.84
27	东莞信托	53908	172016	19437	44117	0.82
28	平安信托	53635	181159	0	66829	1.25
29	渤海信托	52226	122771	19211	37999	0.73
30	昆仑信托	50322	133077	0	45810	0.91
31	华宸信托	50228	111495	6173	31125	0.62
32	中粮信托	47090	174700	2545	58356	1.24
33	中泰信托	46613	90452	17920	21031	0.45
34	北京国信	40598	149472	3082	46076	1.13
35	交银国信	39227	190400	785	51642	1.32
36	中航信托	37883	149372	2900	45014	1.19
37	国联信托	37196	71445	7275	20857	0.56
38	中建投信托	36446	65482	17736	15933	0.44
39	北方国信	34612	136331	2323	39441	1.14
40	国元信托	33112	113987	5073	34974	1.06
41	西藏信托	31980	74312	3208	27031	0.85
42	爱建信托	29782	76895	3306	25896	0.87
43	厦门国信	29199	71800	1846	26682	0.91
44	百瑞信托	28794	59704	8136	18751	0.65

序号	公司简称	均值	最大值	最小值	标准差	变异系数
45	新华信托	28312	71360	4704	25142	0.89
46	四川信托	27242	43169	8426	12083	0.44
47	浙商金汇	25994	32671	6880	8929	0.34
48	英大信托	25476	55553	11354	15616	0.61
49	山西信托	24222	42770	7148	12541	0.52
50	新时代	23227	51769	0	22532	0.97
51	光大兴陇	22288	36432	10477	9052	0.41
52	紫金信托	21667	52615	2309	16242	0.75
53	国民信托	18780	27657	1689	10626	0.57
54	建信信托	16423	57004	1272	17669	1.08
55	中原信托	15751	43897	0	15620	0.99
56	湖南信托	11580	50859	0	15694	1.36
57	国通信托	11028	47970	1299	16664	1.51
58	华澳信托	9701	77612	0	25668	2.65
59	万向信托	8513	14750	0	5338	0.63
60	粤财信托	6950	16524	2804	4304	0.62
61	金谷信托	5667	35226	0	11652	2.06
62	云南国信	5223	14191	288	5238	1.00
63	中铁信托	4078	15220	6	4716	1.16
64	大业信托	1930	9650	0	3860	2.00
65	工商信托	1156	4550	240	1616	1.40
66	安信信托	0	0	0	0	0.00
67	长城新盛	0	0	0	0	0.00
68	民生信托	0	0	0	0	0.00

表 3-43　2008~2017 年自营资产分布证券市场资产占比序列表

序号	公司简称	均值（%）	最大值（%）	最小值（%）	标准差（%）	变异系数
1	中江国信	72.11	82.03	62.58	7.04	0.10
2	吉林信托	45.58	68.62	7.74	26.96	0.59
3	华鑫信托	41.32	57.24	7.64	15.94	0.39
4	西部信托	41.16	83.72	0.00	26.08	0.63
5	华宸信托	39.72	80.77	3.63	24.01	0.60

序号	公司简称	均值（%）	最大值（%）	最小值（%）	标准差（%）	变异系数
6	外贸信托	38.64	73.37	21.52	16.27	0.42
7	华融国信	35.44	56.69	21.07	10.93	0.31
8	长安国信	34.71	65.67	5.18	19.38	0.56
9	华宝信托	32.59	61.39	8.61	20.36	0.62
10	陆家嘴信托	30.13	76.41	0.00	22.99	0.76
11	华信信托	29.86	60.75	1.07	18.89	0.63
12	浙商金汇	29.38	47.49	9.40	14.51	0.49
13	山东国信	29.36	47.47	4.23	14.60	0.50
14	东莞信托	26.00	50.75	9.60	13.55	0.52
15	西藏信托	24.50	47.71	1.47	14.36	0.59
16	中融信托	24.08	52.61	2.54	15.10	0.63
17	天津信托	23.47	37.77	4.97	9.48	0.40
18	中泰信托	22.13	52.00	7.17	14.36	0.65
19	重庆国信	21.14	50.69	0.06	14.39	0.68
20	中建投信托	19.43	70.50	2.01	21.93	1.13
21	苏州信托	17.51	34.32	2.19	11.23	0.64
22	光大兴陇	17.31	40.46	2.27	11.51	0.67
23	国民信托	16.62	44.33	0.98	13.95	0.84
24	江苏国信	16.62	74.44	0.12	20.70	1.25
25	兴业信托	16.38	38.72	0.13	12.58	0.77
26	国投泰康	16.25	37.17	1.27	11.11	0.68
27	上海国信	15.85	26.32	6.30	6.96	0.44
28	渤海信托	14.86	37.57	1.37	13.81	0.93
29	国联信托	14.65	32.53	2.75	10.78	0.74
30	山西信托	14.09	28.70	4.15	8.35	0.59
31	华润信托	13.72	71.10	0.00	19.68	1.43
32	中海信托	13.31	28.61	5.29	9.23	0.69
33	北方国信	12.74	31.96	1.43	8.86	0.70
34	五矿信托	11.98	31.08	0.07	11.26	0.94
35	国元信托	11.25	70.32	1.17	20.06	1.78
36	陕西国信	10.72	18.70	0.00	7.88	0.73
37	百瑞信托	10.70	30.62	2.40	8.41	0.79

续表

序号	公司简称	均值（%）	最大值（%）	最小值（%）	标准差（%）	变异系数
38	中粮信托	10.61	33.55	0.80	11.22	1.06
39	四川信托	10.58	33.53	2.40	9.92	0.94
40	新华信托	10.40	26.75	0.66	8.68	0.83
41	中诚信托	9.95	34.89	2.85	10.07	1.01
42	中原信托	9.88	29.27	0.00	10.81	1.09
43	爱建信托	9.76	23.28	1.67	6.53	0.67
44	厦门国信	9.60	35.12	0.95	9.71	1.01
45	紫金信托	9.50	12.37	4.16	2.72	0.29
46	交银国信	9.36	22.37	0.62	7.50	0.80
47	新时代	9.09	27.48	0.00	8.98	0.99
48	中信信托	8.77	17.90	0.89	5.94	0.68
49	昆仑信托	8.58	32.62	0.00	8.86	1.03
50	华能贵诚	7.61	16.87	4.14	4.17	0.55
51	英大信托	7.18	15.29	1.40	4.82	0.67
52	北京国信	6.91	17.51	1.36	5.49	0.80
53	中航信托	6.53	17.35	2.45	4.24	0.65
54	建信信托	4.27	15.28	0.15	5.04	1.18
55	云南国信	4.17	10.87	0.12	4.31	1.04
56	万向信托	4.15	7.13	0.00	2.77	0.67
57	平安信托	3.96	15.26	0.00	5.36	1.36
58	粤财信托	2.72	9.66	0.57	2.65	0.98
59	国通信托	2.64	8.33	0.49	2.64	1.00
60	湖南信托	2.43	5.73	0.00	2.54	1.05
61	华澳信托	2.35	18.81	0.00	6.22	2.65
62	金谷信托	1.51	9.58	0.00	3.16	2.10
63	工商信托	1.34	6.14	0.06	2.23	1.66
64	中铁信托	0.93	2.69	0.00	0.97	1.04
65	大业信托	0.67	3.34	0.00	1.34	2.00
66	安信信托	0.00	0.00	0.00	0.00	0.00
67	长城新盛	0.00	0.00	0.00	0.00	0.00
68	民生信托	0.00	0.00	0.00	0.00	0.00

表 3-44　2008~2017 年自营资产分布实业资产序列表

序号	公司简称	均值	最大值	最小值	标准差	变异系数
1	五矿信托	2642249	9367675	0	3826780	1.45
2	陆家嘴信托	838673	5859141	0	2049601	2.44
3	平安信托	572612	720277	448432	80547	0.14
4	民生信托	163463	708504	0	272900	1.67
5	渤海信托	123145	634366	0	211021	1.71
6	北京国信	122712	290120	10000	86877	0.71
7	华鑫信托	110272	708504	0	244703	2.22
8	兴业信托	97662	355136	0	126966	1.30
9	重庆国信	92027	195916	0	49323	0.54
10	昆仑信托	88011	154280	0	51561	0.59
11	中建投信托	85024	799196	0	238186	2.80
12	百瑞信托	75496	192701	1056	65587	0.87
13	中诚信托	71470	169735	3750	45296	0.63
14	天津信托	61014	116855	10528	39696	0.65
15	陕西国信	58075	116150	0	58075	1.00
16	中航信托	55459	156676	0	62505	1.13
17	华澳信托	54114	240531	7438	77050	1.42
18	中海信托	51105	130000	0	51309	1.00
19	新华信托	45300	127314	0	45909	1.01
20	新时代	36203	215923	0	73707	2.04
21	华宸信托	35750	127582	1500	45780	1.28
22	北方国信	27667	122338	0	35208	1.27
23	苏州信托	26605	40818	11042	9828	0.37
24	上海国信	25016	224208	0	70426	2.82
25	四川信托	24016	70112	0	24175	1.01
26	建信信托	22778	182225	0	60265	2.65
27	光大兴陇	22758	39771	0	13413	0.59
28	中原信托	22686	71938	0	26799	1.18
29	爱建信托	22198	67120	0	24714	1.11
30	国元信托	20131	46480	2000	15086	0.75
31	西藏信托	19432	61200	0	21021	1.08
32	中融信托	18302	177090	0	52944	2.89

序号	公司简称	均值	最大值	最小值	标准差	变异系数
33	湖南信托	18138	46899	2750	12378	0.68
34	长安国信	17129	43820	0	12667	0.74
35	外贸信托	16598	76346	0	22120	1.33
36	华融国信	16088	60500	0	20396	1.27
37	紫金信托	15741	38000	0	13794	0.88
38	金谷信托	14591	42000	565	16447	1.13
39	万向信托	13940	20220	0	7164	0.51
40	东莞信托	11800	43525	0	14570	1.23
41	国联信托	11644	29056	0	8327	0.72
42	华信信托	11000	55000	0	22000	2.00
43	华宝信托	8847	52720	0	17634	1.99
44	中信信托	7119	14865	0	5129	0.72
45	西部信托	6171	24256	0	8252	1.34
46	山东国信	5580	29989	0	10312	1.85
47	工商信托	4200	25250	250	7676	1.83
48	大业信托	4044	20220	0	8088	2.00
49	中泰信托	3517	31650	0	9947	2.83
50	国投泰康	3324	22163	0	7266	2.19
51	粤财信托	3213	8000	0	2451	0.76
52	厦门国信	2852	9862	0	3633	1.27
53	长城新盛	2750	11000	0	4763	1.73
54	国通信托	2047	10235	0	4094	2.00
55	华润信托	1149	10339	0	3249	2.83
56	英大信托	1002	6412	0	1962	1.96
57	山西信托	861	5000	0	1696	1.97
58	中铁信托	835	4058	0	1452	1.74
59	江苏国信	610	1600	0	752	1.23
60	中江国信	350	1400	0	606	1.73
61	吉林信托	0	0	0	0	0.00
62	国民信托	0	0	0	0	0.00
63	安信信托	0	0	0	0	0.00
64	云南国信	0	0	0	0	0.00

续表

序号	公司简称	均值	最大值	最小值	标准差	变异系数
65	交银国信	0	0	0	0	0.00
66	华能贵诚	0	0	0	0	0.00
67	中粮信托	0	0	0	0	0.00
68	浙商金汇	0	0	0	0	0.00

表 3-45　2008~2017 年自营资产分布实业资产占比序列表

序号	公司简称	均值（%）	最大值（%）	最小值（%）	标准差（%）	变异系数
1	平安信托	32.24	50.64	15.33	11.08	0.34
2	华澳信托	26.10	49.72	10.70	12.07	0.46
3	北京国信	24.88	34.27	4.49	8.45	0.34
4	华宸信托	23.77	82.91	1.16	27.87	1.17
5	民生信托	21.26	56.02	0.00	20.07	0.94
6	天津信托	18.32	42.59	5.17	10.37	0.57
7	陆家嘴信托	16.29	93.63	0.00	32.35	1.99
8	紫金信托	16.19	44.47	0.00	15.77	0.97
9	百瑞信托	15.88	33.94	0.94	11.51	0.72
10	兴业信托	14.97	66.05	0.00	19.50	1.30
11	昆仑信托	14.41	25.77	0.00	8.19	0.57
12	渤海信托	13.89	45.27	0.00	15.02	1.08
13	光大兴陇	13.71	25.63	0.00	9.58	0.70
14	重庆国信	13.29	70.15	0.00	19.49	1.47
15	新华信托	12.70	56.50	0.00	16.69	1.31
16	苏州信托	12.62	23.45	5.14	5.04	0.40
17	爱建信托	11.81	22.85	0.00	8.74	0.74
18	中海信托	11.19	32.50	0.00	10.97	0.98
19	湖南信托	10.91	33.90	0.78	9.02	0.83
20	北方国信	10.85	48.19	0.00	13.88	1.28
21	华鑫信托	10.67	56.02	0.00	19.04	1.78
22	中建投信托	10.40	90.36	0.00	26.77	2.57
23	西藏信托	9.63	27.95	0.00	9.55	0.99
24	中航信托	8.81	26.72	0.00	8.68	0.99
25	华融国信	8.67	34.12	0.00	11.41	1.32
26	长城新盛	8.47	33.88	0.00	14.67	1.73

序号	公司简称	均值（%）	最大值（%）	最小值（%）	标准差（%）	变异系数
27	五矿信托	7.66	24.33	0.00	9.83	1.28
28	金谷信托	7.21	23.86	0.14	8.65	1.20
29	长安国信	7.17	41.09	0.00	11.47	1.60
30	中诚信托	6.93	18.40	0.88	6.10	0.88
31	陕西国信	6.11	12.22	0.00	6.11	1.00
32	万向信托	5.99	10.83	0.00	3.78	0.63
33	中原信托	5.74	13.90	0.00	4.78	0.83
34	东莞信托	5.48	12.84	0.00	4.28	0.78
35	四川信托	5.12	16.92	0.00	5.41	1.06
36	建信信托	5.01	40.11	0.00	13.27	2.65
37	新时代	4.77	20.87	0.00	6.90	1.45
38	上海国信	4.75	42.59	0.00	13.38	2.81
39	国元信托	4.31	7.63	0.63	2.22	0.52
40	西部信托	3.90	15.48	0.00	5.04	1.29
41	中泰信托	3.75	33.79	0.00	10.62	2.83
42	外贸信托	3.73	12.25	0.00	4.59	1.23
43	国联信托	3.31	5.74	0.00	1.76	0.53
44	华信信托	2.96	14.80	0.00	5.92	2.00
45	华宝信托	2.07	13.14	0.00	4.28	2.06
46	中融信托	1.48	6.15	0.00	2.31	1.56
47	大业信托	1.40	7.00	0.00	2.80	2.00
48	国投泰康	1.37	9.39	0.00	3.07	2.24
49	工商信托	1.35	5.09	0.07	1.78	1.32
50	粤财信托	1.24	2.22	0.00	0.79	0.63
51	山东国信	1.14	5.66	0.00	1.98	1.75
52	厦门国信	0.88	2.03	0.00	0.79	0.90
53	国通信托	0.81	4.06	0.00	1.62	2.00
54	山西信托	0.58	3.36	0.00	1.14	1.97
55	中信信托	0.58	1.26	0.00	0.45	0.78
56	英大信托	0.41	2.57	0.00	0.79	1.91
57	中铁信托	0.31	1.87	0.00	0.61	1.96
58	中江国信	0.23	1.22	0.00	0.42	1.86
59	江苏国信	0.16	0.53	0.00	0.20	1.29

序号	公司简称	均值（%）	最大值（%）	最小值（%）	标准差（%）	变异系数
60	华润信托	0.05	0.48	0.00	0.15	2.83
61	吉林信托	0.00	0.00	0.00	0.00	0.00
62	国民信托	0.00	0.00	0.00	0.00	0.00
63	安信信托	0.00	0.00	0.00	0.00	0.00
64	云南国信	0.00	0.00	0.00	0.00	0.00
65	交银国信	0.00	0.00	0.00	0.00	0.00
66	华能贵诚	0.00	0.00	0.00	0.00	0.00
67	中粮信托	0.00	0.00	0.00	0.00	0.00
68	浙商金汇	0.00	0.00	0.00	0.00	0.00

表 3-46　2009~2017 年自营资产分布金融机构资产序列表

序号	公司简称	均值	最大值	最小值	标准差	变异系数
1	平安信托	1259122	2302816	440825	650801	0.52
2	重庆国信	951677	2234079	190337	754901	0.79
3	华润信托	843106	1295743	464437	310144	0.37
4	华能贵诚	732642	1358833	269865	423965	0.58
5	上海国信	675436	1491752	355381	383680	0.57
6	江苏国信	583198	1281771	79753	366141	0.63
7	中诚信托	570536	1286643	220610	307825	0.54
8	中信信托	430407	1162217	49626	365983	0.85
9	五矿信托	414804	1110891	0	362642	0.87
10	建信信托	388107	513229	222880	104840	0.27
11	民生信托	374857	700529	62278	220284	0.59
12	华宝信托	357573	871871	49783	259528	0.73
13	国元信托	353347	511044	260985	79428	0.22
14	华信信托	352469	847749	168253	262284	0.74
15	陕西国信	346402	370879	321925	24477	0.07
16	粤财信托	330511	614793	121582	153233	0.46
17	华融国信	325190	781463	23846	298276	0.92
18	中建投信托	312360	799196	18483	254074	0.81
19	新时代	309008	850011	0	277089	0.90
20	渤海信托	299794	649598	151075	182375	0.61
21	中海信托	276842	852412	16133	256247	0.93

序号	公司简称	均值	最大值	最小值	标准差	变异系数
22	北京国信	271559	440853	178216	84729	0.31
23	英大信托	250893	592890	18161	211837	0.84
24	金谷信托	244794	431923	96089	115351	0.47
25	中原信托	216061	622771	14044	212087	0.98
26	中航信托	211752	647962	4942	256734	1.21
27	中粮信托	210451	305472	95923	80027	0.38
28	国联信托	204772	425625	101370	101514	0.50
29	长安国信	190182	475949	15044	148358	0.78
30	华鑫信托	187009	481404	35955	150368	0.80
31	四川信托	164334	279702	34260	103289	0.63
32	紫金信托	158434	364875	11302	129063	0.81
33	中铁信托	154797	484088	0	182920	1.18
34	苏州信托	148725	323347	11771	114480	0.77
35	吉林信托	139847	190676	89017	50830	0.36
36	国民信托	125331	235745	36578	66017	0.53
37	兴业信托	120345	237868	41604	67974	0.56
38	中江国信	116560	932480	0	308389	2.65
39	湖南信托	110469	532675	0	154741	1.40
40	天津信托	110286	260016	6471	96261	0.87
41	西部信托	101916	287528	32754	99689	0.98
42	国通信托	100491	372737	14727	115042	1.14
43	中泰信托	97294	197228	21306	82976	0.85
44	万向信托	95792	254321	0	89857	0.94
45	华澳信托	88996	274578	26409	74108	0.83
46	北方国信	85360	191070	33720	51122	0.60
47	爱建信托	81394	261496	16017	71802	0.88
48	山东国信	80139	179466	16056	54490	0.68
49	中融信托	76929	300326	2867	107926	1.40
50	西藏信托	73960	134447	670	49869	0.67
51	大业信托	73602	104503	38491	27563	0.37
52	光大兴陇	70411	210384	273	76442	1.09
53	工商信托	68363	285383	19021	78771	1.15
54	国投泰康	67390	116282	39560	21091	0.31

序号	公司简称	均值	最大值	最小值	标准差	变异系数
55	浙商金汇	63083	208281	21538	65568	1.04
56	外贸信托	59341	129628	0	39160	0.66
57	长城新盛	55205	114045	21110	29624	0.54
58	山西信托	49580	98456	21459	26285	0.53
59	新华信托	48182	85319	17941	24486	0.51
60	厦门国信	45342	79531	3456	27037	0.60
61	交银国信	39577	149189	0	44459	1.12
62	百瑞信托	37609	50148	30887	8609	0.23
63	陆家嘴信托	28923	80567	0	26280	0.91
64	华宸信托	25057	68304	6201	20413	0.81
65	昆仑信托	23190	72219	248	27438	1.18
66	东莞信托	13163	21298	7114	5724	0.43
67	安信信托	0	0	0	0	0.00
68	云南国信	0	0	0	0	0.00

表 3-47　2009~2017 年自营资产分布金融机构资产占比序列表

序号	公司简称	均值（%）	最大值（%）	最小值（%）	标准差（%）	变异系数
1	粤财信托	93.62	98.42	85.09	4.52	0.05
2	长城新盛	91.23	97.26	65.03	11.73	0.13
3	华能贵诚	83.69	92.65	72.37	7.90	0.09
4	国元信托	77.46	89.06	69.75	7.37	0.10
5	上海国信	77.34	89.48	65.27	8.57	0.11
6	金谷信托	73.56	87.79	54.00	12.12	0.16
7	五矿信托	69.15	95.95	0.00	30.58	0.44
8	江苏国信	68.78	96.67	18.09	22.27	0.32
9	中粮信托	63.17	82.95	42.04	16.49	0.26
10	紫金信托	61.90	87.79	20.34	27.01	0.44
11	北京国信	61.50	73.44	42.27	10.11	0.16
12	国联信托	59.83	74.96	49.05	7.59	0.13
13	华润信托	59.68	65.95	52.61	4.80	0.08
14	民生信托	58.98	88.30	38.06	16.58	0.28
15	中建投信托	57.77	90.36	19.90	21.41	0.37
16	平安信托	57.52	78.72	32.04	15.80	0.27

序号	公司简称	均值（%）	最大值（%）	最小值（%）	标准差（%）	变异系数
17	华澳信托	57.44	77.43	8.53	20.78	0.36
18	大业信托	57.35	82.08	32.94	19.71	0.34
19	新时代	57.20	86.98	0.00	34.31	0.60
20	建信信托	56.89	82.87	34.33	15.30	0.27
21	华宝信托	56.60	83.92	20.08	24.62	0.44
22	华信信托	56.18	87.76	29.95	18.96	0.34
23	渤海信托	55.76	68.40	46.35	6.83	0.12
24	国民信托	53.15	67.13	31.14	12.66	0.24
25	重庆国信	52.66	79.41	30.24	19.08	0.36
26	浙商金汇	50.03	78.09	29.84	18.77	0.38
27	英大信托	49.22	95.60	9.59	32.60	0.66
28	长安国信	47.62	74.88	15.71	21.32	0.45
29	华融国信	46.62	72.06	13.45	19.53	0.42
30	国通信托	43.98	96.46	4.19	31.84	0.72
31	西藏信托	43.89	61.40	1.56	19.83	0.45
32	苏州信托	43.86	67.58	13.11	16.50	0.38
33	中原信托	42.86	72.56	9.36	22.12	0.52
34	四川信托	42.52	77.37	26.93	16.46	0.39
35	中海信托	41.02	79.42	6.62	21.52	0.52
36	中诚信托	40.87	58.15	27.32	8.02	0.20
37	陕西国信	36.56	39.25	33.87	2.69	0.07
38	华鑫信托	36.50	58.40	15.45	14.91	0.41
39	万向信托	32.21	62.61	0.00	23.68	0.74
40	兴业信托	31.70	70.85	5.61	26.44	0.83
41	北方国信	30.86	56.36	7.91	17.13	0.56
42	工商信托	30.68	57.50	13.25	15.46	0.50
43	天津信托	28.24	57.99	3.25	16.68	0.59
44	中航信托	28.04	88.32	4.27	27.10	0.97
45	爱建信托	27.78	45.14	13.73	9.96	0.36
46	中泰信托	27.58	48.01	9.20	16.20	0.59
47	西部信托	26.38	43.67	15.27	9.62	0.36
48	湖南信托	26.31	60.04	0.00	14.95	0.57
49	山西信托	25.67	43.03	14.32	9.68	0.38
50	光大兴陇	22.34	43.58	0.59	13.86	0.62

序号	公司简称	均值（%）	最大值（%）	最小值（%）	标准差（%）	变异系数
51	中信信托	22.31	43.78	8.51	12.50	0.56
52	山东国信	21.86	40.38	3.03	12.76	0.58
53	吉林信托	21.09	28.76	13.42	7.67	0.36
54	新华信托	20.70	67.02	5.29	23.41	1.13
55	国投泰康	20.29	29.03	9.55	7.47	0.37
56	华宸信托	19.00	45.20	4.79	14.40	0.76
57	中铁信托	15.30	42.99	0.00	15.10	0.99
58	百瑞信托	14.81	34.79	3.44	10.97	0.74
59	厦门国信	14.35	19.49	2.24	5.16	0.36
60	外贸信托	11.44	45.07	0.00	12.54	1.10
61	中江国信	10.60	84.80	0.00	28.04	2.65
62	陆家嘴信托	9.59	22.01	0.00	7.71	0.80
63	交银国信	6.14	14.34	0.00	4.62	0.75
64	东莞信托	6.07	8.20	2.97	1.83	0.30
65	中融信托	4.96	14.50	0.24	5.13	1.03
66	昆仑信托	3.17	11.24	0.05	3.91	1.23
67	安信信托	0.00	0.00	0.00	0.00	0.00
68	云南国信	0.00	0.00	0.00	0.00	0.00

以上资料来源：中国人民大学信托与基金研究所：《中国信托公司经营蓝皮书（各年度）》，财富出版社，2016 年版。

第四章

信托业收入十年变动趋势分析

第一节 营业收入十年变动趋势分析

一、营业收入总量十年变动趋势分析

图4-1为2008~2017年信托公司营业收入均值与增长率的基本情况。资产规模在一定程度上反映了信托公司对于市场前景的预期以及投资策略的选择,具有一定的主观性,而营业收入以及收益数据在一定程度上更能真实地反映信托业的发展状况,具备一定的客观性。

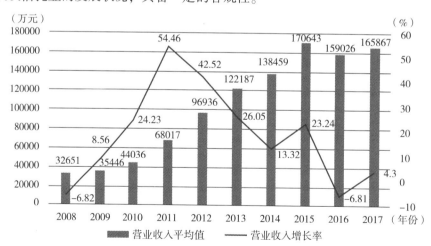

图4-1 2008~2017年信托业营业收入均值和增长率变动趋势

资料来源:中国人民大学信托与基金研究所:《中国信托公司经营蓝皮书(各年度)》,财富出版社,2016年版。

2008 年度，从外部因素来看，全球金融危机的爆发对于中国信托业的发展产生了一定的负面影响；从内部因素来看，"一法三规"实行以后，经过行业整合，各信托公司还处于对新环境的适应阶段。因此，虽然信托公司在这一时期仍然在加大资产配置规模，但收入状况却受到了较大的影响。该年度，信托业营业收入平均值为 32651 万元，相比 2007 年减少了 2390 万元，同比下降了 6.82%。2009 年，随着行业调整逐步完成，信托公司的业务模式和经营结构开始逐渐完善，营业收入也得到了一定的提升。2009 年度信托公司营业收入均值为 35446 万元，同比增长了 8.56%，表明信托业的经营环境开始回暖。2010 年度，中国 GDP 增长率达到 10.64%，自金融危机之后首次出现了两位数的增长。实体经济的复苏在一定程度上也促进了信托业营业收入的增长。2010 年度，信托公司营业收入均值为 44036 万元，实现了 24.23%的增长率。2011 年与 2012 年，信托业营业收入表现出较为迅猛的发展态势。其中，2011 年信托业营业收入均值为 68017 万元，同比增长 54.46%，2012 年度营业收入均值达到 96936 万元，也实现了 42.52%的高速增长。从 2012 年开始，我国金融业泛资管化趋势对信托业产生了重要影响。在这一时期，相关机构放宽了对资管领域的监管力度，金融创新的不断加强导致券商、基金以及保险等金融机构开始抢占信托业的业务范畴。信托公司所独有的牌照优势开始丧失，营业收入增长速度开始放缓。此外，利率市场化的实行带来了较为宽松的货币市场环境，企业融资渠道显著增加、资本成本不断降低，使信托公司较高的营业收入和盈利能力难以继续维持。2013 年度，信托公司营业收入均值为 122187 万元，虽然也实现了 26.05%的快速增长，但是相比于 2011 年和 2012 年增速明显放缓。2014 年度，信托公司营业收入均值为 138459 万元，增长率仅为 13.32%，几乎相当于 2013 年增长率的一半。2015 年度，信托公司营业收入出现了反弹，平均营业收入为 170643 万元，实现了 23.24%的增长率。从 2016 年开始，信托业进入了复苏阶段，主要表现为信托公司资产规模的显著提升。2016 年与 2017 年，信托公司总资产规模平均实现了 23.74%、29.87%的增长。但与此同时，信托公司营业收入却没有随着资产规模的增加而得到显著提升。2016 年度信托公司营业收入均值为 159026 万元，相比于 2015 年度出现了 6.81%的下滑。2017 年度营业收入均值为 165867 万元，虽然该指标相比于 2016 年度增加了 4.30%，但是仍然呈现出较为低速的发展态势。2016~2017 年，信托公司资产规模与营业收入趋势不匹配的原因可能在于这一时期信托业的复苏主要是由于监管机构加强了对基金公司、券商等的监管力度。与此同时，债券等融资渠道的收紧导致房地产等行业的融资需求开始回流到信托业。然而这一阶段信托业的回暖并不表明新周期的开始，而是更多地受到监管机构相关政策调整的影响。加之信托业去通道、去杠杆的呼声越来越高，信托业转型的趋势日益严峻，依赖传统经营模式获取高额收益的阶段已经一去不复返，从而导致资产配置规模的增加并没有带来营业收入的同比例增加。

值得注意的是，通过对信托公司营业收入结构的分析，可以发现信托公司固有业务收入会对信托公司营业收入以及盈利状况产生比较重要的影响。

2012~2015 年，信托公司固有业务收入实现了年均 51.2% 的高速增长。特别是在 2014~2015 年，信托业务收入增速减弱的同时，固有业务收入的稳定表现使得信托公司的营业收入总额保持在一个相对平稳的区间之内。随着 2016 年度固有业务收入的大幅度下滑，导致营业收入总额也减少了 6.81%。由此可见，固有业务收入会对信托公司营业收入总额产生强烈的拉动作用。

从行业内信托公司营业收入的差异性来看，2008~2011 年，信托公司间营业收入差异性相对较高。2008 年，信托公司营业收入标准差为 38829 万元，变异系数为 1.19。结合 -6.82% 的增长率，表明在行业调整初期，营业收入有所下滑，且信托公司间的差异较大。2009~2011 年，信托公司营业收入变异系数分别为 1.10、1.15 与 1.02，表明这一时期营业收入均值虽然有所增长，但信托公司间差异性较高的态势还没有得到根本改变。自 2012 年开始，信托公司营业收入变异系数均小于 1，表明这一时期整个信托业在营业收入方面相对较为平稳。其中，2015 年度营业收入变异系数为 0.96，为这一时期的最大值；2017 年度营业收入变异系数为 0.77，为这一时期的最小值。考虑到 2016 年度与 2017 年度信托公司营业收入平均值增速放缓甚至下降的事实，表明这一时期营业收入表现不佳的原因可能不是由于个别公司自身经营策略的失误，更多的是由于信托业整体经营环境的作用。

2008~2017 年信托公司营业收入的整体趋势如表 4-1 所示。

表 4-1　2008~2017 年信托公司营业收入统计分析表

年份	2008	2009	2010	2011	2012
平均值（万元）	32651	35446	44036	68017	96936
均值增长额度（万元）	-2390	2795	8589	23982	28919
均值增长率（%）	-6.82	8.56	24.23	54.46	42.52
公司数目	51	57	64	64	66
最大值（万元）	200481	207486	238640	374684	447433

年份	2008	2009	2010	2011	2012
最小值（万元）	395	33	8	1626	4161
标准差（万元）	38829	39163	50515	69282	83116
变异系数	1.19	1.10	1.15	1.02	0.86
年份	2013	2014	2015	2016	2017
平均值（万元）	122187	138459	170643	159026	165867
均值增长额度（万元）	25250	16273	32184	−11617	6841
均值增长率（%）	26.05	13.32	23.24	−6.81	4.30
公司数目	68	68	68	68	67
最大值（万元）	547823	568515	1019364	603051	602540
最小值（万元）	15449	14609	8157	9390	4568
标准差（万元）	101139	117336	163768	129377	128410
变异系数	0.83	0.85	0.96	0.81	0.77

资料来源：中国人民大学信托与基金研究所；《中国信托公司经营蓝皮书（各年度）》，财富出版社，2016年版。

二、营业收入结构十年变动趋势分析

图4-2为2008~2017年信托公司营业收入结构图，通过对比信托公司信托收入与自营收入在营业收入中的比重，可以发现信托公司在经营模式上的变化。2008~2009年，信托公司的资金来源主要还是依赖于自有资本以及对公、零售等资金渠道，经营规模较为有限，信托收入在营业收入中所占比不高。其中，2008年度，信托业务收入均值为19440万元，占比为46.49%。2009年度信托收入均值为17965万元，占比也进一步下降至45.71%。2009年以后，信托收入在营业收入中的比重开始增加，其中，2010年信托业务收入比重达到56.85%，开始超过自营业务收入。2011年度，信托业务收入比重进一步大幅上升，达到74.11%，信托收入在营业收入中的核心作用开始凸显。2012年度与2013年度，信托收入比重分别达到73.89%和74.67%，至此，信托收入与营业收入占比的平均值已经连续三年超过70%。2014年度与2015年度，信托收入增长比例开始放缓。其中，2014年度行业内信托收入均值为101906万元，增长率仅为9.83%；2015年度信托收入均值为105593万元，增长率为3.62%。相比于2010~2013年平均52.09%的增长速

度，信托收入的增长趋势已经明显放缓。2014 年度，信托收入占比平均值为 69.57%，而 2015 年度则进一步下降至 59.86%。但由于在这一时期信托公司自营业务收入的增长速度较快，信托公司营业收入仍然实现了较为平稳的增长。2014 年度与 2015 年度，信托公司营业收入增长率分别为 13.32% 与 23.24%。2016 年度，信托公司信托业务收入均值为 110742 万元，实现了 4.88% 的增长，但是由于自营业务收入出现了较大幅度的下降，导致信托公司营业收入均值下降 6.81%。信托收入的增长与自营收入的下降也导致信托收入在营业收入中的比重提升至 65.45%。在 2016 年度，由于监管部门对于券商、基金子公司从事信托业务的监管逐渐收紧，信托业务收入也开始出现回升。2016 年度，信托业务收入实现 6.69% 的增长，信托收入在营业收入中的比重也进一步增加至 70.58%。

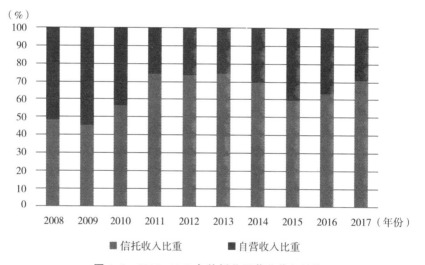

图 4-2　2008~2017 年信托公司营业收入结构

资料来源：中国人民大学信托与基金研究所：《中国信托公司经营蓝皮书（各年度）》，财富出版社，2016 年版。

2008~2017 年信托公司营业收入结构如表 4-2 所示。

表 4-2　2008~2017 年信托公司信托收入占比统计分析表

年份	2008	2009	2010	2011	2012
平均值（%）	46.49	45.71	56.85	74.11	73.89
平均值增长（%）	25.11	-0.78	11.14	17.26	-0.22
最大值（%）	212.20	90.52	95.72	230.60	98.48

续表

年份	2008	2009	2010	2011	2012
最小值（%）	0.00	0.00	12.24	0.00	14.63
标准差（%）	36.34	23.16	20.78	29.32	16.80
变异系数	0.78	0.51	0.37	0.40	0.23
年份	2013	2014	2015	2016	2017
平均值（%）	74.67	69.57	59.86	65.45	70.58
平均值增长（%）	0.78	−5.10	−9.71	5.59	5.14
最大值（%）	97.54	132.40	92.14	91.63	97.54
最小值（%）	34.04	22.98	22.65	24.45	28.72
标准差（%）	14.16	16.57	17.68	16.46	15.78
变异系数	0.19	0.24	0.30	0.25	0.22

第二节　信托收入十年变动趋势分析

图 4-3 为 2008~2017 年信托收入均值与信托收入增长率的趋势。

图 4-3　2008~2017 年信托收入均值与增长率趋势

资料来源：中国人民大学信托与基金研究所：《中国信托公司经营蓝皮书（各年度）》，财富出版社，2016 年版。

　　2008 年，经过"一法三规"颁布后的行业整合，信托业的集中度有所提升，业务也进行了相应的调整。2008 年度，行业内信托收入平均值为18532 万元，相比于 2007 年度实现了 78.94% 的增长率。在这一时期，信托公司盈利的主要模式是通过向企业直接发放信托贷款。由于这一时期信托公司的资本实力还较为有限，因此信托业务的整体规模还不是很大。2009 年度，信托收入均值为 17965 万元，同比下降 3.06%，表明在行业整合初期，整个信托市场还不太稳定。2009 年之后，政府为应对金融危机与经济增速放缓的局面，推行的四万亿经济刺激政策初见成效。与此同时，房地产价格快速提升，而地方政府债务融资规模受到一定的限制。商业银行开始探索如何在满足监管要求的情况下继续向房企、融资平台提供资金。为实现间接放贷而产生的银信合作模式，使这一时期的信托规模发生了大幅增长。虽然低费率的通道业务占据了其中很大一部分份额，但还是促进了信托收入的大幅度增长。2010 年度，信托收入均值为 30798 万元，同比增长了 71.43%。2011年度，信托收入均值达到 52637 万元，同比实现了 70.91% 的增长。2012 年度，随着原银监会对银信合作的监管和限制开始逐渐加强，信托收入均值仍达到 74231 万元，同比增长了 41.02%。由此可见，2010～2012 年连续三年，信托业信托收入均实现了高速增长。2013 年开始，信托业面临"五期叠加"的发展局面。首先，中国宏观经济增速开始放缓，进入新常态发展阶段，原有的两位数 GDP 增长模式已经难以持续。其次，随着世界经济整体下滑以及中国人力成本上升等诸多因素，基础设施投资的经济拉动作用开始逐渐减弱，大量贸易顺差的局面也开始被扭转，经济结构转型的阵痛开始出现。再次，政府所实行的经济刺激政策开始被逐渐消化，实体经济的增长速度开始明显放缓。复次，市场利率化的推进使信托公司的盈利能力开始受到一定影响，"躺赚"模式开始一去不复返。最后，随着信托业监管力度的加大，信托公司提升主动管理能力的压力开始逐步增加。不利的外部经营环境加上监管制度明确了信托公司股东在流动性方面的责任，使信托业的收入开始受到一定影响。此外，资管行业对于券商、基金子公司的全面放宽，也使信托业发展放缓与分化加剧的特征变得日益突出。2013 年，行业信托收入均值为 92784 万元，虽然实现了24.99% 的增长，但与前一时期相比已经明显放缓。2014 年，信托收入均值为101906 万元，增长率为 9.83%。值得注意的是，这是 2010 年以来首次出现个位数的增长率。2015 年，信托收入增长速度进一步放缓，信托收入均值为105593 万元，增长率仅为 3.62%。从 2016 年开始，信托业出现了复苏。一方面，监管机构限制了券商与基金子公司的通道业务；另一方面，在政府加大对房地产市场调控力度的同时，房地产信托的监管并没有明显收紧。这一时期的监管不对称性在一定程度上促进了信托市场的回暖。2016 年度，信托收入均值为 110742 万元，同比实现 4.88% 的增长。2017 年度，信托收入均值为 118151 万元，增长率为 6.69%。值得注意的是，2016 年与 2017 年，虽然信托收入的增速仍然相对缓慢，但相比于 2014 年度还是有所提升。然而由于业界普遍认为这一轮提升并不是新周期的开始，而更多的是受到政策结构的驱动。因此在未来一段时期内，信托收入的变动趋势还有待观望。

从信托公司间信托收入的差异性上看，信托收入变异系数整体呈下降趋势，表明行业整合初期信托公司之间由于资本实力和经营策略所带来的巨大差异正在逐步缩小。其中，2008 年度信托收入变异系数为 1.39，这也是近十年来信托收入变异系数的最大值。2009 年与 2010 年，该指标进一步下降至 1.07 与 1.04。2011 年，该指标重新反弹至 1.07，表明信托公司间的信托收入差异有所加大。2012 年度，该变异系数降低至 0.92。这是自 2008 年开始变异系数首次小于 1，表明由于行业的逐步发展和规范，信托公司之间的差异性在减弱。2013 ~ 2017 年，信托收入变异系数在 0.8 ~ 0.9 的范围内徘徊。其中，2013 年的变异系数为 0.90，而 2017 年的变异系数为 0.84。

2008 ~ 2017 年度信托公司信托收入的总体情况如表 4-3 所示。

表 4-3　2008 ~ 2017 年度信托公司信托业务收入统计分析表

年份	2008	2009	2010	2011	2012
平均值（万元）	18532	17965	30798	52637	74231
均值增长额度（万元）	8176	−567	12833	21839	21594
平均增长率（%）	78.94	−3.06	71.43	70.91	41.02
公司数目	47	52	53	61	64
最大值（万元）	139104	110499	161619	288201	353381
最小值（万元）	1812	1193	1259	3109	1883
标准差（万元）	25722	19245	32117	56167	67969
变异系数	1.39	1.07	1.04	1.07	0.92
年份	2013	2014	2015	2016	2017
平均值（万元）	92784	101906	105593	110742	118151
均值增长额度（万元）	18553	9122	3687	5149	7409
平均增长率（%）	24.99	9.83	3.62	4.88	6.69
公司数目	67	64	68	67	67

续表

年份	2013	2014	2015	2016	2017
最大值（万元）	462460	444697	533140	439342	531038
最小值（万元）	6700	111964	7621	6366	2761
标准差（万元）	83331	89479	93515	97315	99327
变异系数	0.90	0.88	0.89	0.88	0.84

第三节　其他收入十年变动趋势分析

一、利息收入十年变动趋势分析

图4-4为2008~2017年信托公司利息收入均值与增长率趋势。与信托公司股权投资收益、证券投资收入等业务相比，通过向融资企业提供信贷资金所获取的利息收入虽然收益水平相对较低，但是其风险也相对较小，因此在特定时期内对于信托公司的发展产生了重要影响。

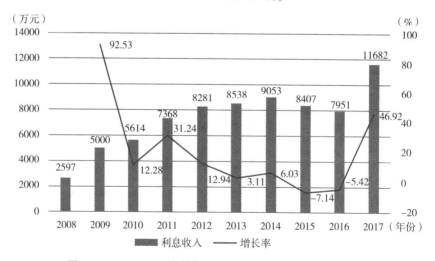

图4-4　2008~2017年信托公司利息收入均值与增长率趋势

资料来源：中国人民大学信托与基金研究所：《中国信托公司经营蓝皮书（各年度）》，财富出版社，2016年版。

　　如前所述，在行业整合初期，信托公司主要是通过自有资金向融资企业提供信托资金支持，因此信托公司利息收入在这一阶段的增长也较为迅速。2008年度，信托公司平均实现利息收入2597万元。2009年度该指标达到5000万元，增长率达到92.53%。从2009年度开始，随着银信合作模式的逐渐形成，信托公司主要为商业银行提供通道业务，其通过自营方式获取利息收入的增长速度开始放缓。2010年度，信托公司利息收入均值为5614万元，虽然相比于2009年度仍然有所增长，但增长率仅为12.28%，相比于前一年度已经出现了增速放缓的局面。2011年度，信托公司利息收入均值再次提高到7368万元，增长率达到31.24%。2012年度与2013年度，信托公司利息收入增长速度再次进入下行通道。其中，2012年均值为8281万元，增长率为12.94%；2013年均值为8538万元，增长率为3.11%。2014年度，信托公司利息收入均值为9053万元，虽然6.03%的增长率相对于前一年度有所回升，但仍然没有改变信托公司利息收入增长率不断放缓的趋势。2015年度与2016年度，信托公司利息收入均值分别为8407万元和7951万元，同比分别下降了7.14%和5.42%。但与此同时，信托公司的股权投资收益和证券投资收入却出现了大幅度的增长。因此，利息收入增速减少的原因一方面可能受到外部监管环境的影响；另一方面也可能是因为各证券公司为了提高收益水平，因此对原有的业务模式进行了调整。值得注意的是，2017年度，信托公司利息收入均值为11682万元，同比增长了46.92%，这是自2010年以来增长速度最快的一年，而信托公司股权投资收益和证券投资收入却出现了大幅度下降。由此可以得出两个推论：一是信托公司的利息收入与投资收益之间存在着一定的替代关系；二是信托公司基于外部环境的变化和自身的风险承受能力，普遍在2017年提高了利息收入的比重，从而降低了自身的风险水平。

　　2008~2017年度信托公司利息收入情况如表4-4所示。

表4-4　2008~2017年度信托公司利息收入统计分析表

年份	2008	2009	2010	2011	2012
平均值（万元）	2597	5000	5614	7368	8281
均值增长额度（万元）	—	2403	614	1754	949
平均值增长率（%）	—	92.53	12.28	31.24	12.94
公司数目	62	63	62	61	64
最大值（万元）	29547	61317	63681	73736	77955
最小值（万元）	0	53	128	24	0

年份	2008	2009	2010	2011	2012
标准差（万元）	4380	10227	10635	12903	12430
变异系数	1.69	2.05	1.89	1.75	1.50
年份	2013	2014	2015	2016	2017
平均值（万元）	8538	9053	8407	7951	11682
均值增长额度（万元）	258	515	−646	−456	3731
平均值增长率（%）	3.11	6.03	−7.14	−5.42	46.92
公司数目	67	64	68	67	65
最大值（万元）	58273	60895	94520	115133	240106
最小值（万元）	−1104	0	−2366	−2838	−8412
标准差（万元）	10735	12570	13422	16307	31862
变异系数	1.26	1.39	1.60	2.05	1.44

资料来源：中国人民大学信托与基金研究所：《中国信托公司经营蓝皮书（各年度）》，财富出版社，2016 年版。

二、股权投资收益十年变动趋势分析

图 4-5 为 2008~2017 年信托公司股权投资收益均值与增长率趋势。股权投资收益往往是信托公司将资金投资于非上市公司股权、私募股权投资基金等权益性资产，通过资本增值等方式获取收益。虽然股权投资收益相比于利息收入等盈利能力较强，但投资期限较长，流动性较弱。与此同时，股权投资业务要求信托公司除了对自身业务环境和经营状况有清晰的了解之外，对于被投资企业的外部环境、行业前景、管理能力等都需要充分掌握。信托公司从事该类业务虽然能够获取相对较高的收益，但也对其主动管理能力提出了较高的要求。从 2008~2017 年信托公司股权投资收益增长趋势可以发现，该类收入的年度差异较大，不稳定性相对较高。

2008 年度，信托公司平均实现股权投资收益 13181 万元，处于一个相对较高的状态。2009 年度，随着全球金融危机带来的全球经济增速放缓，信托公司股权投资收益开始出现下降。其中，2009 年度信托公司股权投资收益均值为 8487 万元，同比下降 35.61%。造成这种结果的原因可能有两个：一是在实体经济不振的条件下信托公司相应地缩减了股权投资业务的比例；二是该类业务存量投资部分的盈利能力相应较差。2010 年度，随着中国宏观经济重新出现了两位数的 GDP 增长，该指标上升至 8846 万元，同比增长了 40.34%。2011 年，信托公司股权投资收益均值再次降低至 6178 万元，降速达到 30.16%。2012~2016 年，信托公司股权投资收益整体呈上升趋势。2012 年度，信托公司股权投资收益均值为 7533 万元，同比增长 23.96%，相比于 2011 年度出现了反弹趋势。2013 年度，该指标达到 9114 万元，增长率为 20.98%，仍然保持较好的增长态势。2014~2015 年，信托公司股权投资收益进入快速发展阶段。其中，2014 年度股权投资收益均值为 12791 万元，同比增长 40.34%。2015 年度信托公司股权投资收益更是达到了 24537 万元，增长率达到 91.83%，为自 2008 年开始增长率最高的一年。通过对这一阶段数据的观察，可以得到如下几个结论：一是信托公司的主动管理能力得到了普遍的提升，更多地通过股权投资方式获取收益；二是信托公司的经营策略开始改变，由低风险低收益的模式向更高的盈利模式转型；三是股权投资收益与信托收入存在一定的替代效应。在信托收入增速开始放缓的背景下，股权投资收益的迅速增长保证了信托公司的收益水平。2016~2017 年，随着信托收入增速开始反弹，信托公司在股权投资方面收益的表现开始有所下滑。其中，2016 年度股权投资收益均值为 26546 万元，增长率仅为 8.19%。2017 年度该指标为 17387 万元，相比于 2016 年度出现了 34.5% 的下降。这说明信托公司在实体经济增速放缓以及资本市场不确定性增大的条件下开始寻求相对稳健的盈利模式。

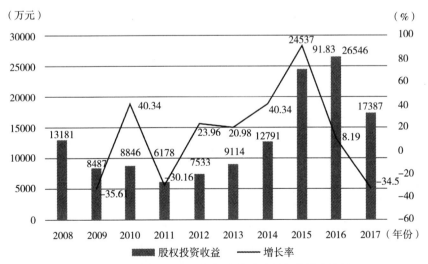

图 4-5　2008~2017 年股权投资收益均值与增长率趋势

资料来源：中国人民大学信托与基金研究所：《中国信托公司经营蓝皮书（各年度）》，财富出版社，2016 年版。

2008~2017年信托公司股权投资收益基本状况如表4-5所示。

表4-5 2008~2017年信托公司股权投资收益统计分析表

年份	2008	2009	2010	2011	2012
平均值（万元）	13181	8487	8846	6178	7533
均值增长额度（万元）	—	-4694	359	-2668	1456
平均值增长率（%）	—	-35.61	40.34	-30.16	23.96
公司数目	48	62	59	60	64
最大值（万元）	146733	131466	116130	64762	77133
最小值（万元）	-116	0	-823	-922	-1095
标准差（万元）	24548	19506	18455	12897	15458
变异系数	1.86	2.30	2.09	2.09	2.05
年份	2013	2014	2015	2016	2017
平均值（万元）	9114	12791	24537	26546	17387
均值增长额度（万元）	1580	3677	11746	2009	-9159
平均值增长率（%）	20.98	40.34	91.83	8.19	-34.50
公司数目	67	64	68	55	60
最大值（万元）	111897	141717	489368	261258	115055
最小值（万元）	-849	-104	-747	-1504	-1644
标准差（万元）	21462	27116	74588	52072	28795
变异系数	2.35	2.12	3.04	1.96	1.76

资料来源：中国人民大学信托与基金研究所：《中国信托公司经营蓝皮书（各年度）》，财富出版社，2016年版。

三、证券投资收入十年变动趋势分析

图4-6为2008~2017年信托公司证券投资收入均值与增长率变化趋势。证券投资收入主要是信托公司将资金投资于资本市场中公开交易有价证券获取相应收益。与股权投资收益相比，证券投资收入虽然存在着流动性强、投资期限短等优势，但其盈利能力相比于股权投资模式也存在一定差距。

2008年度，信托公司证券投资收益平均值为1451万元，显著低于利息收入以及股权投资收益。2009年度，虽然股权投资收益有所下降，但是证券投资收入均值达到3079万元，相比于2008年度出现了112.20%的增长。这说明信托公司在2009年的投资策略是调整股权投资与证券投资的比例，通过提高投资资产的流动性来降低全球金融危机所带来的系统性风险。2010 年度，该指标达到 4342 万元，同比增长 41.02%。2010 年度股权投资收益与证券投资收入均值的增长率均超过 40%，表明这一时期两位数的 GDP 增速对于信托公司的两类收入均起到了一定的推动作用。2011 年度，信托公司证券投资收入均值为 1265 万元，同比出现了 70.87% 的大幅下降。2012 ~ 2016 年，信托公司证券投资收入均出现了快速增长。其中，2012 年度，该指标达到 1801 万元，同比增长 42.40%。2013 年度，信托公司证券投资收入均值为 4486 万元，同比增长 59.86%。2014 年度，信托公司证券投资收入均值为 5498 万元，虽然增速有所放缓，但也达到了 22.56% 的增长率。2015 年度与 2016 年度，信托公司证券投资收入均值分别为 15396 万元与 43343 万元，增长率更是高达 180.00% 与 181.52%。数据表明，在这一时期信托公司的主动管理能力在逐步增强，同时也充分利用证券投资流动性强的特点来进行风险控制。2017 年度，该指标为 5786 万元，同比下降 86.65%。证券投资收入与利息收入和股权投资收益相比波动性更强。造成这种现象的原因可能有两个：一是各信托公司在该项业务上的投资策略在不同年度存在较大变化；二是该项业务本身可能就存在着收益变化较大的特征。

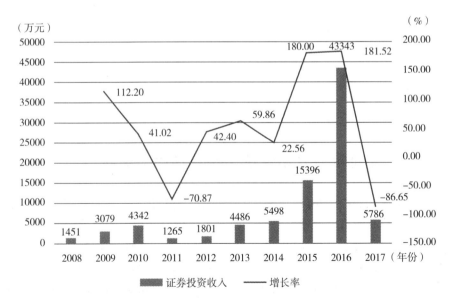

图 4-6　2008 ~ 2017 年证券投资收入均值与增长率趋势

资料来源：中国人民大学信托与基金研究所：《中国信托公司经营蓝皮书（各年度）》，财富出版社，2016 年版。

2008～2017 年度信托公司证券投资收入的基本情况如表 4-6 所示。

表 4-6　2008～2017 年度信托公司证券投资收入统计分析表

年份	2008	2009	2010	2011	2012
平均值（万元）	1451	3079	4342	1265	1801
均值增长额度（万元）	—	1628	1263	-3077	536
平均值增长率（%）	—	112.20	41.02	-70.87	42.40
公司数目	60	61	61	60	64
最大值（万元）	30306	26592	80346	24966	23770
最小值（万元）	-15346	-1715	-3829	-5284	-6327
标准差（万元）	8428	5435	11315	4764	5086
变异系数	5.81	1.77	2.61	3.77	2.82
年份	2013	2014	2015	2016	2017
平均值（万元）	4486	5498	15396	43343	5786
均值增长额度（万元）	2685	1012	9897	27947	-37557
平均值增长率（%）	59.86	22.56	180.00	181.52	-86.65
公司数目	67	64	68	67	58
最大值（万元）	60792	59337	150143	291086	68037
最小值（万元）	-5458	-139	-458	590	-16394
标准差（万元）	11100	10806	30100	53511	12231
变异系数	2.47	1.97	1.96	1.23	2.11

资料来源：中国人民大学信托与基金研究所：《中国信托公司经营蓝皮书（各年度）》，财富出版社，2016 年版。

四、公允价值变动收益十年变动趋势分析

图 4-7 为 2009～2017 年信托公司公允价值变动收益均值变动趋势。当信托公司所持有的资产市场价格发生增减变动，便会产生公允价值变动收益。一方面，公允价值变动收益受市场状况影响较大，因此其波动性特征也较为明显；另一方面，与股权投资收益和证券投资收入等投资收益相比，公允价值变动收益属于"已赚取未实现"收益。该类收益反映了信托公司资产价格的变动趋势，但具有一定的暂时性和不稳定性。

2009 年度，信托公司公允价值变动收益均值为 1412 万元，2010 年度该指标下降至-471 万元，同比下降 133.34%。2011 年，该指标进一步下降至

−1061万元。连续两年，该指标绝对值均为负数。2012 年度，信托公司公允价值变动收益为 1578 万元。至此，该指标开始转为正值。2013 年度，该指标重新下降至 408 万元。2014 年度，信托公司公允价值变动收益上升至 1908 万元，2015 年重新下降至 503 万元。通过这一时期的数据，可以发现，该指标的年度波动性较大。同时，由于公允价值变动收益计量的特殊性，该指标存在着短周期型变化的特征。2016 年度，信托公司公允价值变动收益均值为−849 万元，2017 年度又重新增长至 2864 万元。2016~2017 年公允价值变动收益数据表明，该指标波动性大的特征在近两年并没有得到根本转变。此外，通过将该指标与股权投资收益、证券投资收入相对比，可以发现，虽然部分年份的公允价值变动收益均值为负，但信托公司普遍实现了正的投资收益，其资产处置时机较为合理。

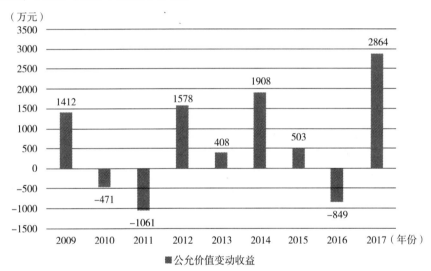

图 4-7　2009~2017 年公允价值变动收益均值趋势

资料来源：中国人民大学信托与基金研究所：《中国信托公司经营蓝皮书（各年度）》，财富出版社，2016 年版。

2008~2017 年度信托公司公允价值变动收益情况如表 4-7 所示。

表 4-7　2008~2017 年度信托公司公允价值变动收益统计分析表

年份	2008	2009	2010	2011	2012
平均值（万元）	—	1412	−471	−1061	1578
均值增长额度（万元）	—	—	−1883	−590	2638
公司数目	—	62	61	61	62

续表

年份	2008	2009	2010	2011	2012
最大值（万元）	—	13703	1340	23234	40546
最小值（万元）	—	−112	−3244	−14452	−1117
标准差（万元）	—	2867	1108	4233	5270
变异系数	—	2.03	−2.35	−3.99	3.34
年份	2013	2014	2015	2016	2017
平均值（万元）	408	1908	503	−849	2864
均值增长额度（万元）	−1169	1500	−1405	−1352	3712
公司数目	67	64	68	55	64
最大值（万元）	13881	38598	40637	1622	140589
最小值（万元）	−2414	−3245	−23211	−10732	−5597
标准差（万元）	2142	6632	6880	2049	17726
变异系数	5.24	3.48	13.69	−2.41	6.19

资料来源：中国人民大学信托与基金研究所；《中国信托公司经营蓝皮书（各年度）》，财富出版社，2016年版。

2008~2017年信托业收入其他情况如表4-8至表4-22所示。

表4-8至表4-10为2008~2017年信托公司营业收入规模与增长的基本情况。统计数据显示，随着信托业的不断发展以及信托公司业务能力的不断提升，其营业收入普遍呈现出持续上升趋势。然而，收入的增长是否能够带来盈利水平的上升还有待进一步分析。

表4-8　2008~2017年营业收入序列表

序号	公司简称	均值	最大值	最小值	标准差	变异系数
1	中信信托	473872	1019364	200481	232604	0.49
2	平安信托	403841	628744	142744	180760	0.45
3	中融信托	360781	597669	35379	197956	0.55
4	华润信托	252018	547528	94844	126312	0.50
5	重庆国信	236470	533525	71959	162854	0.69
6	中诚信托	212057	311820	80575	75785	0.36
7	四川信托	177634	279206	2393	92619	0.52
8	安信信托	177335	555708	9965	200257	1.13
9	华能贵诚	166645	341417	18852	110527	0.66
10	上海国信	164818	263825	40632	80772	0.49

续表

序号	公司简称	均值	最大值	最小值	标准差	变异系数
11	外贸信托	151975	258447	25078	81330	0.54
12	长安国信	142954	292018	6303	97666	0.68
13	兴业信托	141687	272703	8982	102130	0.72
14	华信信托	140501	274769	41911	78731	0.56
15	中航信托	140320	294104	162	94374	0.67
16	民生信托	138911	330800	16619	113157	0.81
17	华融国信	135849	201285	5809	68061	0.50
18	五矿信托	130321	217501	1605	78198	0.60
19	中铁信托	128074	278526	22857	82022	0.64
20	江苏国信	118745	199974	30993	50328	0.42
21	北京国信	118591	175022	59124	44333	0.37
22	建信信托	116402	267299	3500	85913	0.74
23	华宝信托	112083	163428	68352	34215	0.31
24	中海信托	112001	159010	65896	27791	0.25
25	中江国信	104169	361571	15480	95669	0.92
26	昆仑信托	103198	157757	12237	45813	0.44
27	百瑞信托	99309	183221	14587	60318	0.61
28	国通信托	98187	158732	1244	54939	0.56
29	新华信托	94325	182444	18405	48827	0.52
30	山东国信	94298	164790	19935	55579	0.59
31	渤海信托	90609	213586	9117	58174	0.64
32	中原信托	89838	180632	8891	63520	0.71
33	中建投信托	89148	181954	8567	60986	0.68
34	天津信托	84499	148631	30184	41548	0.49
35	华鑫信托	82956	154730	1559	44104	0.53
36	交银国信	79412	156642	6414	53172	0.67
37	英大信托	77397	110894	22650	32402	0.42
38	北方国信	76549	121908	31472	35234	0.46
39	粤财信托	66800	107073	12739	31907	0.48
40	国元信托	66335	121379	23110	31375	0.47
41	厦门国信	66157	104370	20688	28756	0.43
42	国投泰康	65949	161290	21716	43214	0.66

序号	公司简称	均值	最大值	最小值	标准差	变异系数
43	万向信托	63627	104825	16807	36421	0.57
44	陕西国信	62325	115097	9462	40687	0.65
45	爱建信托	61377	163833	4794	51735	0.84
46	工商信托	60908	100872	14443	31384	0.52
47	新时代	59401	111818	25310	27196	0.46
48	湖南信托	59379	117421	9389	37726	0.64
49	金谷信托	57046	109702	1777	33632	0.59
50	苏州信托	56583	97409	16044	30487	0.54
51	陆家嘴信托	54553	136329	8	53516	0.98
52	东莞信托	52280	84639	19158	25650	0.49
53	西部信托	48202	120035	8411	38713	0.80
54	大业信托	47951	93889	26	26829	0.56
55	中泰信托	47522	76234	25183	19288	0.41
56	国民信托	43884	93243	9410	26292	0.60
57	紫金信托	43519	80062	742	28354	0.65
58	中粮信托	43215	91366	10464	23062	0.53
59	云南国信	41710	70022	18082	16528	0.40
60	国联信托	41100	61791	20769	11280	0.27
61	光大兴陇	38000	113602	4376	34425	0.91
62	吉林信托	37525	79790	5958	25635	0.68
63	山西信托	33663	60211	7945	15659	0.47
64	华澳信托	33510	57074	655	20201	0.60
65	西藏信托	28424	71644	297	27748	0.98
66	浙商金汇	25553	51897	11129	12780	0.50
67	华宸信托	19445	30674	4568	7645	0.39
68	长城新盛	16790	35387	4161	10204	0.61

表 4-9　2008~2017 年营业收入增长序列表

序号	公司简称	均值	最大值	最小值	标准差	相关系数
1	民生信托	94653	138719	61373	32484	0.34
2	安信信托	54924	228790	-253	68914	1.25
3	平安信托	48106	132211	-25693	49202	1.02

序号	公司简称	均值	最大值	最小值	标准差	相关系数
4	中融信托	47269	116432	−65557	61105	1.29
5	中信信托	42225	456410	−454464	208454	4.94
6	华能贵诚	40321	81845	8341	22690	0.56
7	中航信托	36743	62857	10457	18253	0.50
8	重庆国信	35363	189859	−109473	80417	2.27
9	四川信托	34513	88626	−35224	37038	1.07
10	五矿信托	30316	62903	−12753	24810	0.82
11	建信信托	25574	50437	−8058	18196	0.71
12	渤海信托	24876	88351	−7894	27976	1.12
13	万向信托	24473	44472	39	18409	0.75
14	长安国信	22956	110180	−115568	63752	2.78
15	兴业信托	22841	95481	−54368	37781	1.65
16	中铁信托	22365	130677	−35067	42467	1.90
17	外贸信托	20968	58921	−47889	34315	1.64
18	华融国信	20065	67427	−19150	24197	1.21
19	中建投信托	17935	48974	4180	13534	0.75
20	爱建信托	17671	46917	1419	12805	0.72
21	国通信托	17098	52529	−28339	28449	1.66
22	江苏国信	17033	39943	−3935	13207	0.78
23	百瑞信托	16968	36258	−7809	13056	0.77
24	华鑫信托	16114	60093	−55836	33915	2.10
25	山东国信	15489	69490	−26023	23442	1.51
26	交银国信	15429	34052	4067	9819	0.64
27	中诚信托	15240	78396	−89673	46425	3.05
28	大业信托	13409	32368	−4916	11274	0.84
29	昆仑信托	13396	38672	−28582	20969	1.57
30	中原信托	12005	42541	−47097	28325	2.36
31	陆家嘴信托	11758	51783	−25693	22148	1.88
32	中粮信托	11557	50953	−13659	18245	1.58
33	紫金信托	11331	19589	3506	5601	0.49
34	湖南信托	11199	32243	−16274	13795	1.23
35	光大兴陇	11183	33469	−7536	14045	1.26
36	新时代	10813	30987	930	10137	0.94

序号	公司简称	均值	最大值	最小值	标准差	相关系数
37	金谷信托	9807	50496	−33762	28194	2.87
38	陕西国信	9764	31549	−13740	14529	1.49
39	工商信托	9264	24413	−3982	7274	0.79
40	上海国信	9157	53793	−131626	50272	5.49
41	英大信托	9076	29175	−5728	9764	1.08
42	国投泰康	8750	80758	−57441	32883	3.76
43	华信信托	8714	58881	−90844	45045	5.17
44	中江国信	8542	231613	−267100	113067	13.24
45	厦门国信	8383	26398	−20547	12520	1.49
46	浙商金汇	8154	32544	−4219	13370	1.64
47	天津信托	8102	49559	−33862	23619	2.92
48	新华信托	7074	67548	−82743	38548	5.45
49	华澳信托	7052	23227	−16892	14284	2.03
50	东莞信托	7050	25183	−6582	8911	1.26
51	国民信托	6697	47018	−27789	20621	3.08
52	粤财信托	6499	20652	−29342	13782	2.12
53	中海信托	6335	32405	−22649	18819	2.97
54	苏州信托	6304	30636	−16475	13096	2.08
55	长城新盛	6245	14821	−6452	8348	1.34
56	西部信托	5786	79012	−53910	31621	5.47
57	国元信托	5610	25584	−33769	17844	3.18
58	西藏信托	5277	43059	−12454	14427	2.73
59	华宝信托	5135	34533	−25650	18292	3.56
60	中泰信托	3838	36348	−17315	17432	4.54
61	北方国信	3252	32516	−40099	20252	6.23
62	云南国信	3046	22140	−24995	14662	4.81
63	吉林信托	2244	36702	−49911	21163	9.43
64	华润信托	86	152968	−291704	126777	1474.33
65	山西信托	−452	18850	−28249	14749	−32.65
66	华宸信托	−1061	7380	−11814	5633	−5.31
67	国联信托	−2413	22260	−40831	17295	−7.17
68	北京国信	−3789	34571	−172886	58681	−15.49

表 4-10　2008～2017 年营业收入增幅序列表

序号	公司简称	均值（%）	最大值（%）	最小值（%）	标准差（%）	变异系数
1	大业信托	10320.57	72026.22	-8.16	25191.25	2.44
2	陆家嘴信托	2396.39	19930.40	-91.65	6219.77	2.60
3	中航信托	897.67	6474.64	10.62	2114.15	2.36
4	四川信托	385.78	2501.91	-12.62	865.19	2.24
5	华鑫信托	335.87	2173.09	-36.09	751.22	2.24
6	国通信托	302.63	1836.94	-18.55	630.68	2.08
7	五矿信托	302.05	1822.31	-5.86	623.51	2.06
8	紫金信托	195.03	1017.53	4.98	342.54	1.76
9	华融国信	152.36	809.21	-10.45	255.45	1.68
10	金谷信托	145.97	872.66	-37.94	282.53	1.94
11	华澳信托	138.70	675.34	-33.29	218.01	1.57
12	光大兴陇	95.91	456.41	-57.47	149.30	1.56
13	民生信托	93.58	131.02	72.22	26.56	0.28
14	西藏信托	92.39	389.53	-89.67	153.26	1.66
15	长城新盛	91.49	271.32	-44.17	118.05	1.29
16	中泰信托	70.69	639.54	-32.77	193.61	2.74
17	建信信托	69.22	417.40	-69.72	123.75	1.79
18	中建投信托	65.53	229.01	6.30	72.34	1.10
19	长安国信	65.23	189.98	-39.58	68.28	1.05
20	安信信托	61.97	141.79	-2.48	43.04	0.69
21	交银国信	61.32	173.30	6.42	57.99	0.95
22	西部信托	57.66	200.21	-62.90	100.85	1.75
23	万向信托	55.27	92.04	0.04	39.76	0.72
24	中融信托	53.56	179.79	-11.87	62.58	1.17
25	国民信托	52.24	243.37	-45.01	84.25	1.61
26	兴业信托	52.00	194.68	-35.53	71.85	1.38
27	爱建信托	51.60	125.90	16.84	34.71	0.67
28	浙商金汇	50.59	168.16	-17.90	68.80	1.36
29	华能贵诚	50.21	177.84	4.83	51.17	1.02
30	中江国信	46.49	178.22	-73.87	67.70	1.46
31	渤海信托	45.08	143.79	-6.87	46.24	1.03
32	中粮信托	44.82	126.08	-25.26	49.29	1.10

序号	公司简称	均值（%）	最大值（%）	最小值（%）	标准差（%）	变异系数
33	东莞信托	44.14	281.25	-7.78	81.70	1.85
34	山东国信	43.00	166.87	-17.71	60.35	1.40
35	湖南信托	41.87	119.28	-17.52	41.69	1.00
36	昆仑信托	36.68	251.02	-48.57	78.15	2.13
37	吉林信托	35.50	153.00	-69.64	68.50	1.93
38	国投泰康	35.19	175.17	-40.86	61.32	1.74
39	新华信托	35.09	204.26	-45.35	67.68	1.93
40	中铁信托	33.13	97.23	-12.59	35.88	1.08
41	百瑞信托	32.17	89.91	-4.54	26.00	0.81
42	重庆国信	31.38	89.22	-20.52	36.04	1.15
43	中原信托	31.22	130.17	-84.12	52.48	1.68
44	工商信托	30.50	75.46	-4.28	23.06	0.76
45	陕西国信	27.88	89.31	-45.67	40.18	1.44
46	外贸信托	25.51	90.63	-48.58	40.06	1.57
47	苏州信托	25.50	80.87	-18.39	30.03	1.18
48	厦门国信	24.77	110.11	-49.83	40.44	1.63
49	国元信托	24.64	102.16	-27.82	36.40	1.48
50	英大信托	23.31	66.91	-5.17	25.04	1.07
51	中诚信托	22.82	108.78	-33.53	37.74	1.65
52	江苏国信	22.71	67.36	-2.40	20.96	0.92
53	新时代	21.94	62.29	1.33	20.02	0.91
54	粤财信托	21.49	147.85	-69.73	50.55	2.35
55	平安信托	19.34	65.14	-14.00	21.91	1.13
56	中信信托	18.97	81.07	-44.58	32.13	1.69
57	上海国信	15.75	93.09	-76.41	41.19	2.62
58	云南国信	15.58	72.33	-46.84	38.57	2.48
59	天津信托	15.23	77.38	-43.61	32.42	2.13
60	华信信托	14.83	62.58	-39.32	30.99	2.09
61	山西信托	13.19	82.69	-78.05	47.08	3.57
62	北方国信	12.16	64.99	-40.05	29.54	2.43
63	中海信托	10.65	61.97	-22.20	23.38	2.20
64	华润信托	9.77	67.75	-63.42	39.76	4.07

续表

序号	公司简称	均值（%）	最大值（%）	最小值（%）	标准差（%）	变异系数
65	北京国信	9.45	83.51	−100.00	45.90	4.86
66	华宝信托	5.58	35.17	−27.29	18.95	3.40
67	国联信托	4.56	107.18	−66.28	43.70	9.59
68	华宸信托	−5.85	41.08	−55.72	29.28	−5.00

表 4-11 至表 4-14 为 2008~2017 年信托手续费收入、增长与占比的基本情况。如表 4-11 所示，信托业在近十年的发展过程中，信托手续的增长速度相对较快。信托手续费占比的均值最低超过了 30%，最高接近于 90%。因此，信托手续费收入在信托公司的总收入中仍然占据较为重要的地位。

表 4-11 2008~2017 年信托手续费收入序列表

序号	公司简称	均值	最大值	最小值	标准差	变异系数
1	中信信托	314457	462460	110499	131609	0.42
2	中融信托	292106	461770	30624	155077	0.53
3	平安信托	269358	533140	30572	161568	0.60
4	安信信托	267604	531038	42322	195458	0.73
5	四川信托	179244	245945	56945	57218	0.32
6	中航信托	137011	264404	8199	75635	0.55
7	五矿信托	126616	183333	28434	55026	0.43
8	重庆国信	125323	259590	37483	86539	0.69
9	华能贵诚	123344	264577	11081	85718	0.69
10	上海国信	117754	229849	18166	77268	0.66
11	华融国信	116753	176941	2247	61263	0.52
12	中诚信托	112079	181465	44571	46421	0.41
13	长安国信	111056	197425	2491	79304	0.71
14	中铁信托	108777	228248	33100	63754	0.59
15	外贸信托	102070	194854	16678	56972	0.56
16	兴业信托	100226	187809	4127	71917	0.72
17	国通信托	95442	131671	24636	34266	0.36
18	华润信托	93334	172266	20004	53315	0.57
19	北京国信	89373	133166	38698	37083	0.41
20	新华信托	84615	171811	24379	51553	0.61

序号	公司简称	均值	最大值	最小值	标准差	变异系数
21	渤海信托	82957	168218	4723	50257	0.61
22	民生信托	81855	164609	10851	56023	0.68
23	建信信托	81500	196988	1782	69653	0.85
24	华宝信托	80671	121116	29639	30578	0.38
25	百瑞信托	71182	126252	8609	46110	0.65
26	华信信托	70295	101286	34765	23318	0.33
27	中江国信	69268	116698	8842	39362	0.57
28	中海信托	67800	86038	47961	10839	0.16
29	中原信托	67593	140003	5524	49249	0.73
30	昆仑信托	66564	97777	6626	31300	0.47
31	山东国信	65998	117317	7259	42448	0.64
32	英大信托	61505	85520	9099	26117	0.42
33	中建投信托	59976	130448	4018	47512	0.79
34	北方国信	58665	94232	13089	30599	0.52
35	华鑫信托	58381	71682	26284	14205	0.24
36	陕西国信	57407	93924	33738	22545	0.39
37	陆家嘴信托	55849	110518	0	41164	0.74
38	交银国信	53989	107809	6060	38456	0.71
39	天津信托	52698	98853	14266	28294	0.54
40	爱建信托	51927	146133	5263	43797	0.84
41	大业信托	51096	86049	17940	19785	0.39
42	万向信托	49695	91068	6700	33912	0.68
43	新时代	47738	101561	9544	24148	0.51
44	金谷信托	46409	88401	4964	25728	0.55
45	湖南信托	44238	71080	6928	24968	0.56
46	江苏国信	43753	100142	12127	25356	0.58
47	工商信托	42693	75883	8206	26521	0.62
48	苏州信托	42076	80427	13525	22989	0.55
49	东莞信托	39399	69906	6386	23197	0.59
50	厦门国信	39005	69093	7519	22187	0.57
51	紫金信托	38398	60784	5870	18820	0.49
52	粤财信托	35273	63720	3137	19606	0.56
53	国元信托	35150	67697	6046	20855	0.59

续表

序号	公司简称	均值	最大值	最小值	标准差	变异系数
54	云南国信	34798	59938	11308	15205	0.44
55	国投泰康	32914	73859	2073	24559	0.75
56	华澳信托	31672	52803	4559	14077	0.44
57	中粮信托	27039	50713	14158	11082	0.41
58	西藏信托	26822	66015	0	28026	1.04
59	国民信托	26465	69280	1812	27716	1.05
60	吉林信托	26087	53646	3048	16797	0.64
61	山西信托	25852	51489	9553	11362	0.44
62	光大兴陇	25558	87227	1193	25633	1.00
63	中泰信托	23925	55782	2630	17964	0.75
64	浙商金汇	22636	46205	10717	11186	0.49
65	国联信托	21973	28767	13132	5091	0.23
66	西部信托	19718	41123	2250	13039	0.66
67	长城新盛	15392	34034	1883	10481	0.68
68	华宸信托	13438	22670	2761	6380	0.47

表 4-12　2008～2017 年信托手续费增长序列表

序号	公司简称	均值	最大值	最小值	标准差	变异系数
1	安信信托	111566	219277	36793	78054	0.70
2	民生信托	38440	45891	22913	9155	0.24
3	中信信托	38109	132182	−67715	62043	1.63
4	平安信托	37508	135014	−173105	83517	2.23
5	中航信托	36601	53146	2784	17746	0.48
6	华能贵诚	31687	74409	4569	19476	0.61
7	中融信托	27658	126582	−107827	73345	2.65
8	四川信托	25696	89040	−34826	38128	1.48
9	五矿信托	25347	57808	−4476	23521	0.93
10	陕西国信	24137	37606	10669	13469	0.56
11	中铁信托	21186	93083	−11582	28200	1.33
12	长安国信	20679	106359	−19020	37024	1.79
13	万向信托	19468	43503	−6494	18710	0.96
14	建信信托	19207	59587	−1975	22397	1.17
15	重庆国信	19204	94275	−46024	36832	1.92

序号	公司简称	均值	最大值	最小值	标准差	变异系数
16	渤海信托	19166	49809	−6036	17350	0.91
17	上海国信	18573	129340	−78937	61863	3.33
18	外贸信托	18362	61729	−23291	22693	1.24
19	爱建信托	17609	53796	3738	15064	0.86
20	华融国信	16841	66169	−22055	23222	1.38
21	兴业信托	15939	65899	−22189	28249	1.77
22	国通信托	15030	43723	−15223	23968	1.59
23	中建投信托	12749	44574	−1525	14184	1.11
24	百瑞信托	11818	33597	−8519	12587	1.07
25	中原信托	11282	33145	−32083	18445	1.63
26	交银国信	10771	27184	−7552	9487	0.88
27	山东国信	10652	32549	−23037	15081	1.42
28	陆家嘴信托	10571	40515	−20375	18876	1.79
29	新时代	9413	50890	−12290	17349	1.84
30	江苏国信	9348	33677	832	9078	0.97
31	华宝信托	9234	71047	−70182	33599	3.64
32	紫金信托	9152	17090	1004	5982	0.65
33	大业信托	9107	32149	−5046	13970	1.53
34	华润信托	8787	55642	−45173	30966	3.52
35	光大兴陇	8602	32754	−2040	11980	1.39
36	英大信托	7694	26213	−3443	9161	1.19
37	华鑫信托	7566	26140	−3605	9308	1.23
38	国投泰康	7268	23713	−5642	8636	1.19
39	浙商金汇	7098	28063	−4959	11378	1.60
40	工商信托	6764	27775	−9266	9292	1.37
41	昆仑信托	6646	25357	−14191	12742	1.92
42	华信信托	6615	23460	−12302	10858	1.64
43	东莞信托	6600	15759	−2468	5433	0.82
44	金谷信托	6600	47918	−28501	25691	3.89
45	中江国信	6473	47147	−18522	19473	3.01
46	长城新盛	6430	15192	−4343	8011	1.25
47	厦门国信	6140	24121	−9331	10058	1.64
48	中粮信托	6092	17385	−5997	7050	1.16

续表

序号	公司简称	均值	最大值	最小值	标准差	变异系数
49	中诚信托	5989	60206	-59733	30969	5.17
50	湖南信托	5564	30025	-10084	10632	1.91
51	天津信托	4444	43668	-19867	17376	3.91
52	华澳信托	4423	20271	-16657	12896	2.92
53	西部信托	3851	11744	-358	4063	1.05
54	国民信托	3816	19254	-5525	7233	1.90
55	云南国信	3789	33274	-26728	17855	4.71
56	中海信托	3781	39082	-16423	17202	4.55
57	北方国信	3708	24581	-34061	17170	4.63
58	苏州信托	3488	23023	-19014	12756	3.66
59	粤财信托	2970	21281	-14081	10795	3.63
60	国元信托	2880	22489	-22199	11988	4.16
61	吉林信托	2431	29932	-22043	13527	5.56
62	中泰信托	2084	20868	-22439	11534	5.54
63	新华信托	1373	59070	-63256	37613	27.40
64	山西信托	1251	21154	-17966	13166	10.53
65	国联信托	815	5928	-8101	3786	4.65
66	西藏信托	-25	0	-49	25	-1.00
67	华宸信托	-195	6948	-7432	4698	-24.07
68	北京国信	-2154	38669	-137387	46376	-21.53

表4-13 2008~2017年信托手续费增幅序列表

序号	公司简称	均值（%）	最大值（%）	最小值（%）	标准差（%）	变异系数
1	交银国信	1378.16	13443.86	-55.48	4022.22	2.92
2	华融国信	582.64	4680.53	-12.46	1386.32	2.38
3	长城新盛	168.57	645.38	-36.30	252.25	1.50
4	中航信托	118.04	648.18	2.08	217.67	1.84
5	光大兴陇	112.23	701.51	-63.10	207.47	1.85
6	民生信托	108.74	211.16	36.72	70.23	0.65
7	万向信托	104.40	177.14	-7.13	71.72	0.69
8	建信信托	102.18	676.20	-31.28	199.85	1.96
9	长安国信	95.43	236.30	-10.18	96.54	1.01
10	金谷信托	88.98	448.62	-47.39	161.97	1.82

序号	公司简称	均值（%）	最大值（%）	最小值（%）	标准差（%）	变异系数
11	吉林信托	88.38	404.08	−53.24	144.43	1.63
12	紫金信托	67.43	291.15	1.68	101.28	1.50
13	中建投信托	66.40	179.53	−1.17	58.53	0.88
14	安信信托	66.12	94.06	17.38	34.59	0.52
15	国民信托	64.20	248.88	−14.54	86.14	1.34
16	粤财信托	61.02	255.18	−31.41	90.23	1.48
17	兴业信托	60.42	308.83	−37.36	97.97	1.62
18	渤海信托	57.73	232.63	−5.86	80.09	1.39
19	中融信托	57.54	278.38	−27.24	90.85	1.58
20	华澳信托	57.17	255.94	−31.55	94.62	1.66
21	国投泰康	56.63	112.48	−10.11	38.72	0.68
22	华能贵诚	54.59	129.35	3.95	44.20	0.81
23	爱建信托	54.32	126.82	19.72	31.42	0.58
24	云南国信	53.82	420.77	−60.58	130.47	2.42
25	上海国信	52.37	341.71	−42.95	106.88	2.04
26	浙商金汇	46.31	154.69	−21.09	63.01	1.36
27	五矿信托	45.38	168.61	−2.44	58.67	1.29
28	陕西国信	45.07	66.77	23.37	21.70	0.48
29	百瑞信托	42.29	228.56	−6.75	65.85	1.56
30	外贸信托	41.67	156.82	−19.76	51.94	1.25
31	山东国信	41.27	153.99	−19.64	51.61	1.25
32	东莞信托	41.15	161.32	−15.43	50.85	1.24
33	国通信托	40.99	174.12	−13.04	64.86	1.58
34	英大信托	39.47	161.17	−4.03	50.39	1.28
35	中江国信	39.34	124.31	−20.96	52.47	1.33
36	厦门国信	37.99	261.82	−16.82	78.54	2.07
37	平安信托	37.85	122.52	−32.47	42.37	1.12
38	西部信托	37.73	101.61	−13.73	41.18	1.09
39	山西信托	37.43	286.89	−59.14	94.97	2.54
40	中原信托	37.14	99.23	−46.56	44.99	1.21
41	湖南信托	35.79	129.79	−14.35	44.65	1.25
42	昆仑信托	34.88	241.16	−68.17	79.21	2.27

序号	公司简称	均值（%）	最大值（%）	最小值（%）	标准差（%）	变异系数
43	华宝信托	34.88	246.91	−70.31	78.88	2.26
44	中泰信托	34.36	170.76	−47.45	63.80	1.86
45	江苏国信	33.64	82.04	2.75	26.25	0.78
46	四川信托	33.32	156.36	−14.16	56.70	1.70
47	陆家嘴信托	32.51	89.93	−19.42	40.23	1.24
48	重庆国信	31.67	100.15	−17.73	40.04	1.26
49	国元信托	31.06	148.20	−32.79	53.54	1.72
50	新华信托	28.00	199.04	−56.36	76.42	2.73
51	华润信托	27.77	91.46	−34.08	37.34	1.34
52	北方国信	27.70	126.48	−43.01	48.21	1.74
53	中信信托	27.56	118.43	−20.56	41.87	1.52
54	工商信托	27.45	66.05	−12.50	25.41	0.93
55	中粮信托	27.10	57.68	−23.75	27.25	1.01
56	中铁信托	25.53	80.40	−11.90	29.53	1.16
57	华信信托	24.51	146.91	−12.15	43.61	1.78
58	新时代	24.36	100.43	−23.65	38.50	1.58
59	苏州信托	22.32	74.51	−30.50	32.14	1.44
60	华鑫信托	22.22	99.46	−5.48	35.36	1.59
61	天津信托	17.90	79.13	−25.64	38.61	2.16
62	大业信托	17.38	59.65	−9.69	25.90	1.49
63	中海信托	17.13	154.46	−25.51	49.78	2.91
64	中诚信托	15.47	73.22	−34.94	31.99	2.07
65	北京国信	13.33	79.64	−100.00	47.16	3.54
66	国联信托	6.81	35.90	−28.16	17.79	2.61
67	华宸信托	5.37	103.59	−61.12	46.44	8.65
68	西藏信托	−100.00	−100.00	−100.00	0.00	0.00

表 4-14　2008~2017 年信托手续费占比序列表

序号	公司简称	均值（%）	最大值（%）	最小值（%）	标准差（%）	变异系数
1	大业信托	89.46	96.63	84.94	4.29	0.05
2	四川信托	88.09	94.34	81.31	3.73	0.04
3	国通信托	87.27	102.23	76.38	8.34	0.10

序号	公司简称	均值（%）	最大值（%）	最小值（%）	标准差（%）	变异系数
4	五矿信托	85.83	92.16	81.19	3.11	0.04
5	安信信托	85.68	95.56	76.75	6.94	0.08
6	中航信托	84.98	92.26	77.22	4.80	0.06
7	新华信托	84.90	132.40	30.40	25.37	0.30
8	浙商金汇	81.18	90.79	69.03	7.89	0.10
9	中融信托	81.02	100.62	56.92	15.63	0.19
10	长城新盛	80.56	96.18	45.27	16.56	0.21
11	中江国信	80.28	98.48	24.45	22.42	0.28
12	云南国信	80.23	88.46	60.25	8.69	0.11
13	华澳信托	80.20	88.39	62.24	7.94	0.10
14	湖南信托	79.58	94.63	51.31	12.94	0.16
15	华融国信	79.00	91.53	38.68	15.50	0.20
16	中铁信托	77.79	85.31	71.93	3.77	0.05
17	渤海信托	77.24	87.17	49.62	11.83	0.15
18	英大信托	77.22	89.23	37.10	14.39	0.19
19	紫金信托	77.18	86.96	69.02	6.52	0.08
20	交银国信	75.21	212.20	37.13	47.11	0.63
21	山西信托	74.47	120.26	58.56	16.92	0.23
22	苏州信托	73.83	86.11	59.26	9.04	0.12
23	新时代	73.68	114.60	37.70	21.71	0.29
24	北京国信	73.51	86.92	54.50	8.53	0.12
25	爱建信托	73.40	89.20	61.16	9.42	0.13
26	光大兴陇	73.18	230.60	9.54	58.95	0.81
27	长安国信	71.38	94.64	39.53	16.89	0.24
28	华能贵诚	70.80	81.20	51.13	9.23	0.13
29	北方国信	70.21	82.86	37.52	16.03	0.23
30	中原信托	69.63	85.89	37.42	14.01	0.20
31	华宝信托	69.33	106.16	43.08	16.47	0.24
32	东莞信托	69.01	92.25	33.32	18.00	0.26
33	万向信托	68.81	86.41	39.75	17.26	0.25
34	中信信托	67.81	84.17	36.00	13.44	0.20
35	西藏信托	67.34	121.94	0.00	48.64	0.72

序号	公司简称	均值（%）	最大值（%）	最小值（%）	标准差（%）	变异系数
36	百瑞信托	65.97	79.76	34.85	15.73	0.24
37	兴业信托	65.84	88.62	41.61	13.29	0.20
38	金谷信托	65.07	80.54	26.47	16.37	0.25
39	工商信托	64.76	79.69	46.03	11.00	0.17
40	民生信托	64.48	72.57	49.76	8.29	0.13
41	华宸信托	64.31	87.68	38.97	12.17	0.19
42	山东国信	63.70	91.77	29.96	18.57	0.29
43	华鑫信托	63.23	71.33	39.43	10.28	0.16
44	外贸信托	62.41	75.39	40.74	10.22	0.16
45	陆家嘴信托	62.37	94.69	0.00	36.45	0.58
46	天津信托	60.74	86.15	35.65	15.14	0.25
47	昆仑信托	60.72	77.37	48.84	7.57	0.12
48	陕西国信	58.84	81.63	39.64	14.99	0.25
49	中建投信托	58.38	75.72	31.27	14.81	0.25
50	中海信托	58.37	76.13	22.98	15.63	0.27
51	建信信托	58.35	89.26	9.84	20.69	0.35
52	华信信托	58.31	82.95	32.34	15.96	0.27
53	平安信托	58.01	79.39	18.42	18.85	0.32
54	吉林信托	56.01	96.38	22.03	23.74	0.42
55	国联信托	55.80	78.40	33.45	13.63	0.24
56	厦门国信	54.18	78.37	18.13	18.51	0.34
57	中粮信托	53.37	66.21	33.37	11.09	0.21
58	上海国信	51.84	83.34	11.72	21.98	0.42
59	重庆国信	51.82	76.62	38.38	9.77	0.19
60	粤财信托	50.89	78.25	24.63	18.32	0.36
61	中诚信托	49.83	59.07	40.24	6.79	0.14
62	国元信托	49.09	74.23	18.82	18.22	0.37
63	西部信托	46.21	74.31	9.92	20.90	0.45
64	国民信托	45.93	97.54	9.62	32.60	0.71
65	国投泰康	45.29	73.24	5.65	22.12	0.49
66	中泰信托	43.16	75.31	6.86	20.91	0.48
67	华润信托	35.49	62.51	15.31	15.14	0.43
68	江苏国信	34.23	50.08	21.60	7.49	0.22

表 4-15 至表 4-22 为 2008~2017 年度信托公司利息收入、股权投资收益、证券投资收入以及公允价值变动收益的基本情况。通过统计数据可以发现信托业十年发展中的收入构成情况。

表 4-15 2008~2017 年利息收入规模序列表

序号	公司简称	均值	最大值	最小值	标准差	变异系数
1	中信信托	70168	115133	29547	23290	0.33
2	中诚信托	37856	63668	5346	21379	0.56
3	平安信托	37011	240106	-1104	69072	1.87
4	中铁信托	23403	58759	4454	18033	0.77
5	重庆国信	22544	40556	5823	11873	0.53
6	安信信托	17809	32651	3174	12173	0.68
7	陕西国信	17194	22007	12356	3940	0.23
8	北京国信	16468	37421	3089	10775	0.65
9	中融信托	15646	42837	138	14479	0.93
10	北方国信	12930	29091	5031	7253	0.56
11	中粮信托	11485	22010	6253	5378	0.47
12	百瑞信托	11298	18662	3398	5486	0.49
13	爱建信托	9920	22852	792	8436	0.85
14	中海信托	9649	20362	2084	5033	0.52
15	渤海信托	9386	18211	453	5627	0.60
16	天津信托	8442	18823	1947	5350	0.63
17	交银国信	8321	18758	1669	5717	0.69
18	金谷信托	8057	17465	1273	5740	0.71
19	中航信托	7149	10564	1740	2765	0.39
20	中建投信托	6989	18514	-6576	7701	1.10
21	四川信托	6724	14948	1557	4623	0.69
22	国元信托	6619	11175	2066	2848	0.43
23	英大信托	6457	10403	1823	2814	0.44
24	中原信托	5678	17475	813	4899	0.86
25	华鑫信托	5654	13994	122	4518	0.80
26	华澳信托	5449	26236	723	7909	1.45
27	吉林信托	5439	15472	0	4356	0.80
28	华信信托	5416	16109	-8412	6307	1.16

续表

序号	公司简称	均值	最大值	最小值	标准差	变异系数
29	昆仑信托	5277	10765	1015	2975	0.56
30	五矿信托	5181	8815	0	2894	0.56
31	华润信托	5144	19243	161	5511	1.07
32	建信信托	4961	13096	531	3978	0.80
33	东莞信托	4876	7875	403	2468	0.51
34	陆家嘴信托	4338	25689	452	8724	2.01
35	苏州信托	4314	7820	1417	1835	0.43
36	华融国信	4171	10583	−2366	4580	1.10
37	华宝信托	3978	10170	1194	3061	0.77
38	大业信托	3928	8334	38	3500	0.89
39	粤财信托	3658	8128	513	2778	0.76
40	厦门国信	3646	6561	2097	1276	0.35
41	上海国信	3478	9346	641	3225	0.93
42	兴业信托	3437	7798	766	2203	0.64
43	华能贵诚	3377	6596	1042	2106	0.62
44	国通信托	3323	7348	−2330	3051	0.92
45	民生信托	3240	7109	−6731	5138	1.59
46	工商信托	2889	9210	287	3041	1.05
47	国联信托	2586	4598	821	1305	0.50
48	紫金信托	2356	3821	610	1045	0.44
49	山西信托	2049	3704	970	849	0.41
50	云南国信	1973	3577	0	1261	0.64
51	湖南信托	1965	4531	−773	1669	0.85
52	光大兴陇	1927	4071	280	1153	0.60
53	中江国信	1806	4954	145	1588	0.88
54	长安国信	1794	4837	311	1529	0.85
55	江苏国信	1711	5989	−219	1884	1.10
56	西藏信托	1658	5629	263	1869	1.13
57	中泰信托	1608	7400	−690	2141	1.33
58	新华信托	1512	4348	94	1446	0.96
59	西部信托	1494	4207	61	1310	0.88
60	浙商金汇	1451	3322	716	877	0.60
61	外贸信托	1274	2126	473	492	0.39

续表

序号	公司简称	均值	最大值	最小值	标准差	变异系数
62	华宸信托	1149	1606	775	260	0.23
63	长城新盛	962	2277	415	616	0.64
64	国民信托	812	1836	252	423	0.52
65	山东国信	744	3751	0	1159	1.56
66	万向信托	661	1823	28	630	0.95
67	国投泰康	0	2681	-3798	1835	5977.88
68	新时代	-500	1084	-6448	2401	-4.80

表4-16 2008~2017年利息收入占比序列表

序号	公司简称	均值（%）	最大值（%）	最小值（%）	标准差（%）	变异系数
1	陆家嘴信托	15.98	99.98	0.32	32.33	2.02
2	东莞信托	15.96	23.12	0.53	7.82	0.49
3	中铁信托	15.61	21.15	8.99	3.73	0.24
4	中粮信托	15.06	30.69	13.81	5.73	0.38
5	北方国信	14.83	23.29	11.16	3.23	0.22
6	五矿信托	13.22	13.30	0.00	3.99	0.30
7	中建投信托	13.13	17.90	-3.61	6.68	0.51
8	华澳信托	12.96	39.52	4.65	10.82	0.83
9	天津信托	12.93	15.09	3.62	3.72	0.29
10	中信信托	12.84	29.54	7.96	6.96	0.54
11	西藏信托	12.74	88.49	2.89	29.99	2.35
12	安信信托	12.65	9.91	5.76	1.74	0.14
13	北京国信	12.15	17.83	4.35	4.04	0.33
14	重庆国信	11.84	33.86	3.54	8.87	0.75
15	吉林信托	11.53	23.53	0.00	7.00	0.61
16	交银国信	11.00	26.02	4.13	5.81	0.53
17	紫金信托	10.49	26.85	0.74	8.23	0.78
18	爱建信托	10.02	30.81	1.08	9.70	0.97
19	百瑞信托	9.98	23.21	6.21	5.09	0.51
20	中融信托	9.86	7.77	0.36	2.46	0.25
21	渤海信托	9.74	12.90	1.96	3.05	0.31
22	金谷信托	9.27	36.70	2.07	10.84	1.17

续表

序号	公司简称	均值（%）	最大值（%）	最小值（%）	标准差（%）	变异系数
23	长城新盛	8.99	54.73	1.67	18.89	2.10
24	厦门国信	8.98	12.82	2.07	3.63	0.40
25	中航信托	8.96	16.38	3.16	4.05	0.45
26	云南国信	8.82	10.69	0.00	3.28	0.37
27	中诚信托	8.79	25.75	4.51	6.94	0.79
28	山西信托	8.67	14.12	2.38	3.72	0.43
29	民生信托	8.24	20.69	-2.03	7.85	0.95
30	大业信托	8.04	15.06	0.06	5.83	0.73
31	英大信托	7.78	16.36	3.70	3.08	0.40
32	中海信托	7.68	17.12	1.96	4.02	0.52
33	粤财信托	7.55	9.74	1.70	3.08	0.41
34	工商信托	7.13	8.94	1.52	2.47	0.35
35	国联信托	7.05	20.18	2.30	4.86	0.69
36	平安信托	6.90	28.33	-0.25	8.83	1.28
37	建信信托	6.82	31.26	0.24	10.42	1.53
38	光大兴陇	6.79	46.26	1.40	12.61	1.86
39	华鑫信托	6.56	21.61	0.11	8.15	1.24
40	中原信托	6.55	9.49	3.24	1.97	0.30
41	华润信托	6.46	9.28	0.10	2.93	0.45
42	华融国信	6.17	27.99	-1.44	9.10	1.47
43	国元信托	6.08	16.41	5.55	2.78	0.46
44	中泰信托	5.86	9.43	-1.54	2.84	0.49
45	陕西国信	5.71	21.44	16.99	1.82	0.32
46	华宸信托	5.48	16.97	2.89	3.72	0.68
47	万向信托	5.43	10.82	0.05	4.12	0.76
48	上海国信	5.22	4.99	0.28	1.76	0.34
49	四川信托	5.20	5.35	1.22	1.42	0.27
50	西部信托	5.19	14.96	0.05	4.85	0.93
51	江苏国信	5.18	18.07	-0.13	5.44	1.05
52	苏州信托	5.16	15.17	3.54	4.17	0.81
53	昆仑信托	4.87	9.89	0.82	2.82	0.58
54	华能贵诚	4.71	7.87	0.34	2.52	0.53

序号	公司简称	均值（%）	最大值（%）	最小值（%）	标准差（%）	变异系数
55	长安国信	4.52	27.75	0.23	7.98	1.77
56	华信信托	4.41	22.16	-6.00	8.51	1.93
57	兴业信托	4.21	11.90	1.15	3.62	0.86
58	湖南信托	4.20	6.94	-0.65	1.86	0.44
59	新华信托	4.06	3.02	0.11	0.84	0.21
60	浙商金汇	4.01	8.96	3.58	1.85	0.46
61	国投泰康	3.51	4.75	-2.73	2.50	0.71
62	国民信托	3.34	8.45	0.27	2.44	0.73
63	国通信托	3.31	7.40	-1.93	3.05	0.92
64	华宝信托	3.25	8.95	0.88	2.87	0.88
65	外贸信托	2.23	4.17	0.24	1.17	0.52
66	山东国信	1.84	4.39	0.00	1.45	0.79
67	中江国信	1.53	4.65	0.61	1.32	0.87
68	新时代	0.53	2.81	-5.77	2.71	5.09

表 4-17　2008~2017 年股权投资收益序列表

序号	公司简称	均值	最大值	最小值	标准差	变异系数
1	华润信托	121207	357781	54646	84632	0.70
2	平安信托	98928	252834	24600	64402	0.65
3	江苏国信	68404	93682	25891	25045	0.37
4	中信信托	64452	489368	2300	142245	2.21
5	重庆国信	44717	99325	5086	35408	0.79
6	中诚信托	41785	65762	24781	15638	0.37
7	上海国信	41409	71216	13505	19783	0.48
8	中江国信	26739	261258	0	78190	2.92
9	华信信托	25522	108413	4890	32409	1.27
10	中海信托	25112	47943	4006	14957	0.60
11	粤财信托	24696	66664	7157	17520	0.71
12	国元信托	20316	44243	9464	10489	0.52
13	国联信托	13263	34086	1352	8768	0.66
14	天津信托	13111	44512	-1095	15319	1.17
15	外贸信托	13032	26052	4500	5657	0.43

续表

序号	公司简称	均值	最大值	最小值	标准差	变异系数
16	建信信托	12547	70763	1174	20297	1.62
17	厦门国信	11772	18743	5926	3788	0.32
18	山东国信	11304	39018	883	10843	0.96
19	中泰信托	11171	34307	0	10633	0.95
20	华宝信托	9441	26301	158	7183	0.76
21	中原信托	9265	22811	1387	7814	0.84
22	中融信托	8813	55789	−16	16506	1.87
23	国投泰康	8266	23764	−974	6478	0.78
24	吉林信托	7665	21146	67	7136	0.93
25	北京国信	7535	28043	7	7831	1.04
26	西部信托	6621	17400	1208	5725	0.86
27	湖南信托	6591	33658	262	9821	1.49
28	四川信托	6281	13700	162	5747	0.91
29	光大兴陇	5294	25887	0	7773	1.47
30	中铁信托	4656	20210	163	6258	1.34
31	北方国信	3825	10290	1492	2414	0.63
32	百瑞信托	2821	7276	0	2884	1.02
33	东莞信托	2802	14775	309	4316	1.54
34	安信信托	2700	8237	0	3363	1.25
35	昆仑信托	2053	7862	321	2307	1.12
36	中航信托	1986	6234	0	2030	1.02
37	山西信托	1802	6895	−58	2022	1.12
38	渤海信托	1793	8046	0	2511	1.40
39	新华信托	1559	5885	−849	2351	1.51
40	兴业信托	1121	3278	−116	1105	0.99
41	长安国信	1044	2582	0	951	0.91
42	新时代	1041	7287	0	2550	2.45
43	西藏信托	922	4283	0	1685	1.83
44	苏州信托	804	2742	−48	923	1.15
45	交银国信	570	2809	0	842	1.48
46	中建投信托	554	3004	0	917	1.65
47	英大信托	553	2397	20	864	1.56
48	云南国信	517	5166	0	1550	3.00

序号	公司简称	均值	最大值	最小值	标准差	变异系数
49	华融国信	389	1875	0	604	1.55
50	爱建信托	149	2219	-747	769	5.16
51	紫金信托	78	144	0	50	0.65
52	华宸信托	45	2054	-1644	1172	26.14
53	工商信托	15	65	0	25	1.67
54	国民信托	0	0	0	0	0.00
55	陕西国信	0	0	0	0	0.00
56	陆家嘴信托	0	0	0	0	0.00
57	华能贵诚	0	0	0	0	0.00
58	华澳信托	0	0	0	0	0.00
59	金谷信托	0	0	0	0	0.00
60	国通信托	0	0	0	0	0.00
61	大业信托	0	0	0	0	0.00
62	华鑫信托	0	0	0	0	0.00
63	五矿信托	0	0	0	0	0.00
64	中粮信托	0	0	0	0	0.00
65	长城新盛	0	0	0	0	0.00
66	浙商金汇	0	0	0	0	0.00
67	万向信托	0	0	0	0	0.00
68	民生信托	0	0	0	0	0.00

表4-18　2008~2017年股权投资收益占比序列表

序号	公司简称	均值（%）	最大值（%）	最小值（%）	标准差（%）	变异系数
1	江苏国信	58.39	78.13	43.05	9.07	0.16
2	粤财信托	51.03	202.18	8.58	53.19	1.04
3	华润信托	48.73	82.61	22.95	20.55	0.42
4	西藏信托	39.35	196.29	0.00	78.47	1.99
5	国元信托	34.22	66.02	14.23	16.07	0.47
6	中泰信托	34.18	89.41	0.00	32.18	0.94
7	光大兴陇	29.38	181.54	0.00	52.30	1.78
8	国联信托	29.36	55.16	6.51	13.83	0.47
9	上海国信	25.27	53.11	6.60	16.20	0.64

序号	公司简称	均值（%）	最大值（%）	最小值（%）	标准差（%）	变异系数
10	平安信托	25.06	88.41	5.42	22.57	0.90
11	西部信托	22.75	76.74	2.37	25.30	1.11
12	中诚信托	22.13	59.37	9.12	14.18	0.64
13	厦门国信	21.96	45.93	8.48	12.35	0.56
14	山东国信	21.50	45.34	0.65	17.56	0.82
15	中海信托	20.15	32.16	6.06	8.94	0.44
16	国投泰康	18.95	42.69	-0.54	13.38	0.71
17	重庆国信	15.59	30.10	6.34	6.83	0.44
18	华信信托	15.58	46.90	3.82	12.68	0.81
19	吉林信托	13.91	46.31	0.48	13.65	0.98
20	中原信托	13.86	38.30	1.43	10.20	0.74
21	天津信托	12.01	34.21	-2.31	12.32	1.03
22	建信信托	11.86	38.84	1.11	11.42	0.96
23	东莞信托	11.73	73.34	0.84	22.50	1.92
24	外贸信托	11.38	31.55	4.52	8.28	0.73
25	中江国信	10.90	72.26	0.00	23.06	2.12
26	华宝信托	9.32	23.38	0.06	7.10	0.76
27	中信信托	7.98	47.56	1.14	13.33	1.67
28	湖南信托	7.93	28.39	0.82	7.73	0.97
29	北京国信	7.04	39.49	0.01	10.97	1.56
30	北方国信	6.19	13.56	1.76	4.44	0.72
31	山西信托	5.14	19.97	-0.14	5.85	1.14
32	新时代	4.11	28.79	0.00	10.07	2.45
33	安信信托	3.86	14.94	0.00	6.40	1.66
34	华融国信	3.46	32.28	0.00	9.62	2.78
35	中铁信托	3.39	15.16	0.13	4.63	1.36
36	长安国信	2.59	15.66	0.00	5.03	1.94
37	四川信托	2.49	4.90	0.10	2.10	0.84
38	苏州信托	2.35	7.55	-0.05	2.63	1.12
39	百瑞信托	1.86	4.31	0.00	1.69	0.91
40	昆仑信托	1.83	4.98	0.69	1.46	0.80
41	新华信托	1.75	5.77	-0.47	2.50	1.43
42	中融信托	1.35	8.52	0.00	2.51	1.85

续表

序号	公司简称	均值（%）	最大值（%）	最小值（%）	标准差（%）	变异系数
43	爱建信托	1.34	11.26	-0.72	3.54	2.64
44	英大信托	1.18	8.37	0.02	2.48	2.10
45	渤海信托	1.10	3.25	0.00	1.07	0.97
46	云南国信	1.08	10.84	0.00	3.25	3.00
47	交银国信	0.95	6.21	0.00	1.83	1.93
48	中航信托	0.87	2.05	0.00	0.68	0.79
49	兴业信托	0.42	1.33	-1.17	0.69	1.65
50	紫金信托	0.33	1.73	0.00	0.57	1.72
51	中建投信托	0.33	1.65	0.00	0.51	1.54
52	工商信托	0.04	0.19	0.00	0.07	1.70
53	国民信托	0.00	0.00	0.00	0.00	0.00
54	陕西国信	0.00	0.00	0.00	0.00	0.00
55	陆家嘴信托	0.00	0.00	0.00	0.00	0.00
56	华能贵诚	0.00	0.00	0.00	0.00	0.00
57	华澳信托	0.00	0.00	0.00	0.00	0.00
58	金谷信托	0.00	0.00	0.00	0.00	0.00
59	国通信托	0.00	0.00	0.00	0.00	0.00
60	大业信托	0.00	0.00	0.00	0.00	0.00
61	华鑫信托	0.00	0.00	0.00	0.00	0.00
62	五矿信托	0.00	0.00	0.00	0.00	0.00
63	中粮信托	0.00	0.00	0.00	0.00	0.00
64	长城新盛	0.00	0.00	0.00	0.00	0.00
65	浙商金汇	0.00	0.00	0.00	0.00	0.00
66	万向信托	0.00	0.00	0.00	0.00	0.00
67	民生信托	0.00	0.00	0.00	0.00	0.00
68	华宸信托	-3.17	12.75	-35.98	12.94	-4.09

表4-19　2008~2017年证券投资收入序列表

序号	公司简称	均值	最大值	最小值	标准差	变异系数
1	平安信托	65004	291086	0	80809	1.24
2	华信信托	44912	150143	-2368	54907	1.22
3	重庆国信	34885	174698	-6327	61250	1.76

序号	公司简称	均值	最大值	最小值	标准差	变异系数
4	中江国信	32182	268170	−73	79248	2.46
5	外贸信托	26450	66347	2072	19867	0.75
6	华鑫信托	21799	72306	1258	24086	1.10
7	上海国信	20438	49667	−8545	20221	0.99
8	兴业信托	20186	70284	0	22510	1.12
9	西部信托	18365	85160	−294	31870	1.74
10	中信信托	16747	39628	2514	14092	0.84
11	华润信托	16279	162785	0	48836	3.00
12	中诚信托	12488	89222	−11099	26552	2.13
13	江苏国信	11429	93388	−11196	28001	2.45
14	天津信托	10094	45039	−161	12423	1.23
15	陕西国信	9785	29356	0	13839	1.41
16	长安国信	9639	47368	0	15085	1.56
17	陆家嘴信托	9545	29777	0	11583	1.21
18	五矿信托	9266	25283	1645	7903	0.85
19	吉林信托	9022	47663	−5124	15296	1.70
20	中建投信托	8906	38818	0	11770	1.32
21	华宝信托	8670	48526	0	16829	1.94
22	国投泰康	8448	55029	0	16340	1.93
23	民生信托	7707	38534	0	15414	2.00
24	厦门国信	7685	43087	47	12523	1.63
25	新华信托	7445	29888	213	9770	1.31
26	华能贵诚	7217	57030	0	18829	2.61
27	安信信托	7071	27977	0	12071	1.71
28	苏州信托	6935	24114	−402	8087	1.17
29	华融国信	6591	37635	0	10587	1.61
30	北京国信	6476	22332	−603	8691	1.34
31	中海信托	6191	55464	0	16456	2.66
32	国元信托	5838	41220	0	12017	2.06
33	中融信托	5803	54980	−2754	17408	3.00
34	四川信托	5212	18006	0	6671	1.28
35	新时代	5119	30712	0	11446	2.24
36	中航信托	4501	27698	−860	8900	1.98

序号	公司简称	均值	最大值	最小值	标准差	变异系数
37	国通信托	4471	21621	0	7756	1.73
38	山东国信	4411	37386	0	11681	2.65
39	华宸信托	4161	8726	−110	2838	0.68
40	中泰信托	4018	21012	−442	6789	1.69
41	粤财信托	4006	56123	−15346	17961	4.48
42	百瑞信托	3950	33584	0	9911	2.51
43	建信信托	3942	22183	−3925	7734	1.96
44	紫金信托	3813	16012	0	5431	1.42
45	山西信托	3718	9015	−6660	4278	1.15
46	中粮信托	3708	22249	0	8292	2.24
47	爱建信托	3226	18027	181	5387	1.67
48	渤海信托	3206	20471	−16394	9496	2.96
49	国联信托	3133	18436	−304	5306	1.69
50	昆仑信托	2891	22130	0	6909	2.39
51	湖南信托	2856	26061	−458	7765	2.72
52	工商信托	2737	13336	2	4317	1.58
53	中原信托	2718	34722	−7543	10902	4.01
54	金谷信托	2630	15304	−944	5295	2.01
55	东莞信托	2370	13672	−2281	4016	1.69
56	浙商金汇	2326	4888	333	1657	0.71
57	中铁信托	2246	20214	0	6353	2.83
58	光大兴陇	2031	18833	−5284	6472	3.19
59	英大信托	1993	11534	−1715	4118	2.07
60	万向信托	1958	9790	0	3916	2.00
61	北方国信	1830	10883	−3829	4326	2.36
62	国民信托	1531	5097	−401	1614	1.05
63	云南国信	1478	7832	0	2275	1.54
64	大业信托	1476	8857	0	3301	2.24
65	交银国信	1157	17551	−10896	6838	5.91
66	华澳信托	633	4434	0	1552	2.45
67	长城新盛	98	590	0	220	2.24
68	西藏信托	69	311	0	122	1.76

表4-20　2008~2017年证券投资收入占比序列表

序号	公司简称	均值（%）	最大值（%）	最小值（%）	标准差（%）	变异系数
1	华宸信托	22.96	55.32	-0.49	16.24	0.71
2	华信信托	20.67	60.87	-3.26	21.98	1.06
3	西部信托	20.58	70.89	-0.97	25.45	1.24
4	华鑫信托	18.29	45.88	2.10	15.99	0.87
5	外贸信托	17.62	33.17	3.22	9.96	0.57
6	国投泰康	15.90	52.96	0.00	21.79	1.37
7	吉林信托	14.74	66.36	-37.03	27.68	1.88
8	天津信托	13.72	40.09	-0.25	13.34	0.97
9	中江国信	13.47	74.17	-0.14	21.87	1.62
10	中建投信托	13.09	50.25	0.00	18.14	1.39
11	平安信托	12.96	42.88	0.00	13.49	1.04
12	兴业信托	12.65	45.67	0.00	13.59	1.07
13	厦门国信	12.13	42.57	0.07	14.30	1.18
14	国民信托	9.78	50.43	-0.76	16.31	1.67
15	重庆国信	9.74	37.73	-4.76	14.86	1.53
16	陕西国信	9.65	28.96	0.00	13.65	1.41
17	浙商金汇	9.52	19.34	0.57	6.23	0.65
18	苏州信托	8.89	26.23	-0.77	8.49	0.96
19	国联信托	8.82	48.03	-0.85	14.70	1.67
20	上海国信	8.79	19.52	-5.51	7.93	0.90
21	陆家嘴信托	8.60	21.25	0.00	8.46	0.98
22	山西信托	8.18	22.00	-34.26	15.58	1.90
23	金谷信托	8.12	35.59	-1.11	14.44	1.78
24	渤海信托	8.12	33.49	-6.61	11.34	1.40
25	新华信托	7.89	33.96	0.16	10.75	1.36
26	国元信托	7.33	46.99	0.00	13.62	1.86
27	中泰信托	7.13	30.40	-1.32	9.80	1.37
28	中粮信托	6.96	41.77	0.00	15.57	2.24
29	华宝信托	6.76	31.38	0.00	12.66	1.87
30	云南国信	6.70	41.73	0.00	12.26	1.83
31	新时代	6.33	37.99	0.00	14.16	2.24
32	长安国信	6.18	23.15	0.00	8.34	1.35

序号	公司简称	均值（%）	最大值（%）	最小值（%）	标准差（%）	变异系数
33	五矿信托	5.85	12.19	1.33	3.12	0.53
34	中诚信托	5.76	46.49	−10.02	14.25	2.48
35	工商信托	5.55	25.88	0.00	8.07	1.45
36	昆仑信托	5.51	31.77	0.00	10.83	1.96
37	紫金信托	5.42	21.34	0.00	7.16	1.32
38	江苏国信	5.23	58.07	−33.79	21.07	4.03
39	华润信托	5.08	50.77	0.00	15.23	3.00
40	中海信托	4.42	39.46	0.00	11.70	2.65
41	山东国信	4.11	27.39	0.00	8.76	2.13
42	中信信托	4.08	15.06	0.46	4.24	1.04
43	民生信托	4.01	20.06	0.00	8.02	2.00
44	东莞信托	3.98	17.50	−5.04	5.57	1.40
45	华融国信	3.77	19.15	0.00	5.22	1.39
46	爱建信托	3.66	14.46	1.08	4.02	1.10
47	北方国信	3.65	24.49	−9.82	9.20	2.52
48	国通信托	3.62	17.35	0.00	6.25	1.73
49	英大信托	3.62	27.50	−6.44	9.48	2.62
50	北京国信	3.46	11.45	−0.44	4.45	1.29
51	百瑞信托	3.26	20.41	0.00	6.36	1.95
52	湖南信托	3.17	29.02	−0.60	8.64	2.73
53	华能贵诚	2.82	18.80	0.00	6.16	2.19
54	西藏信托	2.38	11.45	0.00	4.54	1.91
55	大业信托	2.35	14.09	0.00	5.25	2.24
56	中航信托	2.34	11.12	−1.29	3.59	1.54
57	四川信托	2.04	6.45	0.00	2.50	1.22
58	万向信托	1.86	9.29	0.00	3.72	2.00
59	华澳信托	1.64	11.45	0.00	4.01	2.45
60	安信信托	1.45	5.45	0.00	2.32	1.60
61	中铁信托	0.77	6.96	0.00	2.19	2.83
62	长城新盛	0.39	2.37	0.00	0.88	2.24
63	中融信托	−0.13	7.91	−9.05	4.00	−31.51
64	光大兴陇	−2.62	65.93	−120.75	44.98	−17.14

序号	公司简称	均值（%）	最大值（%）	最小值（%）	标准差（%）	变异系数
65	建信信托	−2.75	25.29	−70.91	24.05	−8.74
66	中原信托	−6.04	22.87	−83.31	26.64	−4.41
67	粤财信托	−6.78	53.68	−120.46	41.16	−6.07
68	交银国信	−16.80	12.78	−169.87	54.29	−3.23

表 4-21　2009~2017 年公允价值变动收益序列表

序号	公司简称	均值	最大值	最小值	标准差	变异系数
1	中信信托	15906	140589	−3859	44203	2.78
2	国民信托	12505	40546	756	13604	1.09
3	长安国信	12439	40637	−4239	17474	1.40
4	安信信托	6049	18054	0	8490	1.40
5	华能贵诚	4683	32983	−1105	10803	2.31
6	新时代	1595	13703	−4314	4881	3.06
7	紫金信托	1088	9017	−3948	3774	3.47
8	中融信托	1058	11873	−13686	6533	6.18
9	上海国信	1055	9346	−3226	4066	3.86
10	中诚信托	747	6779	−3133	2727	3.65
11	浙商金汇	695	4394	−740	1732	2.49
12	山东国信	619	13459	−8137	5984	9.66
13	华宝信托	515	4352	−1907	1728	3.35
14	交银国信	514	2954	0	930	1.81
15	国投泰康	484	4352	0	1368	2.83
16	华融国信	375	3704	−327	1181	3.15
17	建信信托	332	3586	−967	1308	3.93
18	中海信托	313	2655	−3360	1734	5.54
19	吉林信托	183	804	−355	322	1.76
20	苏州信托	176	3433	−1490	1300	7.41
21	光大兴陇	147	5134	−4654	2844	19.28
22	粤财信托	145	1391	−493	527	3.63
23	华信信托	71	2770	−2415	1255	17.76
24	陆家嘴信托	67	1567	−966	706	10.55
25	西部信托	59	464	−180	171	2.89

序号	公司简称	均值	最大值	最小值	标准差	变异系数
26	华澳信托	57	282	0	100	1.75
27	湖南信托	55	1262	−718	505	9.19
28	百瑞信托	38	1288	−1850	776	20.38
29	中建投信托	19	679	−887	404	21.78
30	国联信托	13	816	−1052	526	40.15
31	东莞信托	12	120	−32	41	3.56
32	云南国信	11	3456	−2327	1533	143.99
33	民生信托	8	648	−445	402	50.12
34	中泰信托	5	756	−730	360	69.58
35	北京国信	5	2549	−1117	1083	211.93
36	新华信托	3	2245	−2245	1295	466.09
37	昆仑信托	2	7357	−8101	3980	1616.54
38	国元信托	1	881	−994	446	480.23
39	工商信托	1	7	−2	2	3.08
40	华鑫信托	0	23	−23	13	88.73
41	江苏国信	0	0	0	0	0.00
42	华宸信托	0	0	0	0	0.00
43	英大信托	0	0	0	0	0.00
44	华润信托	0	0	0	0	0.00
45	大业信托	0	0	0	0	0.00
46	长城新盛	0	0	0	0	0.00
47	万向信托	0	0	0	0	0.00
48	中原信托	0	827	−1077	470	−1724.75
49	爱建信托	−7	1567	−1661	774	−118.93
50	中航信托	−10	521	−506	284	−29.29
51	渤海信托	−28	17279	−10732	7615	−275.61
52	厦门国信	−29	2428	−2847	1554	−53.17
53	天津信托	−40	43	−265	93	−2.33
54	四川信托	−43	4357	−2779	2255	−52.96
55	金谷信托	−43	0	−302	106	−2.45
56	山西信托	−61	183	−420	207	−3.41
57	中铁信托	−72	0	−501	175	−2.42

续表

序号	公司简称	均值	最大值	最小值	标准差	变异系数
58	外贸信托	−127	2108	−2236	1126	−8.84
59	中粮信托	−132	8776	−8493	4678	−35.39
60	陕西国信	−190	1864	−1897	1555	−8.20
61	北方国信	−191	891	−1864	785	−4.11
62	兴业信托	−233	1971	−2300	1122	−4.82
63	五矿信托	−295	2054	−3329	1633	−5.53
64	国通信托	−318	672	−2114	832	−2.62
65	平安信托	−490	247	−3244	1032	−2.11
66	中江国信	−562	676	−3212	1260	−2.24
67	重庆国信	−983	13881	−14452	7913	−8.05
68	西藏信托	−6169	0	−23211	8763	−1.42

表 4-22　2008~2017 年公允价值收益占比序列表

序号	公司简称	均值（%）	最大值（%）	最小值（%）	标准差（%）	变异系数
1	国民信托	28.65	76.65	1.06	27.80	0.97
2	新时代	5.72	54.14	−13.81	18.94	3.31
3	中信信托	2.26	19.00	−1.13	6.02	2.66
4	华能贵诚	2.19	14.02	−1.47	4.67	2.13
5	建信信托	2.14	19.08	−1.04	6.03	2.82
6	安信信托	2.07	6.11	0.00	2.86	1.38
7	紫金信托	1.59	10.99	−5.26	4.95	3.11
8	长安国信	1.56	15.15	−19.56	10.30	6.59
9	国通信托	1.19	8.77	−0.49	3.11	2.61
10	上海国信	1.15	11.59	−3.40	4.17	3.61
11	浙商金汇	1.15	7.55	−3.70	3.88	3.39
12	中融信托	1.02	10.55	−4.68	3.80	3.74
13	交银国信	0.93	5.98	0.00	1.88	2.03
14	民生信托	0.78	3.90	−0.41	1.81	2.31
15	吉林信托	0.76	5.14	−0.45	1.60	2.12
16	苏州信托	0.70	14.83	−5.74	5.42	7.74
17	昆仑信托	0.64	15.89	−9.11	6.30	9.89
18	中诚信托	0.62	5.91	−1.27	2.00	3.20

序号	公司简称	均值（%）	最大值（%）	最小值（%）	标准差（%）	变异系数
19	新华信托	0.61	7.26	-2.76	2.74	4.48
20	粤财信托	0.43	4.40	-1.01	1.51	3.52
21	华宝信托	0.30	2.64	-1.16	1.22	4.04
22	陕西国信	0.30	3.23	-1.87	2.15	7.20
23	国投泰康	0.27	2.42	0.00	0.76	2.83
24	中海信托	0.21	1.65	-2.39	1.22	5.75
25	华融国信	0.17	1.70	-0.17	0.54	3.19
26	百瑞信托	0.15	1.58	-2.95	1.28	8.37
27	华澳信托	0.12	0.62	0.00	0.22	1.81
28	陆家嘴信托	0.09	1.83	-1.19	0.83	8.90
29	中建投信托	0.07	1.74	-2.06	0.93	13.93
30	外贸信托	0.07	1.46	-1.10	0.79	11.91
31	东莞信托	0.06	0.63	-0.07	0.20	3.24
32	湖南信托	0.06	1.36	-0.94	0.59	10.38
33	国元信托	0.05	1.00	-0.80	0.43	9.27
34	西部信托	0.04	0.39	-0.27	0.17	3.83
35	爱建信托	0.04	1.82	-1.59	0.83	19.26
36	中航信托	0.01	0.31	-0.33	0.19	30.33
37	国联信托	0.01	2.29	-2.76	1.38	267.60
38	工商信托	0.00	0.03	0.00	0.01	2.82
39	华鑫信托	0.00	0.02	-0.01	0.01	4.78
40	江苏国信	0.00	0.00	0.00	0.00	0.00
41	华宸信托	0.00	0.00	0.00	0.00	0.00
42	英大信托	0.00	0.00	0.00	0.00	0.00
43	华润信托	0.00	0.00	0.00	0.00	0.00
44	大业信托	0.00	0.00	0.00	0.00	0.00
45	长城新盛	0.00	0.00	0.00	0.00	0.00
46	万向信托	0.00	0.00	0.00	0.00	0.00
47	北京国信	-0.02	1.63	-0.86	0.72	-36.85
48	四川信托	-0.03	1.67	-1.18	0.91	-25.99
49	兴业信托	-0.04	0.80	-0.69	0.41	-10.82
50	中原信托	-0.04	1.37	-2.60	1.10	-24.41

续表

序号	公司简称	均值（%）	最大值（%）	最小值（%）	标准差（%）	变异系数
51	中泰信托	-0.05	2.28	-2.88	1.24	-27.07
52	华信信托	-0.05	2.34	-3.32	1.43	-27.85
53	金谷信托	-0.05	0.00	-0.36	0.13	-2.45
54	天津信托	-0.12	0.10	-0.74	0.26	-2.17
55	中铁信托	-0.12	0.00	-0.85	0.30	-2.42
56	平安信托	-0.17	0.07	-1.38	0.43	-2.54
57	山西信托	-0.21	0.31	-1.22	0.52	-2.47
58	渤海信托	-0.21	8.45	-7.70	5.35	-25.41
59	北方国信	-0.22	1.20	-2.50	1.02	-4.54
60	云南国信	-0.33	14.96	-10.13	6.85	-20.50
61	中江国信	-0.57	0.19	-3.40	1.17	-2.05
62	中粮信托	-0.57	15.21	-14.38	8.10	-14.13
63	山东国信	-0.62	9.85	-12.71	6.15	-9.90
64	重庆国信	-0.66	6.35	-12.07	5.15	-7.84
65	厦门国信	-0.99	5.86	-13.75	5.11	-5.14
66	五矿信托	-1.22	2.32	-10.79	4.01	-3.30
67	光大兴陇	-7.60	41.05	-106.35	37.83	-4.98
68	西藏信托	-17.87	0.00	-48.99	19.58	-1.10

以上资料来源：中国人民大学信托与基金研究所：《中国信托公司经营蓝皮书（各年度）》，财富出版社，2016 年版。

第五章

信托业盈利能力十年变动趋势分析

第一节 资本利润率十年变动趋势分析

一、资本利润率十年变动趋势分析

图5-1为2008~2017年信托公司资本利润率十年变动趋势。如前所述，随着信托业的不断发展，信托公司无论是信托业务还是自营业务的经营规模都在不断扩大，营业收入也得到了显著提升。但是，行业体量的不断增加是

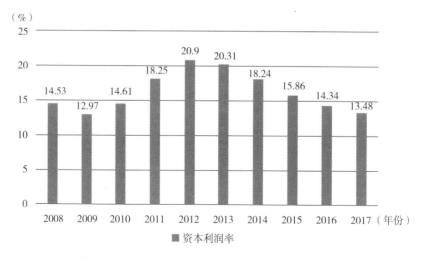

图5-1　2008~2017年信托公司资本利润率变动趋势

资料来源：中国人民大学信托与基金研究所：《中国信托公司经营蓝皮书（各年度）》，财富出版社，2016年版。

否带来了盈利能力的显著提升成为业内关注的重要问题。资本利润率能够综合反映信托公司投入产出之间的相互关系。资本利润率越高，单位投入所带来的经营成果也就越丰厚。因此，通过对资本利润率十年变动趋势的分析，既可以反映信托业过去十年的发展质量，同时也能为信托业的未来提供一定的指引。

2008年度，信托公司资本利润率均值为14.53%，相比于2007年度出现了9.49%的下降。在"一法三规"出台以后，大量信托公司停止经营，留在行业内的公司也对原有经营模式进行了一定的调整。信托公司对于新的经营环境还处于适应期，加之全球金融危机的外部影响，使这一时期信托公司的资本利润率出现了一定的下滑。从2009年开始，四万亿经济刺激政策出台以后，货币政策开始逐渐收紧，监管部门对于银行信贷资金进入房地产市场进行了一定的限制，信托开始成为企业重要的融资渠道。随着房地产信托、政信信托的迅速发展，信托公司的盈利能力也得到了一定的提升。2009年度，信托公司资本利润率均值为12.97%。虽然由于金融危机的影响还未消除，该指标相比于2008年度仍然下降了1.56%，但下降的幅度相比于2008年度已经开始减缓，这表明信托公司的资本利润率开始呈现反弹的趋势。2010年度，随着实体经济的回暖，信托公司的盈利能力也开始进一步提升。2010年度信托公司平均资本利润率为14.61%，同比上涨1.64%。至此，资本利润率连续两年下降的态势已经出现了反转。2011年度，信托公司的盈利能力进一步增强，资本利润率均值达到18.25%，同比增长3.64%。2012年度，信托公司资本利润率达到20.90%，相比于2011年度增长2.65%。值得注意的是，在2012年度虽然信托公司的资本利润率仍然呈增长态势，但其增长速度相比于2011年度却有所减缓。从2010年开始，原银监会开始加强对银信合作的监管，信托公司的业务模式开始由融资类业务向事务管理类业务转移。另外，从2012年开始，对于券商资管、保险资管、期货资管的监管环境有所放松，导致信托公司的牌照优势有所减弱，竞争压力的加大使信托公司的盈利能力开始进入下行通道。2013年开始，随着"五层叠加"的外部经营环境逐渐严峻，信托项目兑付压力增大，信托公司的资本利润率受到了比较大的影响。2013年度，信托公司资本利润率均值为20.31%，相比于2012年度下降了0.59%。2014年度，信托公司盈利能力进一步恶化，资本利润率均值为18.24%，同比下降2.07%。2015年度，资本利润率均值进一步下降至15.86%，下降幅度达到2.38%，为自2009年开始降幅最大的一年。2016年，随着基金子公司、券商等从事通道业务受到了一定的限制，信托业的经营规模得到了一定的提升，但是其经营业绩还没有完全脱离下行通道。2016 年度，信托公司资本利润率均值为 14.34%，同比下降 1.52%。2017 年度，该指标为 13.48%，相比于 2016 年度下降 0.86%。值得注意的是，2016 年与 2017 年，虽然资本利润率下行的趋势没有得到根本扭转，但是相比于 2014 年度与 2015 年度连续超过 2% 的降幅还是呈现出一定的回暖态势。在未来一段时期内，信托公司能否通过进一步加强主动管理能力来实现资本利润率的正向增长还有待观望。

从信托公司之间资本利润率的差异性上看，2008 年度，信托公司资本利润率变异系数为 0.71，2009 年进一步上升至 1.09，表明在行业整合后的初期，信托公司之间的盈利能力还存在较大差异。2010 年之后，随着信托市场的日益成熟，信托公司在资本利润率上的差异也在逐步缩小。其中，2010 年变异系数为 0.65，2011 年为 0.73，表明这一时期信托公司之间盈利能力的差异性还存在一定的波动。2012~2017 年，信托公司资本利润率变异系数最高为 2012 年的 0.50，最低为 2015 年的 0.38，这表明在这一时期，信托公司在盈利能力方面的趋同性显著提高。

图 5-2 为 2008~2017 年信托公司资本利润率增幅与净资本增长率对比。通过分析不难发现，信托公司净资本的迅速增长并没有带来盈利能力的快速提升。其中，2008 年度，信托公司净资本增长达到 10.11%，但资本利润率

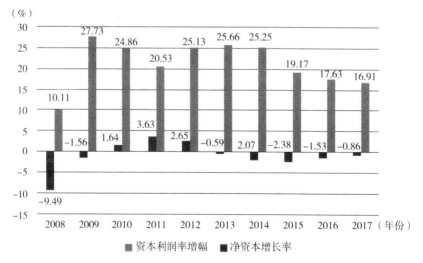

图 5-2　2008~2017 年信托公司资本利润与净资本增幅对比

资料来源：中国人民大学信托与基金研究所：《中国信托公司经营蓝皮书（各年度）》，财富出版社，2016 年版。

却出现 9.49% 的下降。表明经过行业整合之后，信托公司的经营规模和投资力度开始扩张，但其盈利能力并没有得到明显的提升。2009～2014 年，信托公司净资本增长率均达到 20% 以上。其中，净资本增长率最大值为 2009 年度的 27.73%，最小值为 2011 年的 20.53%。与此同时，资本利润率在 2013 年度降低 0.59%，在 2011 年度增长 3.63%。由此可见，信托公司净资本的增长与其盈利能力之间并不匹配，净资本规模的快速增长并不意味着资本利润率的显著提高。2015～2017 年连续三年，信托公司净资本增长率开始显著放缓，其中，2015 年度为 19.17%，2016 年度为 17.63%，2017 年度为 16.91%。与此同时，资本利润率的下降趋势也开始放缓，2015 年度降幅为 2.38%，2016 年为 1.53%，2017 年则进一步减少为 0.86%。净资本增长速度减弱的同时，盈利能力反而出现了回暖的趋势，这表明信托公司的业务扩张模式还较为粗放，注重资本数量的提高，而忽视了经营质量。在未来一段时间内，如何在业务扩张的同时显著提升资本的使用效率，是信托公司需要解决的一个重要问题。

信托公司 2008～2017 年资本利润率的基本情况如表 5-1 所示。

表 5-1　2008～2017 年信托公司资本利润率统计分析表

年份	2008	2009	2010	2011	2012
平均值（%）	14.53	12.97	14.61	18.25	20.90
平均值增长（%）	-9.49	-1.56	1.64	3.63	2.65
公司数目	47	52	53	61	65
最大值（%）	39.87	63.22	67.48	97.77	64.26
最小值（%）	0.58	-63.03	3.10	0.78	4.04
标准差（%）	10.33	14.08	9.48	13.38	10.38
变异系数	0.71	1.09	0.65	0.73	0.50
年份	2013	2014	2015	2016	2017
平均值（%）	20.31	18.24	15.86	14.34	13.48
平均值增长（%）	-0.59	-2.07	-2.38	-1.53	-0.86
公司数目	67	64	66	65	64
最大值（%）	54.06	50.21	28.21	28.70	30.96
最小值（%）	1.36	3.14	0.57	0.80	0.80
标准差（%）	8.80	8.91	6.10	6.01	5.54
变异系数	0.43	0.48	0.38	0.42	0.41

资料来源：中国人民大学信托与基金研究所：《中国信托公司经营蓝皮书（各年度）》，财富出版社，2016 年版。

二、人均净利率十年变动趋势分析

图5-3为2008~2017年信托公司人均净利润均值与增长率变化趋势。人均净利润指标衡量了信托业人力资源与盈利能力之间的相互关系，人均净利润指标越高，表明每个从业人员获取的利润越多。

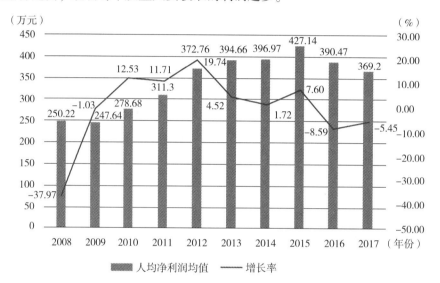

图5-3 2008~2017年信托公司人均净利润均值与增长率

资料来源：中国人民大学信托与基金研究所：《中国信托公司经营蓝皮书（各年度）》，财富出版社，2016年版。

2008年度，信托公司人均净利润均值为250.22万元，同比下降37.97%。这一数据表明，在行业整合初期，信托公司普遍对于新的外部环境和行业规则还处于适应期，从业人员的盈利能力受到了一定的影响。2009年度，信托公司人均净利润均值达到247.64万元，同比下降1.03%。由此可见，人均净利润下降的程度虽然有所减弱，但是从业人员盈利能力较差的预势还没有得到根本改善。2010年度，人均净利润均值为278.68万元，相比于2009年度增长12.53%。信托业人均净利润持续两年的负增长趋势得到了缓解。一方面，全球性金融危机的消极影响开始逐步缓解；另一方面，国家经济刺激政策所带来的较高的实体经济增长速度，为信托业的发展提供了一定的空间。此外，经过两个年度的适应期，信托公司开始逐步适应了行业发展的新常态，从业人员的盈利能力也开始得到了一定的改善。自 2010 年开始，信托业人均净利润均值出现了连续六年的正向增长态势，但与此同时，该指标在各年度增长的速度并不均衡。其中，2011 年信托公司人均净利润均值为311.3 万元，同比增长 11.71%，继 2010 年之后继续保持了两位数的增长速度。2012 年度，信托公司人均净利润达到 372.76 万元，同比增长了19.74%。值得注意的是，这是近十年来信托公司人均净利润增长速度最快的一年。自 2013 年开始，由于监管环境的变化，券商、基金子公司等金融机构在从事资管业务方面的限制有所放松，信托公司的人均净利润受到了一定的影响。但整体上看，仍然维持了稳定增长的发展态势。2013 年度，信托公司人均净利润均值为 394.66 万元，同比增长 4.52%，相比于 2012 年度增长速度有所放缓。2014 年度，人均净利润均值增长率进一步放缓，均值为396.97 万元，增长率为 1.72%。2015 年度，该指标达到 427.14 万元，同比增长 7.60%，相比于上一年度增长速度有所复苏。2016 年度与 2017 年度，信托公司人均净利润均值分别为 390.47 万元与 369.20 万元，同比分别下降8.59% 与 5.45%。如前所述，2016 年开始，由于监管规则的非对称性，信托公司普遍提高了业务规模，信托业的整体形势有所反弹。但是，人均净利润指标却连续两年出现下降。这在一定程度上表明，信托业长久以来"躺赚"的阶段已经一去不复返。信托公司如何在业务规模增长的条件下充分地提升自身的发展质量，通过控规模、去通道、去杠杆等手段提升自身的盈利能力，是整个行业在未来一段时期内值得思考的重要问题。

从信托公司在资本利润率指标的差异性上看，2008 年度，人均净利润变异系数为 0.96。2009 年度，该指标上升至 1.13，这表明，在信托业人均净利润指标整体恶化的同时，行业内信托公司的差异性也有所扩大。2010 ~2012 年，信托公司人均净利润指标的变异系数开始逐年降低，其中，2010年为 0.88，2011 年为 0.78，2012 年为 0.65，连续三年每年下降 0.1 左右，显示出这一时期行业内人均净利润指标的差异性逐渐缩小的特征。从 2013年开始，该变异系数再次进入上升通道，2013 年度为 0.70，2014 年度为0.95，2015 年度更是上升至 1.09。值得注意的是，从绝对数上看，2015 年度是信托业人均净利润均值最高的一年，同时也是自 2009 年以来变异系数最高的一年。这说明 2015 年度虽然行业整体人均净利润水平得到了提升，但是行业内的差异较大，部分信托公司的盈利能力并没有得到明显提升，这可能也是导致 2016 年开始人均净利润指标负增长的一个重要原因。2016 年度与 2017 年度，人均净利润变异系数分别为 0.94 和 0.88。该指标均值与变异系数的同时下降，表明人均净利润的降低是全行业整体盈利能力较差的一个表现。

人均净利润指标受到公司从业人数与净利润的共同影响，因此在分析该指标的变动趋势时，除了考虑公司盈利能力在各年度的变化之外，还需要考查信托公司从业人数的变动情况。图5-4为2008~2017年度信托公司人均净利润增长率与从业人数增长率对比情况。由图可见，2008年度，信托业从业人数增长10.59%，而人均净利润指标下降37.97%，这表明从业人数的增加与盈利能力的下滑共同导致了人均净利润的下降，且后者的影响可能比前者更大。2009年度，信托公司从业人数增长率为10.64%，与2008年度基本持平，但人均净利润指标仍然在下降，这表明从业人数的增加并没有显著改变这一时期信托公司经营业绩较差的态势。2010年开始，人均净利润指标与从业人数指标同时增长，说明在这一时期，信托公司在人员规模不断增加的同时，人员的盈利能力也得到了改善。2010年度，信托公司从业人数增长均值为27.88%，人均净利润增长率为12.53%。2011年度从业人数增长率为12.03%，人均净利润增长率为11.71%。值得注意的是，2010年与2011年，虽然两个指标均实现了增长，但从业人数的增长速度显著高于人均净利润的增长速度。2012年度，从业人数增长率达到17.45%，人均净利润增长率达

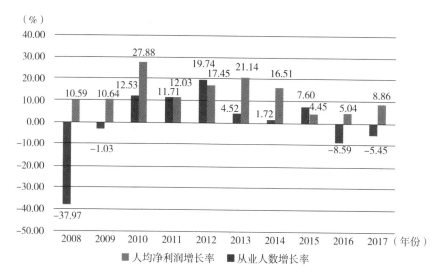

图5-4　2008~2017年信托公司人均净利润增长与从业人数增长对比

资料来源：中国人民大学信托与基金研究所：《中国信托公司经营蓝皮书（各年度）》，财富出版社，2016年版。

到 19.74%，首次出现了人均净利润增长速度高于从业人数的情况。这表明在这一年度，信托公司人员的业绩得到了较大的提升。2013~2014 年度，从业人数增长率分别为 21.14% 与 16.51%，人均净利润增长率分别为 4.52% 与 1.72%，表明盈利能力的提升速度要弱于人员的增长速度。2015 年度，从业人数和人均净利润的增长率分别为 4.45% 与 7.60%，继 2012 年之后再次出现人均盈利能力增速高于人员增速的局面。2016 年度与 2017 年度，从业人员均值分别上升 5.04% 与 8.86%，但人均净利润指标的增长率连续两年小于零。这表明信托公司通过扩张规模实现利润增长的模式已经难以适应信托业的发展，信托公司的主动管理能力需要得到进一步提升。

2008~2017 年度信托公司人均净利润指标的基本情况如表 5-2 所示。

表 5-2　2008~2017 年度信托公司人均净利润的统计分析表

年份	2008	2009	2010	2011	2012
平均值（万元）	250.22	247.64	278.68	311.30	372.76
平均值增长幅度（万元）	-153.16	-2.58	31.04	32.62	61.45
平均值增长率（%）	-37.97	-1.03	12.53	11.71	19.74
公司数目	47	52	53	61	65
最大值（万元）	1013.00	1472.81	1226.51	1361.32	1559.15
最小值（万元）	8.46	-543.34	28.79	12.22	61.83
标准差（万元）	240.22	279.35	246.40	242.06	243.70
变异系数	0.96	1.13	0.88	0.78	0.65
年份	2013	2014	2015	2016	2017
平均值（万元）	394.66	396.97	427.14	390.47	369.20
平均值增长幅度（万元）	12.35	6.77	30.17	-36.67	-21.27
平均值增长率（%）	4.52	1.72	7.60	-8.59	-5.45
公司数目	66	63	65	64	64
最大值（万元）	1520.01	2615	3357.92	2519.74	2295.53
最小值（万元）	11.36	16	6.44	22.17	36.14
标准差（万元）	270.81	382.5	464.71	365.68	325.61
变异系数	0.70	0.95	1.09	0.94	0.88

第二节　信托资产盈利能力十年变动趋势分析

一、信托报酬率十年变动趋势分析

图 5-5 为 2008～2017 年度信托公司信托报酬率变动趋势。如前所述，2008 年以来，经过十年的发展，信托公司的经营规模在迅速提升，但资产规模的持续膨胀是否带来了信托收益的持续发展是近年来行业内关注的重要问题。

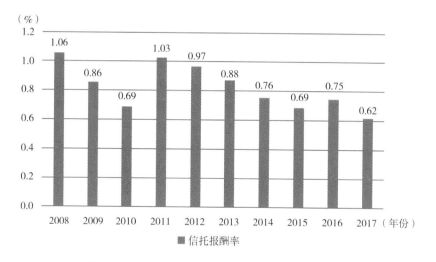

（%）

图 5-5　2008～2017 年信托公司信托报酬率变动趋势

资料来源：中国人民大学信托与基金研究所：《中国信托公司经营蓝皮书（各年度）》，财富出版社，2016 年版。

2008 年度，信托公司平均信托报酬率达到 1.06%，在这一时期，信托公司主要通过与商业银行之间的银信合作来获取收益。由于当时费率相对较高，信托公司获取了相对较高的收益。但是 2008 年为了限制银信合作，原银监会发布了《银行与信托公司业务合作指引》，加强了对银信合作的监管力度，信托报酬率指标受到了一定的影响。从 2009 年开始，为应对全球性金融危机带来的影响，政府开始实行四万亿经济刺激计划。与此同时，房地产行业的快速增长造成经济过热的风险日益加大。为了抑制房地产价格的快速增长，国家开始通过提高存款准备金率以及限制银行房地产贷款的发放等措施实行宏观调控。企业融资需求的提升与货币政策的收紧带来了信托规模的不断提升，但是信托报酬率的表现却不甚理想。2009 年度，信托公司平均信托报酬率为 0.86%，相比于 2008 年度下降 0.20%。2010 年度该指标进一步下降至 0.69%，降幅达到 0.17%。造成这一时期信托报酬率较低的原因可能是由于信托公司大量从事收益较低的通道业务所造成的结果。2011 年度，信托公司平均信托报酬率为 1.03%，同比上涨 0.34%。在 2011 年度，信托业的业务热点较为分散。房地产行业的热度开始逐渐降低，而工商类企业的融资需求有了显著提升。在这一年度，一系列新型信托产品开始出现，在一定程度上促进了信托报酬率的提升。2012 年度，经济刺激政策的效果开始被逐渐消化，中国经济增长速度开始明显放缓，房地产等行业的融资需求开始减弱，信托公司的收益能力也受到了一定的影响。2012 年度，信托报酬率均值为 0.97%，相比于 2011 年下降了 0.06%。2013 年度，信托报酬率均值为 0.88%，同比下降 0.09%。虽然房地产行业在该年度有所回暖，但宏观经济整体还处于调整时期，信托报酬率持续下降的态势并没有被逆转。2014 年度与 2015 年度，由于宏观经济增速较慢，信托项目违约率上升，信托公司面临较高的兑付压力，信托报酬率持续下降。2014 年度，信托报酬率为 0.76%，降幅达到 0.12%。2015 年度信托报酬率为 0.69%，降幅达到 0.07%。值得注意的是，2015 年度也是整个行业信托报酬率较低的一年。从 2016 年开始，相关部门加强了对券商、基金子公司等金融机构从事资管业务的监管力度，这也使信托公司的盈利能力得到了一定的提升。2016 年度，信托公司平均信托报酬率为 0.75%，同比增长 0.06%。2017 年度，一方面，宏观经济有所回暖，在一定程度上促进了企业的融资需求；另一方面，相对较低的投资回报使得企业无法承受过高的资本成本。在央行强监管、去杠杆的整体政策导向下，企业获取资金的难度加大，资本成本提升的压力也较为显著。因此在这一时期，虽然信托业务在整体上得到了一定的提升，但是信托公司不得不通过降低信托报酬的方式来实现规模的增长。2017 年度，信托公司信托报酬率均值为 0.62%，同比下降 0.13%。

从信托报酬率的公司差异来看，2008 年信托报酬率变异系数为 1.04，表明信托公司之间在这一指标上存在较大差异。2009～2013 年，信托报酬率变异系数呈现提高与降低交替出现的局面。其中，2009 年信托报酬率为 0.99，2010 年下降至 0.70，2011 年小幅上升至 0.74，2012 年大幅减少至 0.55，2013 年提高到 0.63。从 2014 年开始，信托报酬率变异系数开始呈逐年上升趋势。其中，2014 年为 0.64，2015 年为 0.77，2016 年提高至 0.80，2017 年再次提升至 1.02。这表明自 2014 年开始，信托公司在信托报酬率上的差异性在逐年扩大。

2008~2017 年信托公司信托报酬率整体状况如表 5-3 所示。

表 5-3　2008~2017 年信托公司信托报酬率统计表

年份	2008	2009	2010	2011	2012
平均值（%）	1.06	0.86	0.69	1.03	0.97
平均值增长幅度（%）	-0.20	-0.20	-0.16	0.33	-0.06
公司数目	48	39	43	50	52
最大值（%）	7.40	5.46	2.03	4.10	2.65
最小值（%）	0.11	0.11	0.07	0.00	0.22
标准差（%）	1.11	0.85	0.49	0.76	0.53
变异系数	1.04	0.99	0.70	0.74	0.55
年份	2013	2014	2015	2016	2017
平均值（%）	0.88	0.76	0.69	0.75	0.62
平均值增长幅度（%）	-0.09	-0.12	-0.06	0.05	-0.13
公司数目	55	52	54	53	51
最大值（%）	3.44	2.66	2.85	3.16	3.63
最小值（%）	0.25	0.14	0.19	0.14	0.10
标准差（%）	0.55	0.49	0.53	0.60	0.63
变异系数	0.63	0.64	0.77	0.80	1.02

资料来源：中国人民大学信托与基金研究所：《中国信托公司经营蓝皮书（各年度）》，财富出版社，2016 年版。

二、集合类信托项目盈利能力十年变动趋势分析

图 5-6 为 2008~2017 年信托公司集合类信托项目平均收益率变动趋势。2008~2017 年，信托公司集合类信托项目收益率在 6%~10% 波动。其

中，2008 年，集合类信托项目收益率均值为 6.62%，同比下降了 5.33%。2009 年度集合类信托项目收益率为 6.20%，相比于 2008 年度下降了 0.42%。2010 年度，该指标开始大幅上升，达到 9.21%，同比增长达 3.01%。该年度集合类信托收益率的高速增长可能和当年宏观经济增速较快有关。2011 年开始，随着实体经济增速放缓，集合类信托项目收益率连续两年出现下滑。其中 2011 年度为 8.84%，降幅 0.37%；2012 年度该指标为 7.22%，降幅为 1.62%。从 2013 年开始，集合类信托项目收益率开始逐渐回升。其中，2013 年度该指标达到 8.02%，增幅达 0.8%。2014 年度与 2015 年度集合类信托项目收益率分别为 9.56% 与 9.70%，增幅分别达到 1.54% 与 0.14%。从 2016 年开始，虽然信托规模继续提升，但集合类信托项目收益率却出现下降。2016 年度，集合类信托项目收益率为 8.26%，同比下降 1.44%。2017 年度，集合类信托项目收益率为 7.30%，同比下降 0.96%。

图 5-6　2008~2017 年信托公司集合类信托项目平均收益率

资料来源：中国人民大学信托与基金研究所：《中国信托公司经营蓝皮书（各年度）》，财富出版社，2016 年版。

从集合类信托项目收益率的公司间差异来看，2008 年度集合类信托项目收益率变异系数为 1.53，表明信托公司在该指标上的差异性较大。2009 年度与 2010 年度，该指标逐步降低。其中，2009 年度为 0.87，2010 年度进一步降至 0.84。2011 年度，集合类信托项目收益率变异系数达到 2.05，这也是近十年来信托业在该指标上离散性最高的一年。2012 年度与 2013 年度，该指标迅速降至 0.34 与 0.28。2014~2015 年度，集合类信托项目收益率变异系数再次进入上升通道，分别达到 0.36 与 0.75。2016 年度与 2017 年度，该指标进一步减少至 0.25 和 0.29。

2008~2017 年信托公司集合类信托项目收益率基本情况如表 5-4 所示。

表 5-4　2008~2017 年信托公司集合类信托项目平均收益率统计表

年份	2008	2009	2010	2011	2012
平均值（%）	6.62	6.20	9.21	8.84	7.22
平均值增长幅度（%）	-5.33	-0.42	3.01	-0.37	-1.62
公司数目	55	55	56	58	63
收益率为负的公司数	3	3	1	4	0
最大值（%）	56.65	30.18	53.95	144.92	12.30
最小值（%）	-25.22	-8.84	-0.47	-3.76	0.00
标准差（%）	10.12	5.42	7.76	18.09	2.44
变异系数	1.53	0.87	0.84	2.05	0.34
年份	2013	2014	2015	2016	2017
平均值（%）	8.02	9.56	9.70	8.26	7.30
平均值增长幅度（%）	1.15	1.54	0.14	-1.44	-1.11
公司数目	66	64	66	68	68
收益率为负的公司数	1	0	1	1	0
最大值（%）	12.95	33.97	38.21	9.74	14.34
最小值（%）	-2.19	6.43	-2.64	-1.59	1.02
标准差（%）	2.29	3.48	7.25	2.08	2.11
变异系数	0.28	0.36	0.75	0.25	0.29

　　资料来源：中国人民大学信托与基金研究所：《中国信托公司经营蓝皮书（各年度）》，财富出版社，2016 年版。

三、单一类信托项目盈利能力十年变动趋势分析

　　图 5-7 为 2008~2017 年信托公司单一类信托项目平均收益变动趋势。与集合类信托项目收益率增长与衰退交替出现的状况不同，单一类信托项目收益率除 2010 年与 2017 年以外，均表现出持续增长的趋势。

　　2008 年度，信托公司单一类信托项目收益率为 6.57%，年度增幅达到 1.13%。2009 年度，该指标上升至 7.22%，同比增长 0.65%。2010 年度，单一类信托项目收益率出现下降，均值为 4.71%，同比下降 2.51%，这也是近十年来该指标下降幅度最大的一年。从 2011 年开始，单一类信托项目收

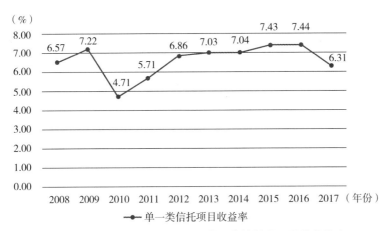

图5-7　2008~2017年信托公司单一类信托项目平均收益率

资料来源：中国人民大学信托与基金研究所：《中国信托公司经营蓝皮书（各年度）》，财富出版社，2016年版。

益率开始持续上升。2011年该指标达到5.71%，同比上升1.00%；2012年该指标达到6.86%，同比上升1.15%；2013年该指标达到7.03%，同比上升0.17%；2014年度该指标达到7.04%，小幅上升0.01%；2015年度该指标达到7.43%，同比上升0.39%；2016年度该指标进一步上升至7.44%，同比增长0.01%；然而，在2017年度，该指标出现了下降。该年度单一类信托项目收益率为6.31%，同比下降1.13%。

从单一类信托项目的公司间差异上看，2008年，该指标变异系数为0.66，2009年度增长至1.52，表明在这一时期，信托公司在单一类信托项目收益率上的差异有所增加。2010~2017年，单一类信托项目收益率变异系数较为稳定。其中，该指标的最大值为2011年的0.31，最小值为2014年的0.17，其余年份均维持在0.20~0.30的区间。

2008~2017年信托公司单一类信托项目收益率的基本情况如表5-5所示。

表5-5　2008~2017年信托公司单一类信托项目平均收益率统计表

年份	2008	2009	2010	2011	2012
平均值（%）	6.57	7.22	4.71	5.71	6.86
平均值增长幅度（%）	1.13	0.65	-2.50	0.99	1.16
公司数目	55	55	56	60	63
最大值（%）	31.32	82.34	9.08	12.05	12.10
最小值（%）	0.00	1.90	2.70	0.02	0.00

续表

年份	2008	2009	2010	2011	2012
标准差（%）	4.36	10.97	1.17	1.79	1.60
变异系数	0.66	1.52	0.25	0.31	0.23
年份	2013	2014	2015	2016	2017
平均值（%）	7.03	7.04	7.43	7.44	6.31
平均值增长幅度（%）	0.42	0.01	0.39	0.01	-1.13
公司数目	66	64	67	68	68
最大值（%）	13.42	9.66	16.21	7.90	9.77
最小值（%）	4.51	0.00	5.40	4.67	0.47
标准差（%）	1.53	1.21	1.80	1.47	1.46
变异系数	0.22	0.17	0.24	0.20	0.23

表5-6至表5-9为2008年至2017年度信托公司资本利润率以及人均净利润的基本情况。如表所示，在信托业近十年的发展过程中，虽然信托公司的资产规模和营业收入普遍增长，但是其盈利能力却在行业内出现了一定的分化。这表明对于部分信托公司而言，如何提升其经营质量成为需要思考的重要问题。

表5-6　2008～2017年资本利润率序列表

序号	公司简称	均值（%）	最大值（%）	最小值（%）	标准差（%）	变异系数
1	中融信托	36.62	67.48	18.29	16.09	0.44
2	中铁信托	33.60	64.26	10.71	17.69	0.53
3	安信信托	30.88	37.40	24.36	6.52	0.21
4	四川信托	30.59	45.56	14.27	11.17	0.36
5	大业信托	28.56	39.10	21.47	6.48	0.23
6	国通信托	25.71	38.25	12.27	9.65	0.38
7	五矿信托	25.02	38.39	16.32	7.94	0.32
8	长安国信	23.74	41.96	12.14	8.91	0.38
9	中信信托	23.65	32.17	11.65	7.06	0.30
10	中海信托	23.47	34.12	17.11	4.48	0.19
11	工商信托	22.03	32.17	11.09	6.26	0.28
12	中航信托	21.93	29.60	10.03	5.34	0.24
13	华信信托	18.99	27.00	8.28	5.50	0.29

序号	公司简称	均值（%）	最大值（%）	最小值（%）	标准差（%）	变异系数
14	厦门国信	18.98	29.26	10.10	5.04	0.27
15	外贸信托	18.85	24.76	14.22	3.39	0.18
16	北京国信	18.70	24.48	12.61	4.15	0.22
17	陆家嘴信托	18.69	97.77	-63.03	40.57	2.17
18	华能贵诚	18.10	22.46	8.77	4.67	0.26
19	百瑞信托	18.04	23.58	9.85	4.28	0.24
20	华宝信托	18.02	36.40	5.26	7.91	0.44
21	湖南信托	17.67	30.18	4.47	8.84	0.50
22	山东国信	17.59	32.67	9.95	6.59	0.37
23	粤财信托	17.47	21.12	12.84	2.28	0.13
24	西藏信托	17.45	37.07	0.74	11.47	0.66
25	紫金信托	17.36	23.00	10.14	4.40	0.25
26	重庆国信	17.18	28.21	8.99	6.09	0.35
27	万向信托	16.96	28.70	5.25	9.03	0.53
28	上海国信	16.88	21.82	10.38	3.91	0.23
29	华融国信	16.76	26.15	4.65	6.50	0.39
30	云南国信	16.55	39.87	7.74	8.45	0.51
31	华鑫信托	16.53	20.22	12.33	2.34	0.14
32	华润信托	16.15	24.61	10.17	4.10	0.25
33	北方国信	15.98	21.61	10.22	3.88	0.24
34	中原信托	15.95	29.98	4.01	7.95	0.50
35	东莞信托	15.94	23.26	10.11	3.75	0.24
36	苏州信托	15.84	19.19	11.71	1.97	0.12
37	爱建信托	15.75	24.23	12.29	3.74	0.24
38	长城新盛	15.67	30.96	3.88	10.00	0.64
39	江苏国信	15.34	19.03	8.70	2.72	0.18
40	中诚信托	15.32	19.45	7.60	4.18	0.27
41	新华信托	14.93	35.13	0.57	12.93	0.87
42	中江国信	14.51	28.11	3.88	6.23	0.43
43	中建投信托	14.32	17.00	4.95	3.52	0.25
44	中泰信托	14.29	24.37	5.84	5.48	0.38
45	天津信托	13.72	25.99	8.13	5.53	0.40

序号	公司简称	均值（%）	最大值（%）	最小值（%）	标准差（%）	变异系数
46	渤海信托	13.53	17.21	6.02	3.47	0.26
47	国投泰康	13.36	21.03	8.52	3.57	0.27
48	华澳信托	13.24	28.00	3.10	7.18	0.54
49	英大信托	13.13	19.63	7.41	4.03	0.31
50	兴大兴陇	13.03	39.68	0.78	10.02	0.77
51	兴业信托	13.01	24.69	5.61	5.90	0.45
52	民生信托	12.89	17.56	8.66	2.92	0.23
53	昆仑信托	12.46	15.75	6.53	2.75	0.22
54	西部信托	12.18	29.00	5.21	6.93	0.57
55	平安信托	11.84	16.83	5.08	3.77	0.32
56	新时代	11.71	20.01	7.16	3.74	0.32
57	国元信托	11.34	17.03	7.69	3.12	0.28
58	国民信托	11.08	24.83	3.76	6.31	0.57
59	国联信托	10.92	17.18	5.43	3.60	0.33
60	金谷信托	10.56	29.11	3.14	8.25	0.78
61	建信信托	10.01	15.86	2.70	4.54	0.45
62	华宸信托	9.81	18.34	1.36	6.79	0.69
63	吉林信托	9.80	18.53	0.78	4.91	0.50
64	浙商金汇	9.65	12.12	7.40	1.74	0.18
65	交银国信	9.54	13.58	0.58	4.02	0.42
66	中粮信托	9.48	11.66	5.99	1.72	0.18
67	山西信托	6.39	12.44	1.05	2.99	0.47
68	陕西国信	—	—	—	—	—

表 5-7　2008～2017 年资本利润率增幅序列表

序号	公司简称	均值（%）	最大值（%）	最小值（%）	标准差（%）	变异系数
1	安信信托	13.04	13.04	13.04	0.00	0.00
2	万向信托	5.42	12.10	-3.44	6.53	1.20
3	长城新盛	5.38	21.05	-9.49	10.96	2.04
4	湖南信托	1.68	12.95	-8.76	6.09	3.62
5	中航信托	1.47	16.50	-6.08	6.72	4.58
6	中江国信	1.37	16.21	-12.34	7.97	5.83

序号	公司简称	均值（%）	最大值（%）	最小值（%）	标准差（%）	变异系数
7	五矿信托	1.36	22.07	-9.91	12.91	9.48
8	民生信托	1.28	4.48	-2.28	2.77	2.16
9	华能贵诚	1.14	6.25	-3.42	2.72	2.39
10	华澳信托	1.10	10.00	-12.00	7.80	7.06
11	交银国信	1.08	4.98	-1.84	2.21	2.04
12	山东国信	0.95	19.04	-7.42	7.61	7.98
13	中粮信托	0.95	5.28	-2.44	2.31	2.45
14	爱建信托	0.91	8.55	-10.49	5.18	5.70
15	江苏国信	0.83	4.96	-2.10	2.09	2.51
16	浙商金汇	0.76	3.40	-3.15	2.53	3.34
17	天津信托	0.67	9.42	-11.05	5.07	7.54
18	中建投信托	0.65	12.03	-4.65	4.60	7.03
19	英大信托	0.65	6.80	-2.41	3.28	5.05
20	建信信托	0.57	4.09	-4.46	2.52	4.45
21	渤海信托	0.53	5.98	-3.33	2.95	5.56
22	厦门国信	0.48	10.98	-13.78	7.36	15.30
23	华融国信	0.44	7.00	-9.08	4.91	11.16
24	长安国信	0.44	11.71	-9.33	6.86	15.69
25	紫金信托	0.35	10.59	-5.60	5.77	16.74
26	中铁信托	0.19	29.84	-24.11	14.88	78.79
27	兴大兴陇	0.17	30.44	-20.02	12.99	75.50
28	新华信托	0.06	18.47	-19.13	9.51	150.96
29	兴业信托	0.04	11.49	-7.30	5.07	140.84
30	国民信托	0.03	12.03	-12.62	7.52	227.76
31	北京国信	-0.01	11.74	-8.48	5.31	-408.67
32	金谷信托	-0.12	11.55	-18.75	9.49	-77.21
33	大业信托	-0.16	13.56	-9.00	7.19	-44.48
34	华鑫信托	-0.48	2.93	-4.49	2.53	-5.25
35	工商信托	-0.56	6.69	-11.41	5.98	-10.66
36	苏州信托	-0.66	2.44	-4.86	2.06	-3.13
37	山西信托	-0.67	3.77	-9.75	4.14	-6.22
38	华宸信托	-0.73	3.78	-16.98	5.61	-7.73

序号	公司简称	均值（%）	最大值（%）	最小值（%）	标准差（%）	变异系数
39	西藏信托	-0.76	13.44	-21.64	11.13	-14.60
40	百瑞信托	-0.81	7.32	-14.02	5.40	-6.70
41	北方国信	-0.83	5.20	-5.12	3.07	-3.72
42	四川信托	-1.27	21.83	-19.43	12.98	-10.19
43	国投泰康	-1.33	8.72	-10.68	5.50	-4.13
44	东莞信托	-1.37	5.86	-5.40	3.31	-2.41
45	中融信托	-1.44	31.40	-23.26	12.88	-8.94
46	重庆国信	-1.55	7.46	-9.33	5.83	-3.77
47	平安信托	-1.58	2.98	-17.90	6.47	-4.10
48	新时代	-1.61	1.66	-4.81	2.10	-1.31
49	西部信托	-1.66	13.37	-23.79	10.13	-6.12
50	外贸信托	-1.66	5.17	-17.99	6.39	-3.85
51	华信信托	-1.70	6.60	-10.00	5.75	-3.39
52	吉林信托	-1.77	9.94	-32.75	11.93	-6.74
53	国通信托	-2.12	11.47	-12.72	7.45	-3.51
54	粤财信托	-2.37	8.28	-29.61	9.57	-4.04
55	中信信托	-2.63	7.34	-9.48	4.30	-1.64
56	中泰信托	-2.63	5.23	-7.76	4.22	-1.61
57	中海信托	-2.65	2.89	-12.72	5.15	-1.95
58	昆仑信托	-2.80	5.48	-30.84	9.69	-3.46
59	上海国信	-2.87	4.43	-31.95	10.15	-3.53
60	云南国信	-3.22	4.98	-23.79	8.03	-2.50
61	华宝信托	-3.29	10.74	-11.75	6.43	-1.96
62	国联信托	-3.58	10.47	-34.53	11.12	-3.11
63	中原信托	-3.63	8.57	-42.22	13.92	-3.83
64	国元信托	-3.85	3.80	-37.04	11.47	-2.98
65	华润信托	-3.96	10.76	-38.68	12.88	-3.25
66	中诚信托	-6.95	0.47	-58.34	17.27	-2.48
67	陆家嘴信托	-14.24	-0.85	-66.90	23.72	-1.67
68	陕西国信	—	—	—	—	—

表 5-8　2008~2017 年人均净利润序列表

序号	公司简称	均值	最大值	最小值	标准差	变异系数
1	重庆国信	1660.56	3357.92	700.00	904.49	0.54
2	江苏国信	1295.43	1685.56	538.00	360.17	0.28
3	华润信托	844.34	1472.81	550.63	294.65	0.35
4	中诚信托	717.39	918.45	428.80	177.47	0.25
5	中海信托	710.45	1013.00	444.26	135.62	0.19
6	华信信托	613.12	1106.79	245.00	276.81	0.45
7	中信信托	578.29	678.69	443.76	71.51	0.12
8	粤财信托	564.32	813.76	348.76	142.16	0.25
9	中铁信托	543.52	932.00	150.00	244.52	0.45
10	国联信托	511.97	779.68	324.20	138.14	0.27
11	外贸信托	493.13	655.55	297.18	109.83	0.22
12	上海国信	485.12	674.03	305.16	113.71	0.23
13	中航信托	463.02	624.18	42.36	184.81	0.40
14	国投泰康	417.54	791.10	194.40	177.43	0.42
15	西藏信托	411.82	910.16	15.06	289.71	0.70
16	华能贵诚	406.63	620.46	119.16	170.65	0.42
17	北京国信	373.77	445.00	300.00	54.90	0.15
18	山东国信	358.23	605.29	180.85	147.07	0.41
19	五矿信托	350.19	489.73	143.39	104.06	0.30
20	苏州信托	344.91	470.11	211.00	93.47	0.27
21	百瑞信托	341.84	515.22	109.23	142.77	0.42
22	英大信托	339.99	456.48	138.18	122.11	0.36
23	渤海信托	336.29	516.85	92.00	136.53	0.41
24	华鑫信托	331.01	387.00	264.00	45.14	0.14
25	建信信托	324.81	468.35	59.46	141.57	0.44
26	华融国信	308.98	475.34	45.27	119.81	0.39
27	国元信托	306.05	543.97	114.31	118.76	0.39
28	厦门国信	303.05	399.00	153.00	67.97	0.22
29	昆仑信托	294.24	374.61	40.46	89.24	0.30
30	国通信托	293.20	440.56	108.00	118.30	0.40
31	北方国信	293.13	414.09	150.43	84.88	0.29
32	湖南信托	290.78	588.00	41.00	182.17	0.63

序号	公司简称	均值	最大值	最小值	标准差	变异系数
33	中建投信托	287.56	425.82	72.17	90.37	0.31
34	华宝信托	282.22	508.71	101.12	99.79	0.35
35	中原信托	262.11	464.44	42.00	131.99	0.50
36	天津信托	261.40	551.31	96.94	141.82	0.54
37	中江国信	259.60	866.93	65.14	221.50	0.85
38	交银国信	257.87	466.62	8.80	152.31	0.59
39	东莞信托	256.12	321.08	214.42	32.83	0.13
40	大业信托	253.40	308.59	212.91	30.69	0.12
41	民生信托	253.04	528.62	62.72	172.48	0.68
42	平安信托	250.52	455.95	119.82	112.36	0.45
43	浙商金汇	243.00	243.00	243.00	0.00	0.00
44	爱建信托	239.16	359.94	77.54	94.99	0.40
45	中泰信托	238.29	322.09	123.48	73.29	0.31
46	工商信托	220.67	295.00	111.03	63.56	0.29
47	兴业信托	219.34	380.16	45.00	127.04	0.58
48	紫金信托	213.40	295.39	93.26	61.30	0.29
49	安信信托	205.79	210.23	201.34	4.44	0.02
50	中粮信托	202.31	251.78	132.99	35.31	0.17
51	西部信托	198.31	447.75	49.27	131.32	0.66
52	金谷信托	197.44	457.67	55.00	124.27	0.63
53	四川信托	194.33	289.15	124.92	55.86	0.29
54	万向信托	171.31	258.69	106.36	67.32	0.39
55	国民信托	168.42	497.63	46.67	130.18	0.77
56	吉林信托	163.82	314.20	8.46	82.54	0.50
57	长安国信	160.08	293.77	54.50	72.78	0.45
58	云南国信	154.77	248.00	68.00	57.58	0.37
59	陆家嘴信托	146.58	670.61	−543.34	307.78	2.10
60	新时代	136.53	234.18	76.53	44.01	0.32
61	中融信托	129.91	144.60	95.55	15.63	0.12
62	兴大兴陇	113.30	214.77	12.22	59.09	0.52
63	长城新盛	107.85	191.21	25.50	57.19	0.53
64	华澳信托	97.35	182.00	28.79	52.11	0.54

序号	公司简称	均值	最大值	最小值	标准差	变异系数
65	华宸信托	85.20	157.00	11.36	53.40	0.63
66	新华信托	77.15	168.23	6.44	58.32	0.76
67	山西信托	60.11	125.39	8.86	30.62	0.51
68	陕西国信	—	—	—	—	—

表5-9　2008~2017年人均净利润增幅序列表

序号	公司简称	均值（%）	最大值（%）	最小值（%）	标准差（%）	变异系数
1	兴大兴陇	143.50	1091.82	-86.92	351.50	2.45
2	吉林信托	133.24	1286.17	-94.96	389.95	2.93
3	新华信托	113.76	682.39	-81.76	216.81	1.91
4	长城新盛	106.31	488.27	-67.19	202.74	1.91
5	中航信托	102.65	628.14	-7.91	215.94	2.10
6	交银国信	97.03	797.27	-40.54	235.15	2.42
7	华澳信托	87.19	420.00	-47.50	167.23	1.92
8	民生信托	67.20	96.53	42.99	22.16	0.33
9	昆仑信托	54.39	604.08	-81.96	185.59	3.41
10	西部信托	48.64	265.33	-79.89	122.29	2.51
11	山东国信	46.16	218.91	-39.86	83.37	1.81
12	西藏信托	45.74	471.58	-87.04	167.95	3.67
13	华融国信	44.52	411.29	-31.09	124.58	2.80
14	五矿信托	40.26	148.18	-0.28	62.53	1.55
15	国民信托	38.23	311.54	-59.26	110.22	2.88
16	湖南信托	37.36	180.30	-33.66	64.98	1.74
17	万向信托	36.60	92.72	-4.55	41.10	1.12
18	国通信托	31.92	242.59	-37.23	95.76	3.00
19	华能贵诚	29.56	160.76	-4.91	50.43	1.71
20	中江国信	28.58	190.38	-92.49	72.67	2.54
21	山西信托	27.58	261.40	-90.77	95.68	3.47
22	兴业信托	26.60	181.49	-21.49	62.94	2.37
23	天津信托	25.52	93.13	-31.60	36.18	1.42
24	中建投信托	24.57	251.81	-25.76	79.35	3.23
25	中铁信托	24.36	107.17	-52.90	49.31	2.02

序号	公司简称	均值（%）	最大值（%）	最小值（%）	标准差（%）	变异系数
26	爱建信托	23.06	73.25	4.50	23.01	1.00
27	建信信托	22.69	92.40	−41.52	39.15	1.73
28	华宸信托	21.90	144.10	−92.67	58.16	2.66
29	金谷信托	21.49	70.25	−66.87	55.99	2.61
30	中原信托	20.79	150.24	−88.74	59.70	2.87
31	紫金信托	20.66	83.00	−14.67	31.08	1.50
32	渤海信托	19.97	85.73	−23.56	41.02	2.05
33	英大信托	19.33	70.38	−8.93	29.32	1.52
34	厦门国信	19.31	110.39	−58.08	46.47	2.41
35	长安国信	18.88	107.52	−23.55	44.19	2.34
36	重庆国信	17.26	78.19	−24.96	27.16	1.57
37	百瑞信托	16.49	84.35	−26.20	28.83	1.75
38	江苏国信	14.24	44.44	−13.63	18.94	1.33
39	中粮信托	12.35	42.76	−3.82	16.38	1.33
40	北京国信	11.97	134.51	−28.68	44.23	3.69
41	苏州信托	10.03	57.11	−17.42	20.85	2.08
42	华信信托	9.41	43.05	−36.53	26.42	2.81
43	新时代	8.83	39.80	−30.59	25.54	2.89
44	华宝信托	7.92	242.23	−52.20	80.23	10.13
45	平安信托	7.23	56.17	−68.96	31.80	4.40
46	国元信托	6.62	81.66	−76.82	41.46	6.26
47	工商信托	5.37	26.09	−51.24	21.94	4.08
48	华鑫信托	4.83	37.24	−25.00	19.96	4.13
49	安信信托	4.42	4.42	4.42	0.00	0.00
50	大业信托	4.38	24.27	−19.70	17.43	3.98
51	北方国信	4.24	51.83	−29.20	25.54	6.02
52	粤财信托	3.42	44.88	−62.62	26.79	7.83
53	外贸信托	2.55	61.66	−28.76	28.63	11.21
54	中融信托	2.42	37.13	−27.71	17.51	7.25
55	国联信托	0.30	140.49	−77.23	53.69	177.37
56	云南国信	−0.94	110.29	−54.44	45.88	−49.06
57	上海国信	−1.72	40.38	−66.76	29.04	−16.88

序号	公司简称	均值（%）	最大值（%）	最小值（%）	标准差（%）	变异系数
58	中信信托	−1.99	18.15	−23.77	13.74	−6.89
59	四川信托	−2.24	52.52	−34.92	30.92	−13.78
60	东莞信托	−3.54	27.16	−25.03	16.09	−4.54
61	华润信托	−3.96	68.32	−74.38	41.53	−10.49
62	中海信托	−6.16	13.01	−36.03	16.81	−2.73
63	中泰信托	−6.51	29.52	−26.02	16.74	−2.57
64	中诚信托	−6.68	25.57	−38.31	19.29	−2.89
65	国投泰康	−7.07	94.07	−55.52	43.04	−6.09
66	陆家嘴信托	−8.53	47.29	−79.61	37.81	−4.43
67	陕西国信	—	—	—	—	—
68	浙商金汇	—	—	—	—	—

表5-10至表5-13为2008年度至2017年度信托业信托报酬率，集合类信托项目报酬率与单一类信托项目报酬率的基本情况。通过数据可以发现，不同类型的信托项目在盈利能力上存在一定的差异。

表5-10 2008~2017年信托报酬率序列表

序号	公司简称	均值（%）	最大值（%）	最小值（%）	标准差（%）	变异系数
1	华宝信托	3.08	3.08	3.08	0.00	0.00
2	工商信托	2.39	3.44	1.28	0.61	0.26
3	东莞信托	1.93	3.63	0.28	1.05	0.54
4	云南国信	1.64	7.40	0.19	2.13	1.30
5	爱建信托	1.62	4.10	0.53	1.02	0.63
6	陆家嘴信托	1.35	5.46	0.00	1.61	1.19
7	苏州信托	1.33	1.84	0.86	0.40	0.30
8	安信信托	1.33	1.92	0.77	0.34	0.26
9	华信信托	1.31	1.88	0.65	0.37	0.28
10	百瑞信托	1.18	1.57	0.79	0.27	0.23
11	重庆国信	1.17	1.61	0.81	0.23	0.19
12	湖南信托	1.10	1.96	0.52	0.46	0.41
13	华宸信托	1.06	1.83	0.69	0.36	0.34
14	新华信托	0.99	2.19	0.42	0.62	0.62

序号	公司简称	均值（%）	最大值（%）	最小值（%）	标准差（%）	变异系数
15	中融信托	0.98	1.63	0.31	0.47	0.48
16	长城新盛	0.96	2.01	0.42	0.65	0.67
17	西部信托	0.96	2.95	0.22	0.74	0.77
18	国联信托	0.92	2.19	0.48	0.48	0.52
19	紫金信托	0.92	1.55	0.50	0.33	0.36
20	民生信托	0.91	1.17	0.63	0.19	0.21
21	浙商金汇	0.90	1.63	0.36	0.38	0.42
22	中航信托	0.90	1.22	0.59	0.22	0.25
23	大业信托	0.89	1.60	0.47	0.38	0.42
24	中原信托	0.86	1.15	0.70	0.13	0.15
25	四川信托	0.86	0.86	0.86	0.00	0.00
26	天津信托	0.80	1.52	0.41	0.43	0.54
27	平安信托	0.79	0.95	0.50	0.16	0.20
28	华能贵诚	0.78	0.81	0.75	0.03	0.04
29	北京国信	0.78	1.25	0.41	0.35	0.45
30	五矿信托	0.77	1.28	0.42	0.27	0.35
31	昆仑信托	0.76	1.53	0.24	0.34	0.45
32	中铁信托	0.75	1.77	0.41	0.37	0.50
33	长安国信	0.75	1.19	0.37	0.25	0.34
34	山西信托	0.74	1.44	0.41	0.30	0.40
35	华澳信托	0.73	1.06	0.23	0.25	0.35
36	中建投信托	0.69	0.69	0.69	0.00	0.00
37	华润信托	0.68	0.93	0.31	0.25	0.37
38	国通信托	0.68	0.91	0.35	0.20	0.29
39	上海国信	0.68	0.95	0.28	0.22	0.33
40	江苏国信	0.64	1.23	0.13	0.35	0.55
41	中信信托	0.62	0.70	0.51	0.08	0.13
42	北方国信	0.62	2.13	0.16	0.56	0.91
43	中江国信	0.60	0.87	0.38	0.15	0.26
44	金谷信托	0.59	0.86	0.28	0.22	0.37
45	吉林信托	0.56	0.89	0.27	0.25	0.45
46	中泰信托	0.56	0.96	0.14	0.21	0.38

序号	公司简称	均值（%）	最大值（%）	最小值（%）	标准差（%）	变异系数
47	新时代	0.54	1.08	0.23	0.30	0.56
48	国民信托	0.54	1.06	0.07	0.23	0.43
49	兴业信托	0.51	1.54	0.17	0.40	0.78
50	兴大兴陇	0.49	1.48	0.19	0.39	0.81
51	外贸信托	0.48	0.64	0.29	0.11	0.22
52	厦门国信	0.47	0.90	0.19	0.19	0.40
53	陕西国信	0.46	0.74	0.28	0.15	0.32
54	华鑫信托	0.45	0.71	0.23	0.17	0.38
55	中诚信托	0.45	0.45	0.44	0.00	0.01
56	国元信托	0.44	0.77	0.19	0.17	0.39
57	渤海信托	0.43	0.60	0.28	0.12	0.27
58	交银国信	0.41	1.12	0.22	0.25	0.59
59	山东国信	0.34	0.48	0.18	0.10	0.28
60	国投泰康	0.31	0.53	0.15	0.11	0.34
61	英大信托	0.30	0.52	0.12	0.11	0.37
62	粤财信托	0.29	0.29	0.29	0.00	0.00
63	建信信托	0.28	1.15	0.10	0.29	1.06
64	西藏信托	0.26	0.47	0.13	0.13	0.49
65	华融国信	0.11	0.11	0.11	0.00	0.00
66	中海信托	—	—	—	—	—
67	中粮信托	—	—	—	—	—
68	万向信托	—	—	—	—	—

表 5-11　2008～2017 年信托报酬率增幅序列表

序号	公司简称	均值（%）	最大值（%）	最小值（%）	标准差（%）	变异系数
1	华宝信托	1.25	1.25	1.25	0.00	0.00
2	东莞信托	0.43	1.37	0.02	0.47	1.11
3	长城新盛	0.34	1.58	-0.58	0.91	2.71
4	民生信托	0.18	0.30	-0.02	0.14	0.79
5	安信信托	0.12	0.55	-0.40	0.30	2.45
6	兴大兴陇	0.10	0.91	-0.18	0.37	3.83
7	工商信托	0.07	0.79	-0.78	0.51	7.15

序号	公司简称	均值（%）	最大值（%）	最小值（%）	标准差（%）	变异系数
8	中融信托	0.06	0.74	−0.44	0.42	6.48
9	紫金信托	0.06	0.75	−0.96	0.55	9.56
10	西藏信托	0.02	0.47	−0.23	0.21	11.04
11	外贸信托	0.01	0.27	−0.15	0.14	10.03
12	中江国信	0.00	0.27	−0.29	0.20	50.98
13	国投泰康	0.00	0.24	−0.30	0.17	42.75
14	国民信托	0.00	0.99	−0.59	0.41	203.88
15	新华信托	−0.02	1.00	−0.88	0.54	−36.04
16	中信信托	−0.02	0.09	−0.19	0.12	−7.42
17	爱建信托	−0.02	3.57	−1.86	1.47	−83.90
18	山东国信	−0.02	0.21	−0.24	0.13	−7.18
19	湖南信托	−0.02	0.91	−1.44	0.61	−24.76
20	交银国信	−0.02	0.65	−0.71	0.31	−12.63
21	华宸信托	−0.03	0.57	−1.02	0.43	−17.26
22	华澳信托	−0.03	0.49	−0.56	0.31	−10.45
23	渤海信托	−0.03	0.11	−0.15	0.08	−2.39
24	苏州信托	−0.04	0.80	−0.71	0.43	−12.29
25	重庆国信	−0.04	0.51	−0.45	0.24	−6.35
26	华信信托	−0.04	0.64	−0.66	0.45	−10.90
27	中铁信托	−0.04	1.36	−1.19	0.64	−15.52
28	江苏国信	−0.05	0.35	−0.26	0.20	−4.18
29	国通信托	−0.05	0.26	−0.23	0.15	−3.08
30	金谷信托	−0.05	0.19	−0.28	0.17	−3.27
31	山西信托	−0.05	0.50	−1.03	0.43	−8.00
32	中泰信托	−0.06	0.34	−0.49	0.23	−4.06
33	长安国信	−0.08	0.64	−0.35	0.28	−3.57
34	西部信托	−0.08	1.81	−1.83	0.83	−10.60
35	华鑫信托	−0.08	−0.01	−0.14	0.05	−0.60
36	上海国信	−0.09	0.25	−0.36	0.19	−2.02
37	厦门国信	−0.10	0.26	−0.38	0.21	−2.19
38	新时代	−0.10	0.18	−0.46	0.19	−2.05

序号	公司简称	均值（%）	最大值（%）	最小值（%）	标准差（%）	变异系数
39	建信信托	-0.10	0.11	-1.04	0.32	-3.07
40	中航信托	-0.11	0.02	-0.29	0.10	-0.96
41	百瑞信托	-0.11	0.23	-0.52	0.21	-1.97
42	吉林信托	-0.11	0.25	-0.62	0.37	-3.37
43	兴业信托	-0.12	0.74	-1.09	0.44	-3.86
44	国元信托	-0.12	0.21	-0.57	0.22	-1.90
45	平安信托	-0.13	0.06	-0.45	0.21	-1.66
46	大业信托	-0.13	0.37	-0.64	0.30	-2.35
47	云南国信	-0.13	5.86	-5.81	2.70	-20.32
48	中原信托	-0.14	0.22	-0.80	0.31	-2.28
49	五矿信托	-0.14	0.00	-0.31	0.11	-0.77
50	中诚信托	-0.15	-0.15	-0.15	0.00	0.00
51	北京国信	-0.16	-0.16	-0.16	0.00	0.00
52	陕西国信	-0.18	0.16	-1.31	0.39	-2.23
53	国联信托	-0.22	0.28	-1.49	0.52	-2.35
54	天津信托	-0.24	-0.03	-0.67	0.26	-1.10
55	浙商金汇	-0.25	0.09	-0.69	0.29	-1.13
56	粤财信托	-0.28	-0.28	-0.28	0.00	0.00
57	北方国信	-0.29	0.05	-1.01	0.38	-1.30
58	昆仑信托	-0.31	0.72	-3.23	1.05	-3.42
59	中建投信托	-0.92	-0.92	-0.92	0.00	0.00
60	华融国信	-6.78	-6.78	-6.78	0.00	0.00
61	中海信托	—	—	—	—	—
62	英大信托	—	—	—	—	—
63	华润信托	—	—	—	—	—
64	陆家嘴信托	—	—	—	—	—
65	华能贵诚	—	—	—	—	—
66	四川信托	—	—	—	—	—
67	中粮信托	—	—	—	—	—
68	万向信托	—	—	—	—	—

表 5-12   2008~2017 年集合类信托项目收益率序列表

序号	公司简称	均值（%）	最大值（%）	最小值（%）	标准差（%）	变异系数
1	英大信托	23.52	144.92	6.54	40.61	1.73
2	中泰信托	13.73	56.65	-7.37	14.35	1.05
3	苏州信托	13.27	53.95	5.87	13.71	1.03
4	北京国信	11.17	19.81	6.35	4.37	0.39
5	国联信托	10.67	30.18	4.48	6.91	0.65
6	工商信托	10.47	12.88	7.26	1.83	0.17
7	上海信托	10.31	27.23	5.71	5.91	0.57
8	新华信托	10.08	14.31	7.79	1.90	0.19
9	爱建信托	9.67	15.22	7.58	2.12	0.22
10	山西信托	9.58	38.21	-0.75	9.89	1.03
11	光大兴陇	9.48	18.58	4.07	4.29	0.45
12	万向信托	9.22	11.78	5.79	1.95	0.21
13	陕西国信	9.18	54.79	-3.76	16.52	1.80
14	华润信托	9.15	16.43	6.15	2.71	0.30
15	昆仑信托	8.97	25.58	-2.93	7.30	0.81
16	中海信托	8.92	8.99	8.85	0.07	0.01
17	安信信托	8.78	10.50	5.12	1.45	0.17
18	中信信托	8.69	11.22	6.99	1.24	0.14
19	华澳信托	8.66	10.13	6.50	1.11	0.13
20	浙商金汇	8.61	9.69	7.06	0.94	0.11
21	江苏国信	8.53	9.94	7.41	0.76	0.09
22	西部信托	8.49	12.95	4.00	2.42	0.28
23	平安信托	8.49	21.35	-1.47	6.30	0.74
24	华宸信托	8.48	10.41	5.10	1.72	0.20
25	百瑞信托	8.47	12.02	4.80	1.90	0.22
26	大业信托	8.38	9.68	6.31	1.09	0.13
27	中原信托	8.17	10.35	4.45	1.79	0.22
28	五矿信托	8.12	13.51	0.00	3.75	0.46
29	华鑫信托	8.10	17.85	-1.35	5.40	0.67
30	国投信托	8.10	33.97	-3.95	10.13	1.25
31	天津信托	8.07	12.39	6.06	1.67	0.21
32	中粮信托	8.07	9.62	6.15	1.34	0.17

序号	公司简称	均值（%）	最大值（%）	最小值（%）	标准差（%）	变异系数
33	渤海信托	7.92	11.85	0.00	3.25	0.41
34	华能贵诚	7.91	11.00	0.00	3.06	0.39
35	新时代	7.78	8.79	5.73	1.12	0.14
36	交银国信	7.72	11.77	3.85	2.27	0.29
37	中投信托	7.65	9.40	4.25	1.45	0.19
38	华融国信	7.64	13.62	0.00	4.33	0.57
39	西藏信托	7.64	12.72	0.00	4.28	0.56
40	紫金信托	7.52	9.06	3.06	1.95	0.26
41	中航信托	7.47	9.10	0.00	2.87	0.38
42	长安国信	7.41	11.55	5.56	1.76	0.24
43	国通信托	7.41	9.81	4.92	1.85	0.25
44	国元信托	7.41	11.60	4.20	1.91	0.26
45	中铁信托	7.41	9.04	5.70	1.12	0.15
46	金谷信托	7.39	8.81	5.73	0.89	0.12
47	吉林信托	7.29	13.14	0.00	3.32	0.45
48	华信信托	7.28	9.17	4.59	1.49	0.21
49	北方国信	7.21	14.34	-5.09	4.80	0.67
50	长城新盛	7.18	9.95	3.84	1.98	0.28
51	山东国信	7.09	11.58	5.09	1.89	0.27
52	民生信托	7.05	9.96	0.00	3.59	0.51
53	中江国信	7.02	13.38	2.12	2.89	0.41
54	厦门国信	7.02	18.85	1.61	4.49	0.64
55	中诚信托	6.85	10.08	1.66	2.35	0.34
56	外贸信托	6.83	10.34	3.95	1.92	0.28
57	四川信托	6.77	9.61	-2.64	3.98	0.59
58	重庆国信	6.60	9.69	2.29	2.01	0.30
59	建信信托	6.56	8.23	4.54	1.39	0.21
60	中融信托	6.53	9.49	2.58	2.12	0.32
61	湖南信托	6.40	12.42	0.84	3.30	0.51
62	陆家嘴信托	6.32	10.02	0.00	3.04	0.48
63	华宝信托	6.18	11.47	-1.59	3.88	0.63
64	粤财信托	5.94	8.87	2.98	1.91	0.32

序号	公司简称	均值（%）	最大值（%）	最小值（%）	标准差（%）	变异系数
65	国民信托	5.64	10.78	-2.19	4.63	0.82
66	兴业信托	5.13	12.19	0.00	3.53	0.69
67	东莞信托	4.61	10.05	-25.22	10.28	2.23
68	云南国信	3.43	12.32	-8.84	6.05	1.76

表 5-13 2008~2017 年单一类信托项目收益率序列表

序号	公司简称	均值（%）	最大值（%）	最小值（%）	标准差（%）	变异系数
1	爱建信托	15.17	82.34	2.99	23.87	1.57
2	工商信托	9.50	16.21	5.18	2.98	0.31
3	光大兴陇	9.31	21.63	4.78	4.46	0.48
4	中原信托	8.94	31.32	3.68	7.64	0.85
5	大业信托	8.68	12.10	6.28	1.84	0.21
6	五矿信托	8.34	14.09	4.60	2.68	0.32
7	浙商金汇	8.20	10.70	6.63	1.28	0.16
8	安信信托	8.09	11.24	4.44	1.90	0.23
9	国联信托	8.06	11.39	0.00	3.22	0.40
10	万向信托	7.99	10.76	6.70	1.42	0.18
11	长城新盛	7.71	14.28	4.67	3.40	0.44
12	民生信托	7.66	8.83	6.92	0.69	0.09
13	国通信托	7.64	9.04	6.60	0.84	0.11
14	厦门国信	7.43	16.16	4.84	3.04	0.41
15	华宸信托	7.42	10.88	5.58	1.55	0.21
16	湖南信托	7.37	10.31	4.22	1.96	0.27
17	新华信托	7.31	9.73	3.58	1.51	0.21
18	北京国信	7.26	10.53	4.93	2.00	0.28
19	四川信托	7.22	8.21	5.76	0.73	0.10
20	华澳信托	7.10	8.78	5.19	1.06	0.15
21	新时代	7.06	9.08	4.23	1.67	0.24
22	华鑫信托	6.92	7.76	5.51	0.82	0.12
23	渤海信托	6.91	8.01	4.76	1.08	0.16
24	中航信托	6.87	8.68	5.08	1.14	0.17
25	紫金信托	6.86	8.28	5.78	0.87	0.13

序号	公司简称	均值（%）	最大值（%）	最小值（%）	标准差（%）	变异系数
26	天津信托	6.78	8.93	4.67	1.32	0.20
27	金谷信托	6.76	8.23	4.32	1.39	0.21
28	苏州信托	6.66	8.05	4.08	1.24	0.19
29	山西信托	6.66	8.87	4.19	1.43	0.22
30	吉林信托	6.58	8.91	3.97	1.61	0.25
31	华润信托	6.52	9.20	4.30	1.37	0.21
32	华信信托	6.50	9.20	4.34	1.50	0.23
33	华融国信	6.48	10.51	3.73	2.10	0.32
34	北方国信	6.48	8.19	5.22	0.97	0.15
35	国元信托	6.45	7.71	4.74	1.06	0.17
36	中泰信托	6.40	8.31	3.77	1.50	0.23
37	陆家嘴信托	6.39	7.48	5.50	0.71	0.11
38	上海信托	6.35	8.52	4.66	1.08	0.17
39	西藏信托	6.33	8.70	0.00	3.22	0.51
40	百瑞信托	6.31	7.72	4.26	1.06	0.17
41	中铁信托	6.28	7.63	4.48	0.89	0.14
42	东莞信托	6.23	8.98	1.90	2.15	0.35
43	华能贵诚	6.21	7.90	3.44	1.51	0.24
44	长安国信	6.20	9.03	3.35	1.88	0.30
45	平安信托	6.20	10.07	0.47	2.70	0.43
46	重庆国信	6.20	8.16	4.49	1.12	0.18
47	中粮信托	6.19	6.83	5.30	0.62	0.10
48	山东国信	6.09	9.11	4.01	1.37	0.22
49	兴业信托	6.08	7.67	4.31	0.85	0.14
50	中融信托	6.07	7.83	3.77	1.61	0.27
51	江苏国信	6.07	7.08	4.15	1.02	0.17
52	西部信托	6.06	7.74	4.52	1.09	0.18
53	建信信托	5.98	7.70	3.99	1.18	0.20
54	英大信托	5.96	7.80	4.94	0.89	0.15
55	外贸信托	5.86	10.49	4.10	1.97	0.34
56	中信信托	5.86	7.95	4.43	1.10	0.19
57	中投信托	5.84	7.40	4.10	0.96	0.16

序号	公司简称	均值（%）	最大值（%）	最小值（%）	标准差（%）	变异系数
58	陕西国信	5.82	7.75	2.70	1.55	0.27
59	粤财信托	5.75	7.74	3.66	1.35	0.24
60	华宝信托	5.75	8.80	4.42	1.41	0.25
61	中江国信	5.73	7.13	4.03	1.09	0.19
62	云南国信	5.64	7.61	2.53	1.62	0.29
63	国投信托	5.61	8.30	2.69	1.73	0.31
64	中诚信托	5.45	6.79	4.03	0.95	0.18
65	中海信托	5.44	6.63	4.26	1.18	0.22
66	交银国信	5.26	6.18	3.62	0.78	0.15
67	国民信托	5.22	8.22	0.00	3.09	0.59
68	昆仑信托	5.12	7.09	1.46	1.64	0.32

第六章

信托业非财务因素十年变动趋势分析

第一节 信托业人力资源状况十年变动趋势分析

一、人力资源基本状况十年变动趋势分析

图6-1为2008~2017年信托公司从业人员均值与增长率基本趋势。信托公司从业人数的增减变动可以在一定程度上体现行业的发展趋势以及相关人员对信托业发展的态度。

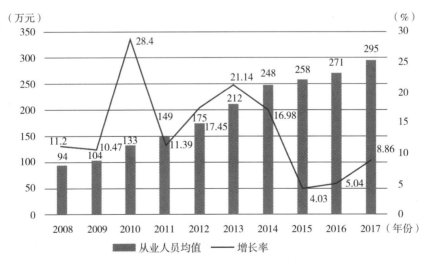

图6-1 2008~2017年信托公司从业人员均值与增长率

资料来源：中国人民大学信托与基金研究所：《中国信托公司经营蓝皮书（各年度）》，财富出版社，2016年版。

2008 年度，信托业从业人员总数为 4601 人，均值为 94 人，相比于 2007 年度均值增加 9 人，增幅达到 11.20%。由此可见，经过"一法三规"之后的行业整合，信托业从业人数仍然得到了一定的增长。2009 年度，信托业从业人员总数达到 5400 人，均值为 104 人，相比于 2008 年度增加 10 人，但增长率仅为 10.47%，相对于 2008 年度有所下滑，这可能是受全球金融危机的影响。2010 年度，随着宏观经济复苏，信托业从业人数也得到了快速发展。2010 年度信托业从业总人数为 7067 人，均值为 133 人，同比增加 29 人，增长率达到 28.4%。这也是近十年来信托业从业人数增长速度最快的一年。2011 年度，信托业从业人数达到 9209 人，均值为 149 人，同比增长 11.39%，增长速度相比于 2010 年度明显放缓。2012 年与 2013 年，信托公司从业人数连续两年呈现加速增长态势。其中，2012 年度从业总人数达到 11523 人，均值为 175 人，同比增长 17.45%。2013 年度从业人数进一步上升至 14233 人，均值为 212 人，同比增长 21.14%。这也是信托业从业人数均值首次突破 200 大关。自 2014 年开始，由于内外部环境的共同影响，信托业从业人数的增速开始放缓。2014 年度，信托业从业人数为 16388 人，均值为 248 人，增长率为 16.98%。2015 年度，信托业从业人数为 17554 人，均值为 258 人，增长率仅为 4.03%，为近十年来增长率最低的一年。2016 年度与 2017 年度，随着监管部门加强对于券商、基金子公司等金融机构从事资管业务的监管力度，信托公司从业人数出现了一定的复苏。2016 年度，信托业从业人数为 18393 人，均值为 271 人，增长率为 5.04%。2017 年度，信托业从业人数为 19766 人，均值为 295 人，增长率仅为 8.86%。值得注意的是，自 2015 年开始，信托业从业人数就结束了两位数的快速增长阶段。在"五层叠加"的经营环境作用下，信托业的资产规模和盈利规模虽整体仍处于上升通道，但是其增长速度已经明显减弱，而信托从业人员数量的变化也与行业整体态势高度一致。

从从业人数增加的公司数量上看，自 2012 年度前后可以分为两个阶段。2013 年之前，从业人数增加的信托公司数目呈显著上升趋势，2013 年以后该指标整体较为稳定。其中，2008 年有 28 家信托公司从业人数增加，2009 年小幅增加至 40 家，2010 年度略有下降，为 36 家，2011 年再次上升至 49 家，2012 年度进一步增长至 58 家。2013 年度，有 61 家信托公司增加了从业人员，为近十年来最多的一年。2014 年度，该指标降至 54 家，2015 年进一步降至 46 家，2016 年小幅上升至 47 家。而在 2017 年度，信托公司在行业整体环境趋暖的条件下再次提高了从业人员数量，从业人员增长的公司数达到 57 家。

从信托公司从业人员数量的差异性上看，表现为显著的"两头低，中间高"的发展态势。经过 2008 年前后的行业整合，大量公司退出了信托业，只留下了 68 家公司继续从事信托业务。在行业发展初期，各信托公司之间的人员差异相对较小，信托公司从业人员变异系数仅为 0.63。2009 年，随着信托公司开始需求符合自身特征的人力资源战略，从业人数在公司间的差异性开始扩大，该年度变异系数增长至 0.77。2010~2015 年，信托公司从业人员变异系数均超过 1，其中最大值为 2010 年的 1.16，最小值为 2012 年与 2014 年的 1.02。整体上看，这一时期的变异系数处于较高水平。2016 年开始，信托公司从业人员变异系数又开始降至 1 以下。其中，2016 年该指标降至 0.94，2017 年进一步降至 0.86。

2008~2017 年信托公司从业人员基本情况如表 6-1 所示。

表 6-1　2008~2017 年信托公司从业人员规模统计分析表

年份	2008	2009	2010	2011	2012
总数（人）	4601	5400	7067	9209	11523
平均值（人）	94	104	133	149	175
平均值增长幅度（人）	9	10	29	15	26
平均值增长率（%）	11.20	10.47	28.40	11.39	17.45
公司数目	50	52	54	62	66
从业人员增加的公司数	28	40	36	49	58
最大值（人）	423	589	973	1151	1221
最小值（人）	27	19	40	32	20
标准差（人）	59.17	80.20	155.19	162.83	179.41
变异系数	0.63	0.77	1.16	1.10	1.02
年份	2013	2014	2015	2016	2017
总数（人）	14233	16388	17554	18393	19766
平均值（人）	212	248	258	271	295
平均值增长幅度（人）	37	36	10	13	24
平均值增长率（%）	21.14	16.98	4.03	5.04	8.86
公司数目	68	66	68	68	68
从业人员增加的公司数	61	54	46	47	57
最大值（人）	1620	1815	1980	1939	1974
最小值（人）	41	51	49	76	74
标准差（人）	221.48	253.7	266.31	253.84	255
变异系数	1.04	1.02	1.03	0.94	0.86

资料来源：中国人民大学信托与基金研究所：《中国信托公司经营蓝皮书（各年度）》，财富出版社，2016 年版。

表 6-2 显示了 2008~2017 年信托公司从业人员的年龄结构。整体而言，信托业从业人数年龄结构呈现出年轻化的趋势。其中，2008~2010 年，信托公司从业人员平均年龄超过 36 岁，这一时期的最大值为 2008 年度的 36.62，最小值为 2010 年的 36.58。自 2011 年开始，信托业从业人员年龄均值降至 36 岁以下。其中，2015 年均值仅为 35.00。2016 年度与 2017 年度，信托业从业人员年龄均值虽小幅上升，但仍然没有超过 36 岁。从历年人员年龄结构分布上看，30~39 岁人数占比最多，其次是 29 岁以下人员，40 岁以下人群是信托业的中坚力量。

表 6-2 2008~2017 年信托公司从业人员年龄统计分析表

年份	2008	2009	2010	2011	2012
平均值（岁）	36.62	36.59	36.58	35.96	35.72
平均值增长幅度（岁）	0.14	−0.03	−0.01	−0.62	0.23
平均值增长率（％）	0.38	−0.08	−0.03	−1.69	0.64
公司数目	33	28	29	19	24
最大值（岁）	42	41	41	41	41
最小值（岁）	31	31	30	32	32
标准差（岁）	3.14	3.08	2.95	2.17	2.43
变异系数	0.09	0.08	0.08	0.06	0.07
年份	2013	2014	2015	2016	2017
平均值（岁）	35.20	35.07	35.00	35.36	35.54
平均值增长幅度（岁）	−0.52	−0.13	−0.07	0.36	0.18
平均值增长率（％）	−1.45	−0.37	−0.20	1.03	0.51
公司数目	17	17	20	16	13
最大值（岁）	42	41	41	40.92	35
最小值（岁）	32	32	32	30	33
标准差（岁）	2.65	2.76	2.61	2.62	2.61
变异系数	0.08	0.07	0.07	0.07	0.07

资料来源：中国人民大学信托与基金研究所：《中国信托公司经营蓝皮书（各年度）》，财富出版社，2016 年版。

二、人力资源分布结构十年变动趋势分析

图 6-2 为 2010~2017 年信托公司人力资源结构的基本状况，通过对信

托公司各类员工岗位的分布情况进行分析，可以寻求信托业人力资源结构对其经营业绩的影响。信托公司的人员可以划分为高管人员、信托业务人员、自营业务人员以及其他人员等。其他人员主要是为业务人员提供后台支持。

图6-2　2010~2017年信托公司人力资源结构

资料来源：中国人民大学信托与基金研究所：《中国信托公司经营蓝皮书（各年度）》，财富出版社，2016年版。

首先，从信托公司高管人员的结构来看，2010~2017年度信托公司高管人员均值均处于9~10的水平，这表明信托公司整体的管理层结构相对较为稳定。但是，从高管人员占比的相对数角度来看，其在信托公司人员总数中的比重整体呈下降趋势。其中，2010年度，信托业高管人员总数为464人，占比为6.69%。值得注意的是，这也是近年来高管人员占比最高的一年。在行业发展初期，信托公司的业务规模还没有发展壮大，因此业务人员的数量还相对较少，从而导致高管人员占比较高。2011年度，一方面信托公司普遍精简了高管人员数量；另一方面业务规模的发展也使信托公司内业务人员的数量有所增加。因此，高管人员占比整体呈下降趋势。2011年度信托公司高管人员为432人，占比为6.04%，无论是绝对数还是相对数，相比于2010年都有所降低。2012年度，信托公司高管人员总数增加至595人，但占比却下降至5.16%。这表明虽然信托公司高管人数有所增长，但是其增长的速度要慢于其他岗位人员的增速，导致其占比下降。2013年度高管人员总数为

595 人，与上一年度持平，但是占比进一步下降至 4.18%，表明信托公司从业人员增加的态势仍在持续。2014 年度，信托公司高管人数小幅下降至 574 人，占比也下降至 3.56%。2015 年度，信托公司高管人数首次超过 600 人，达到 601 人，但占比则进一步下降至 3.42%。2016 年度，高管人数增加至 629 人，但是占比仍然为 3.42%，这表明该年度高管人员与其他岗位人员的增长速度相同。2017 年度，信托公司高管人员为 647 人，占比进一步降至 3.27%。通过对历年数据的分析比较不难发现，随着信托业的日益稳定，高管人员的数量虽然仍然在不断增加，但是其在信托公司人力资源总数中的比重却在不断下降，表明高管人员的增长保持在相对平稳的速度。

其次，从信托业务人员的数量上看，随着信托业务规模的不断扩张，信托业务人员数量在不断增长，其在从业总人数中的比重也整体呈上升趋势。2010 年度，信托业务人员总数为 2138 人，均值为 67 人，占比为 48.13%，信托人员在人力资源总数中的比重不足一半。2011 年度，信托业务人员总数为 4251 人，均值为 92 人，占比为 49.68%，无论是从绝对数还是相对数上相比于 2010 年度都有所增长。2012 年度信托业务人员总数达到 5875 人，均值为 105 人，占比为 51.06%。值得注意的是，这一年度信托业务人员均值首次超过 100，占比也首次超过 50%。2013 年度，信托业务人员总数达到 7068 人，均值为 131 人，信托业务人员占比也达到 54.07%，相比于 2012 年度再次出现大幅提升。2014 年度，信托业务人员总数达到 7548 人，均值为 151 人，占比也进一步提高至 54.55%。2015 年度，信托人员总数下降至 6905 人，均值为 133 人，占比为 52.12%，三个统计指标相比于前一年度均出现了不同程度的下降。但与此同时，自营业务人员的数量和占比均有所提高。这表明信托公司在该年度可能对其业务结构进行了一定的调整，特别是在人力资源方面加大了对自营业务的支持力度。2016 年度，随着监管机构对于非信托机构从事通道业务的限制，信托资金开始回流至信托公司，各信托公司也相应地增加了信托从业人员的数量。2016 年度信托从业人员总数为 9426 人，均值达到 157 人，占比进一步提升至 53.70%。2017 年度，信托从业人员总数达到 9980 人，均值为 166 人，占比达到 54.51%，相比于 2016 年度实现了进一步的增长。通过对比信托资产规模与信托业务人员数量可以发现，信托从业人员数量的变化充分反映了信托业务本身的发展需要。

最后，从自营业务人员的变动趋势上看，可以大致分为三个阶段：2010~2011 年度的高速增长期；2012~2015 年的相对平稳期；2016~2017 年的相对衰弱期。2010 年度，自营业务人员总数为 477 人，均值为 8 人，占比为 8.79%。2011 年度自营业务人员总数为 519 人，均值为 9 人，占比为 8.02%。对比近年来自营业务人员的统计数据，在 2010 年度与 2011 年度，自营业务人员在信托公司人员中占比相对较高，在一定程度上反映出这一时期信托公司对于自营业务的重视程度。2012 年度，自营业务从业人员总数为 635 人，均值为12 人，但占比却下降至 6.90%。该年度自营业务人员的数量虽然有所增长，但是其占比却有所下滑，表明自营业务人员的增速小于人力资源总数的增速。值得注意的是，2012 年度，自营从业人员数量的标准差为 30.86，变异系数为 2.53，明显异于其他年份。这可能是由于 2012 年度监管部门放宽了对券商、基金子公司等金融机构从事资管业务的调控力度，各信托公司也有针对性地对其经营策略进行调整，但是由于不同信托公司采用的应对策略差异较大，造成相关指标较为异常。2013 年度自营业务人员总数为 672 人，均值为 14 人，占比为 5.57%。2014 年度与 2015 年度，自营业务人员总数分别为 569 与 591 人，回落至 600 人以下，均值分别为 11 人与 10 人，占比分别为 5.15% 和 5.31%。2016 年度与 2017 年度，信托业务复苏，自营从业人员人数继续下降。2016 年度自营业务人员总数为 520 人，均值为 11 人，占比为 4.10%。2017 年度自营业务人员总数为 265 人，均值为 8 人，占比为3.67%。需要说明的是，由于 2017 年度进行人员结构披露的公司数有所减少，导致统计数据中自营从业人员总人数远远小于其他年份，但是在样本范围内的公司中，自营业务人员比重下降的特征却仍然较为明显。

此外，图 6-3 为 2010~2017 年信托公司业务职能比。我们将信托业务人员与自营业务人员视为业务人员，同时将其他人员视为信托公司后台职能人员，通过业务人员均值与职能人员的比值反映单位职能人员所支持的业务人员规模。由图 6-3 可见，2010 年度，业务人员均值为 75 人，职能人员均值为 41 人，业务职能比为 1.91。2011 年度，业务人员均值为 101 人，职能人员均值为 53 人，两类人员的绝对数相比于前一年度均有所提高。同时业务职能比也提高至 1.91，这表明在该年度，业务人员的增速要大于职能人员。单位职能人员需要为更多的业务人员提供后台支持。2012~2014 年度，业务职能比分别为 1.95、1.91 与 1.86。该指标连续三年维持在较高水平，但是在 2014 年度该指标已经开始出现下降趋势。2015 年度，业务人员均值为143 人，职能人员均值为 99 人，业务职能比迅速下降至 1.44。2016 年度与2017 年度，业务职能比分别为 1.60 与 1.53，虽然相比于 2015 年度有所提升，但在整个期间内仍然处于较低水平。造成近年来业务职能比下降的主要

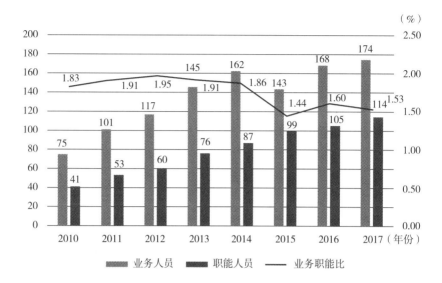

图 6-3 2010～2017 年信托公司业务职能比

资料来源：中国人民大学信托与基金研究所：《中国信托公司经营蓝皮书（各年度）》，财富出版社，2016 年版。

原因，可能是信托业在风控、合规以及财务等部门的人员配置开始逐渐增加。大量公司在 2015 年增设了研发部、信息技术部等新部门，造成业务职能比有所下降。这也在一定程度上反映出信托业在业务发展过程中，除了关注业务规模的增长以外，也开始关注支持性部门的发展与完善。

2008～2017 年度信托公司高管人员、信托业务人员以及自营业务人员的情况如表 6-3 至表 6-5 所示。

表 6-3 2008～2017 年信托公司高管人员统计分析表

年份	2008	2009	2010	2011	2012
总数（人）	—	—	464	432	595
平均值（人）	—	—	9	9	9
占比（%）	—	—	6.69	6.04	5.16
公司数目	—	—	61	48	66
最大值（人）	—	—	41	19	34
最小值（人）	—	—	3	3	4
标准差（人）	—	—	6.64	3.52	4.65
变异系数	—	—	0.74	0.39	0.52

续表

年份	2013	2014	2015	2016	2017
总数（人）	595	574	601	629	647
平均值（人）	9	9	9	9	10
占比（%）	4.18	3.56	3.42	3.42	3.27
公司数目	67	65	68	68	68
最大值（人）	23	20	17	21	25
最小值（人）	4	3	3	4	4
标准差（人）	3.62	3.14	3.11	3.51	3.87
变异系数	0.41	0.36	0.35	0.38	0.40

表6-4　2008~2017年信托公司信托业务人员统计分析表

年份	2008	2009	2010	2011	2012
总数（人）	—	—	2138	4251	5875
平均值（人）	—	—	67	92	105
占比（%）	—	—	48.13	49.68	51.06
公司数目	—	—	33	46	56
最大值（人）	—	—	523	743	784
最小值（人）	—	—	14	6	7
标准差（人）	—	—	89.10	125.08	130.95
变异系数	—	—	1.33	1.35	1.25
年份	2013	2014	2015	2016	2017
总数（人）	7068	7548	6905	9426	9980
平均值（人）	131	151	133	157	166
占比（%）	54.07	54.55	52.12	53.70	54.51
公司数目	54	50	52	60	61
最大值（人）	1045	1332	1167	974	761
最小值（人）	19	29	22	26	20
标准差（人）	161.38	201.69	159.33	153.55	135.47
变异系数	1.23	1.34	1.20	0.98	0.81

表6-5　2008~2017年信托公司自营业务人员统计分析表

年份	2008	2009	2010	2011	2012
总数（人）	—	—	477	519	635
平均值（人）	—	—	8	9	12

年份	2008	2009	2010	2011	2012
占比（%）	—	—	8.79	8.02	6.90
公司数目	—	—	58	57	52
最大值（人）	—	—	31	59	227
最小值（人）	—	—	0	0	0
标准差（人）	—	—	5.53	8.72	30.86
变异系数	—	—	0.66	0.96	2.53
年份	2013	2014	2015	2016	2017
总数（人）	672	569	591	520	265
平均值（人）	14	11	10	11	8
占比（%）	5.57	5.15	5.31	4.10	3.67
公司数目	48	54	57	47	40
最大值（人）	148	117	105	87	26
最小值（人）	0	0	0	0	2
标准差（人）	27.44	16.73	14.41	13.65	5.17
变异系数	1.96	1.59	1.39	1.23	0.62

资料来源：中国人民大学信托与基金研究所：《中国信托公司经营蓝皮书（各年度）》，财富出版社，2016 年版。

三、人力资源学历结构十年变动趋势分析

表 6-6 为 2008~2017 年度信托公司人力资源学历结构统计分析表。如表 6-6 所示，信托公司在近十年来不断通过改善人力资源的学历构成来提升企业经营业绩。2008 年度，信托公司人力资源学历结构的信息披露程度相对较低，只有 48 家公司在年报中披露了相关数据。从该年度人员学历构成来看，信托公司人员中拥有博士学位的人员均值为 2 人，占比为 2.13%；拥有硕士学位的人员均值为 28 人，占比为 29.79%；拥有本科学位的人员均值为 45 人，占比为 47.87%；高学历人员均值为 38 人，占比为 40.43%。通过该数据可以发现，一方面，高学历人员在信托公司人员总构成中占到 40% 以上，这体现出人员质量对于信托公司发展的重要作用；另一方面，拥有博士和硕士学历的人员相对还不是很多，该行业的人力资源学历结构还有很大的改善空间。

经过 2008~2017 年信托业十年发展，信托公司人力资源学历结构也在发生重大变化，主要表现为信托公司中拥有博士和硕士学位的人员比例在不断上升，而本科及本科以下学历人员的比重在逐步下降。2016 年度，68 家信托公司全部披露了人员学历结构信息，表明信托业对于人力资源的重视程度在不断提升。其中，2016 年度信托公司中拥有博士学位人员均值为 6 人，占比为 2.04%；硕士学位人员均值为 129 人，占比为 47.74%。相关数据相比于 2008 年度均出现了大幅度的提升。同时，拥有本科学位人员均值为 117 人，占比为 43.24%。这表明本科学位人员的绝对数量虽在逐步增长，但是其在人员总数中所占的比重却在不断下降，信托公司人力资源高学历人员占比增加的趋势较为明显。2017 年度，信托公司高学历人员均值为 150 人，占比为 52.51%，相比于上一年度增长 3.13%，并且首次超过 50%。通过该项数据的发展趋势，可以合理预计在未来一段时期内，信托公司会继续提高人力资源学历构成与人员素质，实现信托业更加高质量的发展。

表 6-6　2008~2017 年信托公司人力资源学历结构统计分析表

年份		2008	2009	2010	2011	2012
披露公司数		48	49	62	62	66
博士	平均值（人）	2	2	3	5	4
	占比（%）	2.13	2.26	2.32	2.87	2.46
	占比增长幅度（%）	0.39	0.13	0.06	0.55	-0.41
	最大值	8	10	11	17	19
	最小值	0	0	0	0	0
	标准差	2.02	2.22	2.55	7.90	3.83
	变异系数	1.01	0.94	0.82	1.70	0.96
硕士	平均值（人）	28	36	44	57	74
	占比（%）	29.79	34.29	33.07	37.96	42.12
	占比增长幅度（%）	3.36	4.50	-1.22	4.89	4.16
	最大值	148	209	321	349	508
	最小值	0	0	0	2	3
	标准差	23.87	33.18	45.59	60.33	78.67
	变异系数	0.85	0.92	1.03	1.06	1.06

续表

年份		2008	2009	2010	2011	2012
披露公司数		48	49	62	62	66
本科	平均值（人）	45	50	59	69	76
	占比（%）	47.87	47.62	44.42	46.02	43.70
	占比增长幅度（%）	0.29	−0.25	−3.20	1.60	−2.32
	最大值	207	303	516	642	599
	最小值	5	5	19	15	9
	标准差	29.33	41.93	67.03	86.46	88.21
	变异系数	0.65	0.84	1.13	1.26	1.16
高学历	平均值（人）	38	38	47	62	78
	占比（%）	40.43	36.54	35.39	41.50	44.59
	占比增长幅度（%）	12.27	−3.89	−1.15	6.11	3.09
	最大值	153	217	331	355	514
	最小值	0	0	0	3	6
	标准差	25.25	34.61	47.26	62.59	80.89
	变异系数	0.66	0.90	1.00	1.02	1.04

年份		2013	2014	2015	2016	2017
披露公司数		68	66	68	68	67
博士	平均值（人）	5	5	5	6	—
	占比（%）	3.15	2.05	2.30	2.04	—
	占比增长幅度（%）	0.69	−1.10	0.25	−0.26	—
	最大值	60	23	18	17	—
	最小值	0	0	0	0	—
	标准差	7.97	4.36	4.14	4.48	—
	变异系数	1.71	0.82	0.83	0.81	—
硕士	平均值（人）	57	120	97	129	—
	占比（%）	38.67	46.33	45.56	47.74	—
	占比增长幅度（%）	−3.45	7.66	−0.77	2.18	—
	最大值	349	643	745	601	—
	最小值	2	17	9	29	—
	标准差	60.83	101.78	104.35	98.64	—
	变异系数	1.07	0.85	1.08	0.76	—

年份		2013	2014	2015	2016	2017
披露公司数		68	66	68	68	67
本科	平均值（人）	69	114	93	117	—
	占比（%）	46.74	44.22	43.80	43.24	—
	占比增长幅度（%）	3.04	-2.52	-0.42	-0.56	—
	最大值	642	1112	757	1136	—
	最小值	15	25	10	10	—
	标准差	87.17	146.03	103	143.71	—
	变异系数	1.27	1.28	1.11	1.23	—
高学历	平均值（人）	62	125	102	134	150
	占比（%）	41.82	48.38	47.85	49.38	52.51
	占比增长幅度（%）	-2.77	6.56	-0.53	1.53	3.13
	最大值	355	653	757	607	571
	最小值	3	19	10	30	27
	标准差	63.10	104.73	23.42	101.67	384.67
	变异系数	1.02	0.84	0.23	0.76	2.56

资料来源：中国人民大学信托与基金研究所：《中国信托公司经营蓝皮书（各年度）》，财富出版社，2016年版。

第二节 信托业股权结构变动趋势分析

本节以2009年度与2017年度信托公司为研究样本，通过比较不同时期信托公司股权结构变化，探讨信托业十年发展中股权结构的特征与影响。

一、股权集中度十年变动趋势分析

表6-7为2009年度信托公司第一大股东名称以及持股比例的基本情况。如表6-7所示，2009年度只有52家信托公司披露了股权结构的基本情况，信息披露水平还有待提高。从该年度信托公司股权集中度来看，第一大股东

持股比例在90%以上的公司数为15家，占到全部已披露公司的28.85%；持股比例在80%~90%的公司数为5家，占到全部已披露公司的9.62%；持股比例在70%~80%的公司数为4家，占到全部已披露公司的7.69%；持股比例在60%~70%的公司数为4家，占到全部已披露公司的7.69%；持股比例在50%~60%的公司数为6家，占到全部已披露公司的11.54%。由此可见，2009年度，第一大股东持股比例超过50%以上的公司数达到34家，达到绝对控股地位的公司占到全部已披露公司的65.38%。

表6-7 2009年度第一大股东情况统计分析表

序号	公司简称	第一大股东名称	持股比例（%）
1	中诚信托	中国人民保险集团公司	32.350
2	新华信托	新产业投资股份有限公司	71.920
3	华信信托	大连市国有资产管理委员会	49.180
4	上海国信	上海国际集团有限公司	66.330
5	中海信托	中国海洋石油总公司	95.000
6	平安信托	中国平安保险（集团）股份有限公司	99.880
7	厦门国信	厦门建发集团有限公司	51.000
8	吉林信托	吉林省财政厅	97.496
9	东莞信托	东莞市财信发展有限公司	40.000
10	西藏信托	西藏自治区财政厅	100.000
11	山西信托	山西省国信投资（集团）公司	90.700
12	甘肃信托	甘肃省财政厅	78.850
13	中融信托	中植企业集团有限公司	67.700
14	中信信托	中国中信集团公司	80.000
15	苏州信托	苏州国际发展集团有限公司	70.010
16	外贸信托	中国中化集团公司	93.070
17	江苏国信	江苏省国信资产管理集团有限公司	98.000
18	华融国信	中国华融资产管理公司	97.500
19	粤财信托	广东粤财投资控股有限公司	98.140
20	天津信托	天津海泰控股集团有限公司	51.050
21	北方国信	天津泰达投资控股有限公司	32.330
22	百瑞信托	郑州市财政局	22.050
23	中原信托	河南投资集团有限公司	48.420
24	华宸信托	湖南华菱钢铁集团有限责任公司	48.950

序号	公司简称	第一大股东名称	持股比例（%）
25	湖南信托	湖南财信投资控股有限责任公司	96.000
26	联华信托	福建华侨投资（控股）公司	31.960
27	工商信托	杭州市投资控股有限公司	52.992
28	建信信托	中国建设银行股份有限公司	67.000
29	国民信托	丰益实业发展有限公司	31.730
30	华宝信托	宝钢集团有限公司	98.000
31	中泰信托	中国华闻投资控股有限公司	31.570
32	英大国信	国家电网公司	51.000
33	国联信托	无锡市国联发展（集团）有限公司	65.850
34	安信信托	上海国之杰投资发展有限公司	32.960
35	陕西国信	陕西省高速公路建设集团公司	44.340
36	山东国信	山东省鲁信投资控股集团有限公司	85.940
37	华润信托	华润股份有限公司	51.000
38	国元信托	安徽国元控股（集团）有限责任公司	49.688
39	江西国信	江西省财政厅	83.270
40	国投信托	国家开发投资公司	95.450
41	昆仑信托	中油资产管理有限公司	82.180
42	西安国信	西安市财政局	39.670
43	西部信托	陕西省电力建设投资开发公司	57.780
44	云南国信	云南省财政厅	25.000
45	重庆国信	重庆国信投资控股有限公司	100.000
46	北京国信	北京市国有资产经营有限责任公司	34.300
47	交银国信	交通银行股份有限公司	85.000
48	渤海信托	海口美兰国际机场有限责任公司	0.4274
49	中投信托	中国建银投资有限责任公司	100.000
50	中铁信托	中国中铁股份有限公司	78.911
51	海协信托	中铁十八局集团有限公司	21.450
52	爱建信托	上海爱建股份有限公司	98.000

资料来源：中国信托业协会官网。

　　表6-8为2017年度信托公司第一大股东名称以及持股比例的基本情况。根据第一大股东持股信息数据来看，在2017年68家信托公司中，有67家均对各大股东的持股比例进行了披露，股权结构信息披露状况相比于行业发

展早期有了很大的改善。从 2017 年各大公司的披露数据来看，我国信托公司的股权结构依然呈现高度集中的特征，主要表现：第一大股东股权比例在 90% 及其以上的公司数量为 12 家，占到全部已披露公司的 19.71%；持股比例在 80%~90% 的公司数量为 9 家，占到全部已披露公司的 13.43%；持股比例在 70%~80% 的公司数量为 10 家，占到全部已披露公司的 14.93%；持股比例在 60%~70% 的公司数量为 6 家，占到全部已披露公司的 8.96%；持股比例在 50%~60% 的公司数量为 12 家，占到全部已披露公司的 17.91%。因此，在披露了股权结构信息的 67 家信托公司中，第一股东持股比例在 50% 以上即达到绝对控股地位的有 49 家，占到全部已披露公司数量的 73.13%。

通过对比不难发现，2017 年度与 2009 年度相比，虽然第一大股东持股比例在 90% 以上的公司占比有所降低，但是在 80%~90%、70%~80%、60%~70% 以及 50%~60% 四个区间段内，2017 年度的占比均高于 2009 年度。此外，第一大股东达到绝对控股地位的公司比例也由 2009 年度的 65.38% 上升至 2017 年度的 73.13%，股权集中度不断提升的趋势较为明显。股权集中度的提高，虽然有可能会提高信托公司的控制效率，增加重大事项的决策速度；但也有可能使信托公司由此产生一定的委托代理问题。信托公司应当根据行业发展的外部环境以及自身的经营特征来动态调整自身的股权结构以及公司治理结构。

表 6-8　2017 年度第一大股东情况统计分析表

序号	公司简称	第一大股东名称	持股比例（%）
1	中诚信托	中国人民保险集团股份有限公司	32.92
2	新华信托	上海珊瑚礁信息系统有限公司	40.00
3	华信信托	华信汇通集团有限公司	25.91
4	上海信托	上海浦东发展银行股份有限公司	97.33
5	中海信托	中国海洋石油集团有限公司	95.00
6	平安信托	中国平安保险（集团）股份有限公司	99.88
7	厦门国信	厦门金圆金控股份有限公司	80.00
8	吉林信托	吉林省财政厅	97.50
9	东莞信托	东莞金融控股集团有限公司	73.50
10	西藏信托	西藏自治区财政厅	80.00
11	山西信托	山西金融投资控股集团有限公司	90.70
12	光大兴陇	中国光大集团股份公司	51.00

序号	公司简称	第一大股东名称	持股比例（%）
13	中融信托	经纬纺织机械股份有限公司	37.47
14	中信信托	中国中信有限公司	80.00
15	苏州信托	苏州国际发展集团有限公司	70.01
16	外贸信托	中国中化股份有限公司	96.22
17	江苏国信	江苏国信股份有限公司	81.49
18	华融国信	中国华融资产管理股份有限公司	76.79
19	粤财信托	广东粤财投资控股有限公司	98.14
20	天津信托	天津海泰控股集团有限公司	51.58
21	北方国信	天津泰达投资控股有限公司	32.33
22	百瑞信托	国家电投集团资本控股有限公司	50.24
23	中原信托	河南投资集团有限公司	46.43
24	华宸信托	包头钢铁（集团）有限责任公司	36.50
25	湖南信托	湖南财信投资控股有限责任公司	96.00
26	兴业信托	兴业银行股份有限公司	73.00
27	工商信托	杭州市金融投资集团有限公司	57.99
28	建信信托	中国建设银行股份有限公司	67.00
29	国民信托	上海丰益股权投资基金有限公司	31.73
30	华宝信托	中国宝武钢铁集团有限公司	98.00
31	中泰信托	中国华闻投资控股有限公司	31.57
32	英大信托	国网英大国际控股集团有限公司	84.55
33	国联信托	无锡市国联发展（集团）有限公司	69.92
34	安信信托	上海国之杰投资发展有限公司	52.44
35	陕西国信	陕西煤业化工集团有限责任公司	34.58
36	新时代	新时代远景（北京）投资有限公司	58.54
37	山东国信	山东省鲁信投资控股集团有限公司	47.12
38	华润信托	华润股份有限公司	51.00
39	国元信托	安徽国元控股（集团）有限责任公司	49.69
40	中江国信	领锐资产管理股份有限公司	32.74
41	国投信托	国投资本控股有限公司	55.00
42	昆仑信托	中油资产管理有限公司	82.18
43	长安国信	西安投资控股有限公司	40.44
44	西部信托	陕西省电力建设投资开发公司	57.78
45	云南国信	云南省财政厅	25.00

序号	公司简称	第一大股东名称	持股比例（%）
46	重庆国信	同方国信投资控股有限公司	66.99
47	北京国信	未披露	—
48	交银国信	交通银行股份有限公司	85.00
49	渤海信托	海航资本集团有限公司	51.23
50	中建投信托	中国建银投资有限责任公司	90.05
51	中铁信托	中国中铁股份有限公司	78.91
52	陆家嘴信托	上海陆家嘴金融发展有限公司	71.61
53	爱建信托	上海爱建集团股份有限公司	99.33
54	华能贵诚	华能资本服务有限公司	67.86
55	中航信托	中航投资控股有限公司	82.73
56	华澳信托	北京融达投资有限公司	50.01
57	金谷信托	中国信达资产管理股份有限公司	92.29
58	国通信托	武汉金融控股（集团）有限公司	67.51
59	四川信托	四川宏达（集团）有限公司	32.04
60	大业信托	中国东方资产管理股份有限公司	41.67
61	华鑫信托	中国华电集团公司	51.00
62	五矿信托	五矿资本控股有限公司	78.00
63	中粮信托	中粮资本投资有限公司	76.01
64	紫金信托	南京紫金投资集团有限责任公司	60.01
65	长城新盛	长城股份公司	35.00
66	浙商金汇	浙江东方金融控股集团股份有限公司	78.00
67	万向信托	中国万向控股有限公司	76.50
68	民生信托	武汉中央商务区建设投资股份有限公司	82.71

资料来源：信托公司官网。

二、关联交易十年变动趋势分析

表6-9为2009年度信托公司关联交易数量和金额的统计分析数据。从表6-9中可以看出，2009年度，有49家公司披露了关联交易相关数据，信息披露程度相对较低。该年度共发生关联交易358起，总额为24416478.13万元，平均每家进行该信息披露的公司平均关联交易金额为498295.47万元。2009年度未发生关联交易的公司数为9家，占到全部样本公司的18.37%。

表 6-9　2009 年度信托公司关联交易统计分析表

序号	公司简称	关联方数量（个）	关联交易金额（万元）
1	英大信托	32	12008977
2	建信信托	3	2634429
3	中信信托	32	1731491
4	平安信托	11	1432283
5	中铁信托	10	1317075
6	上海国信	8	1056260
7	华宝信托	8	545994
8	北方信托	13	541847
9	昆仑信托	13	532788
10	华融国信	2	444300
11	东莞信托	13	301340
12	新华信托	4	196373
13	重庆国信	8	187064
14	国投信托	18	172796
15	江苏国信	20	172651
16	中诚信托	26	165809
17	中原信托	10	160252
18	厦门国信	11	143999
19	中泰信托	11	95911
20	山东国信	29	94230
21	华润信托	7	92885
22	华宸信托	4	80000
23	西部信托	6	71400
24	联华信托	2	45025
25	中海信托	5	35471
26	西藏信托	4	30375
27	交银国信	2	25556
28	国民信托	2	22642
29	江西国信	2	20000
30	百瑞信托	5	18045

续表

序号	公司简称	关联方数量（个）	关联交易金额（万元）
31	国元信托	4	8646
32	海协信托	2	5946
33	工商信托	3	5189
34	爱建信托	3	5000
35	山西信托	4	4259
36	国联信托	2	3927
37	云南国信	3	2060
38	西安国信	2	1523
39	中投信托	5	1352
40	外贸信托	9	1306
41	华信信托	0	0
42	吉林信托	0	0
43	甘肃信托	0	0
44	中融信托	0	0
45	苏州信托	0	0
46	粤财信托	0	0
47	天津信托	0	0
48	湖南信托	0	0
49	北京国信	0	0

资料来源：信托公司官网。

就 2017 年度关联交易数量来看（见表 6-10），有 64 家信托公司披露了关联交易数量和金额。其中关联交易共计 878 起，总额达 106913533.25 万元，平均每家信托公司的关联交易金额为 1697040.21 万元，关联交易的数量和金额均比 2016 年大大增加。交易金额在 100 万元以上的有 60 家，占总体的 93.75%；100 万元以下存在关联交易的公司有 1 家，比例约为 1.56%，占极少数；2017 年有 3 家公司未发生关联交易，占 4.68%，可见，我国信托公司基本上都存在关联交易，且金额大幅度增加。2017 年仅有 1 家公司的关联交易数量在 100 以上，为英大信托，其余均在 100 以下，其中华信信托、北方信托等 19 家交易数量都控制在 2 家以下。

表 6-10　2017 年度信托公司关联交易统计分析表

序号	公司简称	关联方数量（个）	关联交易金额（万元）
1	苏州信托	71	3463310781
2	兴业信托	14	31979905
3	英大信托	109	19470814
4	华润信托	14	10825459
5	中海信托	12	8212721
6	平安信托	25	4080583
7	百瑞信托	6	3561131
8	国投泰康	18	2946171
9	五矿信托	8	2892939
10	重庆国信	67	2335000
11	渤海信托	17	2209206
12	华融国信	7	2131930
13	中信信托	27	1960097
14	民生信托	15	1894610
15	昆仑信托	13	1690300
16	建信信托	8	1514435
17	华能贵诚	8	1347621
18	中原信托	64	1294997
19	上海国信	7	1050708
20	长安国信	56	889197
21	紫金信托	4	373143
22	江苏国信	7	367246
23	中粮信托	17	336077
24	中航信托	17	287627
25	中诚信托	82	285312
26	华宝信托	4	283015
27	华鑫信托	15	279650
28	华信信托	1	231550
29	厦门国信	11	229693
30	北方国信	2	225000
31	东莞信托	9	192700
32	金谷信托	5	178364

序号	公司简称	关联方数量（个）	关联交易金额（万元）
33	国元信托	28	153631
34	光大兴陇	5	143513
35	天津信托	3	120000
36	中铁信托	5	116757
37	北京国信	9	110308
38	云南国信	2	107500
39	新华信托	2	100923
40	陆家嘴信托	6	57300
41	华宸信托	1	50000
42	西藏信托	1	30511
43	中泰信托	5	24168
44	中江国信	1	10000
45	吉林信托	3	8546
46	交银国信	5	5156
47	浙商金汇	6	4438
48	外贸信托	6	4194
49	中建投信托	2	2882
50	大业信托	1	2300
51	长城新盛	7	972.77
52	四川信托	4	789
53	万向信托	2	624
54	山西信托	2	583
55	湖南信托	2	480
56	国联信托	1	437
57	西部信托	5	369
58	粤财信托	1	318
59	爱建信托	1	125
60	工商信托	2	89
61	国民信托	0	0
62	华澳信托	0	0
63	国通信托	0	0
64	中融信托	20	-45941

资料来源：信托公司官网。

由以上分析可知，与 2009 年相比，2017 年度信托公司的关联交易额有大幅度增加的趋势，关联交易通过集团内部适当的交易安排，可以使配置在一定程度上，最优加强企业间合作，达到企业集团的规模经济效益。虽然关联交易能够降低谈判成本和交易成本，提高交易效率，但频繁的关联交易也可能存在着交易双方从中牟利、侵犯股东和中小投资者利益的状况。因此，规范关联交易成为信托业的突出问题，也将成为监管机构关注的重点之一。

第三节　信托业发展影响因素变动趋势分析

本节主要通过 68 家信托公司 2008 年度至 2017 年度财务报告中对于影响信托业发展的有利和不利因素进行分析，并通过将近三年该信息披露的变动情况进行比较，分析其近年来变动趋势。

表 6-11 为 2008 年度至 2017 年度影响信托业的有利因素与不利因素汇总表。

表 6-11　2008~2017 年信托业有利因素与不利因素统计分析表

		有利因素	不利因素
2008 年度	1	相关财政和货币政策与信托法规的出台	受全球金融危机影响，经济环境发生改变波及资本市场
	2	制度优势不断显现	相关配套法规制度（信托登记制度）未建立并有待完善
	3	理财需求趋于旺盛	理财行业市场竞争激烈
	4	信托业在创新中发展	信托业得到的政策扶持与其他金融行业相比较弱
	5	品牌形象良好	社会认知度有待提高及信托的普及程度尚不高
2009 年度	1	经济企稳回升趋势良好，宏观经济环境好	与银行、证券、保险等相关行业竞争加剧
	2	监管环境进一步向好，制度保证政策支持加强	国内外金融形势复杂，国家宏观调控政策频繁出台，宏观环境的不确定性
	3	财富理财管理市场的巨大需求和潜力	相关配套法规政策的缺乏和不科学
	4	基础设施、能源、交通行业及新兴行业的发展提供更广阔的业务拓展空间	社会对信托的认知度仍然不高
	5	制度优势和平台优势，创新能力强	证监会暂停信托计划开立证券账户

		有利因素	不利因素
2010年度	1	经济企稳回升趋势良好，宏观经济环境好	与银行、证券、保险等相关行业竞争加剧
	2	监管环境进一步向好，制度保证政策支持加强	国内外金融形势复杂，国家宏观调控政策频繁出台，宏观环境的不确定性
	3	财富理财管理市场的巨大需求和潜力	相关配套法规政策的缺乏和不科学
	4	基础设施、能源、交通行业及新兴行业的发展提供更广阔的业务拓展空间	社会对信托的认知度仍然不高
	5	制度优势和平台优势，创新能力强	证监会暂停信托计划开立证券账户
2011年度	1	信托理财和财富理财管理市场的巨大需求和潜力	国内外金融形势复杂，国家宏观调控政策频繁出台，宏观环境的不确定性
	2	经济平稳发展，宏观经济环境好	与银行、证券、保险等相关行业竞争加剧
	3	监管环境进一步向好，制度保证政策支持加强	房地产和证券市场调整仍在继续，风险较大
	4	信托业发展迅速，资产规模持续增长，盈利能力不断增强	信托公司之间竞争加剧，两极分化
	5	信托市场逐步成熟，信托公司的资产管理能力得到市场认可	通胀压力，紧缩的货币政策
2012年度	1	财富理财管理市场的巨大需求和潜力	与银行、证券、保险等相关行业竞争加剧
	2	经济平稳发展，宏观经济环境好	国内外金融形势复杂，国家宏观调控政策频繁出台，宏观环境的不确定性
	3	信托市场逐步成熟，信托公司的资产管理能力得到市场认可	现行监管政策的限制对信托规模增长的制约
	4	信托在金融行业中的分量显著增强	房地产和证券市场调整仍在继续，风险较大
	5	监管环境进一步向好，制度保证政策支持加强	全球经济增速明显减慢，市场信心不足
2013年度	1	财富理财管理市场的巨大需求和潜力	与银行、证券、保险等相关行业竞争加剧
	2	全面深化改革，金融改革带来的影响	国内外金融形势复杂，国家宏观调控政策频繁出台，宏观环境的不确定性
	3	信托市场逐步成熟，信托公司的资产管理能力得到市场认可	金融改革，利率市场化和人民币国际化加大了信托公司经营的市场风险
	4	监管不断细化	现行监管政策的限制对信托规模增长的制约
	5	城镇化、工业化和信息化的不断推进	相关配套法规政策的缺乏和不科学

续表

		有利因素	不利因素
2014 年度	1	居民收入持续增长，高净值人群不断增多	宏观经济下行，经济增速放缓
	2	经济平稳发展，宏观经济环境好	互联网金融的冲击
	3	监管环境进一步向好，制度保证政策支持加强	房地产、基础设施等行业调整仍在继续，风险较大
	4	信托市场逐步成熟，信托公司的资产管理能力得到市场认可	金融大资管竞争加剧，资本市场运作难度加大
	5	私人理财需求迅速膨胀	世界经济低迷，复苏乏力
2015 年度	1	居民收入持续增长，高净值人群不断增多	宏观经济下行，经济增速放缓
	2	经济平稳发展，宏观经济环境好	互联网金融的冲击
	3	监管环境进一步向好，制度保证政策支持加强	房地产、基础设施等行业调整仍在继续，风险较大
	4	信托市场逐步成熟，信托公司的资产管理能力得到市场认可	金融大资管竞争加剧，资本市场运作难度加大
	5	私人理财需求迅速膨胀	世界经济低迷，复苏乏力
2016 年度	1	监管部门的引导作用加强，行业机制不断完善，有助于形成良性的市场环境与防范系统性金融风险	宏观经济持续下行，利率下降，部分宏观调控政策增加了传统信托融资风险
	2	2016年我国GDP增速6.7%，国民经济运行保持在合理区间，宏观经济环境好	经济进入新常态，信托公司传统的行业投向利润收窄、风险增加
	3	京津冀协同发展，一带一路，长江经济带等重大国家战略的推进带来了广泛的投资机遇	市场不确定性增加，金融市场波动大，业务风险管理压力加大
	4	供给侧改革推进经济转型，经济发展的质量和效益逐步提高	资产管理市场同质化竞争加剧，优质业务机会少，信托业处于弱势地位
	5	信托业"一体三翼"监管框架建成，有助于形成信托产品统一的交易、流转平台，促进信托业持续稳健发展	信托传统业务难以支撑营收增长，新的增长点尚未形成，行业进入转型和创新的关键时期

续表

		有利因素	不利因素
2017年度	1	经济平稳发展，宏观经济环境好	全面从严监管升级
	2	经济结构不断优化，新兴动能加快成长，质量效益明显提高	信托业转型压力日益加大
	3	高净值人群的增长使财富管理进一步深化	"资管新规"对通道业务的禁止会使公司通道业务受限，业务管理规模有所下降
	4	监管体系和行业发展配套机制不断完善	行业发展增速持续放缓
	5	实体行业及新兴行业的发展提供更广阔的业务拓展空间	全面从严监管升级

资料来源：信托公司官网。

如表6-11所示，2008年度影响信托业发展的主要有利因素如下：①相关财政和货币政策与信托法规的出台；②制度优势不断显现；③理财需求趋于旺盛；④信托业在创新中发展；⑤品牌形象良好。由此可以看出，在经过行业整合之后，无论是国家的宏观调控政策还是制度供给方面都给予了信托业很大的支持力度，同时居民收入水平的提升带来了理财需求的增长，能够使信托业的品牌优势得以体现。

2008年度影响信托业发展的主要不利因素如下：①受全球金融危机影响，经济环境发生改变波及资本市场；②相关配套法规制度（信托登记制度）未建立并有待完善；③理财行业市场竞争激烈；④信托业得到的政策扶持与其他金融行业相比较弱；⑤社会认知度有待提高及信托的普及程度尚不高。由此可见，由于在行业发展初期，信托业务的被认知度相对较低，相关配套制度尚未健全，加之宏观经济环境整体放缓，对于信托业的进一步发展产生了一定的影响。

2009~2012年度，影响信托业的有利因素与不利因素与2008年相比发生了一定的变化，主要体现在以下几个方面：第一，从宏观经济环境上看，2008年度由于全球性金融危机的影响，使信托业的发展受到了一定的波及。2009年开始，国家经济刺激政策的实施以及宏观经济的回暖开始成为信托业发展的一个有利因素。第二，从制度建设方面，2008年度，信托业经过重新整合，配套制度的建设还存在一定的不足之处。但在2009~2012年度，监管环境向好，制度保障加强均成为影响信托业发展的重要有利因素。由此可见，随着信托业的不断发展，不仅信托公司的业务水平有了显著提升，监管机构的作用也在不断加强。第三，在 2009~2012 年，与银行、证券、保险企业的竞争加剧成为影响信托业发展的重要不利因素，而这一因素在 2008 年度体现得并不明显。由于在金融行业发展过程中，监管机构在一段时期内放宽了对于非信托公司从事资管行业的监管力度，造成不同类型金融机构之间竞争加剧，这也在一定程度上影响了信托业的发展。

2013~2016 年，信托业发展的影响因素显示出如下特征：第一：人民财富水平的增长，特别是高净值人群的增加，使信托业的市场需求还在不断扩大；第二，信托公司逐渐开始成熟。经过多年的发展和积累，信托业务也开始逐步被民众了解和接受；第三，宏观经济持续下行、经济增速放缓等外部因素给信托业的发展带来了不利影响；第四，互联网金融等新兴业务的出现使信托业面临转型的压力。

2017 年度，影响信托业发展的主要有利因素如下：①经济平稳发展，宏观经济环境好；②经济结构不断优化，新兴动能加快成长，质量效益明显提高；③高净值人群的增长使财富管理进一步深化；④监管体系和行业发展配套机制不断完善；⑤实体行业及新兴行业的发展提供更广阔的业务拓展空间。由此可见，2017 年度推动信托业发展的有利因素主要集中于宏观环境的改善。

2017 年度，影响信托业发展的主要不利因素如下：①全面从严监管升级；②信托业转型压力日益加大；③"资管新规"对通道业务的禁止会使公司通道业务受限，业务管理规模有所下降；④行业发展增速持续放缓。由此可见，行业监管的加强以及新环境下转型压力的增加成为信托公司在未来发展过程中需要认真思考的问题。

第三篇
信托业十年发展微观分析

通过第二篇的分析，我们从宏观层面了解了 2008～2017 年十年来信托公司的经营发展情况，第三篇将从微观层面研究信托业中 68 家信托公司（总利润）排名前序十名以及后序十名的公司十年来的发展变化情况，由于 2008年正值全球经济危机，因此在进行公司分析时，很多公司都会受到经济的周期性影响，为避免 2008 年各公司各指标出现大幅度变动，从而影响分析，本书讨论（总利润）排名前序十名以及后序十名信托公司发展十年变化趋势时，实际用了 2007～2017 年 11 年的数据（而书中仍称之为十年）。以 2017年年报总利润排序为标准，对 68 家信托公司排序情况如下所示。

总利润为标准对 68 家信托公司排序　　　　　单位：万元

序号	公司简称	利润总额	序号	公司简称	利润总额
1	安信信托	487421.36	22	华信信托	128718.08
2	平安信托	477816.02	23	交银国信	128684.18
3	重庆国信	391536.8	24	华宝信托	119409.88
4	中信信托	316678.22	25	四川信托	119365.04
5	中融信托	281298.07	26	华融国信	118739.2
6	华能贵诚	270816.92	27	爱建信托	115400.68
7	华润信托	259806.72	28	山东国信	111941.4
8	民生信托	243181.06	29	长安国信	111368.99
9	建信信托	218284.67	30	粤财信托	110685.81
10	中航信托	215342.68	31	昆仑信托	109088.79
11	外贸信托	211867.16	32	中原信托	108585.24
12	上海国信	200639.73	33	湖南信托	105600.5
13	中铁信托	191740.29	34	中海信托	98734.41
14	江苏国信	185424.97	35	厦门国信	82491
15	兴业信托	184417.13	36	国投泰康	81335.89
16	渤海信托	167963.86	37	英大信托	80712.03
17	五矿信托	155242.86	38	华鑫信托	79027.69
18	中诚信托	152415	39	工商信托	76090
19	百瑞信托	141201.1	40	方正东亚	75547.62
20	北京国信	135293.26	41	万向信托	72170.58
21	中建投信托	133505.2	42	光大兴陇	70309.91

序号	公司简称	利润总额	序号	公司简称	利润总额
43	新时代	70104.46	56	华澳信托	40416.43
44	中粮信托	65365.61	57	金谷信托	37626.52
45	陆家嘴信托	64040.27	58	云南国信	33099.62
46	紫金信托	59563.44	59	国联信托	32401
47	苏州信托	58325.92	60	吉林信托	30594.2
48	国元信托	56251.29	61	中泰信托	28119.71
49	天津信托	55773.9	62	长城新盛	23999.02
50	北方国信	54206.68	63	浙商金汇	20388.27
51	大业信托	54007.04	64	中江国信	19687
52	西藏信托	51470.05	65	国民信托	15452.04
53	东莞信托	51326.03	66	新华信托	13627.25
54	陕西国信	46253	67	山西信托	8549.91
55	西部信托	44638.53	68	华宸信托	7324.75

资料来源：信托公司官网。

第七章

基准年（总利润）前序十家机构
十年发展分析

由图7-1可知，2017年排名前十的信托公司分别是安信信托、平安信托、重庆国信、中信信托、中融信托、华能贵诚、华润信托、民生信托、建信信托和中航信托。10家信托公司总利润在全部信托公司中占比达到近40%，占据着信托业的半壁江山。下面我们将具体从资产规模、收入规模、盈利规模以及非财务指标等方面对（总利润）前序十名信托机构的十年发展情况进行具体分析。

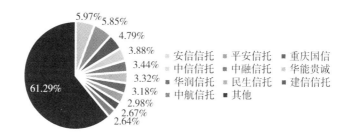

图7-1 2017年前十名信托公司总利润占比

注：本篇排序标准为基准年（2017年）利润总额，下文不再特别说明。

资料来源：信托公司官网。

第一节 资产规模与结构分析

一、信托资产规模的整体分析

2017年前十位信托机构平均信托资产规模为83419177.09万元，比2016

年上升了 17071831.30 万元，上升率为 20.47%。自 2007 年以来，除 2008 年信托资产平均值有所下降以外，其余年份后序十位信托公司的信托资产规模都有所上升，在 2007 年、2009 年、2011 年、2012 年，前十位信托机构的平均资产规模增长率达到 30% 以上。

从后序十位信托机构信托资产规模分布的平均程度来看，前十家信托公司的信托资产规模分布的标准差，除 2007~2008 年有所下降外，自 2009 年开始一直到 2017 年均表现出年度的大幅上升，尤其在 2017 年信托资产规模分布的标准差（60022295.85 万元）与 2016 年度（44058617.51 万元）相比继续大幅上升。值得注意的是，从 2007 年开始，前十家信托机构信托资产规模的变异系数逐年下降，虽在 2016 年和 2017 年有小幅回升，但回升幅度较小。这说明了近十年来前十家信托机构正逐年缩小信托资产规模分布的分化趋势，如表 7-1 所示。

二、信托资产规模的公司分析

在以总利润为基准，排名前十的信托机构中，其信托资产规模及其信托资产规模在信托业中的排序如表 7-2 所示。

由表 7-2 可以看出，在 2017 年按总利润排前十名的信托机构中，有 6 家信托机构的资产规模在 68 家信托机构中也排名前十，分别是中信信托（198672975.97 万元（1））、建信信托（140966996.55（2））、华润信托（134693939.73（3））、华能贵诚（101025339.76（4））、中融信托（66990705.08（9））和中航信托（65776656.21（10）），而总利润排序位居第一、第二、第三以及第八名的安信信托、平安信托、重庆信托和民生信托其资产规模却排名相对靠后，分别为 23255132.25（42）、65275619.93（11）、23255132.25（49）、18711140.58（50），这几家公司的信托资产规模与其总利润的地位差距较大。从纵向来看，2007~2017 年十家信托机构的信托资产规模都呈上升的趋势，其中增长最快的是中信信托。

从排名来看（见图 7-2 与图 7-3），中信信托十年来除 2015 年信托资产规模排名为第二名外，其他年份均排名第一，中航信托、建信信托、华润信托、华能贵诚四家公司的排名呈现逐渐上升的趋势，而中融信托、重庆国信、平安信托、安信信托则表现出排名下降的趋势，其中变动最大的重庆国信由 2007 年排名第十一路下降到 2017 年的第四十九名，而其总利润排名为第三，两者地位相差较大。

表 7-1 2007~2017 年度前十名信托公司信托资产规模统计分析

指标 年份	均值	平均值增长幅度	平均值增长率	标准差	变异系数	最大值	最小值
2007	5316388.48	4173566.80	78.50%	6669900.29	1.25	19619327	164297
2008	5290503.04	(25885.44)	-0.49%	5297474.37	1.00	16077930	489370
2009	7759738.50	2469235.46	31.82%	7044671.63	0.91	20678079	1298347
2010	10157398.38	2397659.88	23.61%	10198009.95	1.00	33279077	1227033
2011	14840401.21	4683002.83	31.56%	11239518.86	0.76	39996932	2542783
2012	22923700.97	8083299.75	35.26%	16771762.13	0.73	59134914	4603602
2013	29895305.76	6971604.79	23.32%	19993950.15	0.67	72966080	3902604
2014	42155902.46	12260596.70	29.08%	27329272.22	0.65	90207416	6376693
2015	54489873.31	12333970.85	22.64%	34389782.58	0.63	109683950	11336598
2016	66347345.79	11857472.48	17.87%	44058617.51	0.66	142488879	18711141
2017	83419177.09	17071831.30	20.47%	60022295.85	0.72	198672976	18711141

资料来源：信托公司官网。

表 7-2 2007~2017 年度前十名信托机构信托资产规模及排序

单位：万元

序号	1	2	3	4	5	6	7	8	9	10
公司简称	安信信托	平安信托	重庆国信	中信信托	中融信托	华能贵诚	华润信托	民生信托	建信信托	中航信托
2007	1112846.35 (20)	4759138 (7)	2709172 (10)	19619326.99 (1)	6597548 (3)	未披露	2252391 (12)	未披露	164297 (45)	未披露

续表

序号 公司简称	1 安信信托	2 平安信托	3 重庆国信	4 中信信托	5 中融信托	6 华能贵诚	7 华润信托	8 民生信托	9 建信信托	10 中航信托
2008	976827.01 (28)	4864381 (9)	2640582 (14)	16077930.25 (1)	7032331 (5)	未披露	4952100 (8)	未披露	489370 (39)	未披露
2009	1298347 (36)	13081466 (5)	3027972 (22)	20678079 (1)	13153303 (4)	2271498 (28)	5811723 (9)	未披露	2755520 (23)	未披露
2010	1227032.87 (49)	13959419.67 (6)	3783775.67 (28)	33279077.37 (1)	17993689.12 (2)	4152843.57 (24)	6529720.46 (16)	未披露	6601601.14 (15)	3889425.59 (27)
2011	2542782.73 (49)	19621680.41 (4)	5090035.67 (33)	39996931.91 (1)	17416867.09 (9)	9335052.35 (17)	12640244.71 (12)	未披露	19072621.31 (6)	7847394.75 (19)
2012	4603602 (49)	21202472.76 (9)	6376362.19 (44)	59134914.18 (1)	29948632.19 (4)	17363029.67 (13)	18651922.24 (12)	未披露	35077677.25 (2)	13954696.21 (17)
2013	11581461.69 (37)	29031953.9 (11)	12631179.09 (34)	72966079.78 (1)	47853490.39 (3)	29856830.62 (9)	36430423.9 (4)	3902603.65 (62)	32581638.82 (6)	22117395.75 (16)
2014	15115116.24 (34)	39984860.55 (9)	15071664.11 (35)	90207415.56 (1)	71059273.05 (2)	42155687.7 (8)	47197866.96 (7)	6376692.77 (56)	66583532.9 (6)	27806914.78 (16)
2015	23591000.27 (21)	55843462.17 (7)	15507154.83 (35)	102281496.46 (2)	66991854.9 (5)	52784658.45 (9)	73609109.79 (4)	11336598.19 (47)	109683949.76 (1)	33269448.3 (16)
2016	23495167.4 (32)	67722093.68 (9)	17269495.34 (40)	142488879.17 (1)	68296726.89 (8)	70938996.28 (7)	80823042.82 (5)	14340473.53 (46)	130619640.08 (2)	47478942.75 (13)
2017	23255132.25 (42)	65275619.93 (11)	23255132.25 (49)	198672975.97 (1)	66990705.08 (9)	101025339.76 (4)	134693939.73 (3)	18711140.58 (50)	140966996.55 (2)	65776656.21 (10)

注：小括号中表示信托机构资产规模排序。

资料来源：信托公司官网。

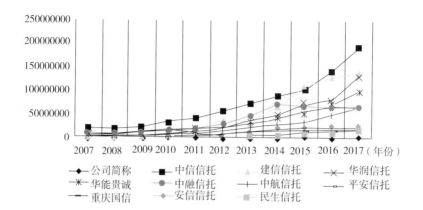

图7-2　2007~2017年前十名信托机构资产规模总量

资料来源：信托公司官网。

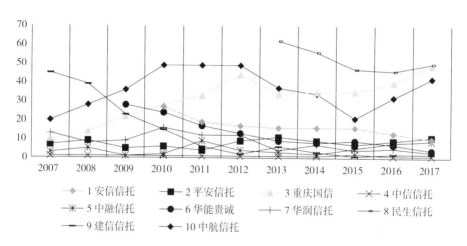

图7-3　2007~2017年前十名信托机构资产规模排名

资料来源：信托公司官网。

三、信托资产规模的结构分析

信托公司的信托资产可以分为基础产业资产、房地产信托资产、证券业资产、实业资产以及金融机构资产五大行业类别。2007~2017年，我国信托业前十名的信托机构信托资产的行业分布数据及折线图如表7-3、图7-4所示。

表 7-3　2007~2017 年前十家信托机构信托资产的行业占比平均值分布

年份	基础产业 （%）	房地产业 （%）	证券市场业 （%）	实业 （%）	金融机构 （%）
2007	21.95	9.05	27.62	9.68	—
2008	32.10	5.67	18.46	11.33	—
2009	36.27	8.78	11.77	6.32	4.07
2010	28.57	14.30	15.97	12.62	6.53
2011	18.13	20.65	11.88	19.04	12.44
2012	24.25	12.74	13.41	21.39	11.03
2013	23.27	13.83	11.55	23.45	16.16
2014	19.19	9.90	12.76	25.61	17.91
2015	15.43	13.63	17.13	24.99	17.99
2016	12.73	9.07	16.72	27.69	20.11
2017	7.77	8.70	12.94	26.07	22.11

资料来源：中国人民大学信托与基金研究所：《中国信托公司经营蓝皮书（各年度）》，财富出版社，2016 年版。

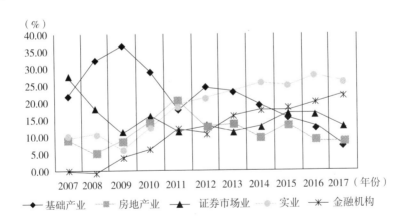

图 7-4　2007~2017 年前十家信托机构信托资产的行业占比平均值分布

资料来源：中国人民大学信托与基金研究所：《中国信托公司经营蓝皮书（各年度）》，财富出版社，2016 年版。

由图 7-4 发现，第一，在 2012 年以前，除个别年份外前十家信托机构的信托资产在基础产业的分布比例是最大的，2012 年之后，前十家信托机构的信托资产在基础产业方面的分布出现了连续五年的下降，截止到 2017 年已经位居末尾，低于其他几个行业的信托资产分布。

第二，前十家信托机构的信托资产在实业领域的分布，除 2008～2009 年出现了较大幅度下降外，2009 年以后前十家信托机构在实业领域的信托资产分布呈现出逐年上升的态势，并且在 2013 年超过之前位居第一的基础产业，成为信托资产分布最多的行业，这种情况的产生可能与 2008 年全球金融危机的爆发有关，危机后世界各国认识到金融主导经济的虚拟泡沫，因此我国政府也开始提倡经济要脱虚向实，推动金融服务于实体。

第三，前十家信托机构的信托资产在房地产行业的分布，2011 年之前呈上升趋势，并在 2011 年达到最大值 20.65%，2011 年之后呈现出波动性递减趋势，并在 2017 年达到最小值 8.70%，2011 年以后前十家信托机构的信托资产在房地产行业的波动性递减，侧面反映出当前我国房地产热的消退，市场对当下房地产行业的发展主要持观望态度。

第四，前十家信托机构的信托资产在证券行业的分布，在经历 2007～2009 年的大幅下降外，2009 年之后则相对平稳，在 11%～17% 波动。2009 年之前的下降可能与 2008 年的金融危机密切相关。

第五，前十家信托机构的信托资产在金融行业的分布，2007～2017 年发展态势比较明显，除个别年份有小幅下降外，其他年份均保持稳定增长，到 2017 年成为仅次于实体行业的第二大信托资产分布行业，相比于其 2009 年的末尾位置有了很大的提高。

表 7-4　2007～2017 年前十家信托机构信托资产的行业比例的变异系数

年份	基础产业	房地产业	证券市场业	实业	金融机构
2007	0.51	0.99	0.81	0.74	—
2008	0.50	1.00	0.83	0.77	—
2009	0.75	0.46	1.21	0.59	0.94
2010	0.59	0.42	0.92	0.71	1.08
2011	0.44	0.59	0.91	0.53	1.19
2012	0.44	0.52	0.97	0.58	1.36
2013	0.52	0.52	1.16	0.56	0.75
2014	0.62	0.63	0.95	0.73	0.90
2015	0.70	0.60	1.29	0.70	0.75
2016	0.75	0.56	1.38	0.60	0.64
2017	0.75	0.55	1.17	0.65	0.71

根据以上数据，可以做出相应的表7-4为2007~2017年的十家信托机构资产的行业比例变异系数。变异系数的折线图，如图7-5所示。

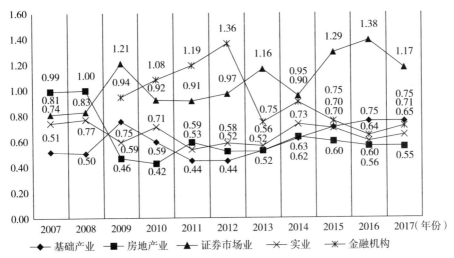

图7-5 2007~2017年前十家信托机构自营资产的行业分布的变异系数

资料来源：中国人民大学信托与基金研究所：《中国信托公司经营蓝皮书（各年度）》，财富出版社，2016年版。

对2007~2017年十年间前十家信托机构自营资产行业分布的变异系数进行分析可以了解，十年间前十家机构对于信托资产分布的差异程度，变异系数越大表示不同信托公司对其信托资产的分布分歧较大，反之，则表示其意见一致。

由图7-5可以看出：

第一，十年来，前十家信托机构对于基础产业资产的持有比例总体来看分歧不大，十年间变异系数都小于1，2007~2009年基础产业资产的变异系数由0.51上升到0.75，随后的2010~2012年则逐渐下降，达到最低的0.44。然而从2012以后，前十家信托机构对于基础产业投资的差异度开始逐步上升，截止到2017年达到最大0.75。从上述数据的变化趋势我们必须意识到，虽然布局基础产业资产是各信托公司一直以来的共识，其变异系数也相对较小，但是随着各种投入产出比更大的新兴行业的逐渐壮大，各信托公司对于这一共识正逐渐打破。

第二，从实体行业来看，十年间前十家信托机构实体行业分布的变异系数比较稳定，保持在0.5~0.8，说明自从2008年金融危机过后，各机构都开始重视对实体行业的支持。同时，房地产行业也在2007年和2008年达到最大值 1 后，从 2009 年开始变异系数趋于稳定，保持在 0.4~0.65，接近于基础产业和实体行业的变异系数，这一点与房地产业资产分布的变异系数在信托业整体保持较高的数值有较大的不同，说明前十家机构在房地产资产的分布方面能达到更大的共识。

第三，纵观前十家信托机构十年间各行业资产分布的变异系数的变化趋势，金融行业和证券行业与其他三个行业相比其变异系数相对较大，并且波动也较大。从证券行业来看，2007~2009 年其变异系数逐渐增大，达到 1.21，在经历了 2010 年的下降之后，一直到 2013 年呈现出稳步上升的趋势，2014 年有所下降后，近三年又出现了上升的情况，十年间前十家信托机构在证券行业的信托资产分布意见不一，变异系数跨越 0.81~1.38，多数情况下表现出分歧较大的特点；而从金融行业资产分布的变异系数来看，虽然其变异系数也相对较大，但是经历了 2009~2012 年的逐步上升后，2012 年之后，变异系数逐年降低，近年来已由 2012 年的 1.36 降低到 2017 年的 0.71，说明近年来前十家信托机构对于金融资产的分布也正在逐渐达成共识。2017 年，在五种资产布局中，证券资产的变异系数波动较大，这说明各信托公司对证券行业的资产分布比例具有更大的分歧。

四、自营资产规模的结构分析

信托公司的自营资产可以分为基础产业资产、房地产信托资产、证券业资产、实业资产以及金融机构资产五大行业类别。2007~2017 年，我国信托业前十名信托机构自营资产的行业分布数据及折线图如表 7-5 和图 7-6 所示。

表 7-5　2007~2017 年前十家信托机构自营资产的行业占比平均值分布

年份	基础产业（%）	房地产业（%）	证券市场业（%）	实业（%）	金融机构（%）
2007	2.84	9.23	27.27	17.67	—
2008	1.69	6.74	26.27	20.79	—
2009	0.40	4.43	18.20	16.93	34.10
2010	10.56	6.14	11.44	8.10	32.30
2011	0.83	4.26	10.76	8.06	40.38
2012	0.45	5.18	8.67	5.62	35.35
2013	0.00	4.85	5.70	3.82	43.54
2014	0.00	4.22	11.98	7.22	49.92

年份	基础产业 （%）	房地产业 （%）	证券市场业 （%）	实业 （%）	金融机构 （%）
2015	0.16	3.10	11.32	3.72	57.34
2016	0.28	4.88	7.29	17.28	54.79
2017	3.51	5.34	5.61	10.38	56.04

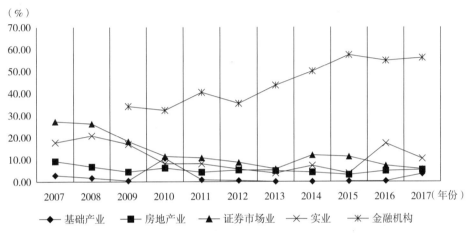

图7-6 2007~2017年前十家信托机构自营资产的行业占比平均值分布

资料来源：中国人民大学信托与基金研究所：《中国信托公司经营蓝皮书（各年度）》，财富出版社，2016年版。

由图7-6发现：第一，与整个信托业自营资产的行业占比平均值分布类似，排名前十的信托机构将其自营资产积极分布到证券市场和实业市场。其中对金融机构的自营资产分布比例远远高于其他几个行业。第二，前十名信托机构十年来在房地产业资产的分布占比趋势相对稳定，一直保持在5%~10%的范围内，并且在近两年其资产在房地产的分布呈现出减少的趋势，这也与近两年来我国积极应对房地产泡沫采取的各种限制措施有关，前十家信托机构在国家房地产调控政策的影响之下，信托公司对于房地产行业的发展持观望的态度，并逐渐调整房地产业在其机构内部自营资产的分布。第三，2007年，前十家机构的自营资产在实业方面的分布较多，而到2009年之后便开始减少，并在2015年达到最低（3.72%），2016年开始有所回升，这种变化可能与我国近两年来鼓励各种金融资产脱虚向实、积极回归实业有关，倡导金融服务于实业的经济健康发展。第四，与其他行业占比平稳或趋势递减不同的是，前十家信托机构的自营资产在金融机构的分布从2009年以来，除2012年和2016年有所下降外，其余年份均表现出逐年递增的趋势，并且金融机构资产分布占比明显高于其他行业，但在2015年以后上升趋势明显放缓。

由表7-6数据，可以做出2007~2017年前十家信托机构自营资产的行业比例的变异系数的折线图，如图7-7所示。

表7-6 2007~2017年前十家信托机构自营资产的行业比例的变异系数

变异系数	基础产业	房地产业	证券市场业	实业	金融机构
2007	1.23	1.09	0.83	1.52	—
2008	1.02	1.12	0.99	1.51	—
2009	2.45	2.03	1.06	1.17	0.63
2010	1.80	1.67	0.80	2.09	0.73
2011	2.83	2.09	1.21	1.64	0.84
2012	2.83	1.09	0.70	1.85	0.75
2013	—	1.30	0.91	2.56	0.63
2014	—	1.65	1.40	1.59	0.52
2015	3.00	1.85	0.97	1.42	0.51
2016	2.00	0.99	1.24	1.40	0.55
2017	1.12	0.98	1.09	1.08	0.45

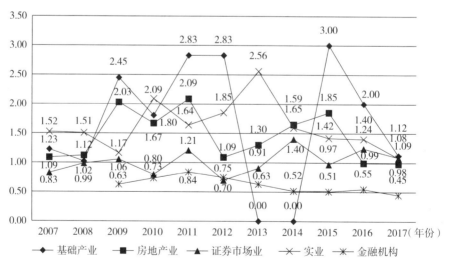

图7-7 2007~2017年前十家信托机构自营资产的行业比例变异系数

注：基础产业中2013和2014年的零值代表不存在。

资料来源：中国人民大学信托与基金研究所：《中国信托公司经营蓝皮书（各年度）》，财富出版社，2016年版。

由图7-7可以发现，第一，2007～2017年十年间前十家信托机构自营资产的行业比例的变异系数中，金融机构的变异系数一直比较低，2009～2017年都保持着小于1的变异系数。具体来看，2009～2011年金融机构的变异系数由0.63上升到0.84，但从2012年开始便呈现出逐年递减的趋势，截止到2017年已经由2012年的0.75降低到0.45。上述变化说明前十家信托机构在2012年之前对持有金融机构资产还持有些许分歧，但到了2012年之后，各机构对持有金融机构资产的态度逐渐趋于一致。这不仅表现出前十家金融机构除了对金融领域的风险管理水平和投资水平能进行相对熟练掌控，还能反映前十家信托公司对持有较多金融机构资产比例的态度比较一致。

第二，对于基础产业，前十家信托机构十年间对近年来信托业已达成共识的"布局基础产业资产"的持有比例的变异系数较大，十年来变异系数值均大于1。从整体上看，基础产业变异系数在2015年之前呈现出总体上升的趋势，2015年以后正趋于递减，具体来看，2007年基础产业的变异系数为1.23，到2015年达到峰值3，由于近年来我国政府提倡金融、信托等资产要脱虚向实、回归实体产业和基础产业等政策的实施，2015年后基础产业的变异系数逐年降低，到2017年已降到1.12。这说明了前十家信托机构在2015年之前，对是否布局基础产业资产的意见不一，它们更倾向于投入产出比更高的金融行业，而对于基础产业则具有较小的兴趣，而在2015年之后，随着房地产泡沫、金融泡沫的逐渐积累，前十家信托机构也开始脱虚向实。

第三，对于房地产产业，十年来的变异系数呈现波动下降的趋势，到2017年为止已经由2011年的最高点2.09降低到2017年的0.98，说明近几年来，前十家信托机构对房地产业自营资产的分布意见逐渐达成共识。对于证券行业，前十家信托机构十年来对于自营资产在证券行业的分布也具有较大的共识，相比于实业、基础产业和房地产业来看，证券行业的变异系数仅次于金融行业，并且十年来的变化也比较稳定。说明前十家机构对于金融机构和证券行业的自营资产分布共识已持续较长时间。

第四，对于实业，2007～2013年其变异系数呈现出波动上升的态势，并在2013年达到峰值2.56，2013～2017年则逐年递减，截止到2017年已降至1.08，这也证明了近几年来各信托机构不约而同地积极配合国家政策，推动金融服务于实体，走脱虚向实的可持续发展道路。

第二节　收入规模与结构分析

一、营业收入的历史分析

2017 年，信托业共实现营业收入 1115 余亿元，平均每家信托公司营业收入为 16.65 亿元，以 2017 年总利润为基准，排名前十的信托机构，2017 年共实现营业收入 410 余亿元，占到全行业营业收入的 37% 左右，平均每家信托公司的营业收入为 41 余亿元，远远高于全行业平均营业收入。由表 7-7 可具体观察 2007~2017 年前十家信托机构的各项指标变动情况。

表 7-7　2007~2017 年前十家信托公司营业收入统计分析

年份	平均值（万元）	平均值增长率（%）	最大值（万元）	最小值（万元）	标准差（万元）	变异系数
2007	86222.81	258.64	259269.00	6467.28	95806.53	1.11
2008	83193.26	-3.51	200480.78	3499.80	76194.10	0.92
2009	77727.61	-6.57	207486.00	161.51	75457.06	0.97
2010	109333.76	40.66	238639.78	10618.70	94139.82	0.86
2011	162480.04	48.61	374684.02	40031.27	122992.82	0.76
2012	214288.85	31.89	447432.83	48890.28	145523.41	0.68
2013	246713.76	15.13	547823.36	16619.49	183975.78	0.75
2014	318254.77	29.00	568515.36	46841.11	191682.14	0.60
2015	439652.33	38.14	1019363.85	108214.40	277514.50	0.63
2016	385604.40	-12.29	603050.72	192081.49	164031.09	0.43
2017	410535.40	6.47	602539.85	260128.90	132902.37	0.32

资料来源：中国人民大学信托与基金研究所：《中国信托公司经营蓝皮书（各年度）》，财富出版社，2016 年版。

从平均值来看，2007~2017 年前十名信托机构的营业收入平均值呈波动上升的趋势，2007 年营业收入平均值仅为 86222.81 万元，而十年后的 2017 年则上升为 410535.40 万元，是 2007 年营业收入的 4.76 倍。由表 7-7 可以看出，自 2007 年以来，2007 年前十家信托公司营业收入上升幅度最大，上升比率为 258.64%，而此时行业上升比率为 158.76%，远远超过行业平均值。2016 年，前十家信托公司营业收入平均值增长率的下降幅度达到最大，为 -12.29%，这一情况的发生可能与我国在 2015 年下半年金融市场的不景气有关，随着时间的推移，市场逐渐缓和，到 2017 年，平均值增长率变为 6.47%。

从变异系数来看，2007~2017 年前十名信托公司营业收入的变异系数呈现波动下降的趋势，2007 年最大，为 1.11，2017 年最小，为 0.32，而此时全行业 2017 年的变异系数仍保持在 0.77 的高度，这种变化说明了前十家信托公司在十年的发展过程中营业收入逐渐趋近，差异逐渐减少，这种情况对信托市场未来的发展具有积极的意义。

二、营业收入的公司分析

前十家信托机构十年间的营业收入具体数据如表 7-9 所示。

从十年间前十家信托机构的营业收入变动趋势来看，除华润信托、重庆信托和中信信托、中融信托、平安信托五家信托机构的变动趋势出现了明显的波动外，具体来看，华润信托的营业收入在 2008 年、2011 年和 2016 年分别出现了明显的下降，其中降幅最大的应该是 2015~2016 年，由 2015 年的 547528 万元，降低到 2016 年的 255824.65 万元，下降了 50% 左右，2017 年则有所回升，到达 260128.90 万元；重庆国信在 2015 年之前其营业收入一直保持平稳增长，2015~2017 年则开始下降，由 2015 年的 533525.23 降低到 2017 年的 391663.5 万元；中信信托也有同样的趋势，由图 7-8 可以明显看到，中信信托的营业收入在 2014~2015 年急剧上升，由 2014 年的 562954 万元，翻了将近一倍，上升到 2015 年的 1019364 万元，而 2015~2016 年则又急剧下降到 564899.53 万元，2017 年有所回升，为 574951.48 万元；中融信托和平安信托也表现出同样趋势，但 2015~2016 年度下降幅度相比其他三家信托机构来看要相对较小；综上来看，上述三家信托公司都在 2015~2016 年度出现了大幅下降的趋势，这可能与 2015 年我国金融市场的突然衰退有关，但是也反映出了这三家公司的抗风险能力相对较弱以及受市场变化的影响较大。

另外，安信信托、华能贵诚、民生信托、建信信托以及中航信托营业收入的变动趋势则比较平稳，这五家信托公司在 2007~2017 年均保持平稳的增长，即使在 2015 年也没有出现下降的趋势，说明这几家公司受市场变动的影响较小。

表 7-8 2007～2017 年前十家信托机构营业收入序列

单位：万元

公司简称	2007	2008	2009	2010	2011	2012	2013	2014	2015	2016	2017
安信信托	6467	10218	9965	24094	40031	48890	83763	180938	295477	524266.59	555708.16
平安信托	121481	165972	142744	235721	282013	372806	436304	568515	628744	603050.72	602539.85
重庆国信	38029	71959	80479	74579.11	111852.89	126010.32	206914.66	343666.13	533525.23	424052.72	391663.5
中信信托	152698	200481	207486	238640	374684	447433	547823	562954	1019364	564899.53	574951.48
中融信托	14057	35379	62651	175290	291722	375549	489555	540948	597669	552299.8	486742.53
华能贵诚	未披露	未披露	18852	27193	75554	116439	145120	226965	267673	280592.46	341416.52
华润信托	259269	94844	159102	164785	160803	207210	275394	394561	547528	255824.65	260128.90
民生信托	未披露	未披露	未披露	未披露	未披露	未披露	16619	46841	108214	192081.49	330800.14
建信信托	11558	3500	18108	33083	59678	105423	111922	147116	197552	220343.07	267299.25
中航信托	未披露	未披露	162	10619	65983	128840	153722	170045	200776	238632.97	294103.66

资料来源：信托公司官网；中国人民大学信托与基金研究所；《中国信托公司经营蓝皮书（各年度）》，财富出版社，2016 年版。

表 7-9 2007～2017 年前十名信托机构营业收入排名情况一览

公司简称	2007	2008	2009	2010	2011	2012	2013	2014	2015	2016	2017
安信信托	39	36	47	40	38	48	40	15	6	4	3
平安信托	4	2	3	2	3	3	3	1	2	1	1
重庆国信	14	7	5	10	9	16	7	5	5	5	5
中信信托	3	1	1	1	1	1	1	2	1	2	3
中德信托	26	15	9	3	2	2	2	3	3	3	4

续表

公司简称	2007	2008	2009	2010	2011	2012	2013	2014	2015	2016	2017
华能贵诚	未披露	未披露	37	31	16	20	18	6	10	7	6
华润信托	1	3	2	4	5	5	5	4	4	11	11
民生信托	未披露	未披露	未披露	未披露	未披露	未披露	67	58	41	18	7
建信信托	31	49	38	28	25	23	30	21	17	14	9
中航信托	未披露	未披露	56	55	22	14	16	16	16	12	8

资料来源：信托公司官网；中国人民大学信托与基金研究所：《中国信托公司经营蓝皮书（各年度）》，财富出版社，2016年版。

表7-10　2007～2017年前十名信托机构营业收入的增长绝对值

单位：万元

公司简称	2007	2008	2009	2010	2011	2012	2013	2014	2015	2016	2017
安信信托	4467	3751	-253	14129	15937	8859	34872	97175	114539	228790	31442
平安信托	92135	44491	-23228	92977	46292	90793	63498	132211	60228	-25693	-511
重庆国信	21530	33930	8520	-5900	37274	14157	80904	136751	189859	-109473	-32389
中信信托	112956	47783	7005	31154	136044	72749	100391	15130	456410	-454464	10052
中融信托	8192	21322	272272	112639	116432	83827	114006	51393	56722	-45370	-65557
华能贵诚	未披露	未披露	未披露	8341	48361	40886	28681	81845	40709	12919	60824
华润信托	189569	-164425	64258	5683	-3982	46407	68184	119167	152968	-291704	4304
民生信托	未披露	未披露	未披露	未披露	未披露	未披露	未披露	未披露	61373	83867	138719
建信信托	6420	-8058	14608	14975	26595	45744	6500	35193	50437	22791	46956
中航信托	未披露	未披露	未披露	10457	55364	62857	24882	16323	30731	37857	55471

资料来源：中国人民大学信托与基金研究所：《中国信托公司经营蓝皮书（各年度）》，财富出版社，2016年版。

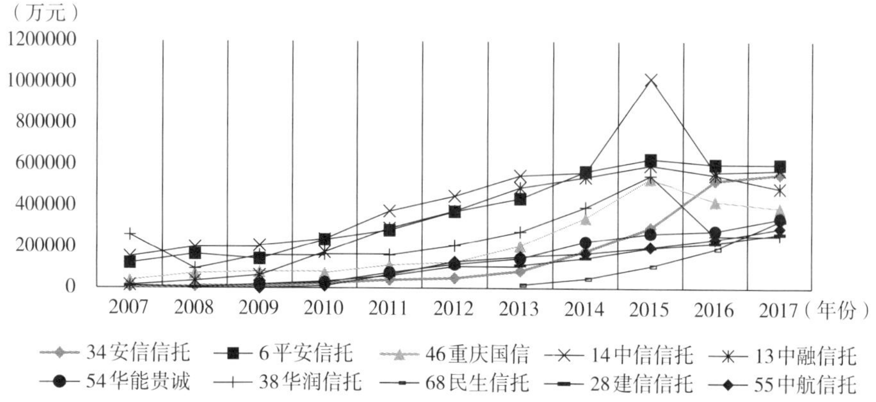

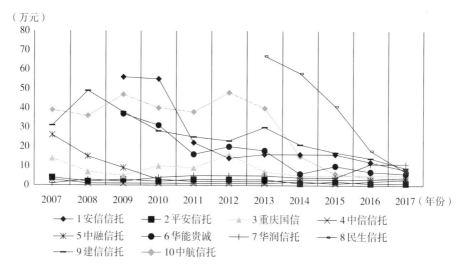

图7-8　前十家信托机构十年间营业收入

资料来源：中国人民大学信托与基金研究所：《中国信托公司经营蓝皮书（各年度）》，财富出版社，2016年版。

表7-9是前十名信托机构十年来营业收入在信托业的总体排名情况，由表7-8可做出前十名信托机构营业收入排名的折线图，如图7-9所示。

图7-9　2007～2017年前十名信托机构营业收入排名

资料来源：中国人民大学信托与基金研究所：《中国信托公司经营蓝皮书（各年度）》，财富出版社，2016年版。

　　由图 7-9 可以更直观地看出，2007~2017 年前十家信托机构中多数信托机构的营业收入排名都有所提高，并且按 2017 年总利润为基准排名前十的十家机构中，除华润信托 2017 年营业收入排名 11 外，其余 9 家信托机构营业收入排名均在前十名之列。按 2007~2017 年所披露的数据来看，民生信托从 2013 年开始披露信息，并且它的变化也是最大的，2013 年民生信托的营业收入排名为第 67 名，而到了 2017 年则排到了第 7 名；平安信托、中信信托这两家公司的营业收入排名相对平稳，十年来虽有些许波动，但一直保持在前 4 名，2013 年之前，中信信托几乎每年都位居第 1 名，但 2013 年后逐渐被平安信托超过，2017 年平安信托的营业收入为行业第 1 名，而中信信托则为第 3 名。中融信托十年来营业收入的表现也较好，由 2007 年的第 26 名，上升为 2017 年的第 4 名，并分别在 2010~2016 年获得行业第三和第二名的好成绩；与中融信托相反，华润信托的排名却一路下降，由 2007 年行业第 1 的位置跌到 2017 年行业第 11 的位置。

　　2007~2017 年前十名信托机构营业收入的增长绝对值和增长幅度的序列如表 7-10 与表 7-11 所示。

　　图 7-11 和图 7-12 分别为 2007~2017 年前十名信托机构营业收入的增长绝对值和增长幅度。从增长绝对值来看，2017 年有三家信托机构的营业收入为负增长，分别为平安信托（-510.87 万元）、重庆国信（-32389.22 万元）、中融信托（-65557.27 万元），其余七家信托公司 2017 年的营业收入均为正增长，其中增长最大的是民生信托（138718.65 万元），增长率为 72%，而增长最少的是华润信托（4304.25 万元），2007~2017 年十年间信托机构增长最大的为 2015 年的中信信托（456410.3 万元）。从营业收入增长幅度来看，2007 年各家公司的增长幅度均比较高，2007 年之后除个别公司在个别年份，如 2009 年的建信信托（417.40%）和 2010 年、2011 年的中航信托（6474.64%、521.38%）外，其他年份的增长幅度逐渐减小，并且在 2016 年有 5 家公司出现负增长，分别是平安信托（-0.085%）、重庆国信（-7.64%）、中融信托（-7.59%）、中信信托（-44.58%）、华润信托（-53.28%）。

三、信托收入的历史分析

　　根据 2018 年信托公司最新披露信息显示，2017 年度，信托业平均信托收入为 2063063 万元，相比于 2016 年出现了较大幅度的增长，增长 447609 万元，增长幅度为 39.11%；而前十家信托机构的平均值为 1831716.09 万元，较 2016 年增长 214737.14 万元，增长幅度为 13.28%。2007～2017 年度前十家信托公司信托收入的统计分析如表 7-12 所示。

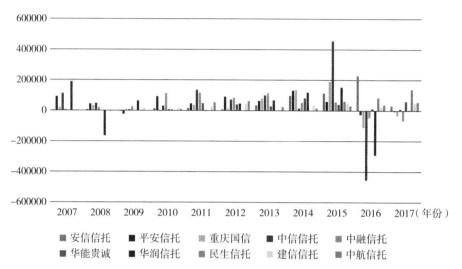

图 7-10　2007～2017 年前十名信托机构营业收入增长绝对值

资料来源：中国人民大学信托与基金研究所：《中国信托公司经营蓝皮书（各年度）》，财富出版社，2016 年版。

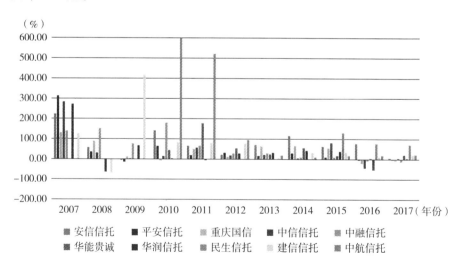

图 7-11　2007～2017 年前十名信托机构营业收入增长幅度

资料来源：中国人民大学信托与基金研究所：《中国信托公司经营蓝皮书（各年度）》，财富出版社，2016 年版。

表 7-11 2007~2017 年前十名信托机构营业收入的增长幅度

单位：%

公司简称	2007	2008	2009	2010	2011	2012	2013	2014	2015	2016	2017
安信信托	223.31	57.99	-2.48	141.79	66.15	22.13	71.33	116.01	63.30	77.43	6.00
平安信托	313.96	36.62	-14.00	65.14	19.64	32.19	17.03	30.30	10.59	-4.09	-0.08
重庆国信	130.49	89.22	11.84	-7.33	49.98	12.66	64.20	66.09	55.25	-20.52	-7.64
中信信托	284.22	31.29	3.49	15.01	57.01	19.42	22.44	2.76	81.07	-44.58	1.78
中融信托	139.69	151.68	77.08	179.79	66.42	28.74	30.36	10.50	10.49	-7.59	-11.87
华能贵诚	未披露	未披露	未披露	44.24	177.84	54.11	24.63	56.40	17.94	4.83	21.68
华润信托	271.98	-63.42	67.75	3.57	-2.42	28.86	32.91	43.27	38.77	-53.28	1.68
民生信托	未披露	未披露	未披露	未披露	未披露	未披露	未披露	未披露	131.02	77.50	72.22
建信信托	124.93	-69.72	417.40	82.70	80.39	76.65	6.17	31.44	34.28	11.54	21.31
中航信托	未披露	未披露	未披露	6474.64	521.38	95.26	19.31	10.62	18.07	18.86	23.25

资料来源：中国人民大学信托与基金研究所：《中国信托公司经营蓝皮书（各年度）》，财富出版社，2016 年版。

表 7-12　2007~2017 年度前十家信托公司信托收入的统计分析

年份	平均值（万元）	均值增长幅度（万元）	均值增长率（%）	最大值（万元）	最小值（万元）	标准差	变异系数
2007	500470.5	433613.1955	648.57	2137956.17	15291	741313.6501	1.48
2008	235693.6	-264776.8984	-52.91	1037201.77	7773	369125.5094	1.57
2009	326429	90735.39918	38.50	1088806	30410	390843.0001	1.2
2010	500170.97	173741.9659	53.23	1631705.6	54716.9	589360.144	1.18
2011	303166.37	-197004.5956	-39.39	1123726.03	48918.98	395446.4823	1.3
2012	657962.37	354795.9985	117.03	3081299.03	295235.84	886482.9928	1.35
2013	945502.1	287539.7331	43.70	3686527.67	80996.68	1181362.857	1.25
2014	1655501.37	709999.271	75.09	5760492.59	580767.14	1907165.926	1.15
2015	1990850.71	335349.332	20.26	7067050.46	789907.65	2408945.548	1.21
2016	1616978.95	-373871.752	-18.78	7552411.72	944805.55	2025790.979	1.25
2017	1831716.09	214737.1402	13.28	7807201.41	767919.62	2257488.897	1.23

资料来源：中国人民大学信托与基金研究所：《中国信托公司经营蓝皮书（各年度）》，财富出版社，2016 年版。

从平均值来看，2007~2017 年前十家信托公司信托收入的平均值除 2008 年、2011 年和 2016 年出现了负增长外（2008 年减少了 264776.90 万元，2011 年减少了 197004.60 万元，2016 年减少了 373871.75 万元），其他年份均为正增长，其中 2007 年实现了 648.57% 的最高增长率，2017 年相较于 2016 年实现了 13.28% 的增长率，说明经历了 2015 年金融市场的下行之后，2017 年度前十名信托机构的信托收入开始出现了一定的积极回转。

从最大值、最小值来看，2017 年中信信托信托收入最大为 7807201.41 万元，重庆信托则最小为 767919.62 万元，纵向来看，2007~2017 年十年间中信信托的信托收入一直保持在前列，2016 年和 2017 年信托收入都位居行业第一。

从变异系数来看，2007~2017 年前十名信托机构信托收入的变异系数均超过 1，其中 2008 年最高为 1.57，2014 年最低为 1.15。总体来看，十年间信托公司信托收入的变异系数是波动递减的，由 2007 年的 1.48 到 2017 年的 1.23。这表明前十家信托机构的信托收入差距逐渐减小。

综合上述分析，我们不难发现，2007~2017 年前十家信托机构的平均信托收入整体上呈现上升的态势。尤其是 2014 年，在 2012 年、2013 年连续出现了 117.03% 和 43.70% 大幅增长的基础上仍持续上涨 75.09%。但是 2015~2016 年，由于 2015 年金融市场的不景气导致信托业各信托公司的信托收入均出现大幅下降，打破了以往年份信托收入高增长的格局且开始向负增长幅度转变，2016 年延续此形势，出现了继 2011 年下跌之后，5 年后的首次下跌。2017 年市场回暖，信托收入平均值等指标均出现了一定的反弹迹象，前十家信托机构信托收入的平均值实现了 13.28% 的增长，变异系数也较前两年有所下降，说明了前十家信托机构的信托收入差距也在进一步缩小。

四、信托收入的公司分析

从信托收入的排名来看，以 2017 年度总利润为基准排名前十的信托机构中，2017 年有 6 家信托机构的信托收入排名在全行业中位列前十名，分别是排名第 1 的中信信托（7807201.41 万元）、排名第 2 的建信信托（6177291.45 万元）、排名第 5 的华能贵诚（5755573.7 万元）、排名第 6 的华润信托（5468149.56 万元）、排名第 7 的中融信托（4987828.28 万元）以及排名第 8 的平安信托（4946500.11 万元）。而安信信托、重庆信托、中航信托和民生信托分别位列第 21、54、11 和 43 的位置。2007~2017 年度前十名信托机构的信托收入在全行业的具体排名如表 7-13 所示。

由表 7-13 和图 7-12 可以看出，与 2016 年相比，前十家信托机构的营业收入在全行业的排名有些许变化，其中排名上升的有建信信托（3-2）、华润信托（12-6）、华能贵诚（6-5），而排名下降的有平安信托（4-8）、安信信托（15-21）、重庆国信（45-52），排名未发生变化的有中融信托（7）、中信信托（1）、中航信托（11）以及民生信托（43）。纵向来看，2007~2017 年十年中，前十家信托公司的信托收入一直位列前十名的信托公司仅有中信信托一家，且中信信托十年中一直保持在前三名行列。一直低于前十名的信托公司有安信信托：其最低排名为 2010 年的第 50 名，最高排名为 2016 年的第 15 名，与 2007 年的第 29 名相比，到 2017 年安信信托（21）进步了 8 名。中航信托：其最低排名为 2010 年的第 41 名，最高排名为 2017 年的第 11 名。与 2010 年的第 41 名相比，截止到 2017 年中航信托信托收入排名进步了 30 名，且自从其 2010 年开始披露年报开始，除 2011 年排名突然提高到 14 名，到 2012 年降至 19 名之后，近 5 年来中航信托的排名一直在上升，说明近年来中航信托的信托收入发展态势良好，具有非常好的前景。民生信托：一直到 2013 年民生信托才开始在其年报中披露其信托收入情况，2013 年其信托收入排名为第 53 名，经过 4 年的发展，2017 年其排名为 43 名，在所有总利润排名前十的信托机构中，其信托收入排名相对落后。除上述四家信托机构外，其他六家信托机构的排名均有较大波动，平安信托和中融信托两家机构仅在 2008 年在所有信托机构中排名低于前十名，其余年份均位于前十之列，并且从 2013 至今这两家信托机构的信托收入排名一直处于下降的趋势。而建信信托信托收入的表现则比较好，2007 年建信信托的信托收入在全行业排名为第 43 名，而到了 2017 年其排名为第 2 名。华能贵诚的信托收入排名情况与建信信托相似，2007 年行业排名第 49 名，2017 年则上升到第 5 名。与其相反，重庆国信的信托收入排名除 2008 年位列第 8 之外，其他年份均排名靠后，并且十年来，重庆国信排名一直呈下降趋势，由 2007 年的第 12 名，跌到 2017 年的行业第 54 名。

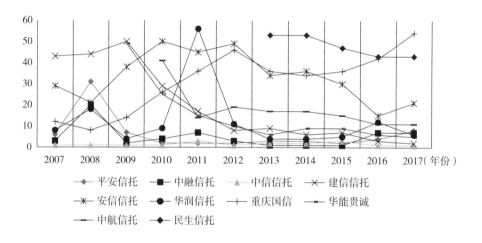

图 7-12　2007~2017 年前十名信托机构的信托收入排名

资料来源：中国人民大学信托与基金研究所：《中国信托公司经营蓝皮书（各年度）》，财富出版社，2016 年版。

从前十家信托机构信托收入的增长幅度来看（见表 7-14），2017 年前十家信托机构中华润信托信托收入的增长幅度最大（116.16%），中信信托信托收入增长幅度最小（3.3%）。重庆国信仍旧保持继 2015 年信托收入负增长之后的再一次负增长（-21.29%）。2016 年前十家信托机构中有五家信托机构的信托收入出现了负增长，这可能与 2015 年整个金融市场的不景气有关。

表 7-13　2007～2017 年度前十名信托机构的信托收入排名序列

公司简称	2007	2008	2009	2010	2011	2012	2013	2014	2015	2016	2017
平安信托	6	31	7	2	2	2	3	3	2	4	8
中融信托	3	20	2	4	7	3	1	1	1	7	7
中信信托	1	1	1	1	3	1	2	2	3	1	1
建信信托	43	44	50	29	17	8	9	6	7	3	2
安信信托	29	21	38	50	45	49	34	36	30	15	21
华润信托	8	18	4	9	56	11	4	4	5	12	6
重庆国信	12	8	14	26	36	46	36	34	36	42	54
华能贵诚	未披露	未披露	49	25	15	10	6	9	9	6	5
中航信托	未披露	未披露	未披露	41	14	19	17	17	15	11	11
民生信托	未披露	未披露	未披露	未披露	未披露	未披露	53	53	47	43	43

资料来源：中国人民大学信托与基金研究所：《中国信托公司经营蓝皮书（各年度）》，财富出版社，2016 年版。

表 7-14　2007～2017 年度前十家信托机构信托收入排名增长幅度

单位：%

公司简称	2007	2008	2009	2010	2011	2012	2013	2014	2015	2016	2017
平安信托	479.56	-90.44	1227.30	148.69	-10.40	86.49	35.76	67.26	46.46	-32.78	5.58
中融信托	5573.90	-90.75	1072.90	47.81	-44.53	220.08	85.39	56.26	22.68	-41.40	20.44
中信信托	702.83	-51.49	4.98	49.86	-31.29	174.83	7.71	71.12	19.53	11.25	3.37
建信信托	82.45	-49.17	291.23	554.07	110.33	216.66	22.99	165.53	-3.39	17.61	25.67
安信信托	2158.60	36.63	3.37	-17.31	125.77	138.99	159.91	68.28	27.05	35.69	9.20
华润信托	202.78	-79.46	828.91	-24.24	-89.68	2538.70	71.19	101.84	15.46	-50.88	116.16
重庆国信	563.94	19.85	10.97	-10.40	-11.14	81.62	97.78	101.17	-1.30	-25.20	-21.29
华能贵诚	未披露	未披露	未披露	473.20	94.84	200.52	59.18	43.60	28.99	8.64	38.64
中航信托	未披露	未披露	未披露	未披露	314.04	109.25	68.63	48.26	18.31	-3.34	43.37
民生信托	未披露	未披露	未披露	未披露	未披露	未披露	未披露	617.03	36.01	19.61	30.96

第三节 盈利规模与结构分析

一、信托公司盈利能力分析

资本利润率和人均净利率是反映信托公司盈利能力的重要指标，因此我们从资本利润率和人均净利率两部分来考察信托公司的盈利情况。由于本书采用的是截止到 2018 年 5 月 24 日获得的各公司披露的 2017 年度的年报，从披露情况来看，68 家公司中除安信信托、陕西国信、五矿信托和中江信托以外，其他 64 家公司均在年报中明确披露了其资本利润率这一指标。

信托公司资本利润率是净利润与平均资本的比率，因此公司净利润与注册资本规模的变化会对资本净利润产生影响。信托公司通过增资或者股权资产出售等方式获取大规模资金后，通过有效的资产管理，可以使业绩得到较大幅度的提升。

2007~2017 年前十家信托公司资本净利率的统计分析数据如表 7－15 所示。

作为反映信托公司盈利能力的重要指标，2017 年前十家信托公司的资本利润率平均值为 16.50%，比 2016 年的 17.46% 减少了 0.96%，均值增长率为-5.53%，前十家信托机构中资本利润率最大值为中航信托（20.29%），最小值为中信信托（11.65%），整体上看，2017 年前十家信托机构的资本利润率均在 10% 以上。纵向来看，2007~2017 年前十家信托机构的资本利润率平均值呈现逐年递减的态势，十年间已由 2007 年的 33.09% 降低到 2017 年的 16.50%。均值增长率除 2007 年、2009 年、2011 年、2012 年和 2015 年外均为负增长。资本利润率平均值的逐年下降，可能与信托公司注册资本的增加有关，使资本增长幅度远大于净利润增长幅度。从标准差方面来看，2017 年前十家信托机构资本利润率的标准差为 0.03，远小于 2007 年的 0.14。表明经过十年的发展，前十家信托机构的资本利润率离散程度有所下降。从变异系数上来看，2017 年前十家信托机构资本利润率变异系数也在逐年缩小，2017 年仅为 0.16。也证明了前十家信托机构的资本利润率逐渐趋于一致。

2007~2017 年前十家信托机构资本利润率折线如图 7－13 所示，具体来看，2007~2017 年前十家信托机构中中融信托和中信信托除个别年份资本利润率有所增长外，其余年份均呈下降趋势，中融信托由 2007 年的 32.7%降低到 2017 年的 18.29%。中信信托则从 2007 年的 37.92%降低到 2017 年的 11.65%。而民生信托自 2013 年在年报中披露资本利润率该项指标以来，其资本利润率指标逐年上升，由 2013 年的 8.66%上升到 2017 年的 17.56%。安信信托仅在 2012 年和 2013 年披露了其资本利润率指标数据分别为 24.36%和 37.4%，其余年份均没有披露。平安信托十年来资本利润率的变化呈现倒 U 形，2007~2011 年资本利润率逐年下降，由 2007 年的 32.6%降为 2011 年的 7.88%，2012~2017 年其资本利润率逐渐回升，到 2017 年已由 2011 年的 7.88%上升到 2017 年的 16.83%。建信信托类似于平安信托，2007~2009 年由 10.21%降到 2009 年的 2.7%，随后年份开始逐年上涨，截止到 2017 年已上升为 15.86%。其余四家信托公司资本利润率十年间的变化波动较大，中航信托和华能贵诚波动上升，而华润信托和重庆信托则波动下降。由图 7-13 可知，前十家信托机构中 2007 年资本利润率最高的为华润信托（52.53%），最低的为建信信托（10%），2017 年资本利润率最高的则变为中航信托（20.29%），最低的则为中信信托（11.65%）。并且前十家信托机构的资本利润率随着时间的推移正逐渐趋近，变异系数逐渐减小。2007~2017 年前十家信托机构资本利润率序列和增长幅度如表 7-16 和表 7-17 所示。

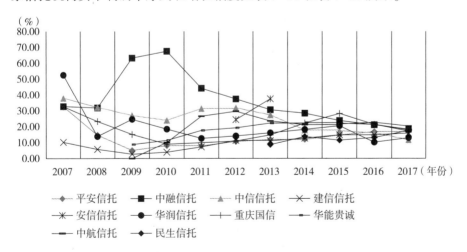

图 7-13　2007~2017 年前十家信托机构资本利润率

资料来源：中国人民大学信托与基金研究所：《中国信托公司经营蓝皮书（各年度）》，财富出版社，2016 年版。

表 7-15 2007～2017 年前十家信托公司资本利润率统计分析

	2007	2008	2009	2010	2011	2012	2013	2014	2015	2016	2017
平均值（%）	33.09	20.26	20.93	19.04	19.66	21.03	20.34	18.73	19.39	17.46	16.50
均值增长率（%）	275.92	-38.78	3.32	-9.05	3.29	6.97	-3.28	-7.92	3.53	-9.95	-5.53
最大值（%）	52.53	32.17	63.22	67.48	44.22	37.34	37.40	28.38	28.21	22.62	20.29
最小值（%）	10.21	5.75	2.70	3.95	7.23	10.62	8.66	11.90	11.43	10.17	11.65
标准差	0.14	0.11	0.21	0.21	0.13	0.10	0.09	0.05	0.05	0.04	0.03
变异系数	0.41	0.53	1	1.08	0.67	0.48	0.46	0.29	0.27	0.25	0.16

资料来源：中国人民大学信托与基金研究所：《中国信托公司经营蓝皮书（各年度）》，财富出版社，2016年版。

表 7-16 2007～2017 年前十家信托公司资本利润率增长序列

单位：%

公司简称	2007	2008	2009	2010	2011	2012	2013	2014	2015	2016	2017
安信信托	未披露	未披露	未披露	未披露	未披露	未披露	13.04	未披露	未披露	未披露	未披露
民生信托	未披露	未披露	未披露	未披露	未披露	未披露	未披露	未披露	-2.28	1.65	4.48
华润信托	25.31	-38.68	10.76	-6.18	-5.85	1.54	1.97	2.11	2.31	-10.34	2.78
建信信托	-4.02	-4.46	-3.05	1.25	3.28	4.09	-0.26	1.62	2.10	0.01	1.07
平安信托	19.70	-17.90	-9.62	2.98	-0.18	2.74	1.24	0.04	2.75	2.12	0.06
中航信托	未披露	未披露	未披露	未披露	16.50	3.07	-6.08	-2.33	0.43	1.00	-2.33
中融信托	29.99	-0.88	31.40	4.26	-23.26	-6.88	-6.77	-2.19	-4.60	-2.70	-2.79
华能贵诚	未披露	未披露	未披露	2.58	6.25	1.61	2.98	0.27	-0.34	-0.80	-3.42
重庆国信	20.50	-9.33	-8.15	-6.12	0.93	0.99	3.84	7.46	6.00	-6.88	-4.20
中信信托	25.67	-5.75	-5.15	-3.03	7.34	0.47	-4.48	-9.48	-0.42	-1.43	-4.34

表7-17　2007～2017年前十家信托公司资本利润率序列

单位：%

公司简称	2007	2008	2009	2010	2011	2012	2013	2014	2015	2016	2017
平安信托	32.60	14.70	5.08	8.06	7.88	10.62	11.86	11.90	14.65	16.77	16.83
中融信托	32.70	31.82	63.22	67.48	44.22	37.34	30.57	28.38	23.78	21.08	18.29
中信信托	37.92	32.17	27.02	23.99	31.33	31.80	27.32	17.84	17.42	15.99	11.65
建信信托	10.21	5.75	2.70	3.95	7.23	11.32	11.06	12.68	14.78	14.79	15.86
安信信托	未披露	未披露	未披露	未披露	未披露	24.36	37.40	未披露	未披露	未披露	未披露
华润信托	52.53	13.85	24.61	18.43	12.58	14.12	16.09	18.20	20.51	10.17	12.95
重庆国信	32.59	23.26	15.11	8.99	9.92	10.91	14.75	22.21	28.21	21.33	17.13
华能贵诚	未披露	未披露	8.77	11.35	17.60	19.21	22.19	22.46	22.12	21.32	17.90
中航信托	未披露	未披露	未披露	10.03	26.53	29.60	23.52	21.19	21.62	22.62	20.29
民生信托	未披露	未披露	未披露	未披露	未披露	未披露	8.66	13.71	11.43	13.08	17.56

资料来源：中国人民大学信托与基金研究所：《中国信托公司经营蓝皮书（各年度）》，财富出版社，2016年版。

表7-18　2007～2017年度前十家信托公司人均净利润的统计分析

	2007	2008	2009	2010	2011	2012	2013	2014	2015	2016	2017
平均值（万元）	884.69	459.55	466.09	400.98	430.81	460.78	467.15	648	802.6	681.12	694.07
平均值增长幅度（万元）	554.65	-425.13	6.54	-65.12	29.83	29.97	6.37	180.85	154.59	-121.48	12.95
平均值增长率（%）	168.06	-48.05	1.42	-13.97	7.44	6.96	1.38	38.71	23.86	-15.14	1.90
最大值（万元）	3414.85	875	1472.81	1226.51	1014.47	1027.64	1467.61	2615.1	3357.92	2519.74	2295.53
最小值（万元）	101.67	59.46	114.4	42.36	106.18	127.93	62.72	116.06	143.16	140.1	144.6
标准差（万元）	1259.04	335.09	514.74	424.63	307.27	281.24	405.06	767.74	995.41	705.1	620.33
变异系数	1.42	0.73	1.1	1.06	0.71	0.61	0.87	1.18	1.24	1.04	0.89

资料来源：中国人民大学信托与基金研究所：《中国信托公司经营蓝皮书（各年度）》，财富出版社，2016年版。

人均净利润是评价信托公司盈利能力的另一指标，从 2017 年的年报披露情况来看，有 64 家信托公司公布了人均净利润，与 2016 年相比，增加了五矿信托，减少了山东国信。2017 年，信托业平均人均净利润为 369.20 万元，比 2016 年下降了 28.92 万元。2017 年前十家（安信信托未披露）信托公司平均人均净利润为 694.07 万元，比 2016 年增加了 12.95 万元，远远高于行业平均人均净利润水平。2017 年前十家信托机构中人均净利润最高的是重庆国信，人均净利润达到 2295.53 万元，最低的为中融信托，人均净利润为 144.6 万元，最高与最低机构之间的人均净利润相差将近 16 倍，并且 2007~2017 年十年来重庆国信的人均净利润一直处于最高水平。表 7-18 为 2007~2017 年度前十家信托公司人均净利润的统计分析表。

从人均净利润的统计分析来看，2007~2017 年前十家信托公司的平均人均净利润的波动较大，2007 平均人均净利润最高为 884.69 万元，2010 年最低为 400.98 万元，2010~2015 年平均人均净利润逐年上升，到 2015 年达到 802.60 万元，但在近两年有所回落，截止到 2017 年均值为 694.07 万元；在平均值增长率方面，除了 2008 年、2010 年和 2016 年度其增长率为负值之外，其他年份均为正增长；另外，在变异系数方面可以看出，2007 年前十家信托机构人均净利润的变异系数为 1.42，也是十年间最高年份，到 2017 年变异系数变为 0.89，说明前十家信托机构人均净利润的差异正在逐渐缩小。

从人均净利润增长幅度来看，2017 年前十家信托机构除安信信托未披露数据之外，其余九家中，民生信托的增长幅度最大（42.99%），其次依次是平安信托（25.60%）和华润信托（20.43%），而重庆国信和中信信托均为负增长，中信信托下降幅度最大，为 -23.77%，延续了其在 2016 年的负增长（-0.96%）趋势。从纵向来看，2007 年中融信托、重庆国信和中信信托的增长幅度均超过 200%，但是随着时间的推移，三家信托人均净利润的增长幅度均逐渐减小，总体来看，前十家信托人均净利润的增长趋势并不明显，各年份之间的差异性较大，没有形成相对统一的趋势。

从前十家人均净利润来看，2017 年重庆国信人均净利润达到 2295.23 万元，蝉联行业榜首，信托总资产 283.55 亿元，较年初增加了 23.92 亿元；净资产 208.87 亿元，较年初增加 22.24 亿元，净利润 33.58 亿元，净资产收益率达到 17.13%，在行业中具有较好的表现。这可能与 2017 年重庆信托大规模增加注册资本有关。2017 年重庆信托注册资本增加至 150 亿元，成为全行业注册资本最高的公司。截止到 2017 年末，该公司"一带一路"及长江经济带信托项目资金规模约 1400 亿元，推动地方经济发展业务规模超过 360

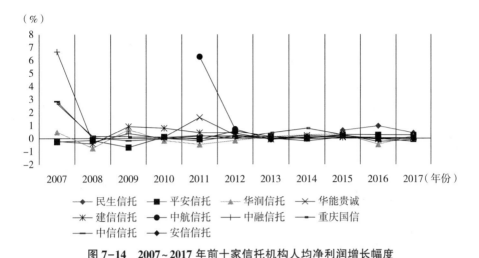

图7-14 2007~2017年前十家信托机构人均净利润增长幅度

资料来源：中国人民大学信托与基金研究所：《中国信托公司经营蓝皮书（各年度）》，财富出版社，2016年版。

亿元，利税等累计贡献超230亿元。自2007~2017年人均净利润扩大了3倍多。具体数据如表7-19与表7-20所示。

二、信托资产盈利能力分析

信托公司的信托项目一般分为集合类信托项目和单一类信托项目，下面我们通过分析集合类信托项目和单一类信托项目的加权平均实际收益率来分析2007~2017年前十家信托机构的信托项目收益率情况。

68家信托机构均披露了2017年集合类信托项目加权平均实际收益率数据，前十家信托机构2007~2017年十年的集合类信托项目加权平均实际收益率情况如表7-21所示。

可以看出，在前十家信托机构中，2017年华润信托的集合类信托项目加权平均实际收益率最高（9.42%），中信信托（8.96%）和安信信托（8.44%）紧随其后，平安信托的集合类信托项目加权平均实际收益率最低，仅为1.02%，相比于2016年，仅有华润信托、中融信托和中信信托三家信托机构的集合类信托项目加权平均实际收益率有所提高，其他信托机构的集合类信托项目加权平均实际收益率均有所降低，平安信托的降低幅度最大，2016年该公司集合类信托项目加权平均实际收益率为12.70%，2017年则降为1.02%。相比于2007年仅有平安信托一家公司集合类信托项目加权平均实际收益率有所下降，其他九家公司均有所提高。

表7-22是2007~2017年前十家信托机构集合类信托项目平均收益率统计分析。从前十家信托机构集合类信托项目平均收益率的平均值而言，2007~2017年的平均值均在5%~10%范围内波动，2007年最低（5.31%），2015年达到最高值（9.65%），但2015年之后前十家信托机构的集合类信托项目的平均收益率均值一直呈下降趋势。从均值的增长幅度来看，2009年、2010年、2012年、2016年和2017年5年均呈现负增长，说明集合类信托项目平均收益率均值每年的变动差异性较大，不能形成一个固定趋势；从前十家信托机构十年间集合类信托项目收益率为负的公司数来看，仅有2008年平安信托一家公司出现了负值，其他年份十家信托机构集合类信托项目平均收益率指标均为正值；从历年指标的稳定来看，前十家信托机构2007~2017年集合类信托项目平均收益率指标的变异系数均保持在较小的水平，最高达到2008年的0.88，最小值为2007年的0.15，近5年来，则保持在0.5以下，说明十年来前十家信托机构集合类信托项目平均收益率的差异较小。

在2013~2016年度，信托业的单一类信托项目收益率持续上升。2007~2017年前十家信托机构单一类信托项目收益率如表7-23所示。

由表7-23可以看出，2017年前十家信托机构中单一类信托项目收益率最高的是华润信托（9.2%），其次是民生信托（7.83%）和安信信托（7.73%），单一类信托项目收益率最低的则为平安信托（0.47%），由图7-15可以看出，平安信托单一类信托项目收益率在2015年达到最高（10.07%），2016年有轻微下降，2017年则出现剧烈下降，从十家信托机构单一类信托项目收益率榜首降低到最后一位；除安信信托2007~2017年单一类信托项目收益率波动最大外，安信信托的变动幅度也较大，但总体上呈现波动上升的态势。其他信托公司单一类信托项目收益率指标的变动幅度相对较小，与2017年相比，除重庆国信、中信信托之外，其他信托机构的单一类信托项目收益率均呈现波动上升的态势；从图7-15中可以看出，对于前十家信托机构十年间相邻两年该指标的差异性较大，呈现明显的波动态势。

表7-24为2007~2017年前十家信托机构单一类信托项目收益率统计分析。从前十家信托机构单一类信托项目收益率平均值来看，2010年之后，除2014年出现小幅下降外，一直到2015年均保持上升的态势，并达到十年来的最大值（7.76%），但2015年之后，2016年和2017年均出现下降，到2017年降到6.5%。从前十家信托机构单一类信托项目收益率为负的公司数目来看，十年间前十家机构的单一类信托项目收益率均大于0，没有出现负增长。

表 7-19　2007~2017 年前十家信托机构人均净利润增长幅度序列

单位：%

公司简称	2007	2008	2009	2010	2011	2012	2013	2014	2015	2016	2017
民生信托	未披露	未披露	未披露	未披露	未披露	未披露	未披露	未披露	62.07	96.53	42.99
平安信托	-25.74	-14.79	-68.96	11.01	-6.68	56.17	13.25	1.86	27.97	26.84	25.60
华润信托	49.36	-74.38	68.32	-16.72	-46.36	-16.31	12.19	25.18	34.26	-46.21	20.43
华能贵诚	未披露	未披露	未披露	9.90	160.76	25.62	-4.91	23.16	7.86	4.51	9.56
建信信托	-21.30	-41.52	92.40	79.33	44.12	39.56	-8.35	10.59	11.98	-7.10	5.92
中航信托	未披露	未披露	未披露	未披露	628.14	71.35	-7.91	4.14	20.69	-2.65	4.82
中融信托	666.71	-27.71	37.13	0.63	-19.48	20.48	11.12	-3.93	4.83	-2.14	3.21
重庆国信	269.35	15.70	10.85	7.18	21.98	1.30	42.81	78.19	28.41	-24.96	-8.90
中信信托	284.83	6.63	-17.44	-4.38	18.15	12.93	0.47	-20.46	8.87	-0.96	-23.77
安信信托	未披露	未披露	未披露	未披露	未披露	未披露	4.42	未披露	未披露	未披露	未披露

资料来源：中国人民大学信托与基金研究所：《中国信托公司经营蓝皮书（各年度）》，财富出版社，2016 年版。

表 7-20　2007~2017 年前十家信托机构的人均净利润序列

单位：万元

公司简称	2007	2008	2009	2010	2011	2012	2013	2014	2015	2016	2017
安信信托	未披露	未披露	未披露	未披露	未披露	201.34	210.23	未披露	未披露	未披露	未披露
重庆国信	605	700	775.96	831.66	1014.47	1027.64	1467.61	2615.1	3357.92	2519.74	2295.53
华润信托	3414.85	875	1472.81	1226.51	657.92	550.63	617.76	773.33	1038.31	558.51	672.62
中航信托	未披露	未披露	未披露	42.36	308.44	528.5	486.7	506.84	611.68	595.45	624.18
华能贵诚	未披露	未披露	119.16	130.96	341.49	428.99	407.94	502.41	541.91	566.34	620.46
民生信托	未披露	未披露	未披露	未披露	未披露	未披露	62.72	116.06	188.1	369.68	528.62

公司简称	2007	2008	2009	2010	2011	2012	2013	2014	2015	2016	2017
建信信托	101.67	59.46	114.4	205.15	295.66	412.63	378.18	418.24	468.35	435.11	460.88
平安信托	453	386	119.82	133.01	124.13	193.86	219.55	223.63	286.19	363.01	455.95
中信信托	601.42	641.31	529.47	506.29	598.18	675.5	678.69	539.86	587.75	582.13	443.76
中融信托	132.18	95.55	131.03	131.86	106.18	127.93	142.16	136.57	143.16	140.1	144.6

表 7-21 2007~2017 年前十家信托机构集合类信托项目加权平均实际收益率

单位：%

公司简称	2007	2008	2009	2010	2011	2012	2013	2014	2015	2016	2017
华润信托	4.78	16.43	6.15	10.17	8.84	8.91	9.28	6.43	7.94	7.92	9.42
中信信托	5.17	6.99	7.04	8.05	11.22	9.34	9.59	9.02	9.14	7.50	8.96
安信信托	4.42	5.12	8.48	9.01	8.35	8.20	10.50	9.95	9.55	10.17	8.44
中航信托	未披露	未披露	未披露	0.00	9.00	7.62	8.42	9.10	8.68	8.96	8.00
民生信托	未披露	未披露	未披露	未披露	未披露	未披露	0.00	8.87	8.57	9.96	7.87
中融信托	5.05	4.54	9.32	2.58	4.90	5.40	9.49	8.09	5.82	5.77	7.42
建信信托	5.05	4.54	5.19	4.58	5.36	8.23	7.62	7.94	7.51	7.66	7.02
华能贵诚	未披露	未披露	0.00	10.22	9.07	11.00	8.55	9.76	8.26	7.70	6.64
重庆国信	5.76	8.62	7.32	5.08	6.11	2.29	6.31	7.50	9.69	10.91	6.44
平安信托	6.68	-1.47	8.96	6.73	6.96	5.48	8.05	15.11	21.35	12.70	1.02

资料来源：中国人民大学信托与基金研究所：《中国信托公司经营蓝皮书（各年度）》，财富出版社，2016 年版。

表 7-22 2007～2017 年前十家信托机构集合类信托项目平均收益率统计分析

	2007	2008	2009	2010	2011	2012	2013	2014	2015	2016	2017
平均值（%）	5.31	6.71	6.56	6.27	7.76	7.39	7.78	9.18	9.65	8.70	7.12
均值增长幅度（%）	0.71	1.40	-0.15	-0.29	1.49	-0.37	0.40	1.40	0.47	-0.95	-1.58
收益率为负的公司数	0	1	0	0	0	0	0	0	0	0	0
最大值（%）	6.68	16.43	9.32	10.22	11.22	11.00	10.50	15.11	21.35	12.70	9.42
最小值（%）	4.42	-1.47	0.00	0.00	4.90	2.29	0.00	6.43	5.82	5.77	1.02
标准差	0.01	0.06	0.03	0.04	0.02	0.03	0.03	0.02	0.04	0.02	0.02
变异系数	0.15	0.88	0.46	0.56	0.27	0.35	0.38	0.26	0.44	0.23	0.33

资料来源：中国人民大学信托与基金研究所；《中国信托公司经营蓝皮书（各年度）》，财富出版社，2016年版。

表 7-23 2007～2017 年前十家信托机构单一类信托项目收益率序列

单位：%

公司简称	2007	2008	2009	2010	2011	2012	2013	2014	2015	2016	2017
华润信托	4.88	5.14	4.30	5.35	5.59	7.78	7.38	6.87	6.86	6.74	9.20
民生信托	未披露	未披露	未披露	未披露	未披露	未披露	7.72	7.00	6.92	8.83	7.83
安信信托	3.96	5.31	9.66	4.44	11.24	8.85	9.22	7.61	8.10	8.74	7.73
中融信托	未披露	未披露	3.90	3.77	4.65	5.00	7.46	6.81	7.53	7.83	7.65
建信信托	3.99	5.03	4.52	3.99	4.98	6.68	6.73	6.60	7.70	6.42	7.18
中航信托	未披露	未披露	未披露	5.08	5.29	7.00	6.56	7.84	7.54	8.68	6.96
华能贵诚	未披露	未披露	3.44	4.50	7.90	4.70	7.18	7.08	7.65	7.27	6.16
中信信托	9.71	5.21	4.44	4.43	4.81	6.66	7.01	6.06	7.95	5.91	6.08
重庆国信	6.37	5.60	4.49	5.89	5.04	6.25	7.35	8.16	7.31	7.35	5.70
平安信托	4.32	6.87	3.74	4.93	5.34	5.85	8.08	7.06	10.07	9.61	0.47

资料来源：中国人民大学信托与基金研究所；《中国信托公司经营蓝皮书（各年度）》，财富出版社，2016年版。

表 7-24 2007~2017 年前十家信托机构单一类信托项目收益率统计分析

	2007	2008	2009	2010	2011	2012	2013	2014	2015	2016	2017
平均值（%）	5.54	5.53	4.81	4.71	6.09	6.53	7.47	7.11	7.76	7.74	6.50
均值增长幅度（%）	1.37	-0.01	-0.72	-0.10	1.38	0.44	0.94	-0.36	0.65	-0.03	-1.24
收益率为负的公司数	0	0	0	0	0	0	0	0	0	0	0
最大值（%）	9.71	6.87	9.66	5.89	11.24	8.85	9.22	8.16	10.07	9.61	9.20
最小值（%）	3.96	5.03	3.44	3.77	4.65	4.70	6.56	6.06	6.86	5.91	0.47
标准差	0.02	0.01	0.02	0.01	0.02	0.01	0.01	0.01	0.01	0.01	0.02
变异系数	0.4	0.12	0.42	0.14	0.35	0.2	0.1	0.09	0.12	0.16	0.36

资料来源：中国人民大学信托与基金研究所：《中国信托公司经营蓝皮书（各年度）》，财富出版社，2016 年版。

表 7-25 2007~2017 年前十家信托机构信托报酬率序列

单位：%

公司简称	2007	2008	2009	2010	2011	2012	2013	2014	2015	2016	2017
中融信托	0.35	0.50	0.31	0.85	1.59	1.63	1.19	0.80	未披露	未披露	未披露
中信信托	0.56	0.65	0.70	0.51	未披露	未披露	未披露	未披露	未披露	未披露	未披露
华润信托	1.51	0.35	0.31	0.82	0.93	0.89	0.80	未披露	未披露	未披露	未披露
华能贵诚	未披露	未披露	未披露	0.81	0.81	0.75	0.76	未披露	未披露	未披露	未披露
安信信托	0.68	0.77	1.31	1.38	1.72	1.50	1.10	1.02	1.00	1.55	1.92
重庆国信	1.58	1.61	1.16	1.28	0.96	0.86	0.81	1.32	1.28	1.24	1.20
民生信托	未披露	未披露	未披露	未披露	未披露	未披露	0.92	0.63	0.93	0.91	1.17
中航信托	未披露	未披露	未披露	未披露	1.22	1.21	未披露	0.80	0.82	0.73	0.59
平安信托	0.94	0.78	未披露	未披露	未披露	未披露	未披露	0.84	0.90	0.95	0.50
建信信托	1.13	1.15	0.11	0.14	0.25	0.22	0.25	0.21	0.21	0.15	0.10

资料来源：中国人民大学信托与基金研究所：《中国信托公司经营蓝皮书（各年度）》，财富出版社，2016 年版。

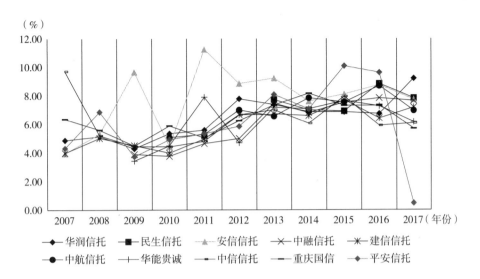

图 7-15　2007~2017 年前十家信托机构单一类信托项目收益率

资料来源：中国人民大学信托与基金研究所：《中国信托公司经营蓝皮书（各年度）》，财富出版社，2016 年版。

从 2007~2017 年前十家信托机构单一类信托项目收益率的稳定性来看，十年间该指标的变异系数均小于 0.5，变异系数最大值为 2009 年的 0.42，最小值为 2014 年的 0.09，说明前十家机构的单一类信托项目收益率具有较强的一致性，由图 7-15 前十家信托机构十年间该指标的变动趋势也可以看出，除个别年份外，各公司具有较强的一致性。

信托报酬是受托人通过管理和运作信托财产而获取的报酬，按照《信托投资公司信息披露管理暂行办法》，信托业务报酬率的计算是以信托业务除以实收信托平均余额，这一指标所反映的是信托公司在信托业务中所获得的报酬。在实际运作中，信托公司在对信托资产的管理中，主动管理能力强、发挥作用大，取得的报酬一般就会越高。反之，如果信托公司在信托业务中并没有进行主动管理、所起到的作用小，信托报酬率就会偏低。

2017 年，前十家信托机构中仅有 6 家公司在年报中披露了信托收益率，分别是平安信托、建信信托、安信信托、重庆国信、中航信托和民生信托，中融信托自 2015 年起停止披露该指标，中信信托在 2010 年之后也不再披露该指标，华润信托和华能贵诚则从 2014 年起停止披露信托报酬率指标。2007~2017 年前十家信托机构信托报酬率情况如表 7-25 所示。

表 7-26　2007~2017 年前十家信托机构信托报酬率统计分析序列

	2007	2008	2009	2010	2011	2012	2013	2014	2015	2016	2017
平均值（%）	0.96	0.83	0.65	0.83	1.07	1.01	0.83	0.80	0.86	0.92	0.91
平均值增长幅度（%）	未披露	-0.13	-0.18	0.18	0.24	-0.06	-0.18	-0.03	0.05	0.07	-0.01
最大值（%）	1.58	1.61	1.31	1.38	1.72	1.63	1.19	1.32	1.28	1.55	1.92
最小值（%）	0.35	0.35	0.11	0.14	0.25	0.22	0.25	0.21	0.21	0.15	0.10
标准差（%）	0.47	0.43	0.49	0.43	0.50	0.48	0.30	0.34	0.35	0.48	0.65
变异系数	0.49	0.51	0.76	0.51	0.47	0.48	0.36	0.42	0.41	0.52	0.71

资料来源：中国人民大学信托与基金研究所：《中国信托公司经营蓝皮书（各年度）》，财富出版社，2016 年版。

　　从 2017 年已经披露信托报酬率的信托公司来看，安信信托 2017 年度的信托报酬率最高，为 1.92%，其次是重庆信托（1.2%），建信信托最低（0.1%）。安信信托的信托报酬率从 2007 年至 2011 年逐年增大，2012 年到 2015 年经历了 3 年下降期，2015 年之后又逐渐回升，到 2017 年达到最大值 1.92%。中航信托则自 2011 年开始披露该指标以来逐年下降，截止到 2017 年已经由最初的 1.22% 下降为 0.59%。

　　图 7-16 与表 7-26 可以看出，2007~2017 年前十家信托机构的平均报酬率平均值，2007~2017 年呈下降趋势，2009~2011 年回升，并达到最大值 1.07%，2013 年又再次下降，2014~2017 年继续上升，但上升幅度较缓慢，截止到 2017 年前十家信托业信托报酬率平均值为 0.91%。可以看出，随着资管行业竞争的加剧，信托公司传统业务的赢利空间逐步收窄，主动管理能力较强的信托公司竞争力进一步增强。

　　从 2007~2017 年前十家信托机构信托报酬率分布的离散程度来看，2017 年信托报酬率的标准差为 0.65%，比 2016 年提高了 0.17 个百分点。2017 年变异系数为 0.71，比 2016 年该指标的变异系数也有所提高，提高了 0.19。从上述两个变量可以看出近五年来，前十家信托机构信托报酬率的差距有所

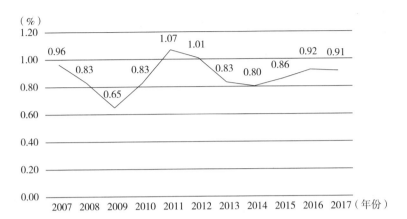

图 7-16　2007~2017 年前十家信托机构平均报酬率平均值趋势

资料来源：中国人民大学信托与基金研究所：《中国信托公司经营蓝皮书（各年度）》，财富出版社，2016 年版。

扩大，但整体上仍小于 1。从 2007~2017 年前十家信托机构的变异系数变动趋势来看，如图 7-17 所示，2007~2009 年信托报酬率变异系数逐年增大，2009~2013 年之后变异系数逐渐减小，达到历史最低 0.36，2013 年时该指标又逐渐增大，到 2017 年增长为仅次于最大值 0.76 的 0.71。

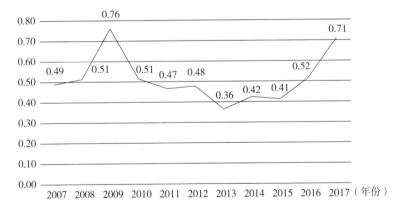

图 7-17　2007~2017 年前十家信托机构信托报酬率变异系数趋势

资料来源：中国人民大学信托与基金研究所：《中国信托公司经营蓝皮书（各年度）》，财富出版社，2016 年版。

第四节　非财务指标分析

一、前十家信托机构股权结构分析

从 2015~2017 年前十家信托机构第一大股东持股信息表 7-27 来看，2017 年除安信信托未在年报中披露其各大股东持股比例外，其余九家均对该项信息进行了披露。从 2017 年前十家信托机构第一大股东持股比例的披露数据来看，前十家信托机构的股权结构依旧呈现出高度集中的特点，主要表现：第一大股东持股比例在 90% 以上的有 1 家，为平安信托，持股比例达到 99.88%；持股比例在 80%~90% 的信托公司为中航信托（82.73%）、民生信托（82.71%）和中信信托（80%）三家公司；持股比例在 50%~80% 的有华能贵诚（67.86%）、建信信托（67%）、重庆国信（66.99%）、安信信托（52.44%）和华润信托（51%）五家公司；持股比例小于 50% 的信托公司仅有中融信托一家公司（37.47%）；因此前十家信托机构中第一大股东持股比例高于 50%，也就是说对该信托公司拥有绝对控制权的信托机构有 9 家，所占比例非常之大。

前十家信托机构 2016 年度和 2017 年度的持股比例相同，未发生变化，但与 2015 年相比，安信信托、华能贵诚、民生信托和中航信托的持股比例发生了些许变化，安信信托第一大股东持股比例由 2015 年的 56.99%，变化为 2016 年和 2017 年的 52.44%，持股比例有所下降；华能贵诚和中航信托第一大股东的持股比例分别由 2015 年的 67.58% 和 80%，变化到 2016 年和 2017 年的 67.86% 和 82.73%，持股比例有所上升；第一大股东持股比例变化最大的是民生信托，由 2015 年的 59.65% 变化为 2016 年和 2017 年的 82.71%。综合来看，近三年前十家信托机构第一大股东的持股比例依旧比较高，导致信托公司的股权结构比较集中。

通过上述分析，2015~2017 年三年来有绝对控股地位的公司数量与 2016 年持平，因此研究的前十家信托机构仍未改变股权高度集中和一股独大的显著特点。股权的高度集中导致控股股东对公司的控制力明显增强，有助于推动公司高级管理人员与股东尤其是控股股东的利益趋同，代理成本因此而得到一定控制。但股权的高度集中会导致控股股东对公司的参与程度过高，从而导

表 7-27　2015～2017 年前序十家信托机构第一大股东持股信息

序号	公司简称	2015			2016			2017	
		股东总数	第一大股东名称	持股比例（%）	股东总数	第一大股东名称	持股比例（%）	第一大股东名称	持股比例（%）
1	平安信托	2	中国平安保险（集团）股份有限公司	99.88	2	中国平安保险（集团）股份有限公司	99.88	中国平安保险（集团）股份有限公司	99.88
2	中融信托	4	经纬纺织机械股份有限公司	37.47	4	经纬纺织机械股份有限公司	37.47	经纬纺织机械股份有限公司	37.47
3	中信信托	2	中国中信有限公司	80.00	2	中国中信有限公司	80.00	中国中信有限公司	80.00
4	建信信托	3	中国建设银行股份有限公司	67.00	2	中国建设银行股份有限公司	67.00	中国建设银行股份有限公司	67.00
5	安信信托	若干	上海国之杰投资发展有限公司	56.99	未披露	上海国之杰投资发展有限公司	52.44	上海国之杰投资发展有限公司	52.44
6	华润信托	2	华润股份有限公司	51.00	2	华润股份有限公司	51.00	华润股份有限公司	51.00
7	重庆国信	未披露	重庆国信投资控股股份有限公司	66.99	5	同方国信投资控股有限公司	66.99	同方国信投资控股有限公司	66.99
8	华能贵诚	9	华能资本服务有限公司	67.58	8	华能资本服务有限公司	67.86	华能资本服务有限公司	67.86
9	中航信托	2	中航投资控股股份有限公司	80.00	2	中航投资控股股份有限公司	82.73	中航投资控股股份有限公司	82.73
10	民生信托	6	中国泛海控股集团有限公司	59.65	6	武汉中央商务区建设投资股份有限公司	82.71	武汉中央商务区建设投资股份有限公司	82.71

资料来源：中国信托业协会官网。

致董事包括独立董事、监事甚至中介机构缺乏独立性，进而导致较为严重的利益侵占问题。由上面的分析可见，前十家信托机构中大多数信托公司都存在此问题，因此平衡股权结构依旧是前十家信托机构进行公司治理的关键。

就关联交易数量来看，由于我国信托业市场化程度较低，关联交易现象普遍存在，当然以总利润为基准进行排序，前十名信托机构的关联交易数量也具有行业类似的特点。具体情况如表7-28所示。

表7-28　2015~2017年前十家信托公司关联交易情况

序号	公司简称	2015		2016		2017	
		关联方数量	关联交易金额	关联方数量	关联交易金额	关联方数量	关联交易金额
1	安信信托	未披露	未披露	未披露	未披露	未披露	未披露
2	重庆国信	29	1219851	44	1480336.26	67	2335000.33
3	中信信托	22	2182985	22	2365138.77	27	1960097.26
4	平安信托	23	10188849	25	5025322.34	25	4080583.18
5	中融信托	3	834948	12	1836651.89	20	-45941.32
6	中航信托	8	299000	7	419327.31	17	287626.75
7	民生信托	7	77324	16	1616323.45	15	1894609.62
8	华润信托	18	5554684	17	6278516.49	14	10825459.27
9	建信信托	7	3906005	7	1662946.04	8	1514434.75
10	华能贵诚	37	790117	6	789895.00	8	1347620.90

资料来源：中国信托业协会官网。

由表7-28可知，前十家信托机构中安信信托2015~2017年三年来均未公布其关联交易情况，三年来，关联方交易数量最多的是重庆国信，2017年达到最高，为67个，关联交易金额为2335000.33万元，而2017年关联交易金额最大的是华润信托，为10825459.27万元，其关联方交易个数为14个；2017年华能贵诚关联方交易数量最少，为8个，交易金额为1347620.90万元；中融信托在2017年首次出现关联交易金额为负数的情况（-45941.32）。从横向来看，2015~2017年三年来，除华能贵诚、华润信托的关联方交易数量出现下降外，其他7家信托公司的关联方交易数量均呈现出逐年上升的趋势。关联方交易数量通过集团内部适当的交易安排，可以使配置在一定程度上最优，加强企业间合作，达到企业集团的规模经济效益。虽然关联交易能够降低谈判成本和交易成本，提高交易效率，但频繁的关联交易也可能存在着交易双方从中谋利、侵犯股东和中小投资者利益的状况。因此规范关联交易也将成为信托业的突出问题，是监管机构重点关注的问题之一。

二、前十家信托机构治理结构分析

依据前十家信托公司 2015～2017 年的董事会设置（见表 7-29），其中安信信托仅在 2015 年来披露了该公司第一大股东在董事会中担任高管职务这一信息。中航信托除 2015 年其第一大股东未担任董事长外，2016 年和 2017 年第一大股东均担任了该公司董事长。除上述两家公司外，其他 8 家公司，2015～2017 年均披露了该信息，并且各公司第一大股东均在公司内部担任了董事长这一职位。因此从前十家信托机构的董事会设置来看，第一大股东对公司的经营决策仍然具有较高的掌控能力。在被研究的十家信托公司中，第一大股东 2017 年担任董事长并同时兼任总经理或总裁一职的有 6 家，其中中航信托、华能贵诚2015～2017 年三年来均未出现兼任情况，重庆国信 2016 年第一大股东未出现兼任，但在 2015 年和 2017 年均出现兼任情况；平安信托 2015 年和 2016 年均为第一大股东兼任董事长和总经理，但在 2017 年第一大股东不再兼任仅担任董事长一职。

董事直接兼任公司管理人员，有助于在进行公司决策的时候提高决策速度，节省公司开支，防止出现代理问题。但这种兼任行为会导致公司管理构架的缺失，不利于公司管理层次的提升，在董事长没有更多时间管理公司事务时，会出现下属扯皮现象，不利于保证整个公司的管理效率；另外，第一大股东兼任董事和管理人员，容易造成董事会实际干预经营的局面，股东、董事会与经营管理层之间无法各司其职、明确分工，无法形成彼此之间的良性互动，这将对公司的治理造成非常不利的影响。

就董事数量而言（见表 7-30），前十家信托公司中仅有安信信托一家公司未披露其股东数量，其他公司 2015～2017 年来均有披露，2017 年前十家信托机构中民生信托和重庆信托的董事数量最多，为 7 个，从均较 2016 年有所降低，华能贵诚最少，为 3 个，三年来董事数量未发生变化；从 2016 年各信托机构的董事数量来看，除华润信托由 2016 年的 3 个董事变为 2017 年的 4 个董事外，其他信托公司的董事数目均有所降低或保持不变。

综合来看，2017 年前十家信托公司的董事数目有减少的趋势，学术界认为，董事会规模与公司绩效之间存在明显的倒 U 形关系，人数过多会导致公司内部人员冗余、沟通不到位、决策效率低下、成本上升等问题层出不穷；人数过少又会导致权力集中，难以实现真正的集体决策，一般认为，公司董事数目

表7-29 2015～2017年前十家信托机构董事会设置

序号	公司简称	2015			2016			2017		
		股东总数	第一大股东名称	担任高管职务	股东总数	第一大股东名称	担任高管职务	股东总数	第一大股东名称	担任高管职务
1	安信信托	若干	上海国之杰投资发展有限公司	董事长、副总裁	未披露	上海国之杰投资发展有限公司	未披露	未披露	上海国之杰投资发展有限公司	未披露
2	华能贵诚	9	华能资本服务有限公司	董事长	8	华能资本服务有限公司	董事长	8	华能资本服务有限公司	董事长
3	民生信托	6	中国泛海控股集团有限公司	董事长、副董事长、总裁	6	武汉中央商务区建设投资股份有限公司	董事长、副董事长、董事、总裁、独立董事、首席稽核总监、董事会秘书	6	武汉中央商务区建设投资股份有限公司	董事长、副董事长、首席稽核总监
4	重庆国信	未披露	重庆国信投资控股有限公司	董事长、首席执行官	5	同方国投资控股有限公司	董事长	5	同方国投资控股有限公司	董事长、总经理
5	中融信托	4	经纬纺织机械股份有限公司	董事长、副董事长、总裁	4	经纬纺织机械股份有限公司	董事长、副董事长、财务总监	4	经纬纺织机械股份有限公司	董事长、副董事长、总裁
6	平安信托	2	中国平安保险（集团）股份有限公司	董事长、总经理、副总经理	2	中国平安保险（集团）股份有限公司	董事长、总经理、副总经理	2	中国平安保险（集团）股份有限公司	董事长

续表

序号	公司简称	2015			2016			2017		
		股东总数	第一大股东名称	担任高管职务	股东总数	第一大股东名称	担任高管职务	股东总数	第一大股东名称	担任高管职务
7	中航信托	2	中航投资控股有限公司	无	2	中航投资控股有限公司	董事长	2	中航投资控股有限公司	董事长
8	中信信托	2	中国中信有限公司	董事长、副董事长、总经理、副总经理	2	中国中信有限公司	董事长、副董事长、副总经理	2	中国中信有限公司	董事长、副董事长、总经理
9	建信信托	3	中国建设银行股份有限公司	董事长、副董事长	2	中国建设银行股份有限公司	董事长、总裁	2	中国建设银行股份有限公司	董事长、总裁
10	华润信托	2	华润股份有限公司	董事长	2	华润股份有限公司	董事长	2	华润股份有限公司	董事长、总经理

资料来源：中国信托业协会官网。

表7-30 2015～2017年前十家信托公司股东数量

序号	公司简称	2015			2016			2017		
		股东总数	第一大股东名称	董事数量	股东总数	第一大股东名称	董事数量	股东总数	第一大股东名称	董事数量
1	安信信托	若干	上海国之杰投资发展有限公司	未披露	未披露	上海国之杰投资发展有限公司	未披露	未披露	上海国之杰投资发展有限公司	未披露

续表

序号	公司简称	2015			2016			2017		
		股东总数	第一大股东名称	董事数量	股东总数	第一大股东名称	董事数量	股东总数	第一大股东名称	董事数量
2	民生信托	6	中国泛海控股集团有限公司	3	6	武汉中央商务区建设投资股份有限公司	11	6	武汉中央商务区建设投资股份有限公司	7
3	重庆国信	未披露	重庆国信投资控股股份有限公司	7	5	同方国信投资控股有限公司	12	5	同方国信投资控股有限公司	7
4	中信信托	2	中国中信有限公司	7	2	中国中信有限公司	8	2	中国中信有限公司	5
5	中融信托	4	经纬纺织机械股份有限公司	4	4	经纬纺织机械股份有限公司	4	4	经纬纺织机械股份有限公司	4
6	平安信托	2	中国平安保险（集团）股份有限公司	8	2	中国平安保险（集团）股份有限公司	7	2	中国平安保险（集团）股份有限公司	4
7	中航信托	2	中航投资控股有限公司	2	2	中航投资控股股份有限公司	4	2	中航投资控股有限公司	4
8	建信信托	3	中国建设银行股份有限公司	7	2	中国建设银行股份有限公司	7	2	中国建设银行股份有限公司	4
9	华润信托	2	华润股份有限公司	4	2	华润股份有限公司	3	2	华润股份有限公司	4
10	华能贵诚	9	华能资本服务有限公司	3	8	华能资本服务有限公司	3	8	华能资本服务有限公司	3

资料来源：中国信托业协会官网。

在7~8人为最佳，但当前，前十家信托机构中仅有两家公司满足了该要求，其他公司的董事会规模均有改善的空间，但也不能完全依赖于学术界的估计，各信托公司以及信托业要充分考虑自己行业的特殊性再进行具体决策。

三、前十家信托机构人力资源结构分析

（一）人力资源基本情况

2017年度信托业从业人员的总数为19766，前十家信托机构从业人员为5601，占行业总数的28.3%，由图7-18可以看出，2007~2017年信托业的从业人数呈现逐年递增的趋势。然而，虽然信托业的从业人数在扩大，但是相比于其他金融机构，信托业仍属于从业人员相对较少的行业。从图7-18可以看出，十年来前十家信托机构中大多数公司的从业人数都是呈现递增的趋势，如民生信托、建信信托、中航信托、华能贵诚、安信信托以及重庆国信；而华润信托、中信信托、平安信托和中融信托均在2015~2016年从业人数出现下降，其他年份也呈现递增的趋势，其中中融信托的从业人数自2011年以来一直超过1000人，并且属于前十家信托机构中从业人员最多的。具体信息如表7-34所示。人力资源是信托机构重要的生产要素，人力资源规模和质量的提高都为信托机构的快速发展奠定了重要的基础，因此在以总利润为基础进行排序位列前十名的信托机构中，其在人员结构上也表现出总规模总体递增，高学历人员比例区间增加的特点。

从前十家信托机构从业人员规模的统计分析表来看，如表7-31，2013~2017年前十家信托机构从业人员平均值逐年增加，并且在2013年增长速度最快；2013~2017年前十家信托机构中超过50%的公司从业人员规模增加，2013年、2014年和2017年前十家信托机构中从业人员规模增加的公司数为90%；从各公司从业人员规模的离散程度来看，2013~2017年变异系数相对稳定，并且有逐步减小的趋势，意味着前十家信托机构的人员规模差异性正在逐渐减小。

表7-31 2013~2017年前十家信托机构从业人员规模统计分析

	2017	2016	2015	2014	2013
总数（人）	5601	5363	5305	4912	4387
平均值（人）	560.1	536.3	530.5	491.2	438.7
平均值增长率（%）	4.44	1.09	8.00	11.97	14.61

	2017	2016	2015	2014	2013
从业人员增加的公司数（家）	9	6	6	9	9
最大值（人）	1974	1943	1980	1815	1620
最小值（人）	151	141	149	95	91
标准差	525.89	545.31	583.08	541.09	478.22
变异系数	0.94	1.02	1.10	1.10	1.09

资料来源：中国人民大学信托与基金研究所：《中国信托公司经营蓝皮书（各年度）》，财富出版社，2016年版。

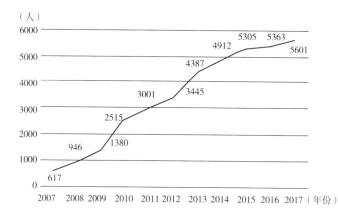

图7-18 2007~2017年前十家信托机构人员总规模变化趋势

表7-32 2015~2017年前十家信托机构从业人员规模前三名

	2017年从业人员规模	2016年从业人员规模	2015年从业人员规模
第一名	中融信托	中融信托	中融信托
第二名	平安信托	平安信托	平安信托
第三名	中信信托	中信信托	中信信托

表7-33 2015~2017年前十家信托机构从业人员增幅前三名

	2017年增幅	2016年增幅	2015年增幅
第一名	中航信托（129）	华润信托（75）	建信信托（165）
第二名	平安信托（109）	中信信托（72）	华能贵诚（70）
第三名	中融信托（47）	平安信托（57）	重庆国信（67）

资料来源：中国人民大学信托与基金研究所：《中国信托公司经营蓝皮书（各年度）》，财富出版社，2016年版。

表 7-34　2007~2017 年前十家信托机构从业人员规模序列

单位：%

序号	公司简称	2017	2016	2015	2014	2013	2012	2011	2010	2009	2008	2007
1	中融信托	1974	1943	1980	1815	1620	1221	1151	788	247	121	70
2	平安信托	743	972	1120	1053	906	838	740	973	589	423	203
3	中信信托	646	517	528	544	488	436	368	274	229	186	123
4	民生信托	394	285	228	191	147	未披露	未披露	未披露	未披露	未披露	未披露
5	建信信托	372	343	271	218	190	149	127	95	75	53	58
6	中航信托	363	327	252	268	221	186	135	100	未披露	未披露	未披露
7	华润信托	360	313	294	309	299	282	204	123	102	94	77
8	华能贵诚	341	312	298	228	262	149	130	95	71	未披露	未披露
9	安信信托	257	210	185	191	163	101	59	未披露	未披露	未披露	未披露
10	重庆国信	151	141	149	95	91	83	87	67	67	69	86
合计		5601	5363	5305	4912	4387	3445	3001	2515	1380	946	617

资料来源：中国人民大学信托与基金研究所：《中国信托公司经营蓝皮书（各年度）》，财富出版社，2016 年版。

2015~2017 年前十家信托机构从业人员规模前三名的顺序三年来均未发生变化，但增长幅度的变化较大，2017 年前十家信托机构中中航信托、平安信托、中融信托三家信托公司从业人员的增长幅度较大，高质量人才的流入，也为这些信托公司业绩增长带来了一定的支撑。具体信息如表 7-32 和表 7-33 所示。

（二）人力资源岗位分布

从 2017 年前十家信托机构披露的年报中可以看出，前十家信托机构 2017 年高管人员平均占比为 3.86%，自营人员平均占比为 2.9%，信托人员占比最高，为 62%。由于数据可得性问题，本节仅分析前十家信托机构人力资源在 2012~2017 年的分布情况，具体分布情况如表 7-35 所示。

表 7-35　2012~2017 年前十家信托机构人力资源分布情况　　　单位：%

年份	高管占比	自营人员占比	信托业务人员占比
2017	3.86	2.90	62
2016	3.00	2.83	62
2015	2.91	2.50	61
2014	3.01	4.41	64
2013	3.62	4.49	61
2012	4.76	6.61	60

由图 7-19 可以明显看出，2012~2017 年前十家信托公司人力资源分布的情况比较稳定，信托业务从业人员一直是信托公司的主力军，而自营人员近几年的占比有所下降，2017 年仅占比 2.9%，高管人员有所上升，2017 年占比 3.86%。

从信托业务人员的统计分析表来看（见表 7-36），2012~2017 年前十家信托机构信托从业人员平均值呈现出先上升后下降的变化趋势，2014 年为变化时间拐点，此时平均值达到最大，为 434.71，此时信托业人员占比为 64%；从前十家信托公司信托从业人员在其人员规模中的占比来看，5 年来占比变动不大，均保持在 60%~65%。从前十家信托机构该指标的离散程度来看，其变异系数在 2012~2015 年呈上升趋势，2015 年后变异系数开始下降，截止到 2017 年前十家信托机构信托业务从业人员的变异系数为 0.68，这说明了 2015 年之后，前十家信托机构中的各信托公司在该指标上逐渐趋同，公司之间在信托从业人员的规模方面差异逐渐变小。

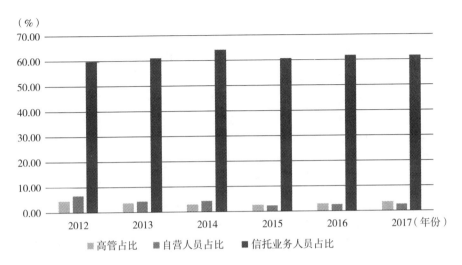

图 7-19 2012~2017 年前十家机构的人力资源分布情况

资料来源：中国人民大学信托与基金研究所：《中国信托公司经营蓝皮书（各年度）》，财富出版社，2016 年版。

表 7-36 2012~2017 年信托公司信托业务人员统计分析

项目	2017	2016	2015	2014	2013	2012
平均值（人）	338.22	375.88	401.40	434.71	360.86	294.57
占比（%）	62	62	61	64	61	60
最大值	761	974	1167	1332	1045	784
最小值	91	121	106	107	77	49
标准差	231.02	302.02	442.84	452.27	353.04	282.90
变异系数	0.68	0.80	1.10	1.04	0.98	0.96

资料来源：中国人民大学信托与基金研究所：《中国信托公司经营蓝皮书（各年度）》，财富出版社，2016 年版。

从表 7-37 可知，2015~2017 年前十家信托机构高学历信托从业人员平均值逐年上升，由 2015 年的 239.8 人上升到 2017 年的 264.8 人，占比也逐年上升，截止到 2017 年前十家信托机构高学历人员平均值及其占比分别为 264.8 和 54.69%；从前十家信托机构高学历信托从业人员的离散程度来看，2015~2017 年变异系数逐年降低，截止到 2017 年下降到 0.56，这说明近三年来前十家信托机构高学历信托从业人员的人数在逐渐上升的同时，公司间的人才差异逐渐减小，这为今后前十家信托机构的协同发展奠定了重要的人才基础。

表7-38展示了2015~2017年前十家信托机构人力资源高学历排名前三名，从高学历人员规模上来看，2015~2017年中融信托一直位列第一，中信信托和平安信托分别位列第二、第三名，值得注意的是，2017年平安信托高学历人员规模由2016年的487人减少到2017年的348人，使中信信托超过其高学历人员规模，在2017年位列第三名。从高学历人员占比来看，中信信托公司高学历人员在其从业人员总体规模中占比较高，三年来一直位列第一，而三年来，高学历人员占比第二名和第三名有所变动，2015年民生信托和重庆国信分别位列第二、第三名，2016年华润信托超过民生信托和重庆国信位列第二，民生信托位列第三名，而重庆国信不在前三名之列，2017年，重庆国信加大人才引进，超过华润信托和民生信托位列第二名，华润信托则位列第三名。

表7-37 2015~2017年前十家信托机构高学历信托人员统计分析

项目	2017	2016	2015
平均值（人）	264.8	251.9	239.8
占比（%）	54.69	53.24	51
最大值（人）	571	607	653
最小值（人）	101	80	74
标准差	149.43	176.88	198.10
变异系数	0.56	0.70	0.83

表7-38 2015~2017年前十家信托机构人力资源高学历排名前三名

	2017		2016		2015	
	高学历规模	高学历占比（%）	高学历规模	高学历占比（%）	高学历规模	高学历占比（%）
第一名	中融信托（571）	中信信托（69.2）	中融信托（607）	中信信托（70.99）	中融信托（653）	中信信托（67.99）
第二名	中信信托（447）	重庆国信（66.89）	平安信托（487）	华润信托（64.10）	平安信托（504）	民生信托（63.16）
第三名	平安信托（348）	华润信托（66.67）	中信信托（367）	民生信托（61.05）	中信信托（359）	重庆国信（57.72）

资料来源：中国人民大学信托与基金研究所：《中国信托公司经营蓝皮书（各年度）》，财富出版社，2016年版。

四、外部环境因素分析

（一）影响前十家信托公司发展的有利因素分析

表7-39为2017年前十家信托公司所认为的影响其自身发展的主要因素，调查结果显示，2017年被所调查前十家信托机构普遍认为影响自身发展的前五位有利因素：①经济平稳发展，宏观经济环境好；②经济结构不断优化，新兴动能加快成长，质量效益明显提高；③监管体系和行业发展配套机制不断完善；④信托业总体资产质量和规模有所提升；⑤实体行业及新兴行业的发展提供更广阔的业务拓展空间。其中有6家公司认为，其自身的发展与经济平稳发展，宏观经济环境好，经济结构不断优化，新兴动能加快成长，质量效益明显提高，监管体系和行业发展配套机制不断完善有关，占前十家信托机构的60%。三家公司认为，自身的发展与信托业总体资产质量和规模有所提升、实体行业及新兴行业的发展提供更广阔的业务拓展空间有关，2家公司认为其自身的发展受公司资本实力增强和高净值人群的增长使财富管理进一步深化的影响较大，仅有1家公司认为信托公司创新能力不断增强、良好的资产质量和股东背景以及特色信托对公司自身的发展具有有利的影响。

另外，在前十家信托机构中，没有公司认为，多层次资本市场建设为信托发展创造有利条件、与银行新的合作模式带来新的机遇、消费需求对经济增长的拉动作用保持强劲等因素对公司的发展具有有利的影响。

2017年，信托业中68家信托公司普遍认为影响自身发展的前五位有利因素：①经济平稳发展，宏观经济环境好；②经济结构不断优化，新兴产能加快成长，质量效益明显提高；③高净值人群的增长使财富管理进一步深化；④监管体系和行业发展配套机制不断完善；⑤实体行业及新兴行业的发展提供更广阔的业务拓展空间。

与2017年全行业的认知相比，2017年所被调查的前十家信托机构普遍认为，影响自身发展的前五位有利因素中仅有一项不同，其余均相同。而在2016年和2015年行业前十家信托机构的认知与2017年基本相同。

综上可以发现，宏观环境、行业环境和监管环境基本上都是大家认同的主要影响因素。与2016年相比，宏观环境因素仍然是主要有利因素，经济结构的优化和财富管理上升为主要因素，这得益于供给侧结构制改革带来的新发展理念和经济结构加快调整取得的新进展，说明政策支持为信托业发展提供更强大的支撑，推动信托业发展实现了新的高度。当前信托业仍处于成长阶段，需要监管部门不断推进信托制度与现有法律法规的融合，满足信托机构在业务发展等多方面的制度需求，从而有效促进行业可持续发展。

（二）影响前十家信托公司发展的不利因素分析

表7-40为2017年前十家信托公司所认为的影响其自身发展的不利因素，调查结果显示，2017年所被调查的前十家信托机构普遍认为影响自身发展的前五位不利因素是：①全面从严监管升级；②信托业转型压力日益加大；③"资管新规"对通道业务的禁止会使公司通道业务受限，业务管理规模有所下降；④市场资金面偏紧；⑤各类金融机构之间的业务边界趋于模糊，资产管理市场的竞争趋于白热化。其中有5家公司认为，全面从严监管升级会对信托公司的发展产生不利的影响，占前十家信托公司的50%。3家公司认为"资管新规"对通道业务的禁止会使公司通道业务受限，业务管理规模有所下降，市场资金面偏紧等会对本公司的发展产生不利影响。2家公司认为，各类金融机构之间的业务边界趋于模糊，资产管理市场的竞争趋于白热化，不利于信托公司自身的发展。另外前十家信托机构中，没有公司认为发达经济体货币政策调整或将对全球经济和资本流动造成冲击，全球利率中枢有上行压力，民间投资活力仍相对不足，总杠杆水平仍然偏高等因素是影响自身发展的不利原因。

2017年对行业68家信托公司的调查中，被普遍认可的不利于信托公司发展的因素按照重要性排在前五位的有：①全面从严监管升级；②信托业转型压力日益加大；③"资管新规"对通道业务的禁止会使公司通道业务受限，业务管理规模有所下降；④行业发展增速持续放缓；⑤相关配套制度仍待进一步完善。与2017年全行业的认知相比，2017年所被调查的前十家信托机构普遍认为影响自身发展的前五位不利因素中仅有两项不同，其余均相同。

综上所述，在2017年监管升级、配套制度不完善以及信托业自身的转型压力成为影响信托业和前十家信托机构发展的主要因素，说明国家加大了信托业的监管力度，逐渐出台相关监管制度。在这种背景下，我国信托业急需发挥自身优势，创新模式，因地施策，全方位推进业务转型，构建长效的盈利机制和稳健的业务模式，切实回归信托本源、服务实体。

总之，前十家信托机构虽受到国家政策监管和自身调整的影响，但本身仍蕴含巨大的发展潜力，信托公司在充分利用推动信托业发展的有利因素的同时，也不可忽视影响业务发展的不利因素。

表7-39　2017年前十家信托公司外部有利因素调查结果

有利因素	中融信托	重庆国信	中航信托	华能贵诚	安信信托	民生信托	中信信托	平安信托	华润信托	建信信托	总数
经济平稳发展，宏观经济环境好	1	1				1	1	1		1	6
经济结构不断优化，新兴动能加快成长，质量效益明显提高	1	1	1	1			1	1			6
监管体系和行业发展配套机制不断完善		1	1	1	1	1	1				6
信托业总体资产质量和规模有所提升					1	1				1	3
实体行业及新兴行业的发展提供更广阔的业务拓展空间				1			1		1		3
高净值人群的增长使财富管理进一步深化		1					1				2
公司资本实力增强		1		1							2
特色信托										1	1
良好的资产质量和股东背景				1							1
信托公司创新能力不断增强				1							1
消费需求对经济增长的拉动作用保持强劲											0
地域、资源优势											0
通过地产信托支持住房租赁市场方面存在较多机会											0

续表

有利因素	中融信托	重庆国信	中航信托	华能贵诚	安信信托	民生信托	中信信托	平安信托	华润信托	建信信托	总数
与地方政府建立合作关系											0
转型发展持续推动											0
良好社会声誉和品牌影响力											0
集团优势											0
互联网金融											0
专业资产管理团队的建立											0
新技术带来的发展机遇											0
与银行新的合作模式带来新的发展机遇											0
多层次资本市场建设为信托发展创造有利条件											0

资料来源：中国信托业协会官网。

表7-40 2017年前十家信托公司外部不利因素调查结果

不利因素	中融信托	重庆国信	中航信托	华能贵诚	安信信托	民生信托	中信信托	平安信托	华润信托	建信信托	总数
全面从严监管升级	1						1	1		1	5
信托业转型压力日益加大		1		1		1				1	3
"资管新规"对通道业务的禁止，业务管会使公司通道业务受限，理规模有所下降		1						1	1		3
市场资金面偏紧		1		1						1	3

续表

不利因素	中融信托	重庆国信	中航信托	华能贵诚	安信信托	民生信托	中信信托	平安信托	华润信托	建信信托	总数
各类金融机构之间的业务边界趋于模糊，资产管理市场的竞争趋于白热化	1						1				2
宏观经济波动性加大				1							1
公司管理流程、风险管控和治理结构有待进一步优化							1				1
行业发展增速持续放缓							1				1
信托传统业务难以支撑营收增长，新的增长点尚未形成，行业进入转型和创新的关键时期	1										1
资产收益率持续下降							1				1
资本金不足										1	1
去产能、去杠杆调整期企业融资需求下降，对信托业与市场信息灵敏度的要求提升		1									1
宏观经济增速放缓		1									1
信托业竞争日趋激烈		1									1
互联网金融行业的冲击	1										1
发达经济体货币政策调整或将对全球经济和资本流动造成冲击，全球利率中枢上行压力											0

不利因素	中融信托	重庆国信	中航信托	华能贵诚	安信信托	民生信托	中信信托	平安信托	华润信托	建信信托	总数
民间投资活力仍相对不足											0
总杠杆水平仍然偏高											0
相关配套制度仍待进一步完善											0
高净值人群的客户储备与维系系能力存在不足											0
跨市场风险管理难度加大，部分金融产品交易复杂，风险管控能力需提升											0
合格投资者仍需培育											0
自有资金主动管理能力不足											0
公司核心业务结构单一											0
资金募集能力不足											0
创新业务模式有待进一步探索											0
人才建设不足											0
信托理论研究带来的转型压力											0
负面舆论导致客户质疑信托安全性											0
信托产品的网络建设与营销存在瓶颈											0

资料来源：中国信托业协会官网。

第五节　中航信托股份有限公司案例分析

一、公司简介

中航信托股份有限公司（原江西江南信托股份有限公司）是经中国银监会批准设立的股份制非银行金融机构，是经中国商务部核准的外商投资企业。公司于 2009 年 12 月底完成重新登记开业，2010 年 12 月底更名并迁址。公司由国内大型国企中国航空工业集团公司及境外战略投资者新加坡华侨银行等单位共同发起组建，注册地在江西南昌市，是中航工业旗下重要的金融平台之一，具有强大的股东背景和"条块结合"的现实资源优势，多次被评选为优秀信托公司。2018 年 12 月中航信托当选中国信托业协会新一届理事会会长单位。

2009 年 12 月 28 日，在历经八年漫漫重组路程后，完成重组设立正式对外开展业务，实现当年开业当年盈利；2010 年，公司营业收入突破亿元，利润 4342 万元，人均创收超过 100 万元，人均创利超过 50 万元，主要业务指标达到行业平均水平；2011 年，公司实现营业收入 6.58 亿元，利润总额 3.84 亿元，人均创利 308 万元，较行业平均值高出 23%；2012 年前三季度，公司实现营业收入 8.79 亿元，较 2010 年同期增长 126%，利润总额 6.02 万元，较 2010 年同期增长 153%，进入"千亿俱乐部"。截至 2017 年末，公司管理信托资产规模 6577 亿元，累计向投资人分配信托收益 1184 亿元，主要经营指标进入行业前十。

中航信托成立十年来，始终秉承稳健务实、创新高效的经营理念，及客户为本、共享未来的服务理念，积极探索社会主义市场经济条件下信托公司的发展规律。经过近十年的发展，中航信托充分发挥信托投融资服务功能，在航空产业、军民融合、绿色信托、慈善信托、普惠金融、健康医疗、家族信托等领域有丰富的探索和实践。

据 2018 年 68 家信托公司已经公布的财务数据统计，2017 年信托业共实现利润 803 亿元，同比增长 20.77%；实现营业收入 1115 亿元，平均每家信托公司营业收入为 16.65 亿元，比 2016 年下降了 2348 万元，其中平均每家信托业务收入为 118151 万元，同比增长 8.79%。经济新常态以及信托业打破刚性兑付的大背景下，信托业中 68 家信托公司的业绩也显现出两极分化的格局。而中航信托 2017 年末信托资产管理规模达到 6600 亿元，从 2010 年的第 27 位进入 2017 年的行业前十，其中营业收入、利润总额、净利润等多项关键性指标也进入行业前十之列。

回顾中航信托 2009~2017 年近十年的发展历程，观察中航信托其间的发展变化，有助于处于不同发展阶段的其他信托公司全面认识自身的优势与不足，探寻自身未来正确的发展方向与路径。

本书以总利润为基准，对信托公司进行了排序，其中中航信托以其利润总额 21.53 亿元和 2.64% 的行业占比位居行业第十名，如图 7-20 所示。

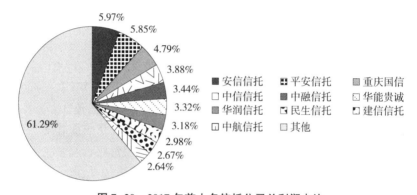

图 7-20　2017 年前十名信托公司总利润占比

资料来源：中国人民大学信托与基金研究所：《中国信托公司经营蓝皮书（各年度）》，财富出版社，2016 年版。

本节从中航信托资产、收入、盈利能力等财务指标以及人力资源、股权结构等非财务指标方面对中航信托进行具体分析。

二、中航信托信托资产分析

如图 7-21 所示，可以看出从 2010 年到 2017 年，中航信托的信托资产规模总量是不断上升的，信托资产规模总量由 2010 年的 3889425.59 万元增加到 2017 年的 65776656.21 万元，十年间增长率达到 1591%。2007~2017 年排名前十家信托机构的信托资产规模虽均呈上升的趋势，但是中航信托的增长速度处于前列。

从排名来看，中航信托自成立以来其信托资产规模排名逐年稳步提高，到 2017 年正式进入前十行列。以 2017 年为例，2017 年信托业平均信托资产规模

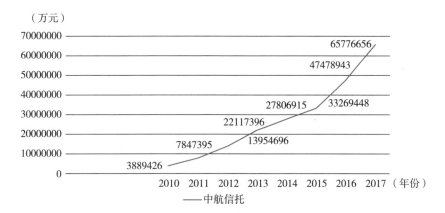

图 7-21　2010～2017 年中航信托资产规模总量变化趋势

资料来源：中国人民大学信托与基金研究所：《中国信托公司经营蓝皮书（各年度）》，财富出版社，2016 年版。

为 38648885 万元，而中航信托 2017 年信托资产规模为 65776656.21 万元，是平均值的 1.7 倍，从信托资产增长幅度来看（见图 7-22），2010～2017 年中航信托资产规模增量整体也呈现出逐渐上升的态势，2017 年中航信托的信托资产增长幅度达到 18297713.46 万元，在所有信托公司中也位于前十之列。

图 7-22　2011～2017 年中航信托资产增量

资料来源：中国人民大学信托与基金研究所：《中国信托公司经营蓝皮书（各年度）》，财富出版社，2016 年版。

从资产规模增长率来看（见图 7-23），2011 年中航信托信托资产规模增长率为 101.76%，明显高于其他年份的资产规模增长率，2010～2017 年中航信托的信托资产规模增长率均值为 52%，可以看出中航信托的信托资产规模

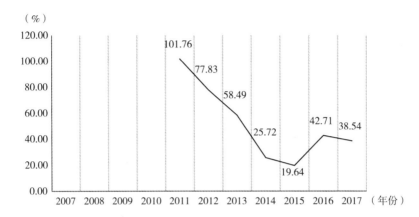

图 7-23　2010~2017 年中航信托资产规模增长率折线

资料来源：中国人民大学信托与基金研究所：《中国信托公司经营蓝皮书（各年度）》，财富出版社，2016 年版。

每年均处于正方向增长，另外值得注意的是，2010~2015 年中航信托信托资产规模增长率逐年降低，到 2015 年仅为 19.64%，而 2016~2017 年中航信托信托资产规模增长率开始回升，并且增长幅度相对稳定，说明近三年来中航信托在机构转型、业务转型方面取得重要进展，且效用逐渐显现。

三、中航信托资产分布分析

我们将中航信托公司的信托资产分为金融机构资产、基础产业资产、房地产业资产、证券业资产以及实业资产，图 7-24 是中航信托近几年来的信托资产分布情况，可以看出，除了 2015 年，中航信托信托资产在实业产业的分布是最大的，排在第二位的为基础产业资产。值得注意的是，2015 年之前中航信托在金融机构的信托资产分布几乎为零，投资于房地产行业的资产相较于金融机构和证券业资产较多，然而 2015 年之后，中航信托开始布局信托资产向金融机构分布，截止到 2017 年，中航信托的金融机构方面的信托资产分布已仅次于实业和基础产业，排名第三。从中航信托的信托资产分布来看，近十年来，中航信托一直秉承回归本源、投资实体经济的发展理念。

以 2017 年为例，从基础产业资产规模来看，2017 年中航信托以9638378.89 万元排在仅次于中信信托的第二位，从房地产规模来看，2017年中航信托以 5832730.42 万元上升为前十家公司的第四位，其余三项资产

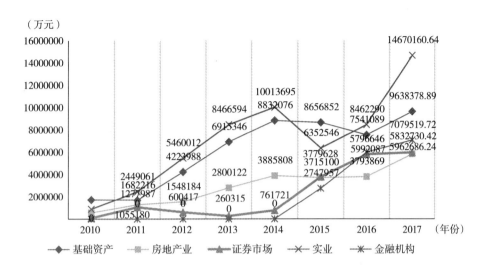

图 7-24　2013~2017 年中航信托资产变化趋势

资料来源：中国人民大学信托与基金研究所：《中国信托公司经营蓝皮书（各年度）》，财富出版社，2016 年版。

分布也都排在所有公司的前十名。这些变化与 2017 年中航信托积极响应国家政策，回归本源、拓展和创新信托业务有重大关系。

四、中航信托自营资产规模分析

在图 7-25 中可以看出中航信托近十年的自营资产规模除 2016 年有所下降外，其余年份均是逐年增加的，该公司的自营资产规模从 2010 年的 43661.33 万元增加到 2017 年的 1182475.13 万元，2010~2017 年共增加了 1138813.8 万元，增长百分比为 2608.29%。以 2017 年为例，2017 年信托业自营资产规模继续攀升，合计达到 62546670.18 万元，平均每家信托公司自营总资产规模为 962256.46 万元，而中航信托自营资产规模以 1182475.13 万元排在所公司的第 19 位，是均值的 1.23 倍左右。

五、中航信托自营资产分布分析

由图 7-26 可以看出，2010~2017 年中航信托自营资产分布主要集中在金融机构资产领域。2010~2015 年分布比例较高的还有房地产业和证券业领

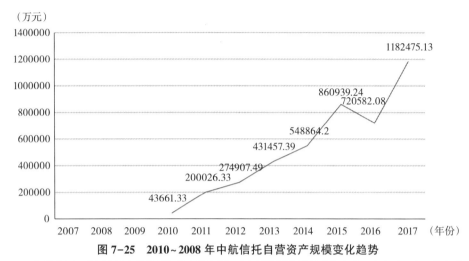

图 7-25　2010～2008 年中航信托自营资产规模变化趋势

资料来源：中国人民大学信托与基金研究所：《中国信托公司经营蓝皮书（各年度）》，财富出版社，2016 年版。

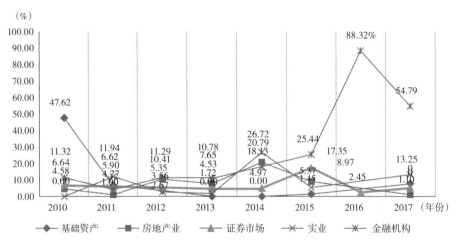

图 7-26　2010～2017 年中航信托自营资产的行业分布变化趋势

注：基础产业数据未披露。

资料来源：中国人民大学信托与基金研究所：《中国信托公司经营蓝皮书（各年度）》，财富出版社，2016 年版。

域，然而 2015 年之后随着房地产市场和我国证券市场的不景气，中航信托在上述领域的自营资产分布逐渐减少。这也与近两年来我国积极应对房地产泡沫采取的各种限制措施有关，中航信托受国家房地产调控政策的影响，公司对于房地产行业的发展持观望的态度，并逐渐调整房地产业在其机构内部自营资产的分布。另外，值得注意的是，2010 年中航信托刚刚成立之初主要将其自营资产分布在基础资产领域，2010 年达到了 47.62%，以保证其资金安全，随着公司在信托领域的发展逐渐成熟，中航信托才开始将大部分资金分布于金融领域，2017 年中航信托自营资产在金融领域的分布达到 54.79%。最后，与其他信托机构相比，中航信托一直注重将其资金分布于实业领域，自 2011 年以来，其在实业领域均有资金分布，2014 年更是达到了 26.72%，虽然在该领域的投入在 2012 年、2013 年等年份有所降低，但随着我国政府大力鼓励市场资本脱虚向实，信托业务回归本源，服务实体经济等，近年来中航信托在实业领域的资金分布也逐年上升，截止到 2017 年其在实业领域的自营资本投入已达到 13.25%。

六、中航信托营业收入分析

从中航信托营业收入总量来看，从图 7-27 中可以看出 2009~2017 年中航信托公司的信托营业收入逐年增加，从 2009 年的仅 162 万元增加到 2017 年的 294103.66 万元，近十年共增加了 293941.66 万元。从信托营业收入排名方面，由表 7-42 可以看出，2009 年和 2010 年中航信托营业收入排名较低，分别为第 56 和第 55 名，然而到了 2011 年便提高为第 22 名，2012~2016 年一直维持在第 12~16 名之间，截止到 2017 年中航信托以营业收入第 8 名的身份顺利进入前 10 名之列。而中航信托从毫不起眼的小信托公司跨越成为行业前十名，仅用了不到 10 年的时间。中航信托营业收入排名情况如表 7-41 所示。

表 7-41　2013~2017 年中航信托营业收入排名情况

公司简称	2017	2016	2015	2014	2013	2012	2011	2010	2009
中航信托	8	12	16	16	16	14	22	55	56

从图 7-28 中航信托 2008~2017 年营业收入增长幅度变化来看，2010~2017 年中航信托的营业收入增长幅度均比上一年度要高，中航信托营业收入增长幅度最大的年份为 2010 年，比 2009 年增长了 6474.64%，2011 年相比于 2010 年的增长幅度则为 521.38%，由于 2010 年和 2011 年营业收入的增长幅度相比于以后年度变动幅度较大，不具有代表性，因此仅考虑 2012~2017 年的增长幅度，5 年间的平均增幅为 31%。2017 年前十名信托公司中除民生信托营业收入的增长幅度高于中航信托外，其他公司均低于中航信托，在前十名信托公

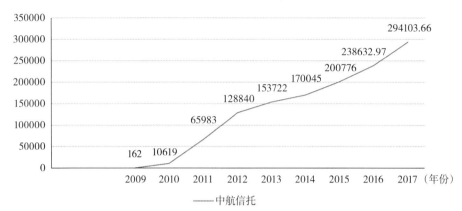

图 7-27 2009～2017 年中航信托营业收入变化趋势

资料来源：中国人民大学信托与基金研究所：《中国信托公司经营蓝皮书（各年度）》，财富出版社，2016 年版。

司中排名第 2 名，说明中航信托的营业收入规模虽位居第 8 名，但其每年的增长幅度相比于其他公司来讲，增长较快，具有明显的后发优势和增长潜力。

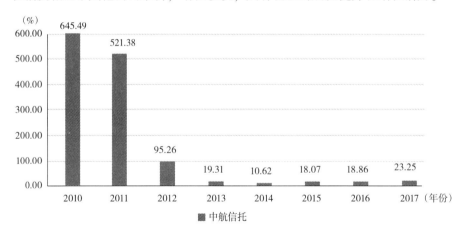

图 7-28 2010～2018 年中航信托营业收入增长幅度变化

资料来源：中国人民大学信托与基金研究所：《中国信托公司经营蓝皮书（各年度）》，财富出版社，2016 年版。

七、中航信托信托收入分析

由表 7-42 可知，2010～2017 年十年间中航信托信托收入平均值为

1784406.24 万元，高于行业平均值，变异系数为 0.70，说明中航信托十年间信托业务收入的变动幅度较小，呈现整体平稳增长的趋势。如图 7-29 所示，除 2016 年信托收入有所下降外，其他年份均逐年增长。2017 年信托收入达到十年间最大值 3728018 万元，位于行业第 11 名。

表 7-42 2008~2017 年度中航信托信托收入统计分析

公司简称	平均值	标准差	变异系数	最大值	最小值
中航信托	1784406.24	1252078.47	0.70	3728018	104981.08

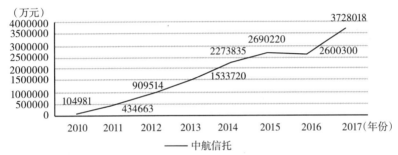

图 7-29 2010~2017 年中航信托信托收入趋势

从十年间中航信托信托收入的行业排名情况（见表 7-43）来看，中航信托 2010 年成立之初信托收入排名为 41 名，2011 年便提高至 14 名，2012 年之后中航信托的信托收入排名逐年提高，由 2012 年的 19 名进步至 2017 年的 11 名。虽未进入前十行列，但中航信托信托收入的增长速度非常之快，具有良好的发展前景。

表 7-43 2010~2017 年中航信托信托收入行业排名

公司简称	2017	2016	2015	2014	2013	2012	2011	2010
中信信托	11	11	15	17	17	19	14	41

八、中航信托盈利能力分析

（一）中航信托整体盈利能力分析

从图 7-30 来看，2010~2012 年中航信托的资本利润率均呈现逐年上升的态势，到 2012 年达到最大值，为 29.6%，在当年前十家信托公司中排名第三。2012~2017 年，该公司资本利润率虽逐渐降低，但仍保持在 20% 以上。2010~2017 年中航信托的年平均资本利润率为 22%，在前十家信托公司中位列第 4 名，这表明中航信托的整体盈利能力较好。另外值得注意的是，资本利润率的大幅下降与其当年大幅度增加注册资本有关，2013 年增资到 16.86 亿元，2016 年又从 16.86 亿元增资到 40.22 亿元，2017 年再次增资到 46.57 亿元，从而导致了近几年资本利润率有所下降。

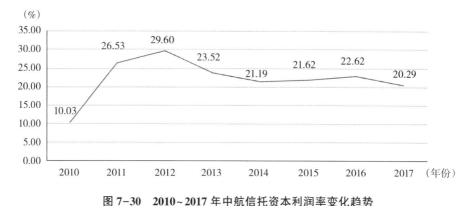

图 7-30 2010~2017 年中航信托资本利润率变化趋势

资料来源：中国人民大学信托与基金研究所：《中国信托公司经营蓝皮书（各年度）》，财富出版社，2016 年版。

从 2010~2018 年中航信托人均净利润指标变化（见图 7-31）来看，2017 年中航信托人均净利润为 624.18 万元，在以总利润为基准进行排序的前十家信托机构中排名第三位，高于行业内发展较好的中信信托（443.76 万元）和平安信托（455.95 万元）等机构。纵向来看，中航信托人均净利润在 2010~2012 年呈现出逐年快速增长的态势，三年间由 2010 年的 42.36 万元上升为 2012 年的 528.50 万元，增长了 12.48 倍之多，2012 年之后，人均净利润则开始缓慢增长，到 2017 年达到最大值 624.18 万元，并有继续增长的潜力。

综上所述，与中航信托营业收入、资产规模等指标在前十家机构中相对较低的排名相比，中航信托在盈利能力方面的排名在前十家信托公司中处于前列，且呈现出逐年增长的趋势。另外，值得注意的是，信托公司注册资本的增加对资本利润率等盈利指标均具有负面效应，因此信托公司在增加注册资本、扩大资本规模的同时应注意其盈利能力的同步提高。

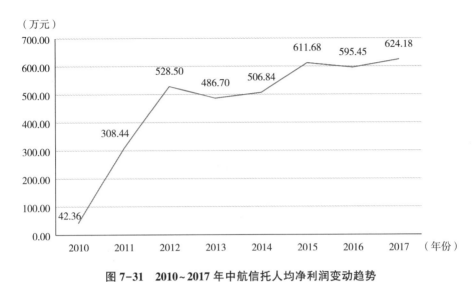

图 7-31　2010～2017 年中航信托人均净利润变动趋势

资料来源：中国人民大学信托与基金研究所：《中国信托公司经营蓝皮书（各年度）》，财富出版社，2016 年版。

（二）信托资产盈利能力分析

信托公司的信托项目一般分为集合类信托项目和单一类信托项目，下面我们通过分析中航信托集合类信托项目和单一类信托项目的加权平均实际收益率来分析 2010～2017 年中航信托的信托项目收益率情况。

在前十家信托机构中，2017 年华润信托的集合类信托项目加权平均实际收益率最高（9.42%），中信信托（8.86%）位居第 2 名，中航信托（8.00%）则位于第 4 名。中航信托 2010～2017 年集合类信托项目收益率变化趋势如图 7-32 所示。从时间上来看，除 2010 年中航信托集合类信托收益率较小近似为 0 外，2011～2017 年中航信托的集合类信托项目收益率均保持在较高水平，除 2012 年从 2011 年的 9% 下降到 7.62% 外，其余年份均在8%～9% 波动，2014 年达到最大值 9.1%，整体来看，近十年来中航信托集合类信托项目收益率变化趋势比较稳定。

由图 7-33 中航信托单一类信托项目收益率的变化趋势来看，2010～2017 年中航信托单一类项目收益率波动较小，收益率比较稳定，2010～2016 年呈现出波动上升的态势，2017 年其单一类项目收益率有所降低，达到2015 年以来的最小值 6.96%。

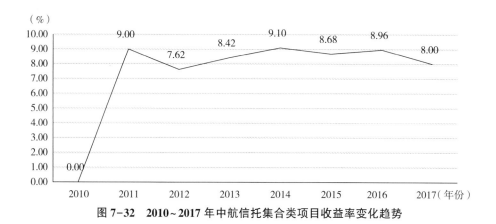

图 7-32　2010~2017 年中航信托集合类项目收益率变化趋势

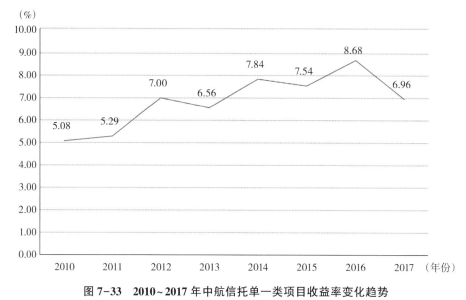

图 7-33　2010~2017 年中航信托单一类项目收益率变化趋势

资料来源：中国人民大学信托与基金研究所：《中国信托公司经营蓝皮书（各年度）》，财富出版社，2016 年版。

从 2013~2017 年中航信托新增项目规模占比来看（见图 7-34），2013~2015 年三年来，该公司新增单一类信托项目的规模占比均高于新增集合类信托项目规模占比，但是从变化趋势来看，该公司新增单一类信托项目规模占比呈现逐渐下降的趋势，2013 年占比最大，达到 77.23%，2015 年下降将近22%，达到 55.14%，到 2015 年后虽有所下降，但下降幅度明显减小，并在

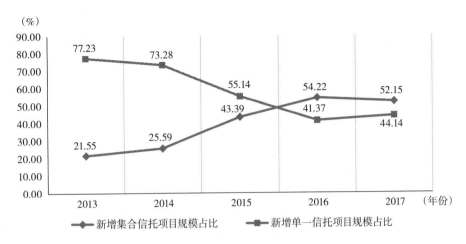

图 7-34 2013~2017 年中航信托新增信托项目规模占比变化趋势

资料来源：中国人民大学信托与基金研究所：《中国信托公司经营蓝皮书（各年度）》，财富出版社，2016 年版。

2017 年有回升态势，截止到 2017 年中航信托单一类信托项目规模占比为 44.14%，占 2013 年的 60% 左右。而近五年集合类信托项目规模占比不断提高，2013 年仅占比 21.55%，2016 年新增集合类信托项目占比首次超过新增单一类信托项目，达到 54.22%，2017 年又有所下降，截止到 2017 年其占比达到 52.15%，变化幅度大于新增单一类信托项目规模占比，但 2013~2016 年两类信托项目规模占比正在逐渐趋同，尤其是在 2016 年之后表现比较明显，截止到 2017 年单一类和集合类信托项目规模占比分别为 44.14% 和 52.15%。

九、中航信托非财务因素分析

（一）中航信托股权结构十年变动趋势分析

从 2015~2017 年中航信托第一大股东持股信息表（见表 7-44）来看，2015 年和 2016 年中航信托的股东一直为 2 个，第一大股东为中航投资控股有限公司，持股比例为 80%，2017 年第一大股东持股比例有所上升，为 82.73%。第二大股东为华侨银行有限公司，持股比例为 17.27%，两大股东持股构成对中航信托的完全控制。从持股比例来看，中航信托第一大股东中航投资控股有限公司对该信托公司拥有绝对控制权，股权集中度非常高。

从交易关联情况（见表 7-45）来看，中航信托 2015 年和 2016 年的关联交易方数量分别为 8 个和 7 个，关联交易金额分别为 299000 万元和 419327.31 万元，2017 年关联交易数量增加到 17 个，但关联交易金额却有所下降，为 287626.75 万元。这说明 2017 年中航信托在集团内部对关联交易进行了合理安排，这在一定程度上可以优化资源配置，加强企业间合作，达到企业集团的规模经济效益。

（二）中航信托治理结构分析

从中航信托的董事会设置来看，2015 年第一大股东并未担任高管职务，2016 年和 2017 年该公司的第一大股东开始担任董事长，三年的董事数量由 2015 年的 2 个增加到 4 个。从董事会规模与公司绩效之间存在明显的倒 U 形关系来看（7~8 人比较合理），中航信托的董事会规模相对较小，结构相对合理，理论上克服了董事会过度干预经营的可能性，在一定情况下有利于公司的决策效率。治理结构数据如表 7-44 至表 7-47 所示。

（三）中航信托人力资源结构十年变动趋势分析

由表 7-48 和图 7-35 可以发现，中航信托在 2017 年前十家信托机构从业人员规模增幅中位列第一名，超过中融信托和平安信托，另外 2010~2017 年中信信托的从业人员规模除 2015 年有所下降外，其他年份均呈现逐年上升的态势。从近五年看，2013 年信托业从业人员平均值为 212 人，同年中航信托从业人员为 221 人；2014 年信托业从业人员平均值为 248 人，同年中航信托从业人员为 268 人；2015 年信托业从业人员平均值为 258 人，同年中航信托从业人员为 252 人；2016 年信托业从业人员平均值为 271 人，同年中航信托从业人员为 327 人；2017 年信托业从业人员平均值为 295 人，同年中航信托从业人员为 363 人；可以看出 2013~2017 年中航信托从业人员规模除 2015 年略低于行业平均值外，其余年份均高于行业平均值。经济高质量发展，人才是第一资源。人力资本是信托公司发展的基本要素，这也是中航信托得以发展的重要源泉。2017 年中航信托创新发展理念，充分认识到人才的重要性，因此在大力聚才引智、抢占人才高地方面作出重大努力。中航信托通过培育内部人才，引进外部高级人才，跨组织构建专业的金融服务团队，通过创新体制机制及金融产品和服务，激发"才干"，提升发展活力。完善人才培养开发制度。2017 年，公司提拔了 19 位中层干部，对不符合要求的中层干部进行降职或解约，不断完善公司干部梯队建设。另外，开展针对全员的专业职级晋升工作，帮助公司 72 人次完成职级晋升，实现自身职业道路成长。

表 7-44　2015～2017 年中航信托第一大股东持股信息

公司简称	2017			2016			2015		
	股东总数	第一大股东名称	持股比例	股东总数	第一大股东名称	持股比例	股东总数	第一大股东名称	持股比例
中航信托	2	中航投资控股有限公司	82.73%	2	中航投资控股有限公司	80.00%	2	中航投资控股有限公司	80.00%

表 7-45　2015～2017 年中航信托关联交易情况

公司简称	2017		2016		2015	
	关联方数量	关联交易金额	关联方数量	关联交易金额	关联方数量	关联交易金额
中航信托	17	287626.75	7	419327.31	8	299000

表 7-46　2015～2017 年中航信托董事会设置

公司简称	2017			2016			2015		
	股东总数	第一大股东名称	担任高管职务	股东总数	第一大股东名称	担任高管职务	股东总数	第一大股东名称	担任高管职务
中航信托	2	中航投资控股有限公司	董事长	2	中航投资控股有限公司	董事长	2	中航投资控股有限公司	无

表 7-47　2015～2017 年中航信托股东数量

公司简称	2017			2016			2015		
	股东总数	第一大股东名称	董事数量	股东总数	第一大股东名称	董事数量	股东总数	第一大股东名称	董事数量
中航信托	2	中航投资控股有限公司	4	2	中航投资控股有限公司	4	2	中航投资控股有限公司	2

资料来源：中国人民大学信托与基金研究所：《中国信托公司经营蓝皮书（各年度）》，财富出版社，2016 年版。

表 7-48　2015～2017 年前十家信托机构从业人员规模增幅前三名

	2017 年	2016 年	2015 年
第一名	中航信托（129）	华润信托（75）	建信信托（165）
第二名	平安信托（109）	中信信托（72）	华能贵诚（70）
第三名	中融信托（47）	平安信托（57）	重庆国信（67）

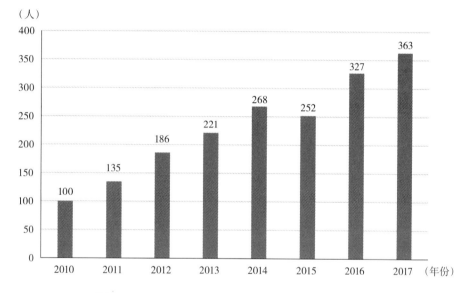

图 7-35　2010～2017 年中航信托从业人员规模变化趋势

资料来源：中国人民大学信托与基金研究所：《中国信托公司经营蓝皮书（各年度）》，财富出版社，2016 年版。

从中航信托人力资源岗位分布情况来看（见表 7-49 与图 7-36），该公司信托业务人员占比逐渐上升，2012 年信托业务人员占比为 46.24%，除 2014 年相较于 2013 年略有下降外，其他年份均逐渐上升，截止到 2017 年中航信托的信托业务人员已占比 63.64%，然而高管占比和自营人员占比均逐渐下降，截止到 2017 年高管和自营人员占比分别为 3.31% 和 1.38%。从中航信托 2015～2017 年高学历信托人员占比来看（见表 7-50 与图 7-36），近三年中航信托公司中高学历人员占比分别为 46.83%、54.43% 和 58.40%，从占比来看整体相对稳定，且有逐渐上升的态势；从绝对值来看，三年来中航信托高学历人员增加了 94 人。

综上所述，在人力资源方面，当前中航信托更注重于其信托业务的本业发展，为增加其自身在信托业务方面的创新能力，大量的信托业务人员的流入为中航信托的业绩增长带来了一定的支撑，另外，从人才质量方面，近几年中航信托不断引进创新性、高学历信托人才，为信托业务的创新性发展奠定了良好的人力资本基础。

表 7-49　2012～2017 年中航信托人力资源情况　　　　单位：%

岗位分布	2012	2013	2014	2015	2016	2017
高管占比	4.84	4.07	3.36	4.76	3.06	3.31
自营人员占比	5.91	4.52	2.99	1.98	1.83	1.38
信托业务人员占比	46.24	49.77	47.76	61.90	61.47	63.64

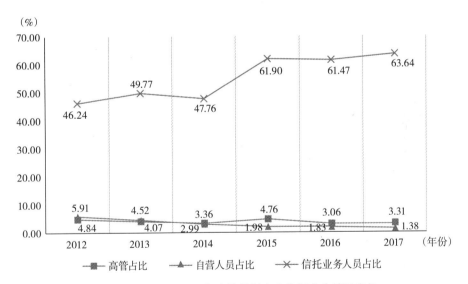

图 7-36　2012～2017 年中航信托人力资源分布情况变化

表 7-50　2015～2017 年中航信托高学历信托人员统计分析

公司简称	2017		2016		2015	
	高学历	占比	高学历	占比	高学历	占比
中航信托	212	58.40%	178	54.43%	118	46.83%

资料来源：中国人民大学信托与基金研究所：《中国信托公司经营蓝皮书（各年度）》，财富出版社，2016 年版。

第八章

基准年（总利润）后序十家机构十年发展分析

第一节 资产规模与结构分析

2017 年排名后序十位的信托公司分别是国联信托、吉林信托、中泰信托、长城新盛、浙商金汇、中江国信、国民信托、新华信托、山西信托和华宸信托。10 家信托公司总利润在全部信托公司中占比达到将近 2%，占据信托业的比重很小，其中后序十名信托机构在后序十名中的比重如图 8-1 所示。下面我们将具体从资产规模、收入规模、盈利规模以及非财务指标等方面对（总利润）后序十名信托机构的十年发展情况进行具体分析。

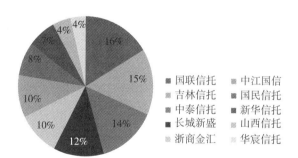

图 8-1　2017 年后十名信托公司总利润占比

资料来源：中国人民大学信托与基金研究所：《中国信托公司经营蓝皮书（各年度）》，财富出版社，2016 年版。

一、信托资产规模的整体分析

以 2017 年为基准年，以 68 家信托机构在基准年的总利润为依据，选取了在 2017 年总利润后序十位信托机构进行分析。

2017 年，后序十位信托机构平均信托资产规模为 13091334 万元，比 2016 年上涨了 5026677 万元，上涨率为 62.33%。自 2007 年以来，除 2015 年信托资产平均值有所下降以外，其余年份后序十位信托机构的信托资产规模均呈上升趋势，尤其在 2007 年、2009 年、2013 年和 2017 年平均资产规模增长率达到 50% 以上（见表 8-1）。

从后序十位信托机构信托资产规模分布的平均程度来看，除了在 2015 年信托资产规模分布的标准差（6056262 万元）与 2014 年度（7046849 万元）有所下降以外，其他年度的信托资产规模分布的标准差都大幅上升，尤其在 2017 年信托资产规模分布的标准差（14960585.74 万元）与 2016 年度（7634365 万元）相比继续大幅上升。

通过将后序十位信托公司与前十位信托公司的资产规模与增幅对比来看，2017 年度，前十位信托机构平均信托资产规模为 83419177.09 万元，而后序十位信托公司的平均资产规模为 13091334.22 万元，前者是后者的 6.37 倍。由此可见，在 2007~2017 年度，虽然后序十位信托公司的资产规模一直处于持续增长状态，但由于其基数相对较低，在资产规模总量上与前十位信托公司还存在一定的差距。

表 8-1　2007~2017 年度后序十位信托公司信托资产规模的统计分析表

信托资产规模	平均值 （万元）	平均值增长幅度 （万元）	平均值增长率 （%）	标准差 （万元）	变异系数
2007 年	834576	402775	0.93	625957	0.75
2008 年	1170728	336125	0.40	802586	0.69
2009 年	2161580	990853	0.85	1407231	0.65
2010 年	3145297	983717	0.46	2388776	0.76
2011 年	3945475	800178	0.25	3488015	0.88
2012 年	4213683	268208	0.07	4264003	1.01
2013 年	6418971	2205288	0.52	5703203	0.89
2014 年	7598190	1179219	0.18	7046849	0.93
2015 年	6725091	-873099	-0.11	6056262	0.90
2016 年	8064658	1339566	0.20	7634365	0.95
2017 年	13091334	5026677	0.62	14960586	1.14

资料来源：中国人民大学信托与基金研究所：《中国信托公司经营蓝皮书（各年度）》，财富出版社，2016 年版。

二、信托资产规模的公司分析

由表 8-2 可以看出，2017 年按总利润排名的后序十位信托机构中，有六家信托机构的资产规模在 68 家信托机构中也排名后十位，分别是国联信托（8585980（60））、吉林信托（8358624（61））、中泰信托（3723438（66））、长城新盛（3471237（67））、山西信托（4955991（64））和华宸信托（396584（68）），而总利润排序位居第六十二、第六十三、第六十四以及第六十五名的浙商金汇、中江国信、国民信托和新华信托其资产规模排名却相对靠前，分别为 15851066（54）、15756829（55）、52190913（15）、17622681（52），尤其国民信托的信托资产规模与其总利润的地位差距较大。这可能表明导致后序十位信托公司利润较低的原因有两个：一是部分信托公司经营规模较小导致其盈利水平较低；二是部分信托公司没有通过资产规模的扩张实现其利润水平的提高，其资产的主动管理能力还需要进一步强化。

从 2007~2017 年各年信托资产规模的稳定程度来看，信托资产规模变异系数值最小的机构分别是吉林信托（变异系数为 0.27）、中江国信（变异系数为 0.32）、新华信托（变异系数为 0.38）、山西信托（变异系数为 0.38）和华宸信托（变异系数为 0.39），但从绝对值来看，这些变异系数值较大，说明这些机构十年间的信托资产规模并不是特别稳定。相比于前十位信托公司而言，后序十位信托公司资产规模的不稳定可能反映出其在经营战略上存在一定的波动性，这可能也是影响其盈利能力的一个重要因素。

三、信托资产分布的结构分析

信托机构的信托资产可以分为基础产业资产、房地产业资产、证券业资产、实业资产以及金融机构资产五大行业类别。2007~2017 年，后序十位信托机构信托资产的行业分布特征如表 8-3 与图 8-2 所示。

第一，2007~2010 年，后序十位信托机构的信托资产在基础产业的分布比例是最大的，在 2011~2017 年度，实业资产的分布比例超过基础资产，除了在 2016 年度房地产业稍高于实业资产比例以外，其余各年实业资产都位于资产比例的首位。第二，后序十位信托机构在证券市场的分布比例从 2007 年的 18.45% 迅速下降到 2008 年的 4.47%，在 2008~2017 年的占比基本徘徊在 5% 左右。第三，后序十位信托机构在金融机构的分布比例从无到有，在

表 8-2　后序十位信托机构信托资产规模及排序

单位：万元

序号 公司名称简称	1 国联信托	2 吉林信托	3 中泰信托	4 长城新盛	5 浙商金汇	6 中江国信	7 国民信托	8 新华信托	9 山西信托	10 华宸信托
2007	472890 (34)	69717 (46)	745941 (24)	未披露	未披露	1559928 (16)	414686 (37)	1970563 (15)	704565 (26)	738315 (25)
2008	732985 (36)	1010086 (27)	462101 (40)	未披露	未披露	2300939 (17)	188178 (48)	2311012 (16)	829388 (33)	1531132 (22)
2009	926047 (45)	2684197 (24)	1243908 (37)	未披露	未披露	4114941 (16)	479285 (50)	4040995 (18)	2575139 (25)	1228130 (39)
2010	1617038 (45)	4713272 (22)	1682367 (43)	未披露	未披露	6764146 (14)	326089 (60)	6092866 (17)	2520349 (37)	1446250 (47)
2011	2241827 (52)	6308677 (29)	1084853 (60)	未披露	未披露	10269044 (16)	438216 (63)	6939968 (25)	2741844 (46)	1539374 (57)
2012	3091361 (56)	4498579 (50)	3162146 (53)	260295 (66)	1037270 (64)	13613252 (19)	607935 (65)	9430813 (33)	4785063 (48)	1650121 (62)
2013	4485387 (58)	4216962 (28)	6217769 (65)	1449384 (27)	2190092 (57)	16747288 (59)	4251544 (48)	16594458 (52)	6765472 (67)	1271355 (68)
2014	4351445 (64)	6535740 (54)	7606245 (50)	1708970 (67)	2479792 (66)	21976295 (22)	7144294 (52)	18278322 (27)	5205007 (61)	695795 (68)
2015	4206787 (61)	4143619 (62)	8240317 (56)	1122976 (67)	2140954 (66)	18982535 (30)	12445361 (40)	12250779 (41)	2737329 (65)	980256 (68)
2016	4541468 (63)	5402901 (58)	5310004 (59)	2040099 (67)	4906773 (60)	16683078 (41)	24747529 (30)	12935098 (51)	3108514 (66)	971111 (68)
2017	8585980 (60)	8358624 (61)	3723438 (66)	3471237 (67)	15851066 (54)	15756829 (55)	52190913 (15)	17622681 (52)	4955991 (64)	396584 (68)

注：小括号中表示信托机构资产规模排序 2007~2012 年分别有 19 家、18 家、12 家、5 家、5 家和 2 家信托机构未披露信托资产规模，2013~2017 年 68 家信托机构全部披露信托资产规模。

资料来源：信托公司官网。

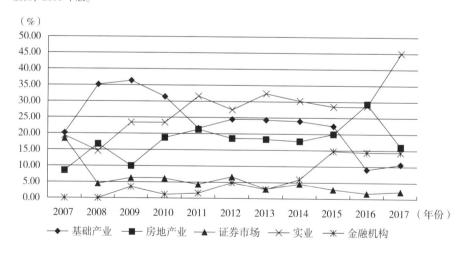

2015 年大幅上升至 14.74%，并在 2015～2017 年保持稳定。

表 8-3　2007～2017 年后序十位信托机构信托资产的
行业占比平均值分布

单位：%

年份	基础产业	房地产业	证券市场	实业	金融机构
2007	20.14	8.53	18.45	19.31	0.00
2008	35.14	16.75	4.47	14.58	0.00
2009	36.36	9.98	6.28	23.39	3.49
2010	31.47	18.75	6.16	23.40	1.14
2011	21.67	21.31	4.30	31.62	1.57
2012	24.48	18.57	6.72	27.46	4.87
2013	24.29	18.34	2.94	32.49	2.83
2014	23.93	17.75	4.55	30.25	5.95
2015	22.46	19.99	2.84	28.51	14.74
2016	9.05	29.35	1.67	28.68	14.35
2017	10.62	16.07	2.19	44.99	14.31

资料来源：中国人民大学信托与基金研究所：《中国信托公司经营蓝皮书（各年度）》，财富出版社，2016 年版。

图 8-2　2007～2017 年后序十位信托机构信托资产的行业占比平均值分布
资料来源：中国信托业协会官网。

综合上述数据，我们可以发现，后序十位信托机构与前十位机构相比，在信托资产分布上具有一定的相同之处，同时也存在一定的差异。首先，在行业整合初期，基础产业资产在前十位与后续十位信托公司的信托资产中均占有重要比重，但随着国家产业政策的调整以及市场环境的变化，基础产业资产比重都出现了明显的下降趋势。其次，从房地产资产占比来看，前十位信托机构房地产资产平均占比在 2011 年以前呈现上升趋势，并在 2011 年达到 20.65% 的最大值，2011 年之后房地产资产平均占比开始逐步下降，并在 2017 年达到最小值 8.70%。而后序十位信托公司在 2011 年之前房地产资产平均占比的波动性较大，呈现出周期性波动的特征，最大值为 2011 年的 21.31%，最小值为 2007 年的 8.53%。在 2011 年之后，随着房地产调控政策的日益收紧，前十位信托公司已经适度控制了房地产资产的投资规模，而后序十位信托公司的投资策略没有根据外部环境的变化而进行调整，其在房地产资产上的投资比重仍然较大。这可能也是影响其盈利能力的一个重要原因。再次，在证券市场资产的投资策略上，前十位信托公司在该类资产上的投资比重一直相对稳定，并且始终保持在 10% 以上的比例。而后序十位信托公司在经历了 2007 年度 18.45% 的证券市场平均投资占比之后，其在该类资产上的投资比例一直持续下降。其中，2017 年度后序十位信托公司在证券市场资产上的投资比重均值仅为 2.19%。没有充分利用证券市场投资提高其盈利水平，可能是影响后序十位信托公司盈利能力的又一个重要因素。最后，从金融机构资产占比来看，前十位信托公司与后序十位信托公司在该类资产上的投资比例变动趋势基本一致，但是在投资比重的绝对数上后序十位信托公司始终低于前十位信托公司。综合以上两点可以发现，前十位信托公司在不同类型信托资产的分布上较为均衡，并且会随着行业发展与外部环境的变化对其投资策略进行动态调整。而后序十位信托公司则没有充分利用证券市场资产以及金融机构资产来提高其盈利水平，其投资策略的灵活度也需要得到进一步改善。

图 8-3 描述了 2007~2017 年度后序十位信托机构信托资产的行业构成比例在不同信托机构之间的变异系数。首先，后序十位信托机构实业资产的变异系数一直比较低，而且相对稳定，2007~2010 年度，后序十位信托机构对于投资实业资产的变化相对较小，2011 年大幅下降至 0.41，2012 年又大幅上涨至 0.68，2012~2017 年占比呈波动下降趋势，其中，在 2013 年出现暂时下降，但 2014 年又上涨至与 2012 年占比相当的水平，2015 年与 2014 年基本持平，2015~2017 年，连续两次下降至 0.48，表明后序十位信托机构对于投资实业资产的变异系数达到最低，投资分歧大大降低，且其变异系数低于其他几种行业。其次，金融机构的变异系数一直较大，但有降低的趋势，

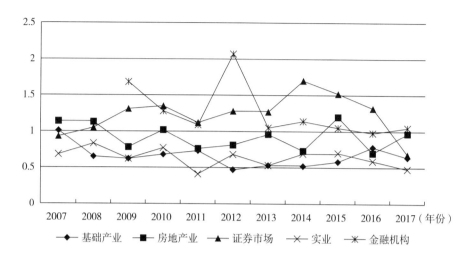

图 8-3　2007~2017 年后序十位信托机构信托资产行业分布比例的变异系数

资料来源：中国人民大学信托与基金研究所：《中国信托公司经营蓝皮书（各年度）》，财富出版社，2016 年版。

2007~2008 年，后序十位信托机构持有金融资产的比例为零，2009~2017 年，除了 2012 年度变异系数大幅度上升外，其余年度均比较稳定。2009 年金融资产的变异系数为 1.68，2009~2011 年持续下降至 1.09，2012 年达到十年间历史最大值 2.07，2013 年又大幅度下跌至 1.05，2013~2017 年变异系数变化较小，在 2017 年为 1.05，仍远远高于其他几种资产形式，显示出后序十位信托机构在金融机构投资上有较大的差异，但有逐步降低的趋势。另外，对于基础产业，从 2007~2017 年十年来看，基础产业占比呈现出波动下降的趋势，除了在 2016 年出现较大幅度上升以外，其余年度基本保持稳定，甚至在有些年份出现大幅下降。2007 年，后序十位信托机构对于投资资产产业的变异系数较大，有较大的投资分歧，2008 年资产产业分布比例的变异系数大幅跌至 0.65，2009~2011 年基本保持稳定比例，2012 年大幅下降至 0.47，2013~2015 年变化较小，2016 年出现大幅上升后，2017 年又下跌至 0.64。对于证券市场，2007~2010 年，其变异系数逐渐加大，2011 年大幅下降至 1.12，2012 年上涨至 1.28，2013 年基本保持稳定，2014 年大幅上涨至 1.7，表明后序十位信托机构对证券资产持有比例的分歧位于近年来最高水平，2015~2017 年连续大幅下降至 0.68，投资分歧大大降低。对于房地产业分布比例，其变异系数较大且波动程度较大，2007~2009 年连续下降至 0.78，2010~2017 年，除了 2012 年与 2011 年基本保持稳外，其余年度房地产业变异系数出现"大起大落"的波动趋势，其中，2010 年、2013 年、2015 年和 2017 年占比大幅上涨，2011 年、2014 年和 2016 年占比大幅下降，2017 年变异系数达到 0.97，表明后序十位信托机构对于房地产业发展前景的判断分歧较大且不稳定、波动频繁。

整体而言，后序十位信托公司与前十位信托公司相比，其信托资产占比的变异系数相对较高，这可能表明其在投资策略上并不稳定，从而可能影响了其盈利能力。

四、自营资产规模的整体分析

2017 年度，后序十位信托机构自营资产平均规模达到 456871 万元，比 2016 年上升了 7972 万元，上升幅度为 1.78%，增速相对放缓。自 2007 年以来，信托机构的自营资产总规模在 2016 年度增长率最大，达到 34.21%，在 2007 年下跌幅度最大，下跌了 7803 万元，下跌比率为 5.87%。

2017 年，后序十位信托机构中自营资产总规模最大的为中江国信，其 2017 年自营资产总规模为 1099636 万元，自营净资产为 870546 万元。值得注意的是，自从 2012 年后序十位信托机构全部披露该数据以来，长城新盛连续 6 年位于自营资产总规模排名最后一名，自营净资产也同样位于后序十位中最后一名；2016 年和 2017 年，中江国信的自营资产总规模和净资产都位于后序十位信托机构的第一名。

通过上述数据不难发现，后序十位信托公司在自营资产规模上与前十位信托公司同样存在较大差距，自营资产规模较小可能是影响其盈利能力的一个重要因素。

从各年度后序十位信托机构之间自营资产规模差异来看，2007 年的变异系数为 0.57，然后逐年下降，到 2010 年下跌至 0.26，差异性最小，然后继续上升，到 2012 年上涨到 0.63，接下来的几年变异系数，除了 2016 年达到最大值 0.74 外，其余几年基本在 0.6 上下浮动，2017 年为 0.66，说明近几年相比于 2008~2010 年，后序十位信托机构的自营资产总规模差异性变大。同样，自营净资产的变异系数也延续了 2007~2010 年的下降趋势，2012~2016 年逐步上升，在 2016 年达到最大值 0.76，在 2017 年有所下降，为 0.69。自营总资产规模与自营净资产的相关描述性统计如表 8-4 和表 8-5 所示。

表 8-4　2007～2017 年度后序十位信托公司自营总资产规模统计分析

年份	平均值 （万元）	平均值增长额 （万元）	平均值增 长率（%）	公司 数目	最大值 （万元）	最小值 （万元）	标准差 （万元）	变异系数
2007	125154	-7803	-5.87	8	239847	55978	71639	0.57
2008	126882	1728	1.38	8	198956	73691	48043	0.38
2009	147058	20176	15.90	8	230786	102501	47004	0.32
2010	176170	29112	19.80	8	235986	116431	46633	0.26
2011	196819	20649	11.72	8	275781	125411	56875	0.29
2012	211849	15031	7.64	10	466421	32465	133652	0.63
2013	230278	18428	8.70	10	410258	45159	136735	0.59
2014	282438	52160	22.65	10	613143	44523	185870	0.66
2015	334486	52048	18.43	10	718543	43113	213546	0.64
2016	448899	114413	34.21	10	1085806	70574	330187	0.74
2017	456871	7972	1.78	10	1099636	118765	301610	0.66

表 8-5　2007～2017 年度后序十位信托公司自营净资产规模统计分析

年份	平均值 （万元）	平均值增长额 （万元）	平均值增 长率（%）	公司 数目	最大值 （万元）	最小值 （万元）	标准差 （万元）	变异系数
2007	104840	22617	27.51	8	207483	50860	60896	0.58
2008	109656	4817	4.59	8	196017	62906	50451	0.46
2009	123805	14149	12.90	8	203253	75984	49300	0.40
2010	158592	34787	28.10	8	226674	92311	51299	0.32
2011	175385	16793	10.59	8	255853	97755	58519	0.33
2012	172801	-2584	-1.47	10	330313	31237	97856	0.57
2013	197071	24270	14.04	10	375343	36447	113606	0.58
2014	241817	44746	22.71	10	461274	39087	152407	0.63
2015	288684	46866	19.38	10	573344	38456	183455	0.64
2016	342482	53798	18.64	10	875049	49402	259834	0.76
2017	357750	15268	4.46	10	870546	67046	247778	0.69

　　资料来源：中国人民大学信托与基金研究所：《中国信托公司经营蓝皮书（各年度）》，财富出版社，2016 年版。

　　后序十位信托机构的自营资产负债率平均值在 2007 年为 14.78%，在 2008 年下降至 12.33%，2009 年又上涨至 15.92%，2010 年下降为 10.90%，

之后两年逐步上升至 2012 年的 15.03%，2013 ~ 2015 年维持在 13.38% ~
13.54%，2016 年大幅上涨至最高值，为 22.37%，2017 年有所下降，为
22.16%，表明后序十位信托机构的自营财务杠杆有上升的趋势。其中，后
序十位信托机构中最高的资产负债率出现在 2008 年，曾经达到 61.15%，之
后两年大幅下降，达到 28.49%，2011 ~ 2013 年逐步小幅上升，到 2013 年达
到 33.56%，2014 年下降至 25.03%，2015 ~ 2017 年继续上升，在 2017 年达
到 43.33%。从后序十位自营资产负债率分布的离散程度来看，变异系数在
2007 年达到最小值，为 0.41，2008 年大幅上升为 1.68，为最大值，之后两
年逐步下跌至 0.90，2011 年小幅上涨为 0.95，2012 ~ 2016 年逐步下跌至
0.54，2017 年有所上涨，为 0.71。

自营资产负债率指标的描述性统计如表 8-6 所示。

表 8-6　2007 ~ 2017 年度后序十位信托机构自营资产负债率统计分析

年份	平均值（%）	平均值增长（%）	公司数目（个）	最大值（%）	最小值（%）	标准差（%）	变异系数
2007	14.78	-7.47	8	24.79	9.14	6.11	0.41
2008	12.33	-2.45	8	61.15	0.31	20.68	1.68
2009	15.92	3.59	8	50.62	1.65	17.38	1.09
2010	10.90	-5.02	8	28.49	1.98	9.86	0.90
2011	11.39	0.49	8	29.18	1.47	10.82	0.95
2012	15.03	3.64	10	31.47	1.71	11.15	0.74
2013	13.50	-1.53	10	33.56	1.49	8.62	0.64
2014	13.38	-0.12	10	25.03	2.15	7.57	0.57
2015	13.54	0.17	10	30.45	6.45	7.26	0.54
2016	22.37	8.83	10	42.12	10.37	12.02	0.54
2017	22.16	-0.21	10	43.33	4.15	15.83	0.71

资料来源：中国人民大学信托与基金研究所：《中国信托公司经营蓝皮书（各年度）》，财富出
版社，2016 年版。

整体而言，2017 年度后序十位信托公司的资产负债率相比于 2007 年度
有了明显的上升。财务杠杆的提升对于信托公司的经营业绩的影响要从两方
面来看：一方面，资产负债率的提升会提高企业的财务风险，同时信托公司
的资本成本可能也会上升；另一方面，如果信托公司能够合理利用借贷资
本，使投资收益率高于资本成本率，则财务杠杆的提升能够对于企业的经营
业绩产生正面作用。通过后序十位信托公司资产负债率和盈利能力数据的对

比来看，虽然其资产负债率在近十年有所提升，但是其盈利能力相比于其他信托公司仍然存在一定的差距。由此可见，充分提高信托公司的资产管理能力，提升其资产使用效率是后序十位信托公司在未来需要解决的重要问题。

五、自营资产规模的结构分析

由于后序十位信托机构的自营资产在基础产业资产、房地产业资产、证券业资产、实业资产以及金融机构资产五大行业的数据严重缺失，不足以分析其自营资产规模的结构分布情况。

第二节　收入规模与结构分析

一、营业收入的历史分析

2017 年，后序十位信托机构共实现营业收入 48 余亿元，平均每家信托机构营业收入为 4.81 亿元，比 2016 年下降了 2.42 亿元。自 2007 年以来，后序十位信托机构的营业收入在 2011 年的上涨幅度最大，上涨了 168885 万元，上升比例达 67.34%；在 2017 年下跌幅度最大，下跌了 242340.43 万元，下跌比例为 33.50%。

在 2007 年，后序十位信托机构中，单个信托机构的营业收入较高的为 61600 万元，之后，年度最高点在 2008 年降为 38369 万元，在 2009 年则小幅上涨为 43029 万元，2010～2013 年继续上涨至 182444 万元，2014 年下跌为 123646 万元，2015 年与 2014 年基本持平，2016 年出现了十年来最高的营业收入——中江国信创造的 361571.39 万元，2017 年又下跌至 94471.39 万元。其中，2010～2013 年新华信托的营业收入为后序十位信托机构的最大值，2014～2017 年中江国信的营业收入成为最大值。

然而，与行业整体的收入增长以及与前十位信托公司相比，后序十位信托公司的营业收入水平还相对较低。2017 年度，信托业实现营业收入总额 1115 余亿元，平均每家信托公司营业收入为 16.65 亿元。后序十位信托公司营业收入只达到行业均值的 25% 左右。此外，前十位信托公司 2017 年共实现营业收入 410 余亿元，占到了将近全行业营业收入的 37% 左右，平均每家信托公司的营业收入为 41 余亿元。与之相比，后序十位信托公司的差距表现得更加明显。

后序十位信托机构营业收入的变异系数在 2007 年高达 1.07，之后两年逐步下降，到 2009 年下降为 0.42，2010~2013 年逐年上升为 0.81，在 2014 年下降为 0.67，2015 年小幅上涨至 0.74，2016 年上涨到十年来最大值，为 1.44，2017 年大幅下跌为 0.57。与此相比，2017 年度行业前十位信托公司营业收入变异系数仅为 0.32。由此可见，后序十位信托公司虽然在营业收入的稳定性上不断提高，但是与前十位公司相比波动性还相对较大。具体数据见表 8-7。

表 8-7　2007~2017 年度后序十位信托机构营业收入统计分析

年份	平均值（万元）	均值增长幅度（万元）	最大值（万元）	最小值（万元）	标准差（万元）	变异系数
2007	18818	6398	61600	5188	20058.77	1.07
2008	16642	-2175	38369	5958	10186.33	0.61
2009	22194	5552	43029	14515	9265.97	0.42
2010	31349	9155	68587	9410	17434.73	0.56
2011	52460	21111	136134	28403	37083.74	0.71
2012	53109	649	144083	4161	43050.24	0.81
2013	64453	11343	182444	15449	51891.95	0.81
2014	54203	-10250	123646	14609	36404.37	0.67
2015	56729	2526	129958	8157	41919.54	0.74
2016	72332	15603	361571	9390	104481.85	1.44
2017	48098	-24234	94471.39	4568	27332.71	0.57

二、营业收入的公司分析

从营业收入排名来看（见表 8-8 与图 8-4），2017 年度，后序十位信托机构中营业收入最大的信托机构为中江国信（94471.39 万元）、国民信托（71025.48 万元）和新华信托（82522.88 万元）。同时可以发现，2007 年后序十位信托机构中营业收入达到 5 亿元以上的机构只有 1 家，2008 年和 2009 年为 0 家，2010 年增加到 1 家，2011 年达到 3 家，2012 年则达到 4 家，2013 年增长为 5 家，2014 年、2015 年继续维持 5 家的水平，2016 年、2017 年下降为 4 家。由此可见，后序十位信托机构的营业收入与前十位公司相比还存在一定差距。

表 8-8   2007～2017 年度后序十位信托机构的营业收入排名序列

公司简称	2007	2008	2009	2010	2011	2012	2013	2014	2015	2016	2017
国联信托	6	25	13	22	42	55	57	53	58	62	63
吉林信托	40	46	42	25	17	31	44	66	67	66	66
中泰信托	44	13	24	36	47	57	47	50	52	58	62
长城新盛	未披露	未披露	未披露	未披露	未披露	66	68	68	68	65	64
浙商金汇	未披露	未披露	未披露	未披露	未披露	65	65	65	65	67	61
中江国信	36	30	33	41	28	24	25	30	33	6	46
国民信托	41	37	40	55	44	44	59	59	48	55	54
新华信托	30	27	29	13	7	11	13	36	44	50	49
山西信托	16	42	43	38	43	51	52	54	64	63	65
华宸信托	25	28	39	34	53	59	64	67	66	68	67

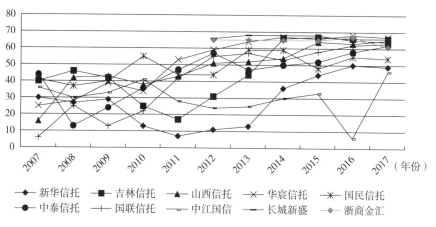

图 8-4   2007～2017 年后十家信托机构营业收入排名序列

注：2007～2012 年分别有 19 家、17 家、11 家、4 家、4 家、2 家信托机构未披露营业收入。

资料来源：中国人民大学信托与基金研究所：《中国信托公司经营蓝皮书（各年度）》，财富出版社，2016 年版。

三、信托收入的历史分析

2017 年度，后序十位信托机构平均信托收入为 836630 万元，相比于

2016 年出现了较大幅度的增长，增长了 234412 万元，增长率为 38.92%，自 2007 年以来，在 2009 年后序十位信托机构的信托收入上涨幅度最大，达到 163.26%，2007 年和 2013 年的增幅也达到 50% 以上，但 2008 年、2015 年和 2016 年出现了负增长，2017 年信托收入增幅有所回升。

与此同时，2017 年度前十家信托机构的平均值为 1831716.09 万元，较 2016 年增长 214737.14 万元，增长幅度为 13.28%。通过对比可以发现，虽然近年来后序十位信托公司的增长趋势同样较为迅速，但是其信托收入水平与前十位信托公司乃至行业平均水平相比，仍然存在一定的趋势。

2007~2011 年，2008 年后序十位信托机构的信托收入变异系数最大，为 1.32，其余四年该指标维持在 0.7 左右，而在 2012~2017 年，该指标维持在 0.9 左右，2017 年度该指标达到 0.96，表明后序十位信托机构的信托收入差异度仍然较大。

后序十位信托公司信托收入历史情况如表 8-9 所示。

表 8-9　后序十位信托机构信托收入统计分析

年份	平均值（万元）	均值增长幅度（万元）	平均值增长率（%）	最大值（万元）	最小值（万元）	标准差（万元）	变异系数
2007	57366	26908	88.34	113565	5150	41410.55	0.72
2008	49901	−7465	−13.01	132731	−54023	65748.22	1.32
2009	131368	81468	163.26	328004	39223	91583.88	0.70
2010	170873	39505	30.07	324585	2338	110646.95	0.65
2011	253061	82188	48.10	508462	−760	177763.86	0.70
2012	314361	61300	24.22	801460	4680	305235.35	0.97
2013	494060	179700	57.16	1286484	53014	434812.42	0.88
2014	706255	212195	42.95	1874417	21565	668794.34	0.95
2015	652384	−53871	−7.63	1704972	74021	555901.46	0.85
2016	602218	−50167	−7.69	1581770	51312	563793.29	0.94
2017	836630	234412	38.92	2447215	53725	801684.98	0.96

资料来源：中国人民大学信托与基金研究所：《中国信托公司经营蓝皮书（各年度）》，财富出版社，2016 年版。

四、信托收入的公司分析

2007～2011 年，在后序十位信托机构中，长城新盛和浙商金汇未披露信托收入相关数据，在其余 8 家信托机构中，2007 年信托收入达到 10 亿元以上的有 2 家，分别为国联信托（11.3565 亿元）和中泰信托（10.0685 亿元）。2008 年保持 2 家的规模，但是信托收入达到 10 亿元的信托机构发生了变化，2007 年信托收入达到 10 亿元的国联信托、中泰信托在 2008 年不足 10 亿元，分别下降了 2.2821 亿元和 15.4708 亿元，尤其中泰信托下降幅度高达 153.66%，达到 10 亿元的分别为中江国信（13.2731 亿元）和新华信托（12.8185 亿元），增长幅度分别为 477.50% 和 92.68%。2009 年增加至 4 家，分别为中江国信（17.8711 亿元）、新华信托（32.8004 亿元）、山西信托（13.5710 亿元）和华宸信托（12.7068 亿元），2010 年增加至 6 家，2011 年增加至 7 家，只有国民信托的信托收入不足 10 亿元。2012～2017 年，在后序十位信托机构中，2012 年信托收入达到 10 亿元以上的机构有 7 家，2013 年增加至 9 家，2014 年、2015 年仍然保持 9 家的规模，2016 年下降到 8 家，2017 年又增加至 9 家，只有华宸信托的信托收入不足 10 亿元。值得注意的是，在 2013 年以前，后序十位信托机构的信托收入都不足 100 亿元，2013～2015 年信托收入达到 100 亿元以上的信托机构有 2 家，分别为中江国信和新华信托，2016 年、2017 年又增加了国民信托，其信托收入达到 244.7215 亿元。

表 8-10　2007～2017 年度后序十位信托机构的信托收入排名序列

公司简称	2007	2008	2009	2010	2011	2012	2013	2014	2015	2016	2017
国联信托	14	16	30	37	33	52	57	58	62	61	59
吉林信托	46	39	28	21	16	31	53	59	58	59	62
中泰信托	16	50	43	42	47	59	52	48	45	45	60
长城新盛	未披露	未披露	未披露	未披露	未披露	66	68	66	67	68	67
浙商金汇	未披露	未披露	未披露	未披露	未披露	64	63	64	66	65	55
中江国信	38	13	18	16	18	24	28	21	29	24	36
国民信托	36	45	48	58	61	63	65	62	46	30	19
新华信托	21	14	10	19	11	25	23	23	33	40	26

续表

公司简称	2007	2008	2009	2010	2011	2012	2013	2014	2015	2016	2017
山西信托	18	41	22	32	44	47	48	40	65	66	65
华宸信托	37	19	23	39	37	58	64	68	68	67	68

资料来源：中国人民大学信托与基金研究所：《中国信托公司经营蓝皮书（各年度）》，财富出版社，2016年版。

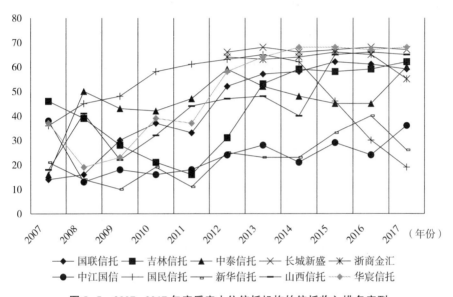

图8-5 2007~2017年度后序十位信托机构的信托收入排名序列

注：2007~2012年分别有18家、17家、12家、5家、6家和2家机构未披露信托收入。

资料来源：中国人民大学信托与基金研究所：《中国信托公司经营蓝皮书（各年度）》，财富出版社，2016年版。

从2007~2017年10年以来各年信托收入的稳定程度来看，最稳定的前3名机构分别是国联信托（变异系数为0.55，年均值为274730万元）、吉林信托（变异系数为0.63，年均值为332798万元）以及华宸信托（变异系数为0.59，年均值为97798万元）。另外，信托收入波动程度最大的前3家公司为国民信托（变异系数为1.64，年均值为478003万元）、中泰信托（变异系数为0.99，年均值为359954万元）以及山西信托（变异系数为0.98，年均值为285103万元）。

在2017年度以总利润为基准排名前十的信托机构中，2017年有6家信托机构的信托收入排名在全行业中位列前十名，分别是排名第1的中信信托

（7807201.41 万元）、排名第 2 的建信信托（6177291.45 万元）、排名第 5 的华能贵诚（5755573.7 万元）、排名第 6 的华润信托（5468149.56 万元）、排名第 7 的中融信托（4987828.28 万元）以及排名第 8 的平安信托（4946500.11 万元）。而在 2017 年度，后序十位信托机构中信托收入最大的信托机构前 3 名是国民信托（2447215 万元）、新华信托（1885927 万元）、中江国信（1371199 万元）。由此可见，在后序十位信托公司中，即使是信托收入相对较高的国民信托，与前十位信托公司相比仍然存在较为明显的差距（见表 8-10 与图 8-5）。

第三节　盈利规模与结构分析

一、信托机构盈利能力分析

2007~2017 年后序十位信托机构资本净利率的统计分析数据如表 8-11 所示。

表 8-11　2007~2017 年度后序十位信托机构资本利润率统计分析

年份	2007	2008	2009	2010	2011	2012	2013	2014	2015	2016	2017
平均值（％）	18.83	9.07	12.48	12.69	16.61	14.15	13.65	9.93	8.51	10.13	9.36
均值增长率（％）	196.54	-51.86	37.62	1.75	30.87	-14.82	-3.58	-27.24	-14.25	19.04	-7.64
最大值（％）	41.24	24.37	19.71	32.76	35.13	27.46	22.57	14.68	17.32	28.11	30.96
最小值（％）	1.22	0.78	4.00	3.76	6.21	4.04	1.36	3.29	0.57	0.80	1.85
标准差（％）	14.84	7.76	5.73	9.50	8.62	7.69	5.65	4.32	5.04	9.00	9.16
变异系数	0.79	0.86	0.46	0.75	0.52	0.54	0.41	0.43	0.59	0.89	0.98

资料来源：中国人民大学信托与基金研究所：《中国信托公司经营蓝皮书（各年度）》，财富出版社，2016 年版。

作为反映信托机构盈利能力的重要指标，2017 年后序十位信托机构的资本利润率平均值为 9.36％，比 2016 年的 10.13％减少了 0.77％，均值增长率为-7.64％，后序十位信托机构中资本利润率最大值为长城新盛（30.96％），最小值为新华信托（1.85％），整体上看，2017 年除中江国信未披露资本利润率之外，其余九家信托机构的资本利润率差距较大。纵向来看，2007~2017 年，除 2008~2011 年、2015~2016 年后序十位信托机构的资本利润率平均值整体上呈上升态势外，该指标在其余年度都呈下降趋势，由2007年的18.83%降低到2017年的9.36%。资本利润率平均值的逐年下降，可能与信托公司注册资本的增加有关，使得资本增长幅度远大于净利润增长幅度。而2017年度前十家信托公司的资本利润率平均值为16.50%，因此后序十位信托公司与前十位信托公司在盈利能力上存在一定差距。

从标准差方面来看，2017年前十家信托机构资本利润率的标准差为9.16%，远小于2007年的14.84%，说明经过2007~2017年十年的发展后序十位信托机构的资本利润率离散程度有所下降。从变异系数上来看，2017年后序十位信托机构资本利润率变异系数在2013年达到最低值，2017年上涨到最大值，为0.98，表明后序十位信托机构的资本利润率差异度仍然较高。因此，后序十位信托公司在资本利润率指标上表现出盈利能力相对较低并且差异性较大的特征。

2007~2017年后序十位信托机构资本利润率折线如图8-6所示。具体来看，2007~2017年后序十位信托机构中，中泰信托、吉林信托、国联信托的资本利润率在2007~2017年十年间整体呈波动下降趋势，分别由2007年的32.13%、33.53%和41.24%下降到2017年的5.84%、15.84%和5.43%。华宸信托该指标在2007~2012年波动上升，由2007年的11.51%上升到2012年的18.34%，2013年急剧下降到1.36%，然后又波动上涨到2017年的4.25%。山西信托该指标由2007年的10.80%急剧下降到2008年的1.05%，2008~2013年除了2011年有小幅下降外，上涨为12.44%，之后在2013~2017年除2016年有所上升外，该指标下降至4.15%。新华信托该指标在2007~2011年逐年递增，由1.22%增长至35.13%，在2011~2015逐年下降至0.57%，2015~2017年缓慢上升至1.85%，整体呈倒U形。国民信托的资本利润率波动变化，2007~2012年波动上升，在2012年达到最大值24.83%，2012~2017年波动下降，整体由2007年的4.40%小幅增长为2017年的4.73%。中江国信该指标在2007~2015年波动频繁，但整体变化较小，由15.81下降为11.90%，但2016年大幅度上升为28.11%，2017年未披露数据。长城新盛和浙商金汇2007~2011年未披露该指标，2012~2017年长城新盛的资本利润率波动上升，由4.04%增长至30.96%，浙商金汇该指标波动变化且有所上升，由7.40%上涨至11.19%。由图8-6可知，后序十位信托机构中2007年资本利润率最高的为国联信托（41.24%），最低的为新华信托（1.22%），2017年资本利润率最高的则变为长城新盛（30.96%），最低的则为新华信托（1.85%）。

2007~2017 年后序十位信托机构资本利润率序列表和增长幅度表如表 8-12
与表 8-13 所示。

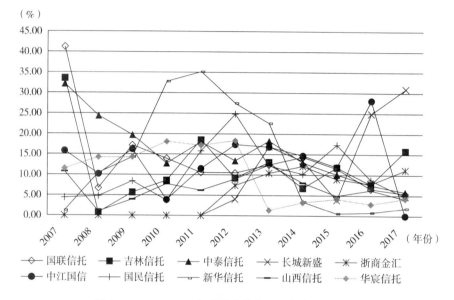

图 8-6 2007~2017 年后序十位信托机构资本利润率

资料来源：中国人民大学信托与基金研究所：《中国信托公司经营蓝皮书（各年度）》，财富出
版社，2016 年版。

表 8-12 **2007~2017 年后序十位信托公司资本利润率增长序列** 单位：%

年份	2007	2008	2009	2010	2011	2012	2013	2014	2015	2016	2017
国联信托	28.56	-34.53	10.47	-3.24	-3.39	-0.10	2.00	1.91	-2.84	-4.92	-1.17
吉林信托	29.32	-32.75	4.89	2.92	9.94	-9.31	3.85	-6.30	5.05	-4.16	8.18
中泰信托	23.46	-7.76	-4.66	-6.94	5.23	-4.58	4.84	-5.29	-2.86	-2.62	-1.65
长城新盛	未披露	未披露	未披露	未披露	未披露	未披露	12.82	-3.49	-9.49	21.05	6.03
浙商金汇	未披露	未披露	未披露	未披露	未披露	未披露	3.03	1.69	-3.15	-1.18	3.40
中江国信	12.96	-5.64	6.05	-12.34	7.62	5.86	-0.56	-2.12	-2.78	16.21	未披露
国民信托	1.68	0.37	3.66	-4.67	12.03	9.04	-12.62	-2.00	7.11	-8.54	-4.05
新华信托	-4.45	9.21	3.86	18.47	2.37	-7.67	-4.89	-19.13	-2.87	0.23	1.05
山西信托	5.72	-9.75	2.95	3.77	-1.56	2.78	3.45	-4.37	-3.16	1.39	-2.15
华宸信托	2.62	2.73	0.06	3.78	-0.89	1.15	-16.98	1.93	0.84	-1.25	1.37

表 8-13　2007~2017 年后序十位信托机构资本利润率序列　　单位：%

年份	2007	2008	2009	2010	2011	2012	2013	2014	2015	2016	2017
国联信托	41.24	6.71	17.18	13.94	10.55	10.45	12.45	14.36	11.52	6.60	5.43
吉林信托	33.53	0.78	5.67	8.59	18.53	9.22	13.07	6.77	11.82	7.66	15.84
中泰信托	32.13	24.37	19.71	12.77	18.00	13.42	18.26	12.97	10.11	7.49	5.84
长城新盛	未披露	未披露	未披露	未披露	未披露	4.04	16.86	13.37	3.88	24.93	30.96
浙商金汇	未披露	未披露	未披露	未披露	未披露	7.40	10.43	12.12	8.97	7.79	11.19
中江国信	15.81	10.17	16.22	3.88	11.50	17.36	16.80	14.68	11.90	28.11	未披露
国民信托	4.40	4.77	8.43	3.76	15.79	24.83	12.21	10.21	17.32	8.78	4.73
新华信托	1.22	10.43	14.29	32.76	35.13	27.46	22.57	3.44	0.57	0.80	1.85
山西信托	10.80	1.05	4.00	7.77	6.21	8.99	12.44	8.07	4.91	6.30	4.15
华宸信托	11.51	14.24	14.30	18.08	17.19	18.34	1.36	3.29	4.13	2.88	4.25

资料来源：中国人民大学信托与基金研究所：《中国信托公司经营蓝皮书（各年度）》，财富出版社，2016 年版。

人均净利润是评价信托机构盈利能力的另一指标，从 2017 年年报披露情况来看，有 64 家信托机构公布了人均净利润，与 2016 年相比，增加了五矿信托，减少了山东国信。2017 年，信托业平均人均净利润为 369.20 万元，比 2016 年下降了 28.92 万元。2017 年后序十位（浙商金汇未披露）信托公司平均人均净利润为 118.55 万元，比 2016 年减少了 90.26 万元，低于行业平均人均净利润水平。2017 年后序十位信托机构中人均净利润最高的是国联信托，人均净利润达到 358.65 万元，最低的为山西信托，人均净利润为 36.14 万元，最高与最低机构之间的人均净利润相差将近 10 倍，并且 2007~2017 年除 2012 年和 2016 年以外，国联信托的人均净利润一直处于后序十位机构的最高水平。表 8-14 为 2007~2017 年度后序十位信托机构人均净利润的统计分析表。

表 8-14　2007~2017 年度后序十位信托机构人均净利润的统计分析

年份	2007	2008	2009	2010	2011	2012	2013	2014	2015	2016	2017
平均值（万元）	272.67	127.05	210.11	194.02	239.21	227.95	214.47	183.69	173.72	208.81	118.55
均值增长幅度（万元）	209.27	-145.61	83.06	-16.10	45.19	-11.27	-13.48	-30.78	-9.97	35.09	-90.26

年份	2007	2008	2009	2010	2011	2012	2013	2014	2015	2016	2017
均值增长率（%）	330.07	-69.58	-57.04	-19.38	-280.79	-24.93	119.65	228.37	32.39	-351.96	-257.20
最大值（万元）	1423.54	324.20	779.68	633.00	467.00	497.63	550.15	651.69	530.43	866.93	358.65
最小值（万元）	4.94	8.46	32.02	64.22	50.24	61.83	11.36	15.81	6.44	22.17	36.14
标准差（万元）	472.75	129.01	244.18	187.56	132.38	146.64	156.82	200.29	171.09	267.97	102.87
变异系数	1.73	1.02	1.16	0.97	0.55	0.64	0.73	1.09	0.98	1.28	0.87

资料来源：中国人民大学信托与基金研究所：《中国信托公司经营蓝皮书（各年度）》，财富出版社，2016年版。

从人均净利润的统计分析来看，2007~2017年后序十位信托机构的平均人均净利润的波动较大，2007年平均人均净利润最高，为272.67万元，2017年最低，为118.55万元，除2009年、2011年和2016年平均人均净利润有所上升外，其余年份均为下降；在平均值增长率方面，有7年的增长率均为负值；另外，在变异系数方面可以看出，2007年后序十位信托机构人均净利润的变异系数为1.73，也是十年间最高值，2017年变异系数为0.87，说明后序十位信托机构人均净利润的差异有缩小的趋势。

从人均净利润增长幅度来看，2017年后序十位信托机构除浙商金汇未披露数据之外，在其余九家中，新华信托的增长幅度最大（180.20%），其次依次是华宸信托（54.09%）和长城新盛（27.46%），其余6家均为负增长，中江国信下降幅度最大，为-92.49%。从纵向来看，2007年国联信托、吉林信托、中泰信托和中江国信的增长幅度均超过300%，尤其吉林信托的增长幅度高达76263.64%，但是随着时间的推移，四家信托机构人均净利润的增长幅度均逐渐减小，总体来看，后序十位信托机构人均净利润呈现出波动下降的态势。

从后序十位信托机构人均净利润来看，2017年国联信托人均净利润达到358.65万元，虽较2016年减少了17.78万元，但是仍然位于后序十位第一。2007~2017年，国联信托的人均净利润呈现波动下跌的趋势，但是有八年都位于后序十位该指标排名第一，说明后序十位信托机构在十年间人均净利润总体呈下降趋势。具体数据如表 8-15 与表 8-16 所示。

表 8-15　2007~2017 年后十家信托机构人均净利润增长幅度序列 单位：%

	2007	2008	2009	2010	2011	2012	2013	2014	2015	2016	2017
国联信托	432.17	-77.23	140.49	-18.81	-26.22	-3.96	22.66	18.46	-18.61	-29.03	-4.72
吉林信托	76263.64	-94.96	1286.17	19.40	124.40	-51.46	48.62	-39.73	99.98	-47.39	-12.66
中泰信托	333.52	14.50	-4.34	-19.69	29.52	-13.15	-0.07	-22.33	-26.02	-19.31	-4.25
长城新盛	未披露	未披露	未披露	未披露	未披露	未披露	127.82	-44.83	-67.19	488.27	27.46
浙商金汇	未披露	未披露	未披露	未披露	未披露	未披露	未披露	未披露	未披露	未披露	未披露
中江国信	384.62	55.49	4.94	-42.98	82.94	54.46	35.62	6.10	-8.70	190.38	-92.49
国民信托	64.76	97.40	98.64	-48.12	311.54	71.81	-59.26	-43.04	49.03	-50.31	-45.43
新华信托	-74.26	682.39	68.38	158.50	-0.14	-17.70	-37.31	-81.76	-59.27	244.25	180.20
山西信托	84.62	-90.77	261.40	100.56	-21.77	53.48	62.61	-32.12	-36.47	25.63	-46.80
华宸信托	22.54	28.86	-8.46	45.46	5.77	-1.27	-92.67	144.10	56.26	-13.18	54.09

资料来源：中国信托业协会官网。

表 8-16　2007~2017 年后序十位信托机构的人均净利润序列 单位：万元

	2007	2008	2009	2010	2011	2012	2013	2014	2015	2016	2017
国联信托	1423.54	324.20	779.68	633.00	467.00	448.50	550.15	651.69	530.43	376.43	358.65
吉林信托	168.00	8.46	117.27	140.02	314.20	152.52	226.67	136.61	273.19	143.72	125.53
中泰信托	281.31	322.09	308.10	247.43	320.48	278.35	278.15	216.03	159.82	128.96	123.48
长城新盛	未披露	未披露	未披露	未披露	未披露	61.83	140.86	77.71	25.50	150.01	191.21
浙商金汇	未披露	未披露	未披露	未披露	未披露	未披露	未披露	未披露	未披露	未披露	未披露
中江国信	86.43	134.39	141.03	80.42	147.12	227.24	308.19	327.00	298.55	866.93	65.14
国民信托	34.60	68.30	135.67	70.38	289.64	497.63	202.75	115.49	172.11	85.52	46.67
新华信托	4.94	38.65	65.08	168.23	168.00	138.27	86.68	15.81	6.44	22.17	62.12
山西信托	96.00	8.86	32.02	64.22	50.24	77.11	125.39	85.11	54.07	67.93	36.14
华宸信托	86.51	111.48	102.05	148.44	157.00	155.00	11.36	27.73	43.33	37.62	57.97

资料来源：中国人民大学信托与基金研究所：《中国信托公司经营蓝皮书（各年度）》，财富出版社，2016 年版。

二、信托资产盈利能力分析

信托公司的信托项目一般分为集合类信托项目和单一类信托项目，下面通过分析集合类信托项目和单一类信托项目的加权平均实际收益率来分析2007~2017年后序十位信托机构的信托项目收益率情况。

到目前为止，68家信托机构均披露了2017年集合类信托项目加权平均实际收益率数据，后序十位信托机构2007~2017年十年的集合类信托项目加权平均实际收益率情况如表8-17所示。

表8-17　2007~2017年后序十位信托机构集合类信托项目平均收益率统计

年份	平均值（％）	均值增长幅度（％）	披露机构数目（个）	收益率为负的机构数（个）	最大值（％）	最小值（％）	标准差（％）	变异系数
2007	18.71	—	8	0	104.98	0.00	35.03	1.87
2008	13.46	-5.25	8	0	56.65	5.74	17.50	1.30
2009	8.64	-4.82	8	1	30.18	-1.18	9.92	1.15
2010	9.88	1.24	7	0	13.78	6.89	2.57	0.26
2011	7.38	-2.49	8	1	13.38	-0.75	4.16	0.56
2012	7.39	0.01	9	0	10.16	2.12	2.38	0.32
2013	7.24	-0.15	10	1	10.41	-2.19	3.89	0.54
2014	9.39	2.15	8	0	10.76	8.42	0.79	0.08
2015	12.06	2.67	10	0	38.21	7.32	9.33	0.77
2016	8.23	-3.83	10	0	10.22	4.08	1.82	0.22
2017	7.07	-1.16	10	0	10.78	3.84	2.18	0.31

资料来源：中国人民大学信托与基金研究所：《中国信托公司经营蓝皮书（各年度）》，财富出版社，2016年版。

对于后序十位信托机构集合类信托项目加权平均实际年化收益率来讲（见表8-18），2007年以来，信托机构集合类信托项目平均收益率在7%~19%波动，经历了2007年的最高值18.71%之后，2008年和2009年该指标持续下跌，2010年则又小幅上涨至9.88%，2011年又下降至7.38%，2012年和2013年基本与2011年持平，2014和2015年连续上涨达到近五年的最高值12.06%，2016年下跌至8.23%，2017年进一步下降至7.07%。值得一提的是，即使是2015年的12.06%，也远低于2007年的18.71%，此外，经历了2013~2015连续上升的趋势之后，2016年度以及2017年度该指标已经连续两年呈现下降趋势。

就单个机构集合类信托项目收益率而言，在 2009 年、2011 年和 2013 年，均有 1 家机构该指标为负值，其余年份披露数据的机构集合类信托项目收益率均为正数。

从各信托机构在指标上的表现差异度方面来看，2007~2009 年变异系数均在 1 以上，2007 年达到十年来最大值为 1.87，2008 年和 2009 年有所下跌，但仍然较大。2010 年该指标大幅下跌至 0.26，2011 年上涨至 0.56，2012 年下跌为 0.32，2013 年又上涨至 0.54，2014 年大幅下跌到十年来最低值，为 0.08，2015 年又大幅上涨至 0.77，2016 年大幅下跌到 0.22，2017 年该指标有所上升，为 0.31，这表明 2017 年度后序十位信托机构该指标的差异度相比前一年度有所扩大。

2017 年，在后序十位信托机构中，集合收益率前 3 名分别为：国民信托（10.78%）、中泰信托（9.69%）和国联信托（8.12%）。与 2016 年该指标的排名差异较小，其中 2016 年与华宸信托并列第 3 的中泰信托在 2017 年以 9.69% 的收益率位居后序十位机构第 2 位，2016 年第 2 的国民信托在 2017 年以 10.78% 的收益率位居第 1，国联信托在 2017 年的收益率与 2016 年相比虽有下降但是排名却提高至第 3，说明后序十位信托机构在 2017 年的收益率总体呈下跌趋势。

表 8-18　2007~2017 年后序十位信托机构集合类信托项目加权
平均实际收益率序列　　　　　　　　单位：%

年份	2007	2008	2009	2010	2011	2012	2013	2014	2015	2016	2017
国联信托	12.67	6.50	30.18	13.78	10.54	8.21	4.48	9.16	7.32	8.39	8.12
吉林信托	7.38	6.26	0.00	6.89	7.19	8.39	9.92	9.74	13.14	6.77	4.63
中泰信托	104.98	56.65	7.58	11.12	7.69	7.37	9.94	8.52	9.48	9.28	9.69
长城新盛	未披露	未披露	未披露	未披露	未披露	未披露	6.99	9.95	8.07	7.04	3.84
浙商金汇	未披露	未披露	未披露	未披露	未披露	8.54	9.51	9.69	7.79	9.06	7.06
中江国信	6.53	5.74	6.49	8.47	13.38	2.12	5.70	8.42	8.60	4.08	7.19
国民信托	0.00	8.42	-1.18	0.00	4.60	5.93	-2.19	未披露	9.14	9.65	10.78
新华信托	5.39	9.17	14.31	12.44	8.09	9.34	9.91	10.76	8.79	10.22	7.79
山西信托	5.24	6.28	5.56	8.37	-0.75	6.47	7.74	8.87	38.21	8.55	6.52
华宸信托	7.51	8.69	6.20	8.08	8.33	10.16	10.41	未披露	10.09	9.28	5.10

资料来源：中国人民大学信托与基金研究所：《中国信托公司经营蓝皮书（各年度）》，财富出版社，2016 年版。

2007~2017 年后序十位信托机构单一类信托项目收益率如表 8-19 所示。

表 8-19　2007~2017 年后序十位信托机构单一类信托项目收益率序列　单位：%

年份	2007	2008	2009	2010	2011	2012	2013	2014	2015	2016	2017
国联信托	28.92	9.54	6.36	6.29	10.18	11.25	10.12	0.00	7.82	11.39	7.63
吉林信托	3.92	5.62	5.75	4.72	5.52	8.25	8.91	7.22	7.23	8.56	3.97
中泰信托	3.86	3.77	5.44	3.97	5.91	7.74	8.31	7.23	7.46	7.42	6.76
长城新盛	未披露	未披露	未披露	未披露	未披露	未披露	6.58	5.75	7.28	14.28	4.67
浙商金汇	未披露	未披露	未披露	未披露	未披露	7.90	10.70	7.28	8.58	8.13	6.63
中江国信	3.79	4.03	4.95	4.30	5.05	6.79	5.30	7.13	6.11	7.04	6.56
国民信托	9.58	4.88	7.67	3.92	0.02	0.00	7.41	未披露	7.88	8.22	6.96
新华信托	11.22	3.58	8.20	7.27	7.30	6.31	9.73	7.63	7.25	8.30	7.53
山西信托	1.56	5.94	5.87	4.19	4.71	7.50	7.20	6.39	8.21	8.87	7.71
华宸信托	7.72	6.43	6.46	6.54	7.14	8.76	8.44	未披露	10.88	6.55	5.58

资料来源：中国信托业协会官网。

在 2007 年度，后序十位信托机构单一类信托项目收益率为 8.82%，在 2008 年大幅下降至 5.47%，2009 年又小幅上涨为 6.34%，2010 年下降为 5.15%，2011~2013 年 3 年连续上升为 8.27%，在 2014 年下跌至 6.08%，2015 年和 2016 年连续上涨，在 2016 年取得十年来该指标均值最大值，为 8.88%，2017 年下降为 6.4%。

从变异系数来看，2017 年度为 0.2，相比 2016 年的 0.26 出现小幅下降，表明 2017 年度后序十位信托机构在该指标上的表现差异性有所缩小。具体数据见表 8-20 与图 8-7。

表 8-20　2007~2017 年度后序十位信托机构平均单一类信托项目收益率统计

年份	平均值（%）	均值增长幅度（%）	披露公司数目（家）	最大值（%）	最小值（%）	标准差（%）	变异系数
2007	8.82	—	8	28.92	1.56	8.77	0.99
2008	5.47	-3.35	8	9.54	3.58	1.95	0.36
2009	6.34	0.86	8	8.20	4.95	1.11	0.17
2010	5.15	-1.19	8	7.27	3.92	1.33	0.26

续表

年份	平均值（%）	均值增长幅度（%）	披露公司数目（家）	最大值（%）	最小值（%）	标准差（%）	变异系数
2011	5.73	0.58	8	10.18	0.02	2.89	0.50
2012	7.17	1.44	9	11.25	0.00	3.03	0.42
2013	8.27	1.10	10	10.70	5.30	1.68	0.20
2014	6.08	-2.19	8	7.63	0.00	2.53	0.42
2015	7.87	1.79	10	10.88	6.11	1.25	0.16
2016	8.88	1.01	10	14.28	6.55	2.31	0.26
2017	6.40	-2.48	10	7.63	3.97	1.27	0.20

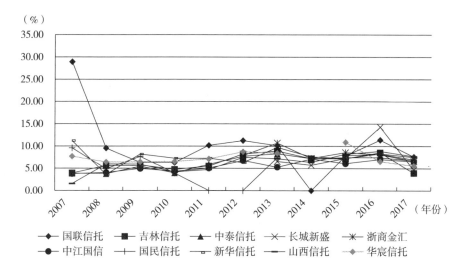

图 8-7　2007~2017 年后序十位信托机构单一类信托项目收益率变化趋势

资料来源：中国人民大学信托与基金研究所：《中国信托公司经营蓝皮书（各年度）》，财富出版社，2016 年版。

从该指标历年的稳定程度来看，浙商金汇自 2012 年以来保持了比较稳定的收益率，单一类信托项目平均收益率为 8.2%，变异系数为 0.17。另外，中江国信和华宸信托的单一收益率也比较稳定，收益率平均值分别为 5.55% 和 7.45%，变异系数分别为 0.22 和 0.21。而国联信托在 2007~2017 年度的单一类信托项目的平均收益率为 9.95%，变异系数则达到 0.71，收益率相对波动性较大。

从信托报酬率方面来看，2017 年，后序十位信托机构中除吉林信托以外其余 9 家机构在年报中披露了信托收益率，吉林信托自 2011 年起停止披露该指标，长城新盛在 2007～2012 年未披露该指标，浙商金汇在 2007～2011 年未披露该指标，中泰信托在 2010 年未披露该指标数据。2007～2017 年后序十位信托机构信托报酬率情况如表 8-21 所示。

表 8-21　2007～2017 年后序十位信托机构信托报酬率序列表　　单位：%

年份	2007	2008	2009	2010	2011	2012	2013	2014	2015	2016	2017
国联信托	2.75	2.19	0.70	0.78	0.71	0.99	1.0375	1.22	0.48	0.58	0.53
吉林信托	0.85	0.89	0.27	0.52	未披露	未披露	未披露	未披露	未披露	未披露	未披露
中泰信托	0.63	0.14	0.48	未披露	0.96	0.73	0.60	0.47	0.49	0.51	0.65
长城新盛	未披露	未披露	未披露	未披露	未披露	未披露	0.53	0.42	0.43	2.01	1.43
浙商金汇	未披露	未披露	未披露	未披露	未披露	1.63	0.94	0.92	0.74	0.83	0.36
中江国信	0.60	0.46	0.67	0.38	0.60	0.87	0.80	0.59	0.38	0.61	0.64
国民信托	0.49	0.48	0.54	0.07	1.06	0.47	0.72	0.53	0.45	0.52	0.51
新华信托	0.58	0.91	0.58	0.42	1.00	2.00	2.19	1.31	0.59	0.47	0.43
山西信托	0.97	1.44	0.41	0.44	0.94	0.85	0.77	0.63	0.60	0.91	0.43
华宸信托	1.06	0.72	0.73	0.69	0.75	1.32	1.08	1.31	1.31	1.83	0.81

资料来源：中国人民大学信托与基金研究所：《中国信托公司经营蓝皮书（各年度）》，财富出版社，2016 年版。

从 2017 年已经披露信托报酬率的信托机构来看，长城新盛的信托报酬率最高，为 1.43%；其次是华宸信托，为 0.81%；浙商金汇最低，为 0.36%。长城新盛自 2013 年披露信托报酬率以来，在 2016 年大幅上升为 2.01%，2017 年有所下降，为 1.43%，仍居于后序十位之首。华宸信托在 2007 年该指标为 1.06%，位于后序十位的第二名，十年间波动变化，在 2016 年达到最大值，为 1.83%；2017 年又大幅下跌至 0.81%，仍然位于后序十位第二。2007 年该指标位于后序十位机构之首的国联信托，信托报酬率在 2009 年大幅下降为 0.70%，之后几年连续上涨至 2014 年的 1.22%，2015 年又下降至十年来最低值 0.48%，2017 年为 0.53%。浙商金汇自 2012 年披露信托报酬率以来，该指标除在 2016 年有所上升外，其余年度均呈下跌趋势，在 2017 年达到最小值，为 0.36%。

而在 2017 年度行业前十位信托公司中，最高的信托报酬率达到 1.92%。由此可见，后序十位信托公司的信托报酬率还有待进一步提升。

表 8-22　2007~2017 年后序十位信托机构信托报酬率统计分析序列

年份	2007	2008	2009	2010	2011	2012	2013	2014	2015	2016	2017
平均值（%）	0.99	0.90	0.55	0.47	0.86	1.11	0.96	0.82	0.61	0.92	0.64
均值增长幅度（%）	-0.25	-0.09	-0.36	-0.08	0.39	0.25	-0.14	-0.14	-0.21	0.31	-0.28
公司数目（个）	8	8	8	7	7	8	9	9	9	9	9
最大值（%）	2.75	2.19	0.73	0.78	1.06	2.00	2.19	1.31	1.31	2.01	1.43
最小值（%）	0.49	0.14	0.27	0.07	0.60	0.47	0.53	0.42	0.38	0.47	0.36
标准差（%）	0.74	0.65	0.16	0.23	0.17	0.51	0.50	0.37	0.28	0.59	0.33
变异系数	0.75	0.72	0.29	0.49	0.20	0.46	0.51	0.45	0.47	0.64	0.51

资料来源：中国人民大学信托与基金研究所：《中国信托公司经营蓝皮书（各年度）》，财富出版社，2016 年版。

根据表 8-22 与图 8-8 可以看出，2007~2017 年后序十位信托机构的信托报酬率平均值，2007~2010 年该指标呈直线下降趋势，在 2010 年达到最低值，为 0.47%；2010~2012 年连续上涨，并在 2012 年达到最大值为 1.11%；2012~2017 年除 2016 年有所上升以外，其余年度该指标均呈下跌趋势；截止到 2017 年，后序十位信托机构信托报酬率平均值为 0.64%。可以看出，随着资管行业竞争的加剧，信托公司传统业务的赢利空间逐步收窄，后序十位信托公司的主动管理能力需要进一步提升。

从 2007~2017 年后序十位信托机构信托报酬率分布的离散程度来看，2017 年信托报酬率的标准差为 0.33%，比 2016 年降低了 0.26 个百分点。2017 年该指标变异系数为 0.51，比 2016 年该指标的变异系数也有所下降，下降了 0.13。从上述两个变量可以看出近五年来，除 2016 以外，后十家信托机构信托报酬率的差距有所缩小。2007~2017 年后十家信托机构的变异系

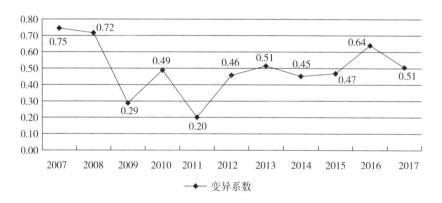

图 8-8　2007~2017 年后序十位信托机构信托报酬率平均值曲线

资料来源：中国人民大学信托与基金研究所：《中国信托公司经营蓝皮书（各年度）》，财富出版社，2016 年版。

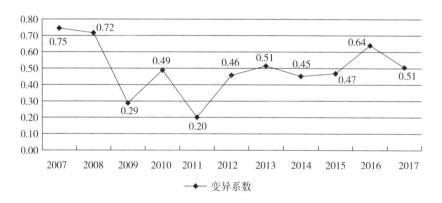

图 8-9　2007~2017 年后序十位信托机构信托报酬率变异系数曲线

资料来源：中国人民大学信托与基金研究所：《中国信托公司经营蓝皮书（各年度）》，财富出版社，2016 年版。

数变动趋势，如图 8-9 所示。2007~2009 年信托报酬率变异系数逐年降低，2010 年上涨为 0.49，2011 年下降至最低值，为 0.20，2012 年重新上涨为 0.46，近五年波动变化，除 2016 年大幅上升外，其余年度都保持在 0.50 左右，在 2017 年变异系数为 0.51，相比较 2007 年的 0.75 有所下降。

第四节 非财务指标分析

一、后序十位信托机构股权结构分析

从 2015～2017 年后序十位信托机构第一大股东持股信息（表 8-23）来看，2017 年除华宸信托未在年报中披露其各大股东持股比例外，其余九家均对该项信息进行了披露。从 2017 年后序十位信托机构第一大股东持股比例的披露数据来看，后十家信托机构的股权结构依旧呈现出分散化的特点，主要表现：第一大股东持股比例在 90% 以上的有 2 家，为吉林信托和山西信托，持股比例分别达到 97.50% 和 90.70%；持股比例在 60%～80% 的有浙商金汇（78.00%）和国联信托（69.92%）两家机构；持股比例小于 50% 的信托机构有 6 家，分别为新华信托（40.00%）、华宸信托（36.50%）、长城新盛（35.00%）、中江国信（32.74%）、国民信托（31.73%）和中泰信托（31.57%）。因此，后十家信托机构中第一大股东持股比例高于 50%，也就是说，对该信托机构拥有绝对控制权的信托机构有 4 家，所占比例较小，反而有 6 家机构第一大股东持股比例仅有不足 40%，对机构的控制权较小。

后序十位信托机构 2016 年度与 2015 年度相比，持股比例相同，未发生变化，但在 2017 年，国联信托和浙商金汇的持股比例发生了些许变化。国联信托的第一大股东持股比例由 2015 年和 2016 年的 65.85%，变化为 2017 的 69.92%，持股比例有所上升，同时股东总数由 2015 年和 2016 年的 5 下降至 4；浙商金汇第一大股东的持股比例由 2015 年和 2016 年的 56%，增加到 2017 年的 78%，持股比例大幅上升。综合来看，近三年后序十位信托机构第一大股东的持股比例有 6 家较低，导致信托机构的股权结构比较分散，国联信托和浙商金汇的股权结构在 2017 年有所集中。

通过上述分析，2016 年有绝对控股地位的公司数量与 2015 年持平，在 2017 年有集中的趋势。股权结构的分散导致控股股东对公司的控制力较弱，不利于公司高级管理人员与股东尤其是控股股东的利益趋同，代理成本相对较高。股权结构较为分散也有益处，比如控股股东对公司的控制较弱，董事包括独立董事、监事甚至中介机构有较高的独立性，利益侵占问题较少。由上

表8-23 2015~2017年后序十位信托机构第一大股东持股信息

公司简称	2015			2016			2017		
	股东总数	第一大股东名称	持股比例（%）	股东总数	第一大股东名称	持股比例（%）	股东总数	第一大股东名称	持股比例（%）
国联信托	5	无锡市国联发展（集团）有限公司	65.85	5	无锡市国联发展（集团）有限公司	65.85	4	无锡市国联发展（集团）有限公司	69.92
吉林信托	5	吉林省财政厅	97.50	5	吉林省财政厅	97.496	5	吉林省财政厅	97.50
中泰信托	6	中国华闻投资控股有限公司	31.57	6	中国华闻投资控股有限公司	31.57	6	中国华闻投资控股有限公司	31.57
长城新盛	4	长城股份公司	35.00	4	长城股份公司	35.00	4	长城股份公司	35.00
浙商金汇	3	浙江省国际贸易集团有限公司	56.00	3	浙江省国际贸易集团有限公司	56.00	3	浙江东方金融控股集团股份有限公司	78.00
中江国信	14	领锐资产管理股份有限公司	32.74	14	领锐资产管理股份有限公司	32.74	14	领锐资产管理股份有限公司	32.74
国民信托	4	丰益实业发展有限公司	31.73	4	上海丰益股权投资基金有限公司	31.73	4	上海丰益股权投资基金有限公司	31.73
新华信托	6	上海珊瑚礁信息系统有限公司	40.00	6	上海珊瑚礁信息系统有限公司	40.00	6	上海珊瑚礁信息系统有限公司	40.00
山西信托	3	山西省国信投资（集团）有限公司	90.70	3	山西金融投资控股集团有限公司	90.70	3	山西金融投资控股集团有限公司	90.70
华宸信托	未披露	包头钢铁（集团）有限责任公司	36.50	6	包头钢铁（集团）有限责任公司	36.50	未披露	包头钢铁（集团）有限责任公司	36.50

资料来源：中国信托业协会官网。

面的分析可见，适当集中股权结构可做为后序十家信托机构在特定发展阶段进行公司治理调整的考虑因素。

就关联交易数量来看，由于我国信托业市场化程度较低，关联交易现象普遍存在，当然以总利润为基准进行排序，后序十位信托机构的关联交易数量也具有行业类似的特点。具体情况如表8-24所示。

表8-24 2015~2017年后序十位信托机构关联交易情况

年份	2015		2016		2017	
公司简称	关联方数量	关联交易金额	关联方数量	关联交易金额	关联方数量	关联交易金额
国联信托	4	30084	4	28040.00	1	437.00
吉林信托	3	3202	3	438.00	3	8546.30
中泰信托	2	327	4	15822.42	5	24168.30
长城新盛	3	4047	7	22442.21	7	972.77
浙商金汇	6	2913	1	1096.01	6	4437.87
中江国信	2	245000	1	180000.00	1	10000.00
国民信托	1	288	1	287.69	0	0.00
新华信托	2	557971	3	348155.81	2	100922.57
山西信托	4	815.19	2	6303.04	2	582.87
华宸信托	2	20000	1	180000.00	1	50000.00

资料来源：中国人民大学信托与基金研究所：《中国信托公司经营蓝皮书（各年度）》，财富出版社，2016年版。

由表8-24可知，后序十位信托机构中，2015~2017年三年来，关联方交易数量最多的是长城新盛，2016年和2017年的数量均为7个，2017年的关联交易金额却下降至972.77万元，而2017年关联交易金额最大的是新华信托，为100922.57万元，其关联方交易数量为2个，2017年国民信托没有关联方交易。从横向来看，2017年与2015年相比，国联信托、长城新盛、中江国信、国民信托、山西信托的关联方交易金额均出现下降趋势。关联方交易数量通过集团内部适当的交易安排，可以使配置在一定程度上最优，加强企业间合作，达到企业集团的规模经济效益，而且关联交易能够降低谈判成本和交易成本，提高交易效率。因此后序十位信托机构的关联交易数量和金额都远低于行业均值，使交易成本过高、资源配置不合理、无法实现规模经济，后序十位信托机构应该在依法合规的前提下适当提高关联交易数量和金额，加强合作，实现规模经济效益。

二、后序十位信托机构治理结构分析

依据后序十位信托机构 2015~2017 年的董事会设置（见表 8-25 与表 8-26），其中吉林信托在 2015 年和 2016 年披露了该公司第一大股东在董事会中担任高管职务这一信息，2017 年未担任；中江国信 2016 年未披露该信息，2017 年其第一大股东未担任董事长；国民信托除在 2016 年未披露这一信息外，2015 年和 2017 年其第一大股东分别担任了董事长和副董事长职务；新华信托第一大股东在 2015 年担任董事长，在 2016 年和 2017 年未担任。除上述四家机构外，其他 6 家公司 2015~2017 年均披露了该信息，并且各公司第一大股东均在公司内部担任了董事长这一职位。因此总体来看，在后十家信托机构的董事会设置方面，第一大股东对公司的经营决策仍然具有较高的掌控能力。在被研究的十家信托公司中，第一大股东 2017 年担任董事长并同时兼任总经理或总裁一职的有 4 家，其中国联信托 2015~2017 年三年来均未出现兼任情况，而长城新盛和浙商金汇三年来第一大股东均兼任两个甚至以上职务。

董事直接兼任公司管理人员，有助于在进行公司决策的时候提高决策速度，节省总经理的公司开支，防止了出现总经理的代理问题。但这种兼任行为会导致公司管理构架的缺失，不利于公司管理层次的提升，在董事长没有更多时间管理公司事务时，会出现下属扯皮现象，不利于整个公司管理效率保证性；另外，第一大股东兼任董事和管理人员，容易造成董事会实际干预经营的局面，股东、董事会与经营管理层之间无法各司其职、明确分工，无法形成彼此之间的良性互动，这可能会对公司的治理造成不利影响。

就董事数量而言，后序十位信托机构中仅有华宸信托一家公司未披露其股东数量，其他公司 2015~2017 年来均有披露，2017 年后十家信托机构中中泰信托的董事数量最多，为 5 个，较 2016 年的 10 个有所降低，中江国信最少，没有董事。华宸信托三年来董事数量未发生变化；与 2016 年各信托机构的董事数量比较，后十家信托机构的董事数目均有所降低或保持不变。

综合来看，2017 年后十家信托公司的董事数目有减少的趋势，一般认为，董事会规模与公司绩效之间存在明显的倒 U 形关系，人数过多会导致公司内部人员冗余，沟通不到位、决策效率低下、成本上升等问题层出不穷；人数过少又会导致权力集中，难以实现真正的集体决策，通常，公司董事数目在 7 至 8 人为最佳，但当前，后十家信托机构中董事数量过少，没有一家公司满足了该要求，其董事会规模均有改善的空间，当然董事会规范以及董

表8-25　2015～2017年后序十位信托机构董事会设置

公司简称	2015			2016			2017		
	股东总数	第一大股东名称	担任高管职务	股东总数	第一大股东名称	担任高管职务	股东总数	第一大股东名称	担任高管职务
国联信托	5	无锡市国联发展（集团）有限公司	董事长	5	无锡市国联发展（集团）有限公司	董事长	4	无锡市国联发展（集团）有限公司	董事长
吉林信托	5	吉林省财政厅	董事长、总经理	5	吉林省财政厅	董事长	5	吉林省财政厅	未担任
中泰信托	6	中国华闻投资控股有限公司	董事长、总裁	6	中国华闻投资控股有限公司	董事长	6	中国华闻投资控股有限公司	董事长
长城新盛	4	长城公司	董事长、总经理	4	长城股份公司	董事长、董事、立董事、副总经理、风险总监	4	长城股份公司	董事长、副总经理
浙商金汇	3	浙江省国际贸易集团有限公司	董事长、总经理	3	浙江省国际贸易集团有限公司	董事长、立董事、总经理	3	浙江东方金融控股集团股份有限公司	董事、总经理
中江国信	14	领锐资产管理股份有限公司	无	14	领锐资产管理股份有限公司	未披露	14	领锐资产管理股份有限公司	未担任
国民信托	4	丰益实业发展有限公司	董事长	4	上海丰益股权投资基金有限公司	未披露	4	上海丰益股权投资基金有限公司	副董事长
新华信托	6	上海珊瑚礁信息系统有限公司	董事长	6	上海珊瑚礁信息系统有限公司	未担任	6	上海珊瑚礁信息系统有限公司	未担任
山西信托	3	山西省国信投资有限公司	董事长、总经理	3	山西金融投资控股集团有限公司	董事长	3	山西金融投资控股集团有限公司	董事长、总经理
华宸信托	未披露	包头钢铁（集团）有限责任公司	董事长、副总经理、财务总监	6	包头钢铁（集团）有限责任公司	董事长	未披露	包头钢铁（集团）有限责任公司	董事长、副总经理、财务总监

资料来源：中国人民大学信托与基金研究所：《中国信托公司经营蓝皮书（各年度）》，财富出版社，2016年版。

表8-26 2015~2017年后十家信托公司股东数量

公司简称	2015			2016			2017		
	股东总数	第一大股东名称	董事数量	股东总数	第一大股东名称	董事数量	股东总数	第一大股东名称	董事数量
国联信托	5	无锡市国联发展（集团）有限公司	5	5	无锡市国联发展（集团）有限公司	9	4	无锡市国联发展（集团）有限公司	2
吉林信托	5	吉林省财政厅	2	5	吉林省财政厅	2	5	吉林省财政厅	1
中泰信托	6	中国华闻投资控股有限公司	8	6	中国华闻投资控股有限公司	10	6	中国华闻投资控股有限公司	5
长城新盛	4	长城股份公司	3	4	长城股份公司	4	4	长城股份公司	2
浙商金汇	3	浙江省国际贸易集团有限公司	6	3	浙江省国际贸易集团有限公司	7	3	浙江东方金融控股股份有限公司	4
中江国信	14	领锐资产管理股份有限公司	0	14	领锐资产管理股份有限公司	9	14	领锐资产管理股份有限公司	0
国民信托	4	丰益实业发展有限公司	1	4	上海丰益实业发展有限公司	10	4	上海丰益实业发展有限公司	1
新华信托	6	上海珊瑚礁信息系统有限公司	1	6	上海珊瑚礁信息系统有限公司	2	6	上海珊瑚礁信息系统有限公司	2
山西信托	3	山西省国信投资（集团）有限公司	4	3	山西金融投资控股集团有限公司	1	3	山西金融投资控股集团有限公司	2
华宸信托	未披露	包头钢铁（集团）有限责任公司	2	6	包头钢铁（集团）有限责任公司	2	未披露	包头钢铁（集团）有限责任公司	2

资料来源：中国人民大学信托与基金研究所：《中国信托公司经营蓝皮书（各年度）》，财富出版社，2016年版。

事的数量并非绝对的，各信托机构以及信托业要充分考虑自身的具体情况和行业的特殊性再进行具体决策。

三、后序十家信托机构人力资源结构分析

（一）人力资源规模分布

2017年度信托业从业人员的总数为19766万人，后十家信托机构从业人员为1882万人，占行业总数的9.52%。2007～2017年信托业的从业人数呈现逐年递增的趋势。然而，虽然信托业的从业人数在扩大，但是相比于其他金融机构，信托业仍属于从业人员相对较少的行业。十年来，除2007～2011年浙商金汇和长城新盛未披露从业人员以外，后十家信托机构中大多数公司的从业人数都是呈现递增的趋势，但增长的速度与其他信托公司相比较慢。

从后十家信托机构从业人员规模的统计分析表来看（表8-27），2013～2017年后，十家信托机构从业人员平均值在2015年大幅度下跌，跌幅为16.18%，其余年度逐年增加，在2013年增长速度最快，增长率高达18.08%；2013～2017年后十家信托机构中超过70%公司的从业人员规模增加，但是在2015年度后序十位信托机构中只有4家机构从业人员在增加，总体人数呈下降趋势（见图8-10与表8-30）。

表8-27 2013～2017年后序十家信托机构从业人员规模统计分析表

	2013	2014	2015	2016	2017
总数	1796	1860	1559	1644	1882
平均值	180	186	156	164	188
平均值增长率（%）	18.08	3.56	-16.18	5.45	14.48
从业人员增加的公司数	7	9	4	5	6
最大值	646	526	234	252	364
最小值	57	68	49	76	74
标准差	171	131	68	64	91
变异系数	0.95	0.71	0.44	0.39	0.48

表8-28 2015～2017年后序十家信托机构从业人员规模前三名

	2015年从业人员规模	2016年从业人员规模	2017年从业人员规模
第一名	中泰信托	中江国信	浙商金汇
第二名	新华信托	国民信托	中江国信
第三名	国民信托	中泰信托	国民信托

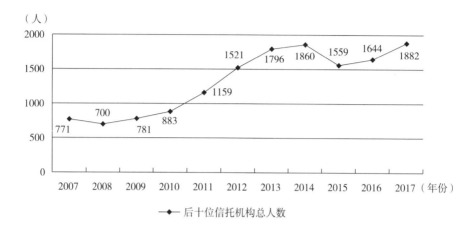

图 8-10　2007~2017 后序十位信托机构总人数变化趋势

表 8-29　2015~2017 年后序十家信托机构从业人员增幅前三名　　单位：万人

	2015 年增幅	2016 年增幅	2017 年增幅
第一名	国民信托（27）	中江国信（61）	浙商金汇（227）
第二名	中泰信托（13）	浙商金汇（42）	山西信托（44）
第三名	中江国信（6）	长城新盛（34）	长城新盛（23）

以上资料来源：中国人民大学信托与基金研究所：《中国信托公司经营蓝皮书（各年度）》，财富出版社，2016 年版。

2015~2017 年后十家信托机构从业人员规模前三名的顺序三年变化较大。部分信托公司缺乏高质量人才的支持，成为影响其发展的重要桎梏（见表 8-28 与表 8-29）。

表 8-30　2007~2017 年后序十家信托机构从业人员规模序列 单位：万元

	2007	2008	2009	2010	2011	2012	2013	2014	2015	2016	2017
国联信托	39	44	44	54	50	57	57	72	78	76	74
吉林信托	123	78	91	124	164	164	192	197	186	169	172
中泰信托	57	58	71	69	72	99	164	221	234	215	174
长城新盛	未披露	未披露	未披露	未披露	未披露	20	57	68	49	83	106
浙商金汇	未披露	未披露	未披露	未披露	未披露	69	100	112	95	137	364

续表

	2007	2008	2009	2010	2011	2012	2013	2014	2015	2016	2017
中江国信	99	56	79	79	165	168	180	185	191	252	265
国民信托	70	70	68	53	74	79	133	192	219	243	247
新华信托	165	157	173	240	357	578	646	526	231	184	167
山西信托	133	142	151	163	174	172	164	174	172	189	233
华宸信托	85	95	104	101	103	115	103	113	104	96	80

资料来源：中国人民大学信托与基金研究所：《中国信托公司经营蓝皮书（各年度）》，财富出版社，2016年版。

（二）人力资源岗位分布

从2017年后序十家信托机构披露的年报中可以看出，后序十家信托机构2017年高管人员平均占比为6.04%，自营人员平均占比为4.48%，信托人员占比最高，为47.47%。由于数据可得性问题，本节仅分析后序十家信托机构人力资源在2012～2017年的分布情况，具体分布情况如表8-31所示。

由表8-31可知，2012～2017年后序十家信托公司人力资源分布的情况比较稳定，信托业务从业人员一直是信托公司的主力军，而自营人员、高管近几年的占比有所下降，2017年占比分别为4.48%和6.04%。

表8-31　2012～2017年后序十家信托机构人力资源分布情况　　单位：%

岗位分布 年份	高管分布	自营人员占比	信托业务人员占比
2012	10.48	12.79	48.02
2013	7.52	4.93	58.07
2014	5.67	5.72	60.73
2015	5.84	4.89	49.15
2016	5.35	4.21	49.52
2017	6.04	4.48	47.47

资料来源：中国人民大学信托与基金研究所：《中国信托公司经营蓝皮书（各年度）》，财富出版社，2016年版。

从信托业务人员的统计分析表看（见表8-32），2012～2017年后十家信托机构信托从业人员平均值呈现出先上升后下降的变化趋势，2013 年为变化时间拐点，此时平均值达到最大为 124.86，此时信托业人员占比为 58.07%，2014 年后序十家信托机构的从业人员虽下降至 91.6 人，但信托业人员占比却上升至 60.73%；从后序十家信托公司信托从业人员在其人员规模中的占比来看，5 年来占比变动不大，均保持在 45%~65%。从后十家信托机构该指标的离散程度来看，其变异系数在 2012~2015 年呈下降趋势，截止到 2017 年后序十家信托机构信托业务从业人员的变异系数为 0.51，这说明了 2012 年之后，后序十家信托机构中的各信托公司在该指标上逐渐趋同，公司之间在信托从业人员的规模方面差异逐渐变小。

表 8-32　2012~2017 年后序十位信托机构信托业务人员统计分析表

	2012	2013	2014	2015	2016	2017
平均值（人）	97.38	124.86	91.6	85.29	89.75	88
占比（%）	48.02	58.07	60.73	49.15	49.52	47.47
最大值	408	143	145	157	155	151
最小值	7	30	29	25	26	20
标准差	131.10	140.86	52.08	47.56	44.48	44.37
变异系数	1.35	1.13	0.57	0.56	0.50	0.51

资料来源：中国人民大学信托与基金研究所：《中国信托公司经营蓝皮书（各年度）》，财富出版社，2016 年版。

2015~2017 年后序十家信托机构高学历信托从业人员数量逐年上升，占比也逐年上升，截止到 2017 年后序十家信托机构高学历人员平均值及其占比分别为 72.8 和 40.10%；与此同时，2015~2017 年前十家信托机构高学历信托从业人员平均值逐年上升由 2015 年的 239.8 人上升到 2017 年的 264.8 人，占比也逐年上升，截止到 2017 年前十家信托机构高学历人员平均值及其占比分别为 264.8 和 54.69%。由此可见，相比于前十名信托公司，后序十位信托公司在高学历人才数量上存在一定的差距，人力资源投入相对偏少，也是影响其进一步发展的重要原因（见表 8-33）。

表 8-34 展示了 2015~2017 年后序十家信托机构人力资源高学历排名前三名，从高学历人员规模上来看，2015 年和 2016 年，国民信托和中泰信托分别位于第一和第二，在 2017 年排名分别下降到第二和第三；浙商金汇的高学历人员规模在 2017 年排名第一，达到 148 人。值得注意的是，2017 年

新华信托高学历人员规模由 2016 年的 76 人减少到 2017 年的 66 人，退出前三的排名。从高学历人员占比来看，国民信托公司高学历人员在其从业人员总体规模中占比较高，三年来一直位列前三，分别位列第二、第三和第二名；而三年来，高学历人员占比前三一直有所变动，2015 年浙商金汇、中泰信托分别位列第一、第三名，2016 年长城新盛超过浙商金汇位列第一，浙商金汇退居第二，而中泰信托不在前三名之列，2017 年，长城新盛仍位列第一，中泰信托重新进入前三，位列第三，浙商金汇则不在前三之列。高学历人员排名的频繁变动，可能表明后序十位信托公司没有持续地通过高水平业务人才的引进政策来提升公司的业绩，从而使其发展速度相对缓慢。

表 8-33　2015～2017 年后序十家信托机构高学历信托人员统计分析表

	2015	2016	2017
平均值（人）	60.5	65.6	72.8
占比（%）	39.48	41.84	40.10
最大值	110	116	148
最小值	19	30	27
标准差	32.36	25.53	35.63
变异系数	0.53	0.39	0.49

表 8-34　2015～2017 年后序十家信托机构人力资源高学历排名前三名

	2015		2016		2017	
	高学历规模	高学历占比	高学历规模	高学历占比	高学历规模	高学历占比
第一名	国民信托（110）	浙商金汇（53.68）	国民信托（116）	长城新盛（61.45）	浙商金汇（148）	长城新盛（61.32）
第二名	中泰信托（109）	国民信托（50.23）	中泰信托（94）	浙商金汇（54.01）	国民信托（114）	国民信托（46.15）
第三名	新华信托（95）	中泰信托（46.58）	新华信托（76）	国民信托（47.74）	中泰信托（79）	中泰信托（45.40）

资料来源：中国人民大学信托与基金研究所：《中国信托公司经营蓝皮书（各年度）》，财富出版社，2016 年版。

四、外部环境因素分析

（一）影响后序十家信托公司发展的有利因素分析

表 8-35 为 2017 年后序十家信托公司所认为的影响其自身发展的主要因素，调查结果显示，2017 年被调查的后序十家信托机构普遍认为影响自身发展的前五位有利因素是：①高净值人群的增长使财富管理进一步深化；②经济结构不断优化，新兴动能加快成长，质量效益明显提高；③监管体系和行业发展配套机制不断完善；④信托业总体资产质量和规模有所提升；⑤实体行业及新兴行业的发展提供更广阔的业务拓展空间。其中有 6 家公司认为，其自身发展与高净值人群增长使财富管理进一步深化有关，占后序十家信托机构的 60%；4 家公司认为自身发展与经济结构不断优化，新兴动能加快成长，质量效益明显提高有关；有 3 家认为，其自身的发展与信托业资产质量和规模有所提升、实体行业及新兴行业的发展提供更广阔的业务拓展空间、监管体系和行业发展配套机制不断完善有关；有 2 家认为，自身发展与经济平稳发展、宏观经济环境好，良好的资产质量和股东背景有关；有 1 家公司认为，自身发展与地域、资源优势，与地方政府建立合作关系，转型发展持续推动，良好社会声誉和品牌影响力，专业资产管理团队的建立，信托公司创新能力不断增强，与银行新的合作模式带来新的机遇 7 个有利因素有关。另外，后十家信托机构中，没有公司认为消费需求对经济增长的拉动作用保持强劲、通过房地产信托支持住房租赁市场方面存在较多机会、集团优势、互联网金融、特色金融、公司资本实力增强、新技术带来新的发展机遇和多层次资本市场建设等因素对公司的发展具有有利的影响。

2017 年信托业中 68 家信托公司普遍认为的影响自身发展的前五位有利因素是：①经济平稳发展，宏观经济环境好；②经济结构不断优化，新兴动能加快成长，质量效益明显提高；③高净值人群的增长使财富管理进一步深化；④监管体系和行业发展配套机制不断完善；⑤实体行业及新兴行业的发展提供更广阔的业务拓展空间。

与 2017 年全行业的认知相比，2017 年被调查的后序十家信托机构普遍认为影响自身发展的前五位有利因素中仅有一项不同，其余均相同。

综上可以发现，信托业环境、监管环境和财富管理的深化基本上都是大家认同的主要影响因素。与 2016 年相比，经济结构的优化和财富管理上升为主要因素，这得益于供给侧结构制改革带来的新发展理念和经济结构加快调整取得的新进展，说明政策支持为信托业发展提供更强大的支撑，推动信托业发展实现了新的高度。当前信托业仍处于成长阶段，需要监管部门不断推进信托制度与现有法律法规的融合，满足信托机构在业务发展等多方面的制度需求，从而有效促进行业可持续发展。

（二）影响后序十家信托公司发展的不利因素分析

表 8-36 为 2017 年后序十家信托公司所认为的影响其自身发展的主要因素，调查结果显示，2017 年被调查的后序十家信托机构普遍认为影响自身发展的前五位不利因素是：①全面从严监管升级；②信托业转型压力日益加大；③宏观经济增速放缓；④相关配套制度仍待进一步完善；⑤各类金融机构之间的业务边界趋于模糊，资产管理市场的竞争趋于白热化。其中后序十位信托机构中认为全面从严监管升级、信托业转型压力日益加大以及宏观经济增速放缓会对公司发展产生不利的影响的均有 5 家；有 4 家机构认为相关配套制度仍待进一步完善；认为各类金融机构之间的业务边界趋于模糊，资产管理市场的竞争日趋白热化、信托业竞争日趋激烈以及公司管理流程、风险管控和治理结构有待进一步优化的均有 2 家机构；另外，后序十家信托机构中，没有公司认为民间投资活力仍相对不足、总杠杆水平仍然偏高、高净值人群的客户储备与维系能力存在不足等因素是影响自身发展的不利原因。

2017 年对行业 68 家信托公司的调查中，被普遍认可的不利于信托公司发展的因素按照重要性排在前五位的有：①全面从严监管升级；②信托业转型压力日益加大；③"资管新规"对通道业务的禁止会使公司通道业务受限，业务管理规模有所下降；④行业发展增速持续放缓；⑤相关配套制度仍待进一步完善。与 2017 年全行业的认知相比，2017 年被所调查的后序十家信托机构普遍认为影响自身发展的前五位不利因素中仅有两项不同，其余均相同。

综上所述，在 2017 年监管升级、配套制度不完善以及信托业自身的转型压力成为影响信托业和后序十家信托机构发展的主要因素，说明国家加大了信托业的监管力度，逐渐出台相关监管制度。在这种背景下，我国信托业急需发挥自身优势，创新模式，因地施策，全方位推进业务转型，构建长效的盈利机制和稳健的业务模式，切实回归信托本源、服务实体。

总之，后序十家信托机构虽受到国家政策监管和自身调整的影响，但本身仍蕴含巨大的发展潜力，信托公司在充分利用推动信托业发展的有利因素的同时，也不可忽视影响业务发展的不利因素。

表8-35　2017年后序十家信托公司外部有利因素调查结果

有利因素	国联信托	吉林信托	中泰信托	长城新盛	浙商金汇	中江国信	国民信托	新华信托	山西信托	华宸信托	总数
高净值人群的增长使财富管理进一步深化	1	1	1	1	1		1				6
经济结构不断优化，新兴动能加快成长，质量效益明显提高		1	1	1				1			4
信托业总体资产质量和规模有所提升	1								1	1	3
实体行业及新兴行业的发展提供更广阔的业务拓展空间				1			1	1			3
监管体系和行业发展配套机制不断完善		1	1					1			3
经济平稳发展，宏观经济环境好	1								1		2
良好的资产、质量和股东背景				1		1					2
地域、资源优势						1					1
与地方政府建立合作关系										1	1
转型发展持续推动	1										1
良好社会声誉和品牌影响力				1							1
专业资产管理团队的建立						1					1
信托公司创新能力不断增强								1			1
与银行新的合作模式带来新的机遇						1					1

续表

有利因素	国联信托	吉林信托	中泰信托	长城新盛	浙商金汇	中江国信	国民信托	新华信托	山西信托	华宸信托	总数
消费需求对经济增长的拉动作用保持强劲											0
通过房地产信托支持住房租赁市场方面存在较多机会											0
集团优势											0
互联网金融											0
特色金融											0
公司资本实力增强											0
新技术带来新的发展机遇											0
多层次资本市场建设为信托发展创造有利条件											0

表8-36　2017年后序十家信托公司外部不利因素调查结果

不利因素	国联信托	吉林信托	中泰信托	长城新盛	浙商金汇	中江国信	国民信托	新华信托	山西信托	华宸信托	总数
全面从严监管升级	1	1	1					1		1	5
信托业转型压力日益加大	1	1	1	1		1					5
宏观经济增速放缓			1		1		1	1		1	5
相关配套制度仍待进一步完善	1				1				1	1	4
公司管理流程、风险管控和治理结构有待进一步优化				1						1	2

续表

不利因素	国联信托	吉林信托	中泰信托	长城新盛	浙商金汇	中江国信	国民信托	新华信托	山西信托	华宸信托	总数
各类金融机构之间的业务边界趋于模糊，资产管理市场的竞争趋于热化		1		1							2
信托业竞争日趋激烈				1		1					2
宏观经济波动性加大						1					1
发达经济体货币政策调整或将对全球经济和资本流动造成冲击，全球利率中枢有上行压力				1							1
行业发展增速持续放缓									1		1
"资管新规"对通道业务的禁止会使公司通道业务受限，业务管理规模有所下降				1							1
信托传统业务难以支撑营收增长，新的增长点尚未形成，行业进入转型和创新的关键时期											1
资产收益率持续下降	1										1
合格投资者仍需培育						1					1
资本金不足										1	1
创新业务模式有待进一步探索					1						1
信托产品的网络建设与营销存在瓶颈			1								1
民间投资活力仍相对不足											0

续表

不利因素	国联信托	吉林信托	中泰信托	长城新盛	浙商金汇	中江国信	国民信托	新华信托	山西信托	华宸信托	总数
总杠杆水平仍然偏高											0
高净值人群的客户储备与维系能力存在不足											0
跨市场风险管理难度加大，部分金融产品交易复杂，风险管控能力需提升											0
自有资金主动管理能力不足											0
去产能、去杠杆调整期企业融资需求下降，对信托业与市场信息灵敏度的要求提升											0
公司核心业务结构单一											0
资金募集能力不足											0
互联网金融行业的冲击											0
市场资金面偏紧											0
人才建设不足											0
信托理论研究带来的转型压力											0
负面舆论导致客户质疑信托安全性											0
信托产品的网络建设与营销存在瓶颈											0

第九章

信托公司十年发展路径与分化格局的思考

第一节　经营之道：业务模式与盈利模式

一、业务模式的选择

信托公司两大类核心业务包括信托业务和固有业务。信托业务是根本，不然就游离主业了，固有业务是基础和压舱石，虽然多数情况下充当配角，但是当做不下去信托业务的时候，可以补充利润来源。在净资本监管下，固有资金就是做大信托业务的本钱，放大杠杆，赚更多的钱。所以，这两年信托公司持续增资，就是要通过增大筹码，支撑起更大的信托业务局面。从这个角度来看，信托公司庞大的资本不能转化为有效的信托业务时，持续地增资意义就不是很大了，毕竟仅依靠固有业务的运作难以撑起今日信托公司的盈利水平，固有业务平均也只贡献了30%左右的收入，而且在资本市场，投资者对于信托公司的估值也更注重信托业务，因此重点讨论信托业务。

信托业务属于表外业务，两端在外，资金端和资产端需要两端匹配，由此就会衍生出一个问题，两端之中谁最重要，这也决定了其在信托公司的地位。目前，信托公司依然以产品为中心，对应了对于资产端的重点重视，也就是从产品创设后营销给客户，曾有一阵国内有过关于这种业务模式的探讨，认为这种是一种信托模式的异化，委托人完全被接受，委托人过于强势。这种模式脱胎于中国信托业的传统以及中国金融现实需求，中国信托业就是首先在银行机构中孕育和发展，沿袭了很浓重的信贷文化，加之我国社会融资体系不健全，也给了此种信托业务模式夹缝中生存的机会，这就是中国信托业务目前最大的特色。不过当前来看，信托业务的资产端和资金端的矛盾会越来越大，银行信贷、直接融资等社会融资体系的完善是对现有类信贷业务模式的最大碾压，资管统一监管会让信托的竞争力下降，而客户定制化需求的上升，需要有更多的资金端的关系维护。所以，今年以来，各大信托公司开始疯狂招人，需要获取更多高净值客户，无论是直接销售产品还是为其提供定制化的服务。如果把时间轴拉长到未来 5~10 年，中国信托业务模式将会逐步发生变化，资金端的重要性将会逐步赶超资产端，如果只是找企业放贷款，这还真的不算资产管理，至少需要懂大类资产配置。所以，从国际信托业的发展趋势来看，未来委托人真的会逐渐强势，资金端会比任何时候都更重要，与此相对的是，理财经理的作用会越来越大。

二、盈利模式的确立

信托业务盈利模式看上去也不复杂，就是获得信托报酬。不过，盈利模式也很有玄机，苹果开启了音乐付费模式，吉列的核心盈利模式在于以廉价的刀架诱惑频繁消费更贵的刀片。虽然都是收管理费，但是各家信托公司也都在此下足了工夫。第一种盈利模式是向资产端获得更高的信托报酬，这种方式主要是向能够承受更大融资成本的对象下手，即使以略高于市场平均收益率的水平发行，也会挣远高于一般水平的信托报酬，当然这种盈利模式具有很强的周期性，毕竟房地产本身就是政策性和周期性很强的行业，要么全周期通吃房地产行业，要么跟随房地产行业跳跃，在下行承担更大的兑付压力和窗口指导的压力。第二种盈利模式是向资金端获得更高的信托报酬，也就是融资方资质尚可，但是通过拉来廉价的机构客户资金，一般机构客户资金要比个人客户便宜 1~2 个点，2015 年、2016 年资产荒时，信托公司体会到了机构资金源源不断的感受，但不可能是常态化。第三种盈利模式则是介于第一种和第二种之间，不会太极端，而是在二者之间寻求更多平衡，这也是最常见的盈利模式，离不开房地产，但也不会把鸡蛋放进一个篮子中。其实，当前信托运营模式决定了其盈利模式具有类利差性质，从融资成本中扣除掉给客户的就是自己的，所以信托报酬率与银行利差周期具有很大一致性，而且紧货币周期对于这种盈利模式更有利。业务模式对于盈利模式具有很大的决定性，那么与上面业务模式展望看，包括结合"资管新规"，未来信托公司的盈利模式将不会是黑匣子，而是信托报酬会作为委托人的重要参考因素，债权类业务盈利模式归于国外的基础管理费+超额报酬分享模式，而定制化业务的盈利模式则是管理费模式，而且管理费竞争将会越发激烈。

第二节　排名先后：赶超同业需要具备的能力

虽然信托业务属于类信贷模式，但是经营信托公司却也不能完全按照银行的模式去做，信托公司要体现自身的市场反应快、灵活创新的特点。如果把信托公司比作一个机器，一般需要投入资本、人、管理，然后产出信托业务规模和盈利。资本就是与开展各项信托业务所对应的风险资本计提，是一种监管口径，而人主要是业务人员、风控人员和运营保障人员，而管理主要是市场策略、激励机制。所以，经营一家信托公司也不会太难，给足够有吸引力的激励，把握好风控，在持续做大规模、提高信托报酬过程中实现盈利增长，比如曾了解有的信托公司一个团队就能够有近亿元的信托报酬，如果多配置几个这样的超能团队，那还愁业绩不快速增长吗？实际上，信托公司短期做大、把盈利做高并不是很难的事情，难的是经受经济周期考验和实现可持续的稳健增长，尤其是在刚性兑付情况下，一个大项目的兑付就可以把公司全年的盈利吞噬。

我国目前有 68 家正常营业的信托公司。虽然我国现代信托公司是伴随改革春风成长起来，但是信托公司发展成规模行业，仅仅用了十年，翻看 2007 年以前的信托公司财报，也都是千百万元的净利润水平。2007 年以后，信托公司正式进入一个相对发展稳健、盈利能力提升的历史最好时期，外部环境都一样，但是 68 家信托公司有前有后，你追我赶，可以说看得见有的信托公司脱颖而出，也看得见有的信托公司远远落后，这其中寻找领先信托公司，总结其成长历程，可以了解当前信托公司做好的关键因素，而总结落后信托公司的教训，则可以提供发展中的借鉴。

一、领先机构的成功经验

为了进行对比分析，这里使用 2010~2017 年的净利润排名的前 10 位和后 10 位信托公司（见表 9-1）。

表 9-1　2010~2017 年净利润排名前 10 位和后 10 位信托公司

序号	2010	2011	2012	2013	2014	2015	2016	2017
1	华润深国投	中信信托	中信信托	中信信托	中信信托	重庆国信	平安信托	平安信托
2	中信信托	中诚信托	中诚信托	中融信托	重庆国信	中信信托	重庆国信	安信信托
3	平安信托	华润信托	平安信托	平安信托	中融信托	华润信托	中信信托	重庆国信
4	中诚信托	平安信托	中融信托	中诚信托	华润信托	平安信托	安信信托	中信信托
5	上海信托	中融信托	华润信托	华润信托	平安信托	中融信托	中融信托	华润信托
6	中融信托	江苏信托	上海信托	上海信托	中诚信托	中江信托	中江信托	中融信托
7	江苏信托	上海信托	江苏信托	外贸信托	华信信托	安信信托	华能信托	华能信托
8	重庆国信	外贸信托	外贸信托	重庆国信	上海信托	中诚信托	华润信托	民生信托
9	中海信托	重庆国信	重庆国信	华信信托	兴业信托	上海信托	华信信托	建信信托
10	华宝信托	中海信托	四川信托	江苏信托	华能信托	华能信托	上海信托	中航信托

资料来源：中国信托业协会官网。

　　先来看一下前十位，主要关注是稳定在前十位的信托公司，再关注近两年新进入前十位的信托公司。从前十位排名看，平安信托、中信信托、华润信托、重庆信托、中融信托五家信托稳居前十位，占到前十位的半壁江山，这里边中信信托、华润信托为国企，而平安信托、重庆信托、中融信托（2018 年大股东发生变化）均为民企背景，从这个意义上看领先的信托公司跟股东性质的关系也不是绝对的。当然，信托制度的灵活性在各个国家都有不同的呈现，那么在各个信托公司的应用也会有一定差异，上述五家信托公司差异也很明显，盈利模式也有较大差异，平安信托在资产端和资金端都非常强，而且业务条线也相对多元化；中信信托是依托央企品牌，在资产端具有优势，在创新业务推动方面具有行业领先性；华润信托是行业内少有的以证券投资业务为主导的信托公司，而且固有业务占比较高，近两年信托业务占比不超过 40%；重庆信托的固有业务也相对贡献较高，平均约为 50% 以上，而信托业务方面在资金端有一定机构资金优势；中融信托之前业务集中于房地产，这两年业务结构有所调整，具有较其实力的理财经理团队，直销渠道较为完善，未来大股东变更是否会影响其业务经营需要进一步观察。而近年来有两家成功跻身排名行业前 10 位的信托公司，分别是华能信托、安信信托，也是两家业务模式较为特殊的信托公司，安信信托作为为数不多的上市公司，业务高度聚焦房地产信托，提升单位项目的附加值，这种业务的最大问题是需要接受房地产行业的，周期考验，波动性大，高度不稳定，潜在风险很高。从 2018 年来看，其业务经营将会面临巨大挑战；华能信托是一家央企背景信托公司，2017 年抓住了银登中心各类资产流转的机遇，成功将业务规模做大到超过 1 万亿元，而且其独特的销售渠道体系也很少有信托公司与之匹敌。

二、后序机构的导因分析

排名后序十位的信托公司，在 8 年的数据样本中，华宸信托、长城信托、山西信托、国民信托、浙商信托等都是排名靠后年份较多的信托公司，当然这些原因各有不同，既有区域信托公司面临的区域内经济环境制约的外部因素，也有重组时间短、公司治理结构不稳定等内部因素，当然，公司经营管理能力不足，公司发展战略模糊，业务模式保守滞后，也是不可回避的重要因素。总之个性化因素还是较多（见表 9-2）。

表 9-2　优秀信托公司与落后信托公司的部分指标对比

	主动管理规模（亿元）	不良率	人数	净资产（亿元）	成本控制率（％）	信托报酬率（％）
排名稳居前 10 的 5 家信托公司	3860.6	1.1	772.8	200.94	19.6	1.20
排名长期靠后的 5 家信托公司	181.11	7.6	217.6	21.81	52.6	0.47

资料来源：中国信托业协会官网。

为了进一步比较排名靠前和排名靠后信托公司的差距，通过指标进行分解，来考察背后的可能驱动力。股东背景并不构成信托公司的这种差距，反而是主动管理能力、人员投入、资本投入、成本控制能力对于这种区分还是有非常显著的指示作用。首先看主动管理能力，5 家领先信托公司的主动资产管理规模是后序信托公司的 20 倍，这种差距是非常明显的，这也体现在信托报酬率的差距上，报酬率的差距并不如规模差距显著，同时主动管理能力还要看不良率，由于无法获得信托业务的不良率，这里主要看一下固有业务不良率，固有业务不良率可以反映信托公司的主动管理能力，而且在部分情况下，信托业务的风险会向固有业务传导，两类信托公司的差距也是较为明显，相差近 7 倍。其次从投入要素看，人和资本对于信托公司非常关键，两类信托公司这些要素的投入差异非常明显，领先信托公司人员总数是后序信托公司的 3.56 倍，而净资产前者则是后者的 10 倍，这也在业务发展空间和固有业务的贡献度上拉大差距。最后从成本控制方面来看，两类信托公司的差距也是非常明显，领先信托公司的成本费用比后序信托公司少 33 个百分点，无力开源，又不能节流，从而进一步拉大了盈利水平的差距。

第三节　竞争变迁："资管新规"下的行业竞争格局重塑

"资管新规"不仅改变整个资管行业，也很有可能会改变信托业的竞争结构，低质量发展的信托公司面临业绩低增速甚至下滑的问题，而能够成功实现高质量发展的信托公司继续表现出优质的增长潜力。信托业正在经历 10 年来最关键的一次转变，这考验着信托公司领导者的战略眼光和思路。

刚兑模式下，股东品牌、资本实力、收益率、规模、根据政策变化切换资产配置等是行业成功的关键。"资管新规"下，规模增长变得更加困难，而且 2020 年底前越是规模大的信托公司所承受的整改压力越大，尤其是不良项目较多的信托公司，需要寻找新的承接方式，单纯粗放发展模式越来越不适应新的监管政策环境。刚性兑付其实是对资本实力、股东背景的考验，如果严格实施刚性兑付，这些因素虽然仍有一定作用，但是不是绝对的，资产管理能力才是核心，投资更关注信托公司专业能力所能够给投资者创造的价值。市场竞争将从单纯收益率竞争，向收益率和信托报酬综合比较的竞争方式转变，随着信托产品运营更加透明化、净值化管理、信托公司需要逐步披露信托报酬率，这是投资者付出的成本，投资者需要通过收益率和报酬率综合分析产品性价比，建立起更加容易统一对比的体系，才能够选择更加有利于自身的信托产品。

资管新时代，行业成功关键因素在于客户服务能力、资产管理能力、风险控制能力、创新能力。在统一监管下，大类产品同质化程度会越来越高，客户需求对于市场的决定性作用会越来越大，市场对于客户的争抢越来越激烈，对于客户服务的能力越来越关键，提升客户服务体验，增强客户黏性，针对不同层次和类别的客户，提供更有针对性的产品服务和金融服务方案。资产管理能力主要是专业水平的提升，信托产品募资难，更在于说明产品本身并不是市场需求的，而且大部分资产都是其他机构客户或个人不难获得的，资产管理能力一方面体现在大类资产的配置能力，另一方面体现在根据经济和金融市场运行规模，为客户提供较优质的资产类别。风险控制能力是做金融的最根本的要求，未来信托公司需要摆脱信贷文化以及刚兑思维，建立针对特定风险、特定产品特点的风控体系和风险管理工具，风险控制的目的是降低产品波动性，提升对于客户资产的保护，能够更好地尽职履责。创新能力是信托所具有的特质，但是这种创新不是绕开监管、规避监管，而是以服务客户需求为根本出发点，创设既合规又能满足客户需求的资管产品，诸如针对既要打破刚兑又要保持投资收益稳定，可以加大组合类投资、FOF投资，在部分牺牲收益率的同时，提升组合分散风险能力。

"资管新规"看似平淡无奇，但是确在逐步带领中国资管业，尤其是银行理财、信托等走向真正的资管发展路径，但是部分信托公司并没有为此做好准备。站在新的起跑线、同一起跑线，开始新一轮竞争，信托业的竞争结构并没有固化，而是面临更大冲击，相信能够在新规则下更适应的信托公司会脱颖而出，这需要信托公司领导者具有资管行业更广泛的视野，同时能够真正在专业化、债权以外建立优势业务，直销渠道具有一定规模等，只有如此才会胜出。

必须认识到，在传统资管业务领域，信托公司的非标业务优势并不明显，竞争只会更加激烈，而在信托制度优势明显的家族信托等，也需要自我附能，否则也只能沦为通道，而且要考虑我国信托业的开放进程，可能从单个业务向全面开放过渡，诸如从保险金信托、家族信托等服务逐步过渡到金融机构可以自主设立信托子公司。所以，未来来自信托以外的竞争压力要大于信托公司内部的竞争。对比国际资管业务来看，保险系资管、银行系资管公司以及独立的另类资产管理机构、公募基金才是主角，很少有独立的信托公司能够有出色表现。

2007年"新两规"出台后的十年是信托公司发展最好的十年，是信托业发展的"黄金十年"。良好稳定的收益率使受益人利益最大化，制度优势保驾护航，业务创新吸引社会关注。通过这十年的黄金发展基本夯实了行业自身生存的坚实基础，未来则要更好更快向高质量发展的模式转型，这在一轮关键成功要素切换下，可能会有更多信托公司被边缘化，最终行业优秀信托公司将更多向少数头部信托公司集中，信托公司之间的并购可能会出现，以此实现行业内的资源优化配置。

后 记

差不多20年前，机缘巧合入职一家信托公司，从此踏入信托业。虽然之前一直也没少在"海"里扑腾，但都属业余和票友性质。彻底弃教从商，这回算是头一遭。

与周小明博士共事是几年后从信托公司出来，那年是2004年。之前周博士在原中国人民大学校长黄达先生和原中国政法大学校长江平先生的大力倡导下，创建了中国人民大学信托与基金研究所，从此在这个平台上开启了迄今为止长达15年的信托研究工作。周博士与我年龄相仿，略小几岁，师从江平先生，是《信托法》起草小组成员，横跨政、学、商三界，是我国信托法律研究的主要奠基者之一。2017年《中国信托业发展报告》出版后，我曾在微信朋友圈中感叹："能做到主编一部行业报告连续15年从不间断的，全中国只有两个人：一个是周博士，另一个就是邢博士，周博士能做到是因为他是一个有情怀、有信仰的人；我也能做到是因为我是一个愿意跟随有情怀有信仰的人的人。这15年恰逢一个男人最最美好的时光、最最闪耀的年华、最最魅力的年龄段。今天看，值得！"兴之所至，还拽了一段打油诗：

> 苦炼经传十五载，
> 当行出色终未改。
> 江河不废传其人，
> 余香一缕胜花海。

时至今日，我们已经连续出版了15部《中国信托业发展报告》和14部《中国信托公司经营蓝皮书》，可谓硕果累累、成绩斐然。然每年的研究和成果基本属于对信托行业和机构点状的探讨和横向研究，而纵向的、概览式的研究一直是一个空白点，成为多年来心中的一个遗憾。

2019 年，信托业发展又进入一个新的历史转折期。在多年研究成果的基础上，在完成诸多专题研究的积累后，经过长期酝酿，终于做出这一部《中国信托业黄金十年发展研究》，把中国信托业过去十年的辉煌发展历程，绘制成一幅历史画卷展现给业内外，使广大读者对信托行业和机构过去十年走过的路径、轨迹以及成长过程，有一个纵向的、全景视角的了解和认知。

本书的出版是在写作团队共同努力下顺利完成的，在此要特别感谢本书编写组的全体成员。同时要感谢始终给我信任与支持的周小明博士、陈雨露教授、修刚教授、陈法春教授；感谢一路走来的廉惠博士、雅楠助理、赵颖博士、高丽博士、亚兰博士、立思博士、镜宇博士、洪军博士、力勇博士、小稚博士等。也要特别感谢长期支持、合作的昆仑信托公司肖华董事长、中航信托公司姚江涛董事长、国投信托公司傅强总经理、中诚信托公司和晋宇博士、光大信托公司袁吉伟博士、中铁信托有限公司陈赤总经理等。

"板凳要坐十年冷，文章不写半句空"，尽管已经远远超过十年了，但还是决心要继续坐下去。

邢成

2019 年元月